MANUAL DE DIREITO PROCESSUAL DO TRABALHO

© Copyright 2010
Ícone Editora Ltda.

Projeto Gráfico de Capa e Diagramação
Richard Veiga

Revisão
Prof. Saulo C. Rêgo Barros

Proibida a reprodução total ou parcial
desta obra, de qualquer forma ou meio
eletrônico, mecânico, inclusive através de
processos xerográficos, sem permissão
expressa do editor. (Lei nº 9.610/98)

Todos os direitos reservados para:
ÍCONE EDITORA LTDA.
Rua Anhanguera, 56 – Barra Funda
CEP: 01135-000 – São Paulo/SP
Fone/Fax.: (11) 3392-7771
www.iconeeditora.com.br
iconevendas@iconeeditora.com.br

Coordenador:
Prof. Gleibe Pretti

MANUAL DE DIREITO PROCESSUAL DO TRABALHO

Autores:
Gleibe Pretti
Vera Lucia Carlos
Elaine Cristina Marques da Cruz
Fernando Nogueira
Ellen Mariana Quintão Jardim
Valeska Sostenes

1ª Edição
Brasil – 2010

Ícone editora

Dados Internacionais de Catalogação na Publicação (CIP)
(Câmara Brasileira do Livro, SP, Brasil)

Manual de direito processual do trabalho /
coordenador Gleibe Pretti. -- São Paulo : Ícone,
2010.

Vários autores.
Bibliografia.
ISBN 978-85-274-1071-7

1. Direito processual do trabalho 2. Direito
processual do trabalho - Brasil I. Pretti, Gleibe.

CDU-347.9:331(81)
-347.9:331

09-11132

Índices para catálogo sistemático:

1. Brasil : Direito processual do trabalho
347.9:331(81)
2. Direito processual do trabalho
347.9:331

Apresentação

A presente obra tem o escopo de apresentar ao estudioso do direito processual do trabalho um instrumento de questões de concursos para que o leitor possa usá-lo em provas da OAB e concursos públicos, sem problemas com a banca examinadora.

Fiz questão de fazer um índice completo, e de buscar trazer os assuntos comentados na doutrina dominante e assuntos que não constam também nessas doutrinas.

Foi um trabalho de longa data e com grande carinho, buscando deixar um legado positivo para os meus estudiosos do direito.

Agradeço a todos os professores autores que me ajudaram a realizar esse sonho.

Boa leitura.

Grande abraço,

Prof. Gleibe Pretti

prof.gleibe@yahoo.com.br
www.professorgleibe.com.br

AGRADECIMENTOS

Agradeço a Deus por tudo. Pela saúde que nos deu e energia para elaborar essa obra. E por todos os seus mensageiros em que sentimos a presença deles nos orientando em cada palavra escrita.

Agradeço a minha família, ao meu Pai Valter, a minha mãe Fátima e a minha irmã Gleice. Por toda base de vida que me deram. A minha esposa Greasy, que entendeu minha ausência por coordenar essa obra.

Não poderia me esquecer dos meus grandes professores que sempre me ajudaram e muito, Soninha, Sonia Soares, Dania Fernandes, Marcos Andrade (*in memoriam*), Vera Lucia Carlos, Antonio Carlos Marcato.

Aos meus gurus e exemplos de vida Amador Paes de Almeida e José Horácio Cintra. Além do meu mestre Armindo e todos os Irmãos da Loja Acácia de Vila Carrão.

Aos meus companheiros de trabalho, em especial ao professor Fernando.

Aos meus amigos, em especial ao Cláudio Zoia, e aos professores autores dessa obra.

A todos os alunos e alunas que, de um modo geral, ajudaram na elaboração da obra.

Aos meus amados filhos Pedro e Guilherme por existirem.

Dedicatória

Para o amor da minha vida, Greasy, "... *tudo que eu vejo de bonito se parece com você...** e aos meus filhos Pedro e Guilherme".

*Trecho da música "Todas as Manhãs", de Roberto Carlos.

Índice

Capítulo 1
Conceito, autonomia e fontes do direito do trabalho, 29

1.1. Conceito de Direito Processual do Trabalho, 29

1.2. Natureza Jurídica, 29

1.3. Autonomia do Direito Processual do Trabalho, 29

1.4. Eficácia da Lei Processual do Trabalho no Espaço, 30

1.5. Eficácia da Lei Processual no Tempo, 31

1.6. Princípios do Direito Processual do Trabalho, 32

1.7. Princípios Específicos, 33

    1.7.1. Dispositivo, 33

    1.7.2. Princípio da Simplicidade dos Atos Processuais, 34

    1.7.3. Inquisitivo, 35

    1.7.4. Concentração, 36

    1.7.5. Princípio da Despersonalização do Empregador, 38

    1.7.6. Princípio da Extrapetição, 38

    1.7.7. Oralidade, 39

1.7.8. Identidade Física do Juiz, **40**

1.7.9. Imediação, **41**

1.7.10. Irrecorribilidade, **42**

1.7.11. Contraditório e Ampla Defesa, **43**

1.7.12. Imparcialidade, **44**

1.7.13. Livre Convicção, **45**

1.7.14. Motivação das Decisões, **46**

1.7.15. Conciliação, **47**

1.7.16. *Jus Postulandi*, **48**

1.7.17. Devido Processo Legal, **49**

1.7.18. Duplo Grau de Jurisdição, **50**

1.7.19. Boa-Fé, **51**

1.7.20. Eventualidade, **52**

1.7.21. Preclusão, **53**

1.7.22. Perempção, **54**

1.7.23. Impugnação Especificada, **55**

1.7.24. Proteção, **55**

Capítulo 2
Atos Processuais, 57

2.1. Atos Processuais, **57**

2.2. Comunicação dos Atos Processuais, **71**

2.3. Publicidade dos Atos Processuais, **76**

2.4. Ato Processual por Fac-símile, **78**

2.5. Ato Processual por Correio Eletrônico, **80**

2.6. Termos Processuais, **81**

2.7. Forma dos Termos, **82**

Capítulo 3
Prazos Processuais, 83

3.1. Prazos Processuais, **83**

3.2. Contagem dos Prazos Processuais, **86**

3.3. Suspensão e Interrupção dos Prazos Processuais, **91**

Capítulo 4
Partes e Procuradores, 95

4.1. Partes, **95**

    4.1.1. Conceito, **95**

    4.1.2. Denominação, **97**

4.2. Capacidade, **99**

    4.2.1. Capacidade de Ser Parte, **99**

    4.2.2. Capacidade Processual, **101**

4.3. *Jus Postulandi*, **107**

4.4. Honorários Advocatícios e Assistência Judiciária Gratuita, **113**

4.5. Representação e Assistência, **125**

    4.5.1. Representação de Pessoas Físicas, **126**

    4.5.2. Representação de Empregado por Sindicato, **127**

    4.5.3. Representação do Empregado por Outro Empregado, **128**

    4.5.4. Representação na Reclamatória Plúrima e na Ação de Cumprimento, **128**

    4.5.5. Representação dos Empregados Menores e Incapazes, **129**

    4.5.6. Representação das Pessoas Jurídicas e Outros Entes sem Personalidade, **132**

    4.5.7. Representação por Advogado, **138**

4.6. Estagiário, **140**

4.7. O Dever de Lealdade, Veracidade e Boa-fé das Partes e de seus Procuradores, **140**

4.8. Litigância de Má-fé, **142**

4.9. Mandato Tácito e *Apud Acta*, **147**

4.10. Substituição Processual, **152**

4.11. Sucessão Processual, **158**

4.12. Litisconsórcio, **161**

4.13. Consequências e Procedimentos, **167**

4.14. Intervenção de Terceiros na Justiça do Trabalho, **168**

 4.14.1. Introdução, **168**

 4.14.2. Tipos de Intervenção de Terceiros, **170**
  4.14.2.1. Nomeação à Autoria, **170**
  4.14.2.2. Denunciação a Lide, **172**

4.15. *Factum Principis*, **175**

4.16. Chamamento ao Processo, **176**

4.17. Assistência, **179**

4.18. Oposição, **181**

Capítulo 5
Organização da Justiça do Trabalho, 185

5.1. Órgãos da Justiça do Trabalho, **185**

 5.1.1. Tribunal Superior do Trabalho, **185**

 5.1.2. Tribunais Regionais do Trabalho, **187**

 5.1.3. Juízes do Trabalho, **188**

5.2. Órgãos Auxiliares, **189**

 5.2.1. Secretaria, **189**

 5.2.2. Oficiais de Justiça Avaliador, **190**

 5.2.3. Contadoria, **190**

Capítulo 6
Competência da Justiça do Trabalho, 191

6.1. Conceito, **191**

    6.1.2. Competência Material, **192**

        6.1.2.1. Competência em Razão do Local, **206**

    6.1.3. Competência Funcional, **208**

    6.1.4. Modificação de Competência, **209**

    6.1.5. Conexão, **209**

Capítulo 7
Ministério Público do Trabalho, 211

7.1. Análise do Conceito, **211**

7.2. Natureza Jurídica da Instituição, **212**

7.3. Natureza Jurídica da sua Atuação, **213**

7.4. Princípios Institucionais, **213**

    7.4.1. Unidade, **213**

    7.4.2. Indivisibilidade, **213**

    7.4.3. Independência Funcional, **214**

    7.4.4. Princípio do Promotor Natural, **214**

7.5. A Constituição Federal de 1988 e os Diversos Ramos do Ministério Público, **215**

7.6. Competência para atuação de cada um dos ramos do Ministério Público da União, **215**

    7.6.1. Competência para Atuação do Ministério Público Federal, **215**

    7.6.2. A Competência para Atuação do Ministério Público Militar, **216**

    7.6.3. Competência para Atuação do Ministério Público do Distrito Federal e Territórios, **216**

7.6.4. Competência para Atuação do Ministério Público do Trabalho, **217**

7.7. Do Ministério Público dos Estados, **217**

7.8. Ministério Público Eleitoral, **217**

7.9. Ministério Público do Tribunal de Contas, **218**

7.10. Conselho de Assessoramento do Ministério Público da União, **219**

7.11. Conselho Nacional do Ministério Público, **219**

7.12. Procuradores Gerais, **224**

7.12.1. O Procurador-Geral da República, **224**

7.12.2. Vice-Procurador da República, **225**

7.12.3. Destituição do Cargo de Procurador-Geral da República, **225**

7.13. Procurador-Geral de Justiça, **226**

7.14. Destituição do Cargo de Procurador-Geral de Justiça, **227**

7.15. Procurador-Geral de Justiça do Distrito Federal e Territórios, **227**

7.16. Atribuições do Procurador-Geral da República, **227**

7.17. Garantias do Ministério Público, **229**

7.18. Garantias Asseguradas à Instituição, **229**

7.19. Garantias dos membros da Instituição, **230**

7.19.1. Vitaliciedade, **230**

7.19.2. Inamovibilidade, **231**

7.19.3. Irredutibilidade de subsídios, **232**

7.20. Prerrogativas, **232**

7.20.1. Prerrogativas Institucionais, **232**

7.20.2. Prerrogativas Processuais, **233**

7.21. Deveres do Membro do Ministério Público, **235**

7.22. Impedimento e Suspeição, 235

7.23. Promotor ou Procurador *Ad Hoc,* 237

7.24. Concurso de Ingresso, 237

7.25. Residência na Comarca, 238

7.26. Responsabilidade Penal, Civil, Administrativa dos Membros do Ministério Público, 238

    7.26.1. Responsabilidade Civil, 238

    7.26.2. Responsabilidade Penal, 239

    7.26.3. Responsabilidade Administrativa, 240

7.27. Das Funções Exercidas pelo Ministério Público, 242

    7.27.1. Funções Típicas, 242

    7.27.2. Funções Atípicas, 242

7.28. Funções Institucionais do Ministério Público da União, 243

7.29. Ministério Público do Trabalho, 245

    7.29.1. Considerações Gerais, 245

    7.29.2. Órgãos do Ministério Público do Trabalho, 246

    7.29.3. Procurador-Geral do Trabalho, 246

    7.29.4. Nomeação do Vice-Procurador do Trabalho, 247

    7.29.5. Mandato do Procurador-Geral do Trabalho, 247

    7.29.6. Exoneração, 247

    7.29.7. Colégio de Procuradores, 250

    7.29.8. Atribuições do Colégio de Procuradores, 250

7.30. Conselho Superior do Ministério Público, 251

7.31. Atribuições do Conselho de Procuradores do Trabalho, 251

7.32. Câmara de Coordenação e Revisão, 255

7.33. Corregedor, 256

7.34. Atribuição do Corregedor-Geral do Trabalho, 257

7.35. Subprocurador-Geral do Trabalho, 257

7.36. Procuradores-Regionais do Trabalho, 258

7.37. Procuradores do Trabalho, 258

7.38. Conflito de Atribuição, 259

7.39. Formas de Atuação dos Membros do Ministério do Trabalho, 260

7.39.1. Atuação Judicial do Ministério Público do Trabalho, 260

7.39.2. Atuação como Órgão Agente, 262

7.40. Órgão Interveniente (*Custos Legis*), 263

7.41. Atuação extrajudicial, 264

7.40.1. A Atuação do Ministério Público Como Árbitro, 264

7.40.2. Do Procedimento Investigatório e Inquérito Civil Público, 266

7.42. Termo de Ajustamento de conduta, 267

Capítulo 8
Ação Trabalhista e Procedimentos, 269

8.1. Ação Trabalhista e Relação Jurídica Processual, 269

8.1.1. Relação Jurídica Processual, 269

8.2. Processo e Procedimento, 269

8.2.1. Tipos de Procedimento no Processo do Trabalho, 270

8.2.2. Peculiaridades do Procedimento Sumaríssimo, 272

8.2.3. Da Exclusão da Administração Direta do Rito Sumaríssimo, 272

8.2.4. Da Obrigatoriedade de Adoção do Rito Sumaríssimo, 272

8.2.5. Citação por Edital, 273

8.2.6. Do Pedido, 273

8.2.7. Da Emenda à Inicial, 274

8.2.8. Da Possibilidade de Intervenção de Terceiros, **274**

8.2.9. Incidentes e Exceções, **274**

8.2.10. Exceção de Incompetência em Razão de Lugar no Procedimento Sumaríssimo, **275**

8.2.11. Audiência no Procedimento Sumaríssimo, **275**

8.2.12. Provas, **275**

8.2.13. Tutela Antecipada ou Cautelar, **277**

8.2.14. Julgamento e da Sentença, **277**

8.2.15. Conversão de Rito, **278**

8.2.16. Quando na Fase de Liquidação se Constata que o Valor Excede de Quarenta Vezes o Salário-Mínimo, **278**

8.2.17. Procedimento Sumaríssimo e a Reunião de Ações por Conexão ou Continência, **278**

8.2.18. O Procedimento Sumaríssimo nas Reclamações Plúrimas, **279**

8.2.19. Procedimento Especial, **279**

8.2.20. Petição Inicial, **280**

8.2.21. Da Petição Inicial – Rito Ordinário, **281**

8.2.22. Petição na Norma Celetista: Requisitos, **282**

8.2.23. Do Indeferimento da Inicial, **288**

8.2.24. Aditamento à Petição Inicial, **290**

8.2.25. Nulidade de Sentença. Inépcia da Inicial, **290**

8.3. Audiência, **290**

8.3.1. Comparecimento das Partes e "Arquivamento", Conciliação, Revelia, Resposta do Reclamado, Defesa Direta e Indireta, Exceções, Contestação, Compensação, Reconvenção, **290**

8.3.2. Conceito, **291**

8.3.3. Forma da Audiência Trabalhista, **291**

8.3.4. Instrução e Julgamento, **292**

8.3.5. Julgamento, **292**

8.3.6. Dever de Comparecimento das Partes na Audiência, **293**

8.3.7. Consequência do Não Comparecimento das Partes, **293**

8.3.8. Arquivamento, **293**

8.3.9. Revelia, **294**

8.3.10. Falta de Carta de Preposição, **295**

8.3.11. Advogado Preposto, **295**

8.3.12. Revelia e Confissão Ficta, **296**

8.3.13. A Presunção de Veracidade dos Fatos Não Ocorrerá, **296**

8.3.14. Propostas Conciliatórias, **297**

8.3.15. Falta de Proposta Conciliatória, **298**

8.3.16. Das Respostas do Reclamado, **298**

8.3.17. Defesa Indireta do Processo, **298**

8.3.18. Defesa Indireta do Processo de Caráter Dilatório – Exceção, **299**

8.4. Da exceção de Impedimento, **299**

8.4.1. Exceção de Suspeição, **300**

8.4.2. Exceção de Incompetência Relativa, **300**

8.4.3. Forma da Exceção, **301**

8.4.4. Da Preclusão para se Arguir Suspeição ou Impedimento, **301**

8.4.5. Momento para se Arguir Impedimento, **302**

8.4.6. Suspeição, **302**

8.4.7. Processamento, **303**

8.5. Defesa Indireta contra o Processo de Caráter Peremptório, **303**

8.6. Defesa Indireta de Mérito – Prejudiciais de Mérito, **304**

8.7. Prescrição, **304**

8.8. Decadência, **307**

8.9. Arguição da Prescrição – Momento, **307**

8.10. Defesa de Mérito, **307**

    8.10.1. Defesa Direta de Mérito, **308**

    8.10.2. Defesa Indireta de Mérito, **308**

    8.10.3. Compensação, **308**

    8.10.4. Diferença entre Compensação e Dedução, **308**

    8.10.5. A Retenção, **309**

8.11. A Reconvenção, **309**

    8.11.1. Processamento, **309**

    8.11.2. Ações Dúplices e Reconvenção, **310**

    8.11.3. Contestação por Negativa Geral, **310**

    8.11.4. Princípio da Eventualidade, **310**

8.12. Provas, **311**

    8.12.1. Conceito de Prova, **311**

    8.12.2. Objeto das Provas, **311**

    8.12.3. Fatos que Independem de Provas, **311**

    8.12.4. O Ônus da Prova – Quem Deve Provar, **312**

    8.12.5. Princípios em Matéria de Provas, **313**

    8.12.6. Meios de Prova, **314**

    8.12.7. Interrogatório e Depoimento Pessoal, **314**

    8.12.8. Confissão, **315**

8.13. Prova Pericial, **318**

    8.13.1. Prova Testemunhal, **319**

    8.13.2. Inspeção Judicial, **321**

8.14. Cerceamento de Defesa, **321**

8.15. Prova Emprestada, **322**

8.16. Fase Decisória. Razões Finais. Sentença nos Dissídios Individuais, **322**

8.17. Razões Finais, **323**

8.18. Segunda tentativa de Conciliação, **323**

8.19. Sentença, **324**

8.19.1. Fundamentação – Motivação da Sentença – Razões de Decidir, **324**

8.19.2. Dispositivo ou Conclusão, **324**

8.20. Classificação das Sentenças, **325**

8.20.1. Quanto à Natureza da Ação, **325**

8.21. Classificação das Sentenças Conforme o Resultado da Lide, **326**

8.22. Limites da Sentença. Julgamento *Extra Petita, Citra Petita* ou *Ultra Petita*, **326**

8.23. Custas e Honorários Advocatícios, **329**

Capítulo 9
Recursos Trabalhistas, **331**

9.1 Introdução, **331**

9.2. Sistemas Recursais: Limitativo e Ampliativo, **332**

9.3. Princípios Recursais, **332**

9.3.1. Princípio da Voluntariedade, **332**

9.3.2. Princípio do Duplo Grau de Jurisdição, **333**

9.3.3. Princípio da Irrecorribilidade das Decisões Interlocutórias, **333**

9.3.4. Princípio da Unirrecorribilidade, **335**

9.3.5. Princípio da Adequação, **336**

9.3.6. Princípio da Fungibilidade, **336**

9.3.7. Princípio da Variabilidade, **337**

9.3.8. Princípio da *Reformatio in Pejus*, **337**

9.4. Classificação Geral, **338**

9.4.1. Ordinários e Extraordinários, **338**

9.5. Efeitos de Recursos, **339**

9.5.1. Devolutivo, **340**

9.5.2. Suspensivo, **341**

9.5.3. Translativo, **342**

9.5.4. Substitutivo, **342**

9.5.5. Extensivo, **344**

9.5.6. Regressivo, **345**

9.6. Pressupostos Recursos Trabalhistas, **346**

9.6.1. Pressupostos Subjetivos, **346**

9.6.2. Pressupostos Objetivos, **348**

9.7. Recursos em Espécies, **355**

9.7.1. Recurso Ordinário, **356**

9.7.2. Agravo de Instrumento, **358**

9.7.3. Recurso de Revista, **360**

9.7.3.1. Pressupostos de admissibilidade do Recurso de Revista, **363**

9.7.3.2. Prequestionamento, **363**

9.7.3.3. Transcendência, **365**

9.7.3.4. Instrução Normativa 23/2003, **366**

9.8. Embargos no Tribunal Superior do Trabalho, **368**

9.8.1. Embargos de Divergência, **369**

9.8.2. Embargos Infringentes, **370**

9.9. Agravo Regimental, **371**

9.10. Agravo de Petição, **373**

9.10.1. Requisitos para Interposição, **375**

9.10.2. Processamento, **378**

9.11. Recurso Adesivo, **378**

9.12. Pedido de Revisão, **380**

9.13. Reclamação Correicional, **382**

9.13.1. Procedimento, **382**

9.14. Recurso Extraordinário, **390**

9.15. Embargos de Declaração, **393**

9.15.1. Contradição, **397**

9.15.2. Omissão, **397**

9.15.3. Manifesto Equívoco no Exame dos Pressupostos Extrínsecos do Recurso, **397**

9.15.4. Obscuridade, **398**

Capítulo 10
Execução Trabalhista, **399**

10.1. Introdução, **399**

10.2. Princípios do Direito Processual do Trabalho, **400**

10.3. Liquidação de Sentença, **406**

10.3.1. Conceito e Finalidade, **406**

10.4. Tipos de Liquidação, **407**

10.4.1. Liquidação por Arbitramento, **407**

10.4.2. Liquidação por Artigos, **408**

10.4.3. Liquidação por Cálculos, **410**

10.5. Impugnação aos Cálculos de Liquidação Trabalhista, **412**

10.6. Execução Trabalhista, **412**

10.6.1. Conceito, **412**

10.6.2. Autonomia do Processo de Execução, **413**

10.6.3. Responsabilidade Patrimonial e Processual, **414**

10.6.4. Cumprimento de Decisões de Dissídios Coletivos, **418**

10.6.5. Admissibilidade da Execução, **418**

10.6.6. As Partes na Execução, **420**

10.6.7. Sujeito Ativo, **420**

10.6.8. Sujeito Passivo, **420**

10.7. Da Execução Propriamente Dita, **421**

10.7.1 Espécies de Execução, **421**

10.7.2. Mandado de Citação e Penhora, **422**

10.7.3. O artigo 475-J do CPC e sua Aplicação no Processo do Trabalho, **423**

10.7.4. Extinção da Execução, **432**

10.7.5. Extinção pela Quitação ou Renúncia, **432**

10.7.6. Extinção pela Transação, **432**

10.7.7. Suspensão da Execução, **432**

10.7.8. Extinção pelo Esgotamento da Obrigação Através de Atos de Alienação, **433**

10.7.9. Extinção pela Arrematação, **433**

10.7.10. Extinção pela Remição, **433**

10.7.11. Extinção pela Prescrição, **434**

10.7.11.1. Jurisprudências pertinentes ao tema, **434**

10.8. Formas de Execução, **438**

10.8.1. Execução por Quantia Certa, **438**

10.8.2. Execução para Entrega de Coisa, **438**

10.8.3. Execução das Obrigações de Fazer ou Não Fazer, **438**

10.8.4. Execução de Prestações Sucessivas, **438**

10.9. Da Aplicabilidade da Exceção de Pré-Executividade no Processo de Execução Trabalhista, **439**

10.10. Garantia da Execução – Penhora, **444**

10.11. Excesso de Execução e Excesso de Penhora, **447**

10.12. Embargos do Devedor, **447**

10.13. A Legitimação para oposição de embargos do devedor, **448**

10.14. Embargos à Execução Trabalhista, **449**

10.15. Natureza Jurídica dos Embargos, **449**

10.16. Pressupostos de Admissibilidade, **450**

10.17. Reconvenção e Compensação, **451**

10.18. Efeitos na Execução, **451**

10.19. Cabimento dos Embargos à Execução, **451**

10.20. Procedimentos para Interposição dos Embargos, **452**

10.21. Custas e Emolumentos, **453**

10.22. Matéria de Defesa nos Embargos, **453**

10.23. Impugnação do Credor Exequente, **454**

10.24. Rejeição dos Embargos, **455**

10.25. Competência para Julgamento dos Embargos do Executado e da Impugnação do Exequente, **456**

10.26. Trâmites Finais da Execução, **456**

10.27. Agravo de Petição, **456**

10.27.1. Origem e Objetivo, **457**

10.27.2. Requisitos para Interposição, **457**

10.27.3. Efeitos na Execução, **458**

10.27.4. Cabimento e Competência para Julgamento, **458**

10.27.5. Prazo, **459**

MANUAL DE DIREITO PROCESSUAL DO TRABALHO

10.27.6. Custas e Emolumentos, **459**

10.27.7. Processamento, **459**

Capítulo 11
Procedimentos Especiais Trabalhistas, **469**

11. Procedimentos Especiais, **469**

11.1. Ações Destinadas à Proteção das Liberdades Públicas e Garantias Fundamentais Previstas na Constituição Federal, **470**

11.1.1. Mandado de Segurança, **470**

11.1.1.2. Conceito, **470**

11.1.1.3. Natureza Jurídica, **471**

11.1.1.4. Objeto do Mandado de Segurança, **471**

11.1.1.5. Cabimento, **471**

11.1.1.6. Mandado de Segurança Preventivo, **473**

11.1.1.7. Prazo Decadencial, **474**

11.1.1.8. Legitimidade Ativa, **475**

11.1.1.9. Legitimidade Passiva, **475**

11.1.1.10. Litisconsórcio, **476**

11.1.1.11. Competência Material, **476**

11.1.1.12. Competência Hierárquica e Funcional, **476**

11.1.1.13. Petição inicial, **478**

11.1.1.14. Liminar ou medida cautelar, **479**

11.1.1.15. Processamento da Ação de Mandado de Segurança, **480**

11.1.1.16. Recurso, **481**

11.1.1.17. Prazo e Efeitos dos Recursos, **484**

11.1.1.18. Remessa de Ofício, **484**

11.1.1.19. Alçada Recursal, **485**

11.1.1.20. Mandado de Segurança Coletivo, **485**

11.1.1.21. Legitimidade do Ministério Público, **486**

11.1.2. *Habeas Corpus*, **490**

11.1.2.1. Competência Hierárquica e Funcional, **491**

11.1.3. *Habeas Data*, **494**

11.1.4. Ação Civil Pública, **497**

11.2. Ações de Procedimentos Especiais Previstas na Consolidação das Leis do Trabalho, **510**

11.2.1. Inquérito para Apuração de Falta Grave, **510**

11.2.2. Dissídio Coletivo, **513**

11.2.2.1. Das Condições da Ação do Dissídio Coletivo, **515**

11.2.2.2. Pressupostos Processuais, **516**

11.3. Ação de Cumprimento, **534**

11.3.1. Intervenção do Trabalhador Individual, **536**

11.4. Ações Regulamentadas no Direito Processual Civil que Podem ser Ajuizadas Perante a Justiça do Trabalho, **544**

11.4.1. Ação Rescisória no Processo do Trabalho, **544**

11.4.2. Ação de Consignação em Pagamento, **555**

11.4.3. Ação Monitória, **558**

11.4.4. Ação de Prestação de Contas, **560**

11.4.5. Ação Anulatória, Cláusulas de Contratos, Acordos Coletivos ou Convenção Coletiva de Trabalho, **560**

11.5. Processo Cautelar e Provimentos Jurisdicionais de Urgência, **565**

11.6. Medidas Cautelares Inominadas Previstas na Consolidação das Leis do Trabalho, **568**

11.7. Ação Revisional, **570**

Bibliografia, 573

Capítulo 1

Conceito, autonomia e fontes do direito do trabalho

1.1. CONCEITO DE DIREITO PROCESSUAL DO TRABALHO

Analisando os conceitos formulados pela doutrina podemos afirmar que o Direito Processual do Trabalho é o conjunto de princípios, normas e instituições que tem por finalidade regular a atividade dos órgãos jurisdicionais na solução de dissídios individuais ou coletivos, entre trabalhadores e empregadores.

1.2. NATUREZA JURÍDICA

O Direito processual é ramo do direito público porque tem por finalidade regular a atividade desenvolvida pelo Estado ao pacificar os conflitos individuais e coletivos de trabalho.

1.3. AUTONOMIA DO DIREITO PROCESSUAL DO TRABALHO

Discute-se a independência do direito processual do trabalho em referência ao direito processual civil.

Há duas posições doutrinárias para enfrentar a questão de ser ou não o Direito Processual do Trabalho um ramo autônomo do Direito Processual:

1) TEORIA MONISTA – minoritária – Para os adeptos desta teoria o direito processual é um só e o direito processual do trabalho seria apenas um capítulo do Direito Processual Civil.

2) TEORIA DUALISTA – teoria prevalecente – segundo esta teoria o Direito Processual do Trabalho é autônomo, totalmente desvinculado do direito processual comum, eis que possui autonomia legislativa, didática, jurisdicional e científica e, ainda, princípios próprios, peculiaridades próprias, que o distingue do direito processual comum.

1.4. EFICÁCIA DA LEI PROCESSUAL DO TRABALHO NO ESPAÇO

Esse tópico corresponde ao território em que será abrangida a lei de uma forma obrigatória e de aplicação imediata nos processos já em andamento.

A lei processual trabalhista no Brasil se aplica em todo o território nacional para Brasileiros e estrangeiros residentes no Brasil, exceto se estiverem a serviço de seu País de origem.

No que tange à execução de sentença estrangeira, necessita de homologação do Superior Tribunal de Justiça, nos moldes do art. 105, I, i, da CF/88 conhecida como juízo de deliberação.

Em suma, eficácia da lei no espaço é o local que será aplicada a norma cogente pelo Estado.

Jurisprudência:
Ementa:
CONFLITO DE LEI NO ESPAÇO. CLT. LICC. CÓDIGO DE BUSTAMANTE. Ao empregado brasileiro, residente nos Estados Unidos da América, tendo sido contratado e prestado serviços no território alienígena, cuja empresa também tem sede neste território nacional, é conferida a faculdade de ajuizar sua

demanda naquele ou neste País, pois a competência está fixada em norma especial, a consolidada, art. 651, § 2º, e também na geral, LICC, art. 9º, além de prevista no Código de Bustamante, sendo-lhe, contudo aplicada a "lex loci executionis", que deve ser provada pelas partes, inclusive no que se refere ao prazo prescricional do direito perseguido. ACÓRDÃO Nº: 20050401305

1.5. EFICÁCIA DA LEI PROCESSUAL NO TEMPO

Esse tópico busca determinar qual será o tempo em que a lei entrará em vigor para a sociedade.

A LICC em seu art. 1º, parágrafo 1º, determina que a lei nova entrará em vigência após 45 dias depois de sua publicação. Importante frisar que os atos processuais realizados antes da nova lei são assegurados, com o objetivo de dar segurança jurídica e bem social a todos. Ressalte-se, no entanto, que se aplica a lei nova a atos processuais não praticados sob o império da lei antiga (é a denominada teoria do isolamento dos atos processuais), considerando-se válidos os atos processuais já praticados conforme a lei antiga.

Caso a alteração legal inclua na competência da ação, essa será distribuída para o foro competente, dependendo do caso.

O que existe para uma das partes que demandam em Juízo é uma expectativa de direito em todos os atos processuais, pois a regra do jogo poderá mudar no curso da ação.

Os artigos 912 da CLT e 1211 do CPC se aplicam ao processo do trabalho.

Para encerrar, eficácia da lei no tempo é a sua aplicação no tempo devido determinado em lei.

Jurisprudência:

PRESCRIÇÃO DO DIREITO DE AGIR CONSEQUENTE DE FATO OCORRIDO NA VIGÊNCIA DO C. CIVIL DE 1916. A prescrição não decorre da competência do juízo, mas da natureza da matéria discutida. O autor laborou na ré em dois contratos de trabalho, sendo o primeiro com admissão em 25.9.1980 e dispensa em 4.3.1991 e o segundo de 12.9.1994 a 9.12.1996, tendo acionado esta Justiça em 2.12.2005. O dano invocado tem base prescricional no C. Civil e a competência para solução do litígio, antes da Emenda 45/2004, era da Justiça Comum, que aplicava, à época dos fatos narrados na inicial, a prescrição do artigo 177 do C. Civil de 1916, de vinte anos. Após a entrada do Código Civil de 2002, a prescrição para tais casos passou a ser de três anos (artigo 206, Par. 3º, V, do C. Civil de 2002). Como o fato se deu quando em vigência a lei anterior, aplicar-se-ia a regra de transição do artigo 2.028 que estabelece: "Serão os da lei anterior os prazos, quando reduzidos por este Código, e se, na data de sua entrada em vigor, já houver transcorrido mais da metade do tempo estabelecido na lei revogada". Trata-se de norma intertemporal que deve ser levada em conta para que não se cometa injustiça quanto a direitos já adrede estabelecidos. No presente caso não transcorreu mais da metade do tempo estabelecido na lei revogada. Prescrito o direito de ação com fundamento no artigo 206, parágrafo 3º, incisos II e V do Código Civil vigente. ACÓRDÃO Nº: 20071105756

1.6. PRINCÍPIOS DO DIREITO PROCESSUAL DO TRABALHO

Por se tratar de uma ciência distinta, o processo do trabalho tem princípios próprios com o objetivo de conceder ao exegeta uma interpretação específica dos fatos e aplicação correta da norma.

Neste contexto, princípio é o início de algo, surgimento de uma nova situação. Ou seja, é a essência de determinado direito.

Na verdade, princípios são situações genéricas, mas sempre está ligada a verdade, essa ligação é muito importante para a argumentação de uma tese. Assim sendo, os princípios têm uma função que depende do ponto de vista. Informativa, normativa e interpretativa.

Por falta de compilação própria, os princípios são tratados de forma individualizada em cada doutrina. Busquei, em nossa obra, trazer o maior número de princípios com jurisprudência.

Assim sendo, os princípios têm o objetivo de dar parâmetros para a interpretação e aplicação da norma.

1.7. PRINCÍPIOS ESPECÍFICOS

1.7.1. Dispositivo

Também é conhecido como princípio da inércia em que determina que a jurisdição só poderá ser prestada se for procurada pelas partes (2º do CPC).

Assim sendo, o Magistrado não poderá exercer a jurisdição de oficio, mas existe uma exceção que é a instauração do dissídio coletivo pelo presidente do tribunal (856 da CLT). Ainda temos como exceção quando a DRT encaminha à Justiça do Trabalho requerimento contra a empresa que não registrou seus funcionários.

No que tange ao dissídio coletivo de greve é um exemplo claro que o Juiz poderá instaurar de ofício com o objetivo de atender às necessidades da sociedade ou de um grupo de pessoas.

Sem esse princípio não haveria processo, porque este se inicia com a ação e esta é iniciativa da parte, do interessado, uma vez que a Justiça é inerte.

O princípio dispositivo diz respeito à iniciativa dos interessados que dispõem de seus próprios atos, acionando ou não a Justiça e, quando a lei assim determina, movimentando ou não o processo.

Está ligado à autonomia da vontade.

Também, em virtude desse princípio, o juiz deverá decidir sobre aquilo que foi alegado pela parte.

Não que a vontade da parte predomine, mas essa vontade é fundamental para provocar a prestação jurisdicional.

> **Jurisprudência:**
> **Ementa:**
> *RECURSO – CONTRARRAZÕES – LIMITES. AS CONTRARRAZÕES NÃO PODEM EXCEDER OS LIMITES ESTABELECIDOS PELO RECURSO INTERPOSTO, A SABER, SEUS PRESSUPOSTOS DE ADMISSIBILIDADE E DE MÉRITO. EXCETUAM-SE APENAS AS NULIDADES ABSOLUTAS, TAMBÉM DECRETÁVEIS DE OFÍCIO. IMPORTA DIZER QUE É VEDADO AO JUÍZO "AD QUEM" CONHECER DE MATÉRIA ESTRANHA AO RECURSO, E ARGUIDA EM CONTRARRAZÕES, SOB PENA DE VIOLAÇÃO AO PRINCÍPIO DO DISPOSITIVO DO ART. 128 DO CÓDIGO DE PROCESSO CIVIL – APLICÁVEL AO SISTEMA DOS RECURSOS TRABALHISTAS – E DO PRINCÍPIO DO "NON REFORMATIO IN PEJUS". ACÓRDÃO Nº: 02960204004*

1.7.2. Princípio da Simplicidade dos Atos Processuais

O processo trabalhista ao contrário do processo comum é mais simples para que seja mais célere, despido de certas formalidades, com ênfase na oralidade, na concentração dos atos em uma ou poucas audiências.

1.7.3. Inquisitivo

É o impulso oficial no processo para a solução do conflito. O juiz terá ampla liberdade na condução do processo, conforme art. 765, 852 D e 878 da CLT combinado com o artigo 262 do CPC.

Nesse contexto, a condução do processo se faz necessária, tendo em vista o objetivo da solução do conflito para garantir a segurança jurídica e também a paz social.

Também chamado de inquisitório, nele prevalece a iniciativa do juiz na direção do processo e, em algumas situações, na condução da prova.

Embora o princípio dispositivo sempre exista em todos os processos, no processo do trabalho prevalece o princípio inquisitório.

Retornando ao art. 848 da Consolidação das Leis do Trabalho, é um exemplo da concretização desse princípio: "Terminada a defesa, seguir-se-á a instrução do processo, podendo o presidente *ex officio* ou a requerimento de qualquer Juiz temporário interrogar os litigantes".

O dispositivo em análise não se coaduna com a realidade atual do processo do trabalho no que se refere ao "presidente" e ao "juiz temporário", uma vez que, com a saída dos classistas, o juiz que agora subsiste é o de Direito, não presidindo mais o órgão jurisdicional, porque não se trata mais de Junta e sim de Vara do Trabalho; é, pois, o juiz do trabalho, pura e simplesmente.

Como não há mais o juiz classista, não se pode falar em juiz temporário.

Afora essa análise, é fato que na Justiça do Trabalho as partes são interrogadas pelo juiz, não existindo depoimento requerido pela parte contrária, embora isso normalmente aconteça nas petições iniciais e nas defesas.

Jurisprudência:

Ementa:

CERCEAMENTO DE DEFESA. REQUERIMENTO PARA INTIMAÇÃO DE TESTEMUNHAS. PETIÇÃO APÓCRIFA. VÍCIO SANÁVEL. – Diante da ausência de prejuízo à celeridade processual pode, o magistrado, determinar a intimação das testemunhas com base no requerimento inequívoco formulado oralmente em audiência, em que pese a ausência de assinatura na petição que informa suas qualificações. Isto porque o processo do trabalho é regido pelo princípio inquisitivo (art. 765 e 878 da CLT), o qual confere ao juiz maior autonomia e discricionariedade, podendo agir até mesmo de ofício no desenvolvimento do processo, como, por exemplo, na coleta da prova. – O contrário culminaria em séria ofensa ao direito de prova do autor, encaminhando o julgamento para uma decisão potencialmente injusta, do ponto de vista material, o que não se coaduna com o escopo da jurisdição. – Preliminar acolhida para que as testemunhas arroladas sejam intimadas e ouvidas, conforme requerido em audiência. **ACÓRDÃO Nº:** *20071032899*

1.7.4. Concentração

Esse princípio tem ligação extrema com o processo do trabalho, pois, desta forma, o processo será julgado com maior celeridade com menos custos para as partes e para o Estado, conforme artigo 849 da CLT (audiência contínua).

No processo do trabalho, os atos deverão ser concentrados em uma única audiência. É cediço afirmar que a audiência trabalhista tem uma duração máxima de 5 horas, salvo urgência e sendo assim, caso não seja concluída no prazo determinado, deverá ocorrer na próxima sessão.

Assim sendo, a concentração dos atos processuais visa a solução mais rápida dos conflitos.

Esse princípio, de certo modo, já restou evidenciado.

Estabelece a concentração de todos os atos do processo em uma mesma audiência, isto é, a postulação do autor, a resposta do réu, as provas, as razões finais e, finalmente, a sentença.

Quando puder, o juiz deve buscar concentrar todos os atos numa mesma audiência, evidentemente, sem prejuízo da verdade e sem cercear a atuação das partes.

Ementa:

PRESCRIÇÃO. ARGUIÇÃO. A prescrição é matéria afeta ao mérito da causa (inciso IV, do art. 269 do CPC), devendo ser arguida no momento em que a ré oportunamente contesta os termos da petição inicial, segundo o disposto no art. 300 do CPC, sob pena de operar-se a preclusão consumativa, sendo-lhe defeso deduzir pretensão defensiva depois da contestação. Dentre os princípios aplicáveis ao processo do trabalho, a regência aqui é o do princípio da concentração processual, que há que ser visto como elemento garantidor da entrega da prestação jurisdicional com maior segurança jurídica, sem fugir da verdade fática estampada no processo. É curial notar que a apreciação da prescrição, invocada apenas em sede de recurso ordinário por esta Instância Revisora, caracteriza a supressão de instância, haja vista que sendo a prescrição matéria de mérito, o crivo de análise originário é o do primeiro grau. Ao revés do ponto de vista expendido pela recorrrente, é evidente a injuridicidade em se autorizar que este Regional julgue pedido em que a competência originária seja da Vara do Trabalho, pois do contrário estar-se-ia permitindo o malferimento de princípios constitucionais basilares dos direitos

e garantias fundamentais do cidadão, consubstanciados pelos princípios do contraditório e ampla defesa (art. 5º, inciso LV, da Constituição Federal). Discorreu com propriedade Pontes de Miranda ao afirmar que "A regra jurídica do art. 162 não significa poder ser alegada a prescrição se o réu falou na causa e não exerceu o seu direito de exceção. Na contestação há de ser alegada, porque então teria de ser exercida. Se não o foi, não mais pode ser..." (Tratado de Direito Privado, VI, pág. 249).
ACÓRDÃO Nº: *20071122898*

1.7.5. Princípio da Despersonalização do Empregador

Por esse princípio, garante-se o trabalhador contra as alterações na estrutura jurídica ou na propriedade da empresa. No direito do trabalho, são os bens materiais e imateriais componentes do empreendimento que asseguram a satisfação do julgado.

A ação trabalhista é proposta contra empresa e não em face da pessoa física ou jurídica que a dirige ou explora. Esta, na realidade, apenas "representa" a empresa. Uma das consequências processuais do instituto denominado "sucessão de empresas" (a rigor, a sucessão é de empresários, e não de empresas) é a possibilidade de o julgado ser executado contra terceiros, estendendo-se os efeitos da coisa julgada a quem não foi parte no processo.

1.7.6. Princípio da Extrapetição

O direito processual do trabalho contém alguns preceitos que autorizam o julgador a conceder mais do que o pleiteado ou coisa diversa daquela que foi pedida, por esta razão, a jurisprudência vem acolhendo algumas hipóteses em que se verifica a existência de ultra e extrapetição.

Caso típico de aplicação do princípio da ultrapetição na lei trabalhista é a disposição do art. 467 da CLT, que estabelece que: havendo rescisão do contrato individual de trabalho, o empregador deve pagar ao empregado, na data em que comparecerem a juízo, todas as parcelas incontroversas, sob pena de ser condenado ao acréscimo de 50%, independentemente de pedido, trata-se de preceito de ordem pública, dirigido ao magistrado, determinando como deve proceder, havendo ou não pedido expresso de condenação acrescida da multa de 50% na peça vestibular.

Outro exemplo existente na jurisprudência súmulada do TST, é no sentido de que o julgador deve condenar o reclamado a pagar juros e correção monetária incidentes sobre o débito reconhecido na decisão, ainda que tais verbas não tenham sido pleiteadas na petição inicial.

Ainda, o artigo 496 da Consolidação das Leis do Trabalho, faculta ao juiz converter a reintegração do empregado estável em pagamentos de indenização dobrada sempre que entender que é desaconselhável a reintegração. A rigor, o estável tem ação apenas para pedir sua volta ao emprego, o que implica uma obrigação de fazer; o julgador, contudo, fica autorizado a conceder indenização não pleiteada, transformando a obrigação de fazer em obrigação de pagar.

1.7.7. Oralidade

Este princípio determina que os atos processuais trabalhistas buscam, na verdade, acelerar o julgamento da lide. Temos vários exemplos disso como: leitura da reclamação (art. 847 da CLT), defesa oral em 20 minutos (847 da CLT), interrogatório das partes (art. 848 da CLT), oitiva de testemunhas (848 parágrafo 1º), razões finais em 10 minutos (850 da CLT) e protesto em audiência (795 da CLT).

Esse princípio é caracterizado sob quatro aspectos que, reunidos, dão substância a esse princípio: prevalência da palavra falada, imediatidade do juiz com as partes, identidade física do juiz com o processo e irrecorribilidade das decisões interlocutórias.

Tudo isso faz com que a concentração dos atos processuais ocorra de forma mais efetiva.

Na prática, desvirtuando-se a intenção do legislador e a orientação desse princípio, vemos a prevalência da palavra escrita. (Está claro que não há proibição de que se peticione e de que se escreva sempre nos autos, mas a escrita deveria ser deixada para casos estritamente necessários ou para quando a lei determinasse.)

Ementa:
CORREIÇÃO PARCIAL. AUDIÊNCIA DE INSTRUÇÃO. REPRODUÇÃO FIEL. GRAVAÇÃO. A audiência constitui a exteriorização do princípio da oralidade, que informa o processo do trabalho. Presta-se para a produção da prova oral e materialização dos requerimentos das partes. Assume importância extraordinária e quando nela a defesa é produzida por escrito ou oralmente. Não constitui, assim, palco para confronto ente advogados ou entre advogado e juiz. Certo que ao último cabe a direção do processo, como está escrito no art. 125 do Código de Processo Civil. Mas a ata deve reproduzir com fidelidade o que se postulou, o que se contrapôs à postulação, e o que se decidiu. Nem por outra razão tenho defendido que o gravador deve ser reconhecido como instrumento de trabalho tanto para os advogados como para o juiz. **ACÓRDÃO Nº:** *2005009898*

1.7.8. Identidade Física do Juiz

Esse princípio tem o objetivo de vincular o Juiz da instrução no julgamento da demanda, tendo em vista que se interpreta que seria a melhor pessoa para tal feito. O artigo 132 do CPC traz a possibilidade da identidade física do Juiz e que aplicada no processo do trabalho, tendo em vista que com a emenda Constitucional 24/99 encerrou com os Juízes classistas.

Assim sendo, temos a não aplicação do referido artigo em sua plenitude, nesse sentido as súmulas 136 do TST e 222 do STF.

Ementa:
JUIZ – IDENTIDADE FÍSICA – NÃO SE APLICA O PRINCÍPIO DA IDENTIDADE FÍSICA DO JUIZ QUANDO AQUELE QUE CONCLUIU A INSTRUÇÃO NÃO PUDER JULGAR A LIDE PORQUE FORA CONVOCADO, LICENCIADO, AFASTADO POR QUALQUER MOTIVO, PROMOVIDO OU APOSENTADO, CASOS EM QUE PASSARÁ OS AUTOS AO SEU SUCESSOR (ART. 132 DO CPC E ENUNCIADO Nº 136 DO COLENDO TST). ACÓRDÃO Nº: 02950305495

1.7.9. Imediação

Esse princípio também é conhecido como imediatividade, ou seja, é o contato direto do Juiz com as partes, testemunhas e peritos. Os artigos 342, 340, 446 II do CPC combinado com o art. 820 da CLT tratam do referido assunto.

Esse princípio é de suma importância para o direito processual do trabalho, pois em seu bojo traz a livre convicção do Juiz diante de um contato direto com a realidade dos fatos.

Ementa:
RESCISÃO INDIRETA. IMEDIAÇÃO. A imediação entre a propositura da ação e a falta praticada deve ser observada na rescisão indireta. Se a alteração do horário de trabalho ocorreu em 2002 ou em julho de 2004 e a ação somente foi proposta em 1.10.04, não houve imediação entre a falta e a postulação de rescisão indireta. Rescisão indevida. ACÓRDÃO Nº: 20060568261

1.7.10. Irrecorribilidade

O princípio acima descrito tem uma vertente importante no processo do trabalho, afinal as decisões interlocutórias não são passíveis de recursos, exceto em casos excepcionais.

Um dos motivos da celeridade do processo do trabalho é exatamente a não possibilidade de agravar das decisões interlocutórias como é feito no processo civil. A Súmula 214 do TST traz as exceções do referido princípio. Mas também chamo a atenção da possibilidade de recorrer de uma decisão interlocutória proferida em sede do rito de alçada (sumário) conforme a Lei 5.584/70.

É a decisão que arbitra o valor da causa em audiência que será cabível o recurso conhecido como pedido de revisão em até 48h que após a intimação da outra parte deverá ser encaminhado ao E. TRT da região do processo, para seu recebimento e julgamento. O referido recurso não tem custas e seu pedido se limita apenas à decisão sobre o valor da causa.

Insta salientar que para decisões interlocutórias abusivas, tais como liminar, tutelas antecipadas, tutelas específicas, liminares em cautelares o meio cabível na primeira instância será o mandado de segurança, conforme Súmula 414 do TST. Porém, se a decisão interlocutória for proferida nos Tribunais caberá agravo regimental, conforme art. 893 da CLT.

Ementa:
EMPRESA EM LIQUIDAÇÃO EXTRAJUDICIAL. AGRAVO DE PETIÇÃO. EXCEÇÃO DE PRÉ-EXECUTIVIDADE REJEITADA. DECISÃO INTERLOCUTÓRIA IRRECORRÍVEL. INTELIGÊNCIA DO ARTIGO 893, parágrafo 1º, DA CLT. DESCABIMENTO DE AGRAVO DE PETIÇÃO. A AGRAVANTE NÃO SE INSURGIU CONTRA A REJEIÇÃO POR MEIO DO REMÉDIO JURÍDICO ADEQUADO. AGRAVO NÃO CONHE-

CIDO. Tomando por base o princípio da irrecorribilidade das decisões interlocutórias (artigo 893, § 1º, da CLT e Enunciado nº 214 do C. TST), tem-se que, no caso de o juiz rejeitar a exceção ou considerá-la incabível, por ser essa decisão interlocutória, não caberá o Agravo de Petição. Cabível o será na hipótese de o juiz acolher a exceção, pois, neste caso, a decisão possui natureza de sentença. Logo, por serem inimpugnáveis, de imediato, as decisões interlocutórias, não se conhece do Agravo de Petição interposto contra decisão que rejeita a exceção de pré-executividade, porque incabível. Não bastasse, a agravante não ataca os fundamentos da decisão recorrida, o que também impede o conhecimento do apelo. ACÓRDÃO Nº: 20080040610

1.7.11. Contraditório e Ampla Defesa

Esses princípios estão descritos na Carta Maior de 88 precisamente em seu artigo 5º, inciso LV.

Uma das bases de um Estado Democrático de Direito é exatamente a possibilidade de contrariar com fatos e provas o que alegam contra o demandado.

Os princípios em pauta, além de ser uma cláusula pétrea, estão dispostos em qualquer processo, seja ele judicial ou extrajudicial.

Ementa:

PETIÇÃO INICIAL. CAUSA DE PEDIR. INALTERA-BILIDADE. INSALUBRIDADE. O AGENTE INSALUBRE, DIVERSO DO APONTADO NA INICIAL, NÃO PREJUDICA O PEDIDO DE ADICIONAL (SÚMULA TST 293). ISTO OCORRE QUANDO O AGENTE INDICADO PELO AUTOR NÃO É ABSOLUTAMENTE DIVERSO DO APURADO EM PERÍCIA E O CAUSADOR DA INSALUBRIDADE NÃO POSSA SER

DIFERENCIADO DE PRONTO POR QUALQUER CIDADÃO COMUM. A SENTENÇA QUE CONDENA COM BASE EM AGENTE TÃO ESTRANHO AO INDICADO OFENDE O CONTRADITÓRIO E O DIREITO DE DEFESA. **ACÓRDÃO Nº:** *02960241767*

Ementa:
RECURSO ORDINÁRIO. NULIDADE PROCESSUAL. ENCERRAMENTO ABRUPTO DA INSTRUÇÃO PROCESSUAL. INDEFERIMENTO DA PRODUÇÃO DE PROVAS. Não se ignora que o juiz é o destinatário final da prova, uma vez que o princípio do livre convencimento motivado confere ao juiz liberdade na apreciação e valoração da prova, bastando que fundamente a sua decisão, conforme arts. 130 e 131 do CPC c/c art. 765 da CLT e inciso IX do art. 93 da CF. No entanto, o referido princípio não deve conflitar, mas, ao contrário, deve harmonizar-se com o princípio da necessidade da prova, segundo o qual as partes devem fazer prova de suas alegações. Se o reclamante pleiteia indenização por acidente do trabalho, o Juízo de origem não pode encerrar a instrução processual, obstando o direito da parte de produzir prova essencial ao deslinde da controvérsia e que não se encontra nos autos, sob pena de configurar cerceamento ao direito de prova (art. 332 do CPC) e ofensa ao devido processo legal e ampla defesa (incisos LIV e LV do art. 5º da CF). ACÓRDÃO Nº: 20080090103

1.7.12. Imparcialidade

A parcialidade de qualquer Julgador não faria a verdadeira Justiça. O princípio citado traz como característica principal a análise do Magistrado tão somente dos fatos e provas que estão nos autos, não sendo possível fazer um Juízo de valor das partes pela aparência ou por conhecimento das partes.

Cumpre salientar que as referidas exceções de suspeição ou de impedimento apenas se aplicam aos Juízes e Partes e não sendo possível essa arguição entre Juízes e Advogados, nesta linha de raciocínio está o art. 801 da CLT.

Ementa:
CUSTAS. RECOLHIMENTO IRREGULAR. RECURSO NÃO CONHECIDO. Diz o item III da instrução nº 20 de 27 de setembro de 2002 do E. TST que: "É ônus da parte zelar pela exatidão do recolhimento das custas e/ou dos emolumentos, bem como requerer a juntada aos autos dos respectivos comprovantes". Como se vê, a norma usa a expressão "EXATIDÃO". Isto indica que os Tribunais e Juízes devem ser rigorosos quanto ao recolhimento e preenchimento de guias, não se tolerando as falhas, este é o sentido, também do art. 790 da CLT. A razão deste rigor está, justamente, no princípio da imparcialidade do juízo, pois sendo aceita a falha e o erro de uma parte, contraria-se a regra processual, fica prejudicada a outra parte e viola-se a garantia do devido processo legal. Portanto, não sendo recolhidas as custas segundo as normas, temos que os recursos estão desertos e não podem ser conhecidos. ACÓRDÃO Nº: 20070228625

1.7.13. Livre Convicção

Esse princípio diz respeito ao juiz. É a persuasão racional: art. 131 do Código de Processo Civil – "O Juiz apreciará livremente a prova, atendendo aos fatos e circunstâncias constantes dos autos, ainda que não alegados pelas partes; mas deverá indicar, na sentença, os motivos que lhe formaram o convencimento".

Assim, o julgador está livre para dar a sua decisão, apenas devendo obediência à sua própria consciência. Não poderá, entretanto, decidir de forma desvinculada do processo.

A fundamentação da sentença ou de qualquer decisão interlocutória deve ter base nos autos e na lei (se tais parâmetros forem desrespeitados, haverá a nulidade do julgado ou a sua reforma).

Ementa:

*EXECUÇÃO PREVIDENCIÁRIA. LIMITAÇÃO À CONDENAÇÃO OU VALOR DO ACORDO. INCOMPETÊNCIA MATERIAL DA JUSTIÇA DO TRABALHO PARA EXECUÇÃO DAS CONTRIBUIÇÕES ATINENTES AO CONTRATO DE TRABALHO APENAS DECLARADO EM SENTENÇA. Na forma da recente jurisprudência cristalizada na Súmula nº 368, I, do C. TST, a competência material da Justiça do Trabalho para execução das contribuições previdenciárias alcança apenas aquelas incidentes sobre os títulos contemplados na condenação ou sobre os valores do acordo homologado. Em relação ao período do contrato de trabalho apenas declarado em sentença, mas que não originou condenação em pecúnia, a execução deve ser realizada através do procedimento fiscal cabível, e não no bojo da reclamatória trabalhista, sob pena de ofensa ao princípio do juiz natural, constante do artigo 5º, LIII, da Constituição Federal. **ACÓRDÃO Nº:** 20060740048*

1.7.14. Motivação das Decisões

O art. 93, IX da CF determina que as decisões deverão ser fundamentadas sob pena de nulidade.

Corrobora com esse entendimento os artigos 770 e 832 da CLT tendo em vista que o apontamento da base legal ou ainda dos motivos que ensejaram a decisão sejam claros para eventuais recursos das partes.

Ementa:

MOTIVAÇÃO DAS DECISÕES JUDICIAIS. A fundamentação dos atos jurisdicionais é princípio geral de direito universalmente reconhecido, inclusive com expressa previsão constitucional, importando a sua violação em nulidade absoluta. Motivada a decisão com congruência, exatidão, suficiência e clareza não há que se falar em nulidade por falta de fundamentação pelo simples fato de contrariar a pretensão do requerente. **ACÓRDÃO Nº:** *02970558410*

1.7.15. Conciliação

O referido princípio trata do fundamento para qualquer ação trabalhista, o acordo. Indubitavelmente é a melhor forma de solução dos conflitos, haja vista, que ambas as partes renunciam a alguns direitos até chegar a uma composição.

Nesse sentido, temos o artigo 764 da CLT assim como os artigos 846 e 850 da CLT que determinam o momento que o Juiz detém para tentar o acordo.

Cumpre salientar que do acordo firmado em audiência caberá pelas partes apenas ação rescisória (S. 259 do TST) e pelo INSS caberá recurso ordinário para discutir o não pagamento dos impostos a esse D. órgão.

Ementa:

"TRANSAÇÃO: MESMO LOGRANDO A CHANCELA JUDICIAL, A TRANSAÇÃO, EXPRIMINDO EM ESSÊNCIA ACORDO DE VONTADES, HÁ DE SER INTERPRETADA À LUZ DA REAL INTENÇÃO DAS PARTES E DO PRINCÍPIO

DA BOA-FÉ A NORTEAR A INICIATIVA DOS CONVENEN-TES". ACÓRDÃO Nº: 02950414626

1.7.16. Jus Postulandi

Foi elevado à categoria de princípio no Direito Processual do Trabalho, mas nem todos os autores assim pensam.

Na verdade, não há necessidade do técnico (advogado) para a Justiça ser acionada.

O art. 791 da Consolidação das Leis do Trabalho é claro: "Os empregados e empregadores poderão reclamar pessoalmente perante a Justiça do Trabalho e acompanhar as suas reclamações até o final".

Entendo como acompanhar a reclamação até o final o E. TST. Porém o referido direito se aplica apenas a empregados e não a trabalhadores.

Ementa:
RECURSO ORDINÁRIO. HONORÁRIOS ADVOCATÍCIOS. INDENIZAÇÃO POR PERDAS E DANOS. Na Justiça do Trabalho a Lei 5.584/70 é que estabelece o cabimento de honorários advocatícios, uma vez não preenchidos os requisitos ali estabelecidos, que é o caso dos autos, indevida a verba honorária. Ressalta-se que o artigo 133 da Constituição Federal de 1988 não teve o condão de afastar o jus postulandi *na Justiça do Trabalho. Súmula nº 219 do C.TST. Se a parte não faz jus à verba honorária por não estar assistida pela entidade sindical, por óbvio não pode obter a condenação do ex adverso ao pagamento dessa verba sob o disfarce de indenização por perdas e danos com base no art. 404 do Código Civil. ACÓRDÃO Nº: 20080090138*

1.7.17. Devido Processo Legal

Esse princípio traz a segurança para as partes de conhecer as regras do processo antes de ajuizar a ação. Saliento que caso ocorra alguma alteração na lei processual essa se aplica aos processos pendentes. O artigo 5º LIV da CF traz a referida garantia aos litigantes.

Ementa:
DESCONSIDERAÇÃO DA PERSONALIDADE JURÍDICA DA EMPRESA – POSSIBILIDADE. Aplicável no Direito do Trabalho a Teoria da Desconsideração da Pessoa Jurídica na fase da execução. Se verificada a inexistência de bens suficientes dos atuais sócios para saldar as dívidas da sociedade, pode o Juiz determinar que a execução avance no patrimônio dos ex-sócios, que responderão solidária e ilimitadamente pelos créditos exequentes, consoante artigo 592, II, do CPC, não havendo de se falar em ofensa ao devido processo legal, haja vista que o suposto prejudicado pela desconsideração da personalidade jurídica tem oportunidade para a produção de provas por ocasião dos embargos de terceiro e recurso para a defesa (agravo de petição) da suposta ilegalidade, consoante artigo 1046 do CPC.
ACÓRDÃO Nº: *20080064650*

Ementa:
GORJETA/TAXA DE SERVIÇO. A prova das alegações, positivas ou negativas, de fatos constitutivos, modificativos, impeditivos ou extintivos incumbe a qualquer das partes que as formule. Incidência do artigo 818, da CLT. ADICIONAL NOTURNO/ADIANTAMENTO SALARIAL. Atendidos os critérios pertinentes à distribuição do ônus da prova entre os litigantes, e observado o princípio da persuasão racional do artigo 131 do CPC, não cabe falar em violação ao princípio do devido processo legal e de suposto ferimento ao artigo 5º, inciso LIV, da

Constituição. HONORÁRIOS ADVOCATÍCIOS. É indevido o deferimento de honorários advocatícios se não há sucumbência. **ACÓRDÃO Nº:** *20080036362*

1.7.18. Duplo Grau de Jurisdição

A meu ver, esse princípio não é uma garantia Constitucional, tendo em vista que existem processos que podem ser julgados em última instância ou em instância única, é o caso de crimes praticados pelo Presidente da República que são julgados pelo E. STF (art. 102, I, b, da CF).

Necessário fazer o apontamento da Súmula 303 do E. TST, onde determina que não há a necessidade de reexame necessário em ações contrárias à administração pública quando o valor for inferior a 60 (sessenta) salários-mínimos.

Ementa:
SUPRESSÃO DE INSTÂNCIA. PRECLUSÃO. A tese recursal relativa à compensação das horas extras pagas não foi analisada pelo MM. Juízo de origem, sendo certo que a parte não opôs os componentes embargos de declaração, a fim de sanar a omissão, restando preclusa a discussão da matéria, sob pena de violação ao princípio do duplo grau de jurisdição, com a supressão de uma instância de julgamento. **ACÓRDÃO Nº:** *20080062614*

Ementa:
DIFERENÇAS DE REEMBOLSO DE QUILOMETRAGEM RODADA EM PERÍODO NOTURNO. ADICIONAL NOTURNO. HORAS EXTRAS. VERBAS REFLEXAS. A juntada dos registros de horário por parte da empresa, quando empregue mais de 10 trabalhadores, não depende de determinação judicial, por isso que a manutenção de tais controles resulta de imposição legal.

Esse dever lhe acarreta o ônus da prova, quando alegue horário diverso do afirmado pela parte contrária. MULTA DO ARTIGO 55 DA CLT NÃO APRECIADA EM SENTENÇA. Omissão da sentença sem a interposição de embargos declaratórios para saneamento, impede a análise da pretensão em sede recursal sob pena de ferimento ao princípio do duplo grau de jurisdição. ACÓRDÃO Nº: 20080036478

1.7.19. Boa-Fé

Esse princípio deveria embasar todas as relações humanas inclusive o processo judicial.

O art. 14, II do CPC traz a possibilidade de aplicação desse princípio e conforme art. 769 da CLT se aplica ao processo do trabalho, principalmente na execução trabalhista em que o empregador se desfaz dos bens antes da penhora.

Ementa:
INTERPRETAÇÃO EXTENSIVA. A interpretação extensiva dos termos da sentença homologatória de conciliação, com o intuito de aplicar multa por atraso na quitação, ante o inadimplemento em razão de hipóteses não contempladas no acordo, não se coaduna com a boa-fé objetiva; mormente quando se considera que as próprias partes tiveram oportunidade de estipular normas em sentido diverso, especificando pormenorizadamente as formas de pagamento. Assim, essa possível significação dos termos do acordo entabulado, mesmo que não desejada intimamente pelo reclamante, revela-se como a única interpretação em que a segurança jurídica se concretiza, eis que não induz efeitos jurídicos a partir de comportamento não expressamente previsto pelos participantes da transação. ACÓRDÃO Nº: 20080089601

Ementa:

RESPONSABILIDADE SUBSIDIÁRIA DA ADMINIS-TRAÇÃO PÚBLICA. INAPLICABILIDADE DO ART. 71, PARÁGRAFO 1º, DA LEI Nº 8.666/93. Os princípios da dignidade da pessoa humana, valor social do trabalho e da moralidade, consagrados nos incisos III e IV do art.1º e no art.37, caput, ambos da CF, juntamente com a Súmula nº 331, IV, do C. TST, cuja redação foi dada após a publicação da Lei nº 8.666/93, afastam a interpretação de que o art.71, parágrafo 1º, do diploma referido impede o reconhecimento da responsabilidade subsidiária da administração pública, mormente quando se considera que esta se submete, inclusive, ao dever de se conduzir pautada pela boa-fé objetiva e probidade, ante o fato de ter sido beneficiária dos serviços prestados pelo obreiro. ACÓRDÃO Nº: 20080048794

1.7.20. Eventualidade

Nesse princípio as partes devem aduzir de uma única vez a matéria da defesa que deverá ser feita nas respostas (art. 847 da CLT).

Isso se faz necessário pela possibilidade das partes não apresentarem nenhum elemento surpresa nos autos durante o curso desse, salvo se for um documento novo (superveniente).

Ementa:

RECURSO ORDINÁRIO. RESPONSABILIDADE SUB-SIDIÁRIA. EFEITOS DA REVELIA E DA CONFISSÃO À CORRECLAMADA. ART. 320, I, DO CPC. PRINCÍPIO DA EVENTUALIDADE. Embora não sejam extensíveis tais efeitos à reclamada que comparece regularmente e contesta o feito, subsiste o julgado em face da sucumbência da contestante relativamente ao ônus da impugnação especificada dos fatos (art. 302, pará-

grafo único do CPC., de aplicação subsidiária). **ACÓRDÃO Nº:** *20080051981*

1.7.21. Preclusão

Esse princípio garante que se uma das partes não respeitar um referido prazo perderá o direito de dizer sobre aquele assunto novamente. Na verdade é a perda de um ato processual.

Cumpre salientar que as nulidades deverão ser arguidas no primeiro momento que as partes falarem nos autos (art. 795 da CLT).

Ementa:

RECURSO ORDINÁRIO. REMÉDIO JURÍDICO INADEQUADO. FUNGIBILIDADE INAPLICÁVEL. Dentre os pressupostos objetivos do recurso há a adequação que deve ser observado pela parte recorrente sob pena de preclusão. No caso dos autos foi dado ao recorrente ciência da sentença que homologou o acordo firmado na fase de execução. Logo, considerando-se o disposto na alínea "a" do artigo 897 da CLT, cabível seria o agravo de petição. O recorrente interpôs recurso ordinário, o qual é recurso específico da fase de conhecimento, permitindo que se operasse o trânsito em julgado da decisão. Tratando-se de erro grosseiro, inaplicável à espécie o princípio da fungibilidade. **ACÓRDÃO Nº:** *20080090278*

Ementa:

INSTRUÇÃO. ENCERRAMENTO. AUSÊNCIA DE PROTESTO. PRECLUSÃO. NULIDADE REJEITADA. Não se acolhe alegação de nulidade por cerceamento de defesa, se a parte não se insurgiu oportunamente, deixando de formular imediatos protestos contra a cominação de pena de considerar o não cumprimento da determinação judicial como desistência do pedido *de reintegração ao emprego, razão pela qual, in casu, a questão foi atingida por incontornável preclusão. É que as nulidades relativas devem ser arguidas na primeira oportunidade em que couber à parte falar nos autos, nos termos dos artigos 795 da CLT e 245 do CPC ("A nulidade dos atos deve ser alegada na primeira oportunidade em que couber falar nos autos, sob pena de preclusão"). **ACÓRDÃO Nº:** 20080089768*

1.7.22. Perempção

Esse instituto se aplica ao processo do trabalho quando por três vezes a parte deixar a reclamação trabalhista arquivar pelo mesmo motivo (art. 267, II e 268 do CPC).

Na CLT apenas temos a perempção provisória descrita nos artigos 731 e 732 da referida consolidação.

Ementa:
PROCESSO. PERDA DO DIREITO DE RECLAMAÇÃO POR 6 MESES. ART. 732 DA CLT. CONSTITUCIONALIDADE. INCONDICIONAL É O DIREITO DE DEMOVER O JUDICIÁRIO DE SUA INÉRCIA. JÁ O DIREITO A UMA SENTENÇA DE MÉRITO DEPENDE DA PRESENÇA DAS CONDIÇÕES DA AÇÃO E DOS PRESSUPOSTOS PROCESSUAIS, ENTRE OS QUAIS O NEGATIVO DA PEREMPÇÃO TRABALHISTA. ACÓRDÃO Nº: 20060211169

Ementa:
ARQUIVAMENTO. PEREMPÇÃO. Tratando-se de penalidade, ainda que temporária, a interpretação há de ser restritiva, de forma a abranger exclusivamente aqueles arquivamentos motivados pelo não comparecimento do autor, hipótese não

comprovada nos autos. Preliminar que se rejeita. **ACÓRDÃO Nº:** *20060057984*

1.7.23. Impugnação Especificada

Esse princípio traz que a defesa deverá ser feita ponto a ponto não sendo possível à negativa geral (art. 302 do CPC), salvo se for o Ministério Público do Trabalho.

> **Ementa:**
> *RECURSO ORDINÁRIO. RESPONSABILIDADE SUB-SIDIÁRIA. EFEITOS DA REVELIA E DA CONFISSÃO À CORRECLAMADA. ART. 320, I, DO CPC. PRINCÍPIO DA EVENTUALIDADE. Embora não sejam extensíveis tais efeitos à reclamada que comparece regularmente e contesta o feito, subsiste o julgado em face da sucumbência da contestante relativamente ao ônus da impugnação especificada dos fatos (art. 302, pará-grafo único do CPC, de aplicação subsidiária).* **ACÓRDÃO Nº:** *20080051981*

> **Ementa:**
> *RITO SUMARÍSSIMO. RECURSO ORDINÁRIO. AUSÊNCIA DE CONTESTAÇÃO ESPECÍFICA. ART. 302/CPC. ART. 769/ CLT. À falta de impugnação especificada, presume-se a veracidade dos fatos narrados na inicial.* **ACÓRDÃO Nº:** *20070285530*

1.7.24. Proteção

Esse princípio é o mais importante, a meu ver, do direito processual do trabalho, temos vários exemplos, tais como gratuidade da justiça (790 parágrafo 3ª), inversão do ônus da prova (S. 212 do TST), execução de ofício (878), depósito recursal (899 parágrafo 1º), local do ajuizamento

(651), despersonalização da PJ (art. 50 NCCB), Reclamação trabalhista verbal (837) e *Jus postulandi* (791).

Ementa:
INTERVALO INTRAJORNADA. NÃO CONCESSÃO OU CONCESSÃO PARCIAL. A não concessão total ou parcial do intervalo intrajornada mínimo implica o pagamento de hora extra, nos moldes da OJ nº 307 da SDI-1 do TST. O fato do referido entendimento almejar a efetivação de medidas de higiene, saúde e segurança do trabalho (art. 7º, XXII, da CF) não altera a natureza salarial da parcela devida ao obreiro, mas apenas busca concretizar o princípio da proteção, ínsito ao direito do trabalho. **ACÓRDÃO Nº:** *20080089423*

Capítulo 2

Atos Processuais

2.1. ATOS PROCESSUAIS

São atos destinados à formação e andamento do processo, ou seja, o conjunto de atos processuais forma o processo, espécies de atos jurídicos.

Este tema é abordado na Consolidação das Leis do trabalho nos artigos 770 a 773 e no Código de Processo Civil nos artigos 154 a 261.

Cumpre ressaltar que diferentemente no processo civil, no processo do trabalho o início do prazo ocorre da ciência pessoal do destinatário e não do dia da juntada do mandado nos autos.

No que tange à comunicação dos atos oficiais por meio eletrônico a Instrução Normativa 30/2007 do TST que regulamenta a Lei 11.419/2006 e dispõe sobre a informatização do processo judicial.

INSTRUÇÃO NORMATIVA Nº 30 de 2007

Regulamenta, no âmbito da Justiça do Trabalho, a Lei nº 11.419, de 19 de dezembro de 2006, que dispõe sobre a informatização do processo judicial.

CAPÍTULO I
INFORMATIZAÇÃO DO PROCESSO JUDICIAL
NO ÂMBITO DA JUSTIÇA DO TRABALHO

Art. 1º *O uso de meio eletrônico na tramitação de processos judiciais, comunicação de atos e transmissão de peças processuais, na Justiça do Trabalho, será disciplinado pela presente instrução normativa.*

Art. 2º *Os Tribunais Regionais do Trabalho disponibilizarão em suas dependências e nas Varas do Trabalho, para os usuários dos serviços de peticionamento eletrônico que necessitarem, equipamentos de acesso à rede mundial de computadores e de digitalização do processo, para a distribuição de peças processuais.*
Parágrafo único. *Os Tribunais Regionais do Trabalho terão o prazo de um ano da publicação da presente instrução normativa para atenderem ao disposto no presente artigo.*

CAPÍTULO II
ASSINATURA ELETRÔNICA

Art. 3º *No âmbito da Justiça do Trabalho, o envio de petições, de recursos e a prática de atos processuais em geral por meio eletrônico serão admitidos mediante uso de assinatura eletrônica.*

Art. 4º *A assinatura eletrônica, no âmbito da Justiça do Trabalho, será admitida sob as seguintes modalidades:*
I – assinatura digital, baseada em certificado digital emitido pelo ICP – Brasil, com uso de cartão e senha;
II – assinatura cadastrada, obtida perante o Tribunal Superior do Trabalho ou Tribunais Regionais do Trabalho, com fornecimento de login e senha.
§ 1º Para o uso de qualquer das duas modalidades de assinatura eletrônica, o usuário deverá se credenciar previamente perante o Tribunal Superior do Trabalho ou o Tribunal Regional do Trabalho com jurisdição sobre a cidade em que tenha domicílio,

mediante o preenchimento de formulário eletrônico, disponibilizado no Portal da Justiça do Trabalho (Portal JT).

§ 2º No caso de assinatura digital, em que a identificação presencial já se realizou perante a Autoridade Certificadora, o credenciamento se dará pela simples identificação do usuário por meio de seu certificado digital e remessa do formulário devidamente preenchido.

§ 3º No caso da assinatura cadastrada, o interessado deverá comparecer, pessoalmente, perante o órgão do Tribunal no qual deseje cadastrar sua assinatura eletrônica, munido do formulário devidamente preenchido, obtendo senhas e informações para a operacionalização de sua assinatura eletrônica.

§ 4º Ao credenciado será atribuído registro e meio de acesso ao sistema, de modo a preservar o sigilo (mediante criptografia de senha), a identificação e a autenticidade de suas comunicações.

§ 5º Alterações de dados cadastrais poderão ser feitas pelos usuários, a qualquer momento, na seção respectiva do Portal JT.

§ 6º O credenciamento implica a aceitação das normas estabelecidas nesta Instrução Normativa e a responsabilidade do credenciado pelo uso indevido da assinatura eletrônica.

CAPÍTULO III
SISTEMA DE PETICIONAMENTO ELETRÔNICO

Art. 5º A prática de atos processuais por meio eletrônico pelas partes, advogados e peritos será feita, na Justiça do Trabalho, através do Sistema Integrado de Protocolização e Fluxo de Documentos Eletrônicos (e-DOC).

§ 1º O e-DOC é um serviço de uso facultativo, disponibilizado no Portal JT, na Internet.

§ 2º É vedado o uso do e-DOC para o envio de petições destinadas ao Supremo Tribunal Federal.

§ 3º *O sistema do e-DOC deverá buscar identificar, dentro do possível, os casos de ocorrência de prevenção, litispendência e coisa julgada.*

§ 4º *A parte desassistida de advogado que desejar utilizar o sistema do e-DOC deverá se cadastrar, antes, nos termos desta Instrução Normativa.*

Art. 6º *As petições, acompanhadas ou não de anexos, apenas serão aceitas em formato PDF (*Portable Document Format*), no tamanho máximo, por operação, de 2 Megabytes.*

Parágrafo único. *Não se admitirá o fracionamento de petição, tampouco dos documentos que a acompanham, para fins de transmissão.*

Art. 7º *O envio da petição por intermédio do e-DOC dispensa a apresentação posterior dos originais ou de fotocópias autenticadas, inclusive aqueles destinados à comprovação de pressupostos de admissibilidade do recurso.*

Art. 8º *O acesso ao e-DOC depende da utilização, pelo usuário, da sua assinatura eletrônica.*

Parágrafo único. *Salvo impossibilidade que comprometa o acesso à justiça, a parte deverá informar, ao distribuir a petição inicial de qualquer ação judicial em meio eletrônico, o número no cadastro de pessoas físicas ou jurídicas, conforme o caso, perante a Secretaria da Receita Federal.*

Art. 9º *O Sistema Integrado de Protocolização e Fluxo de Documentos Eletrônicos (e-DOC), no momento do recebimento da petição, expedirá recibo ao remetente, que servirá como comprovante de entrega da petição e dos documentos que a acompanharam.*

§ 1º *Constarão do recibo as seguintes informações:*

I – o número de protocolo da petição gerado pelo Sistema;

II – o número do processo e o nome das partes, se houver, o assunto da petição e o órgão destinatário da petição, informados pelo remetente;

III – a data e o horário do recebimento da petição no Tribunal, fornecidos pelo Observatório Nacional;
IV – as identificações do remetente da petição e do usuário que assinou eletronicamente o documento.
§ 2º A qualquer momento o usuário poderá consultar no e-DOC as petições e documentos enviados e os respectivos recibos.

__Art. 10.__ Incumbe aos Tribunais, por intermédio das respectivas unidades administrativas responsáveis pela recepção das petições transmitidas pelo e-DOC:
I – imprimir as petições e seus documentos, caso existentes, anexando-lhes o comprovante de recepção gerado pelo Sistema, enquanto não generalizada a virtualização do processo, que dispensará os autos físicos;
II – verificar, diariamente, no sistema informatizado, a existência de petições eletrônicas pendentes de processamento.

__Art. 11.__ São de exclusiva responsabilidade dos usuários:
I – o sigilo da assinatura digital, não sendo oponível, em qualquer hipótese, alegação de seu uso indevido;
II – a equivalência entre os dados informados para o envio (número do processo e unidade judiciária) e os constantes da petição remetida;
III – as condições das linhas de comunicação e acesso ao seu provedor da Internet;
IV – a edição da petição e anexos em conformidade com as restrições impostas pelo serviço, no que se refere à formatação e tamanho do arquivo enviado;
V – o acompanhamento da divulgação dos períodos em que o serviço não estiver disponível em decorrência de manutenção no sítio do Tribunal.
§ 1º A não-obtenção, pelo usuário, de acesso ao Sistema, além de eventuais defeitos de transmissão ou recepção de dados, não servem de escusa para o descumprimento dos prazos legais.

§ 2º Deverão os Tribunais informar, nos respectivos sítios, os períodos em que, eventualmente, o sistema esteve indisponível.

Art. 12. *Consideram-se realizados os atos processuais por meio eletrônico no dia e hora do seu recebimento pelo sistema do e-DOC.*

§ 1º Quando a petição eletrônica for enviada para atender a prazo processual, serão consideradas tempestivas as transmitidas até as 24 (vinte e quatro) horas do seu último dia.

§ 2º Incumbe ao usuário observar o horário estabelecido como base para recebimento, como sendo o do Observatório Nacional, devendo atender para as diferenças de fuso horário existente no País.

§ 3º Não serão considerados, para efeito de tempestividade, o horário da conexão do usuário à Internet, o horário do acesso ao sítio do Tribunal, tampouco os horários consignados nos equipamentos do remetente e da unidade destinatária, mas o de recebimento no órgão da Justiça do Trabalho.

Art. 13. *O uso inadequado do e-DOC que venha causar prejuízo às partes ou à atividade jurisdicional importa bloqueio do cadastramento do usuário, a ser determinado pela autoridade judiciária competente.*

CAPÍTULO IV
COMUNICAÇÃO E INFORMAÇÃO DOS ATOS PROCESSUAIS NO PORTAL DA JUSTIÇA DO TRABALHO

Art. 14. *O Portal da Justiça do Trabalho (Portal JT) é o sítio corporativo da instituição, abrangendo todos os Tribunais Trabalhistas do País, gerenciado pelo Conselho Superior da Justiça do Trabalho e operado pelo Tribunal Superior do Trabalho e pelos Tribunais Regionais do Trabalho, incluindo, entre outras funcionalidades:*

I – o Diário da Justiça do Trabalho Eletrônico (DJT), para publicação de atos judiciais e administrativos dos Tribunais e Varas do Trabalho;
II – Sistemas de Pesquisa de Jurisprudência, de Legislação Trabalhista e Atos Normativos da Justiça do Trabalho, de acompanhamento processual, de acervo bibliográfico, com Banco de Dados Geral integrado pelos julgados e atos administrativos de todos os Tribunais trabalhistas do País;
III – Informações gerais sobre os Tribunais e Varas do Trabalho, incluindo memória da Justiça do Trabalho, dados estatísticos, magistrados, concursos e licitações, entre outros;
IV – Informações sobre o Conselho Superior da Justiça do Trabalho (CSJT), incluindo seu Regimento Interno, suas resoluções e decisões, além de seus integrantes e estrutura do órgão;
V – Informações sobre a Escola Nacional de Formação e Aperfeiçoamento de Magistrados do Trabalho (ENAMAT), incluindo quadro diretivo, de professores, de alunos e de cursos, bem como disponibilizando ambiente para o ensino à distância;
VI – Sistemas de Assinatura Eletrônica, Peticionamento Eletrônico (e-DOC) e de Carta Eletrônica (CE).
VII – Informações sobre a Corregedoria-Geral da Justiça do Trabalho.
***Parágrafo único.** O conteúdo das publicações de que trata este artigo deverá ser assinado digitalmente, na forma desta Instrução Normativa.*
***Art.15.** A publicação eletrônica no DJT substitui qualquer outro meio e publicação oficial, para quaisquer efeitos legais, à exceção dos casos que, por lei, exigem intimação ou vista pessoal.*
§ 1º Os atos processuais praticados pelos magistrados trabalhistas a serem publicados no DJT serão assinados digitalmente no momento de sua prolação.
§ 2º Considera-se como data da publicação o primeiro dia útil seguinte ao da disponibilização da informação no DJT.

§ *3º Os prazos processuais terão início no primeiro dia útil que seguir ao considerado como data da publicação.*

Art.16. *As intimações serão feitas por meio eletrônico no Portal JT aos que se credenciarem na forma desta Instrução Normativa, dispensando-se a publicação no órgão oficial, inclusive eletrônico.*

§ *1º Considerar-se-á realizada a intimação no dia em que o intimando efetivar a consulta eletrônica ao teor da intimação, certificando-se nos autos a sua realização.*

§ *2º Na hipótese do § 1º deste artigo, nos casos em que a consulta se dê em dia não útil, a intimação será considerada como realizada no primeiro dia útil seguinte.*

§ *3º A consulta referida nos §§ 1º e 2º deste artigo deverá ser feita em até 10 (dez) dias corridos, contados da data do envio da intimação, sob pena de considerar-se a intimação automaticamente realizada na data do término desse prazo.*

§ *4º A intimação de que trata este artigo somente será realizada nos processos em que todas as partes estejam credenciadas na forma desta Instrução Normativa, de modo a uniformizar a contagem dos prazos processuais.*

§ *5º Nos casos urgentes em que a intimação feita na forma deste artigo possa causar prejuízo a quaisquer das partes ou nos casos em que for evidenciada qualquer tentativa de burla ao sistema, o ato processual deverá ser realizado por outro meio que atinja a sua finalidade, conforme determinado pelo juiz.*

§ *6º As intimações feitas na forma deste artigo, inclusive da Fazenda Pública, serão consideradas pessoais para todos os efeitos legais.*

§ *7º Observadas as formas e as cautelas deste artigo, as citações, inclusive da Fazenda Pública, poderão ser feitas por meio eletrônico, desde que a íntegra dos autos seja acessível ao citando.*

Art. 17. *As cartas precatórias, rogatórias e de ordem, no âmbito da Justiça do Trabalho, serão transmitidas exclusivamente de forma eletrônica, através do Sistema de Carta Eletrônica (CE) já referido, com dispensa da remessa física de documentos.*

§ 1º A utilização do Sistema de Carta Eletrônica fora do âmbito da Justiça do Trabalho dependerá da aceitação pelos demais órgãos do Poder Judiciário.

§ 2º Eventuais falhas na transmissão eletrônica dos dados não desobriga os magistrados e serventuários do cumprimento dos prazos legais, cabendo, nesses casos, a utilização de outros meios previstos em lei para a remessa das cartas.

Art. 18. *As petições e demais documentos referentes às cartas precatórias, rogatórias e de ordem, não apresentados pelas partes em meio eletrônico, serão digitalizados e inseridos no Sistema de Carta Eletrônica.*

Art. 19. *Os documentos em meio físico, em poder do Juízo deprecado, deverão ser adequadamente organizados e arquivados, obedecidos os critérios estabelecidos na Lei nº 8.159, de 8 de janeiro de 1991, e no Decreto nº 4.073, de 3 de janeiro de 2002.*

Parágrafo único. *Poderá o Juízo deprecante, em casos excepcionais, solicitar o documento físico em poder do Juízo deprecado.*

Art. 20. *Serão certificados nos autos principais todos os fatos relevantes relativos ao andamento da carta, obtidos junto ao sistema Carta Eletrônica (CE), com impressão e juntada apenas dos documentos essenciais à instrução do feito, nos casos de autos em papel.*

Art. 21. *Os Tribunais Regionais do Trabalho ficarão obrigados a comunicar à Presidência do Conselho Superior da Justiça do Trabalho qualquer alteração na competência territorial de suas Varas do Trabalho.*

CAPÍTULO V
PROCESSO ELETRÔNICO

Art. 22. *Na Justiça do Trabalho, os atos processuais do processo eletrônico serão assinados eletronicamente na forma estabelecida nesta Instrução Normativa.*

Art. 23. *No processo eletrônico, todas as citações, intimações e notificações, inclusive da Fazenda Pública, serão feitas por meio eletrônico.*

§ 1º As citações, intimações, notificações e remessas que viabilizem o acesso à íntegra do processo correspondente serão consideradas vista pessoal do interessado para todos os efeitos legais.

§ 2º Quando, por motivo técnico, for inviável o uso do meio eletrônico para a realização de citação, intimação ou notificação, esses atos processuais poderão ser praticados segundo as regras ordinárias, digitalizando-se o documento físico, que deverá ser posteriormente destruído.

Art. 24. *A distribuição da petição inicial e a juntada da contestação, dos recursos e das petições em geral, todos em formato digital, nos autos de processo eletrônico, podem ser feitas diretamente pelos advogados públicos e privados, sem necessidade da intervenção do cartório ou secretaria judicial, situação em que a autuação deverá se dar de forma automática, fornecendo-se o recibo eletrônico de protocolo.*

§ 1º Quando o ato processual tiver que ser praticado em determinado prazo, por meio de petição eletrônica, serão considerados tempestivos os efetivados até as 24 (vinte e quatro) horas do último dia.

§ 2º No caso do § 1º deste artigo, se o serviço respectivo do Portal JT se tornar indisponível por motivo técnico que impeça a prática do ato no termo final do prazo, este fica automaticamente prorrogado para o primeiro dia útil seguinte à resolução do problema.

Art. 25. Os documentos produzidos eletronicamente e juntados aos processos eletrônicos com garantia da origem e de seu signatário, na forma estabelecida nesta Instrução Normativa, serão considerados originais para todos os efeitos legais.

§ 1º Os extratos digitais e os documentos digitalizados e juntados aos autos pelos órgãos da Justiça do Trabalho e seus auxiliares, pelo Ministério Público e seus auxiliares, pelas procuradorias, pelas autoridades policiais, pelas repartições públicas em geral e por advogados públicos e privados têm a mesma força probante dos originais, ressalvada a alegação motivada e fundamentada de adulteração antes ou durante o processo de digitalização.

§ 2º A arguição de falsidade do documento original será processada eletronicamente na forma da lei processual em vigor.

§ 3º Os originais dos documentos digitalizados, mencionados no § 1º deste artigo, deverão ser preservados pelo seu detentor até o trânsito em julgado da sentença ou, quando admitida, até o final do prazo para interposição de ação rescisória.

§ 4º Os documentos cuja digitalização seja tecnicamente inviável devido ao grande volume ou por motivo de ilegibilidade deverão ser apresentados ao cartório ou secretaria no prazo de 10 (dez) dias contados do envio de petição eletrônica comunicando o fato, os quais serão devolvidos à parte após o trânsito em julgado.

§ 5º Os documentos digitalizados juntados em processo eletrônico somente estarão disponíveis para acesso por meio da rede externa para suas respectivas partes processuais e para o Ministério Público, respeitado o disposto em lei para as situações de sigilo e de segredo de justiça.

Art. 26. A conservação dos autos do processo poderá ser efetuada total ou parcialmente por meio eletrônico.

§ 1º Os autos dos processos eletrônicos serão protegidos por meio de sistemas de segurança de acesso e armazenados de forma a

preservar a integridade dos dados, sendo dispensada a formação de autos suplementares.

§ 2º Os autos de processos eletrônicos que tiverem de ser remetidos a outro juízo ou instância superior que não disponham de sistema compatível deverão ser impressos em papel e autuados na forma dos arts. 166 a 168 do CPC.

§ 3º No caso do § 2º deste artigo, o escrivão ou o chefe de secretaria certificará os autores ou a origem dos documentos produzidos nos autos, acrescentando, ressalvada a hipótese de existir segredo de justiça, a forma pela qual o banco de dados poderá ser acessado para aferir a autenticidade das peças e das respectivas assinaturas digitais.

§ 4º Feita a autuação na forma estabelecida no § 2º deste artigo, o processo seguirá a tramitação legalmente estabelecida para os processos físicos.

§ 5º A digitalização de autos em mídia não digital, em tramitação ou já arquivados, será precedida de publicação de editais de intimações ou da intimação pessoal das partes e de seus procuradores, para que, no prazo preclusivo de 30 (trinta) dias, se manifestem sobre o desejo de manterem pessoalmente a guarda de algum dos documentos originais.

Art. 27. *O magistrado poderá determinar que sejam realizados por meio eletrônico a exibição e o envio de dados e de documentos necessários à instrução do processo.*

§ 1º Consideram-se cadastros públicos, para os efeitos deste artigo, dentre outros existentes ou que venham a ser criados, ainda que mantidos por concessionárias de serviço público ou empresas privadas, os que contenham informações indispensáveis ao exercício da função judicante.

§ 2º O acesso de que trata este artigo dar-se-á por qualquer meio tecnológico disponível, preferentemente o de menor custo, considerada sua eficiência.

CAPÍTULO VI
DISPOSIÇÕES GERAIS, FINAIS E TRANSITÓRIAS

Art. 28. Os credenciamentos de assinatura eletrônica já feitos pelos Tribunais Regionais do Trabalho antes da publicação desta Instrução Normativa e que estejam em desacordo com as regras nela estabelecidas terão validade por 180 (cento e oitenta) dias da última publicação desta Resolução, devendo os interessados promover o credenciamento adequado até essa data.

Art. 29. Os casos omissos desta Instrução Normativa serão resolvidos pelos Presidentes dos Tribunais, no âmbito de suas esferas de competência.

Art. 30. Para efeito do disposto no § 5º do art. 4º da Lei nº 11.419, de 19 de dezembro de 2006, a presente Instrução Normativa será publicada durante 30 (trinta) dias no Diário Oficial em uso, dando-lhe ampla divulgação.

Art. 31. A presente Instrução Normativa entra em vigor 90 (noventa) dias após a sua última publicação, revogada a Instrução Normativa nº 28 desta Corte.

Sala de sessões, 13 de setembro de 2007.

ANA LÚCIA REGO QUEIROZ
Secretaria do Tribunal Pleno e da
Seção Especializada em Dissídios Coletivos

Doutrina

Renato Saraiva, ressalta: "os atos processuais ocorrem, evidentemente no curso do processo, podendo ser praticados pelas partes, pelo juiz ou pelos órgãos auxiliares da justiça". (Curso de Direito Processual do Trabalho, 5ª ed., Editora Método, p. 515).

Os atos processuais serão classificados quanto ao sujeito que os pratica. Vale ressaltar exemplos de atos processuais e seus sujeitos:

- atos da parte: interposição de recursos, apresentação da petição inicial, o depoimento, etc.;
- atos do juiz: sentenças, decisões interlocutórias, despachos, etc., conforme artigo 162 do CPC.
- atos dos auxiliares da justiça: penhora pelo oficial de justiça, juntada de peça, autuação de processos, conforme parágrafo 4º do art. 162 do CPC.
- atos de terceiros: perícia, tradução, pregão, feitos por pessoas especializadas.

Destarte, a lição de Valentin Carrion: *"Nos atos processuais, os auxiliares de Justiça têm fé pública, sendo dispensável a assinatura da parte ou terceiros que não queiram ou não saibam assinar; a impressão digital, que se costuma colher, é elemento circunstancial acessório, para facilitar a prova em possíveis impugnações futuras; o mesmo acontece quando o oficial de justiça, negando-se a parte a assinar a contrafé ou o auto de penhora, certifica o ocorrido e acrescenta os dados físicos pessoais do interlocutor, para melhor comprovação de validade".* (Comentários à Consolidação das Leis do Trabalho, Ed. 31ª, Editora Saraiva.)

Ementa

AUXILIARES DA JUSTIÇA. FÉ-PÚBLICA. Os atos processuais dos auxiliares da Justiça gozam de fé-pública, cuja eficácia jurídica é a sua presunção relativa de veracidade, portanto, à parte interessada cabe infirmá-los mediante razoável elemento de convicção em contrário. Dessa forma, não subsiste a mera alegação de ineficácia da intimação ao patrono da parte, quando regularmente realizada na Secretaria da Vara e não pelo Diário Oficial.

ACÓRDÃO Nº: 20080803916

PROCESSO Nº: 00184-1998-421-02-01-6 ANO: 2008 TURMA: 6ª

2.2. COMUNICAÇÃO DOS ATOS PROCESSUAIS

A comunicação dos atos processuais tem obrigatoriamente que ser feita às partes, para o desenvolvimento do processo.

Os atos são revestidos de publicidade, sendo nulos os atos praticados sem a observância da comunicação.

Entretanto, a falta de citação é suprida pelo comparecimento espontâneo do reclamado a juízo, como no Código de Processo Civil (1º do artigo 214).

As partes terão ciência dos atos processuais através da notificação, citação e intimação.

No direito processual do trabalho, a notificação é abrangida pela citação e intimação.

A citação é o ato pelo qual se chama a juízo o réu ou o interessado, a fim de se defender, como elenca o artigo 213 do Código de Processo Civil.

Já a intimação é o ato pelo qual se dá ciência a alguém dos atos e termos do processo para que faça ou deixe de fazer alguma coisa, consoante com o artigo 234 do Código de Processo Civil.

Visto esses artigos fica claro que o legislador objetivou buscar a autonomia do processo do trabalho, usando de forma indiscriminada o termo notificação tanto para comunicação do reclamante como para o reclamado.

A notificação citatória no Processo do Trabalho é feita conforme o artigo 841 da CLT; recebendo a petição inicial da ação trabalhista, o servidor notificando o reclamado, remetendo a segunda via da petição inicial, para o comparecimento a audiência de conciliação, instrução e julgamento, que será a primeira desimpedida, depois de cinco dias.

Notificação esta, que é feita por meio de registro postal, (artigo 841, primeira parte da CLT), com a função de citar o reclamado e intimá-lo para o comparecimento à audiência.

Ementa

CITAÇÃO. RECEBIMENTO PELO PORTEIRO DO PRÉDIO SEDE DA EMPRESA. VALIDADE. INAPLICABILIDADE DO PRINCÍPIO DA PESSOALIDADE. Na Justiça do Trabalho, nos termos do art. 841, parágrafo 1º da CLT, a citação é efetuada através de notificação postal, não estando sujeita ao princípio da pessoalidade. Em razão disso, é evidente que a citação foi válida e correta a aplicação da revelia. Não há qualquer nulidade a prosperar. A pessoa jurídica ré foi procurada em seu endereço sede e a relação de condomínio existente entre a reclamada e o edifício autoriza a validade da notificação recebida pelo porteiro. Afasto.
ACÓRDÃO Nº: 20071010020
PROCESSO Nº: 01247-2006-038-02-00-9 ANO: 2007 TURMA: 6ª

Ementa

CITAÇÃO PELO CORREIO. PROCESSO DO TRABALHO. PECULIARIDADE. No processo do trabalho, diferente do que se dá no processo comum, a citação por via postal não se faz, necessária e obrigatoriamente, na pessoa do réu – basta a simples entrega da correspondência no seu endereço. Válida, portanto, quando recebida por recepcionista, porteiro, zelador, vigia ou por qualquer pessoa que resida ou trabalhe no local. Essa a correta interpretação do art. 841 da CLT, fruto, aliás, de sólida contração jurisprudencial, que põe o processo a salvo de chicanas e de embaraços fáceis à citação. Se a correspondência não chega às mãos do réu, deve então ser apurada, no juízo competente, a responsabilidade civil por perdas e danos.
ACÓRDÃO Nº: 20010759284
PROCESSO Nº: 20010407973 ANO: 2001 TURMA: 1ª

Ressalta-se que não existe no Processo do Trabalho citação por hora certa, da citação postal, passa-se para a citação por edital.

Se o reclamado não for encontrado ou criar algum embaraço, a notificação será feita por edital, em jornal oficial ou, na falta, será afixado na sede da Vara ou Juízo, (segunda parte, artigo 841 da CLT).

Ementa
MANDADO DE SEGURANÇA. CITAÇÃO POR HORA CERTA. O Processo do Trabalho não admite a citação com hora certa, porque existe dispositivo específico determinando que se o executado não for encontrado por duas vezes no espaço de 48 horas, deve o oficial de justiça certificar, passando-se para a citação por edital (CLT, art. 880, parágrafo 3º). Não vislumbro, portanto, direito líquido e certo que possa justificar e fundamentar a concessão do mandamus. Segurança denegada.
ACÓRDÃO Nº: 2007011687
PROCESSO Nº: 10401-2006-000-02-00-0 ANO: 2006 TURMA: SDI

Se o reclamado for citado por edital e ocorrer sua revelia, a CLT deixa claro que não é preciso ser nomeado curador especial para o revel, somente no caso do artigo 793, menor de 18 (dezoito) anos se dará curador especial.

Ementa
CURADOR ESPECIAL. NOMEAÇÃO PARA O RÉU REVEL CITADO POR EDITAL. INCOMPATIBILIDADE COM O PROCESSO DO TRABALHO. A CLT não é omissa no que se refere à figura do curador especial, pois a previu expressamente na hipótese do artigo 793, preferindo não fazê-lo para outras hipóteses, como a do artigo 880 e a do reclamado revel citado por edital. Não se aplica, portanto, ao Processo do Trabalho, por ser com este incompatível (nos casos de ações ordinárias

comuns), a regra do artigo 9º, II, do CPC. Recurso Ordinário patronal conhecido e não provido, no particular.

ACÓRDÃO Nº: 20071069300

PROCESSO Nº: 02313-2003-202-02-00-1 ANO: 2005 TURMA: 5ª

Ementa

ILEGITIMIDADE DE PARTE. Possui legitimidade para responder a ação a reclamada indicada como responsável subsidiária por eventual condenação, em face do trabalho prestado em seu favor. CERCEAMENTO DE DEFESA. CITAÇÃO EDITALÍCIA. A nomeação de curador especial à ré citada por edital, regra inserida no artigo 9º, inciso II, do CPC, não se aplica nesta Justiça Especializada. Com efeito, o texto celetista somente trata da nomeação de curador especial no artigo 793, ao dispor sobre o reclamante menor de 18 anos. Não se verifica hipótese de omissão do diploma que autorize a utilização supletiva do CPC, mas de silêncio eloquente. RESPONSABILIDADE PATRIMONIAL SUBSIDIÁRIA. A responsabilidade subsidiária resulta da culpa in eligendo do tomador de serviços que se beneficiou do trabalho executado por empregado da prestadora de serviços e por não ter escolhido empresa idônea, a fim de que não se afrontem os princípios tutelares do direito do trabalho. Aplicabilidade da Súmula nº 331, do Colendo TST.

ACÓRDÃO Nº: 20080708654

PROCESSO Nº: 01273-2006-087-02-00-7 ANO: 2007 TURMA: 2ª

Ementa

CURADOR ESPECIAL. NOMEAÇÃO PARA O RÉU REVEL CITADO POR EDITAL. INCOMPATIBILIDADE COM O PROCESSO DO TRABALHO. A CLT não é omissa no que se refere à figura do curador especial, pois a previu expressamente na hipótese do artigo 793, preferindo não fazê-lo para outras hipóteses, como a do artigo 880 e a do reclamado revel citado por edital. Não se aplica, portanto, ao Processo do Trabalho, por ser com este incompatível (nos

casos de ações ordinárias comuns), a regra do artigo 9º, II, do CPC. Recurso Ordinário patronal conhecido e não provido, no particular.
ACÓRDÃO Nº: 20071069300
PROCESSO Nº: 02313-2003-202-02-00-1 ANO: 2005 TURMA: 5ª

Vale mencionar que a notificação por edital, como esclarece o artigo 774 da CLT, em seu parágrafo único, e entendimento súmulado do Tribunal Superior do Trabalho, (Súmula nº 16) tratando-se de notificação postal, caso não encontrado o destinatário ou caso haja recusa de recebimento, o Correio ficará obrigado a devolvê-la no prazo de 48 (quarenta e oito) horas, sob pena de responsabilidade do servidor.

> **Ementa**
> *"RECURSO ORDINÁRIO. INSS. SÚMULA Nº 16 DO C. TST. APLICABILIDADE. Presume-se recebida a notificação 48 (quarenta e oito) horas depois de sua postagem. O seu não--recebimento ou a entrega após o decurso desse prazo constitui ônus de prova do destinatário."*
> **RELATOR: PLINIO BOLIVAR DE ALMEIDA**
> **ACÓRDÃO Nº: 20050529360**
> **PROCESSO Nº: 00142-2004-315-02-00-1**
> **ANO: 2004 TURMA: 1ª**

> **Ementa**
> *MANDADO DE SEGURANÇA. FALTA DE INTIMAÇÃO/ NOTIFICAÇÃO DA PRAÇA E/OU LEILÃO DESIGNADOS. Presume-se recebida a notificação quarenta e oito horas depois de sua postagem, constituindo ônus do destinatário a prova do seu não recebimento ou entrega após o decurso do referido prazo. Aplicação da Súmula nº 16 do C. TST. Segurança denegada.*
> **ACÓRDÃO Nº: 2007045824**
> **PROCESSO Nº: 10601-2006-000-02-00-3 ANO: 2006 TURMA: SDI**

Para finalizar vale ressaltar que o reclamante não pode agir com má-fé relatando o endereço errado com intuito de prejudicá-lo.

Ementa

AÇÃO RESCISÓRIA. NULIDADE DE CITAÇÃO NO PROCESSO ORIGINAL. OCORRÊNCIA. A informalidade adotada pelo processo do trabalho em relação à citação, que se faz pela via postal e com simples aviso de recebimento, não dispensa a exigência de sua postagem para o correto endereço da reclamada. Provando-se incorreto encaminhamento, ressalta a nulidade do ato, a alcançar todos os atos posteriores, inclusive o sentenciamento do feito à revelia, bem como ofensa direta ao princípio constitucional do contraditório e da ampla defesa, autorizador da rescisão da coisa julgada. Ação Rescisória que se julga procedente.
ACÓRDÃO Nº: 2007041772
PROCESSO Nº: 13302-2004-000-02-00-9 ANO: 2004 TURMA: SDI

2.3. PUBLICIDADE DOS ATOS PROCESSUAIS

Os atos processuais serão públicos, para que a sociedade possa fiscalizá-los, salvo casos excepcionais que corra em segredo e justiça ou quando determinar o interesse social.

Nesta esteira Renato Saraiva narra: *"Somente em casos é admitido que o processo, na Justiça do Trabalho, ocorra em segredo de justiça, como nas hipóteses de preservação do direito à intimidade da parte, discriminação por motivo de doença, sexo, discussão relativa a atos de improbidade praticados por obreiro, assédio moral ou sexual, etc.". (Curso de Direito Processual do Trabalho, ed. 5ª, Editora Método).*

A publicidade é um princípio do direito processual, no qual o ato processual pode ser presenciado por qualquer pessoa, os autos examinados e também serem obtidas certidões.

Publicidade ampla, inserida pela Emenda Constitucional nº 45/2004, na qual prestigiou a publicidade nos julgamentos dos órgãos do Poder Judiciário.

O artigo 770, da CLT, menciona a publicidade no Direito do Trabalho e delimita o horário dos atos processuais, que serão realizados nos dias úteis das 6 (seis) às 20 (vinte) horas, atos estes realizados fora do edifício do juízo, pois o expediente forense é fixado pelo regimento dos Tribunais.

Ementa
PRAZO. DE CONFORMIDADE COM O PARÁGRAFO ÚNICO DO ART. 240 DO CPC, AS INTIMAÇÕES CONSIDERAM-SE REALIZADAS NO PRIMEIRO DIA ÚTIL SEGUINTE, SE TIVEREM OCORRIDO EM DIA EM QUE NÃO TENHA HAVIDO EXPEDIENTE FORENSE. ASSIM, A INTIMAÇÃO FEITA NO SÁBADO É TIDA COMO OCORRIDA NA 2ª-FEIRA SEGUINTE SE FOR DIA ÚTIL, INICIANDO-SE O PRAZO NA 3ª-FEIRA
ACÓRDÃO Nº: 02960288585
PROCESSO Nº: 02950340169 ANO: 1995 TURMA: 9ª

Ementa
TEMPESTIVIDADE DO RECURSO. ENCERRAMENTO DO EXPEDIENTE PÚBLICO. NADA OBSTANTE DISPONHA O ART. 172 DO CPC QUE OS ATOS PROCESSUAIS DEVEM SER EFETUADOS EM DIAS ÚTEIS E DAS SEIS ÀS DEZOITO HORAS, ADMITE A JURISPRUDÊNCIA MAIS LIBERAL QUE ESSE HORÁRIO POSSA EXCEPCIONALMENTE SER EXCEDIDO ATE O ÚLTIMO MINUTO DAS

18H, VALE DIZER, ATÉ AS 18H59, NA HIPÓTESE DE O SERVIÇO DE PROTOCOLO ESTAR ABERTO, OU DE AINDA HAVER EXPEDIENTE INTERNO, QUE PERMITIA A REALIZAÇÃO DO ATO.
ACÓRDÃO Nº: 02950443600
PROCESSO Nº: 02950035242 ANO: 1995 TURMA: 8ª

Porém, a prática dos atos processuais será possível fora do expediente forense, desde que haja autorização expressa do juiz, podendo ocorrer em domingos e feriados.

2.4. ATO PROCESSUAL POR FAC-SÍMILE

Através da Lei 9.800/1999 é permitida a transmissão de dados e imagens por fac-símile para prática de atos processuais dependente de petição escrita.

Ressalvando que a utilização de dados e imagens não prejudica o cumprimento dos prazos, devendo os originais ser protocolados até 5 (cinco) dias do prazo para a prática do ato processual (artigo 2º da Lei 9.800/1999).

ORIENTAÇÃO JURISPRUDENCIAL DO TRIBUNAL SUPERIOR DO TRABALHO SEÇÃO DE DISSÍDIOS INDIVIDUAIS (Subseção I)

337. FAC-SÍMILE. LEI Nº 9.800/99, ART. 2º. PRAZO. APRESENTAÇÃO DOS ORIGINAIS (cancelada em decorrência da sua conversão na Súmula nº 387) – DJ 20.04.2005. A contagem do quinquídio para apresentação dos originais de recurso interposto por intermédio de fac-símile começa a fluir do dia subsequente ao término do prazo recursal, nos termos do art. 2º da Lei nº 9.800/99, e não do dia seguinte à interposição do recurso, se esta se deu antes do termo final do prazo. Ademais, não se tratando, a juntada dos originais, de ato que dependa de notificação, pois a parte, ao interpor o recurso, já tem ciência de seu ônus processual, não se aplica a regra do art. 184 do CPC quanto ao "dies a quo" do prazo, podendo coincidir com sábado, domingo ou feriado.

Histórico:

Redação original – DJ 04.05.2004

Ementa

"EMBARGOS DE DECLARAÇÃO. FAC-SÍMILE. INTEM-PESTIVIDADE. A utilização do sistema fac-símile não prejudica o cumprimento dos prazos, mas o original deve ser apresentado no prazo legal. Lei nº 9.800/99, art. 2º. Embargos que se acolhem para prestar esclarecimentos."

ACÓRDÃO Nº: 20040314221

PROCESSO Nº: 02711-2003-077-02-00-4 ANO: 2004 TURMA: 1ª

Ementa

CITAÇÃO. QUINQUÍDIO PREVISTO NO ARTIGO 841 DA CLT. CONVERSÃO DO RITO SUMARÍSSIMO EM RITO ORDINÁRIO. NECESSIDADE DE REALIZAÇÃO DE CITA-ÇÃO EDITALÍCIA. Desrespeitado o quinquídio previsto no artigo 841 da CLT, não pode ser considerada efetiva a citação. Diante das frustradas tentativas que se seguiram, a partir dos diversos endereços fornecidos pelo reclamante, faz-se neces-sária a citação editalícia, sob pena de negativa da prestação jurisdicional. Havendo óbice para a sua realização, diante do mandamento do artigo 852-B, II, da CLT, é forçosa a conversão do rito sumaríssimo para o rito ordinário.

ACÓRDÃO Nº: 20060727505

PROCESSO Nº: 00370-2005-042-02-00-0 ANO: 2006 TUR-MA: 12ª

Vale frisar que este quinquídio do artigo 2º da lei, também, ficou esclarecido na Súmula 387, inciso II, do Tribunal Superior do Trabalho, que diz: "a contagem do quinquídio para a apresentação dos originais de recurso interposto por intermédio do fac-símile começa a fluir do dia subsequente ao término do prazo recursal, nos termos do art. 2º da Lei 9.800/1999, e não do dia seguinte à interposição do recurso, se esta se deu antes do termo final do prazo".

Ementa

PROVA. DOCUMENTOS. TRANSMISSÃO POR FAC--SÍMILE. Documentos juntados são passíveis de apreciação como prova se a impugnação posta em defesa se restringir ao aspecto formal de sua transmissão por fac-símile, a não ser que a parte contrária particularize a impugnação quanto ao conteúdo documental.
ACÓRDÃO Nº: 20020032824
PROCESSO Nº: 20000438957 ANO: 2000 TURMA: 8ª

2.5. ATO PROCESSUAL POR CORREIO ELETRÔNICO

O Tribunal Pleno do TST por meio da Resolução nº 132/2005, editou a Instrução Normativa 28, com o objetivo de facilitar o acesso e econo-mizar tempo e custos, facultando às partes a utilização de correio eletrô-nico (*e-mail*), para que os atos processuais sejam praticados.

Anteriormente esses atos somente eram admitidos por petição escrita e protocolada em juízo.

A referida Instrução Normativa instituiu o chamado Sistema Inte-grado de Protocolização e Fluxo de Documentos Eletrônicos, denomi-nado e-DOC, disponível na página do Tribunal Superior do Trabalho e dos Tribunais Regionais do Trabalho, na Internet.

Destaca-se o artigo 3º da Instrução Normativa, pelo qual a utilização do sistema dispensa a apresentação posterior dos originais ou fotocópias autenticadas das petições transmitidas por *e-mail*, no protocolo dos TST e TRT.

Para acessar este sistema é necessário para validar o ato processual:

a) Cadastramento obtido previamente por meio de formulário eletrônico disponível nas páginas eletrônicas dos Tribunais do Trabalho;

b) A utilização de uma identidade digital, adquirida em qualquer Autoridade Certificadora credenciada pela ICP-Brasil.

Nos processos eletrônicos as notificações serão feitas por meio eletrônico, inclusive para a Fazenda Pública.

Cumpre ressaltar, o artigo 556, parágrafo único do Código de Processo Civil, acrescido pela Lei nº 11.419/2006, dispõe que os votos, acórdãos e demais atos processuais podem ser registrados em arquivo eletrônico inviolável e assinados eletronicamente, na forma da lei, devendo ser impressos para juntada aos do processo quando não for eletrônico.

Neste sentido, se faz oportuna a lição de Renato Saraiva: *"A informatização do processo judicial e a implementação do processo eletrônico, sem dúvida, contribuirão para a celeridade processual, poupando tempo e eliminando custos desnecessários, tudo em busca da efetiva e célere prestação jurisdicional".*

2.6. TERMOS PROCESSUAIS

É a redução escrita dos atos processuais praticados nos autos do processo.

Assunto inserido na Consolidação das Leis do Trabalho, nos artigos 771 a 773, permite a aplicação subsidiária do Código de Processo Civil, nos artigos 166 a 171, por não regulamentar de forma ampla o tema.

Os atos e termos, como expresso no artigo 169 do Código de Processo Civil, serão datilografados ou escritos com tinta escura e indelegável, assinando-os as pessoas que intervieram, salvo quando estas não puderem ou não quiserem firmá-los, neste caso o escrivão certificará a ocorrência nos autos.

Por sua vez o artigo 772 da CLT, quando as partes não puderam assinar os atos e termos processuais, por motivo justificado será feito na presença de duas testemunhas, salvo se houver procurador constituído.

Sergio Pinto Martins ensina: *"Na verdade, a assinatura do juiz torna o termo processual válido, sendo dispensável a assinatura das partes. Ainda que elas não queiram assinar o ato será considerado válido, desde que assinado por duas pessoas".* (Comentários à Consolidação das Leis do Trabalho, Ed. 10ª, Editora Atlas).

2.7. FORMA DOS TERMOS

 a) **Idioma** – sempre na língua nacional, se estiver em outro idioma deverá ser traduzido, obrigatoriamente, por tradutor oficial.
 b) **Modelos** – não têm um modelo, somente uma forma unificada, por exemplo, petições, guias, mandatos, etc.
 c) **Forma de registro** – poderão ser escritos, datilografados, ou a carimbo.

Carlos Henrique Bezerra Leite salienta em seu livro, Curso de Direito Processual do Trabalho, ed. 5ª, Editora LTR, sobre a intenção do legislador, quando detalhou o assunto: "A intenção do legislador é que os registros sejam feitos de forma indelegável, insuscetíveis de rasuras que não sejam evidentes".

Capítulo 3

Prazos Processuais

3.1. PRAZOS PROCESSUAIS

Prazo processual é o lapso temporal para a prática de um ato processual.

Os prazos processuais podem ser classificados de múltiplas maneiras, podem ser comuns, particulares, para ambas as partes, para somente uma parte.

No caso ora em estudo vamos mencionar a classificação desses prazos da seguinte forma:
   a) **Prazos legais** – estabelecidos por lei, por exemplo, prazos para recurso têm seu prazo inserido na Consolidação das Leis do Trabalho;
   b) **Prazos judiciais** – determinados pelo magistrado;
   c) **Prazos convencionais** – estabelecidos em decorrência de acordo entre as partes, estas pretendem a suspensão do processo, conforme o artigo 265, inciso II, do Código de Processo Civil, na tentativa de acordo;
   d) **Prazos dilatórios** – aqueles que admitem prorrogação pelo juiz a pedido das partes, porém, somente podem ser prorrogados antes do termo final, caso contrário, haveria a preclusão;

Ementa
O PRAZO PRESCRICIONAL NA JUSTIÇA DO TRABALHO NÃO É DILATÓRIO. A INTERRUPÇÃO PRESCRICIONAL SÓ

ACONTECE COM O AJUIZAMENTO DA RECLAMAÇÃO, NÃO COM O SIMPLES "ANIMUS" DO AUTOR.
ACÓRDÃO Nº: 02950319160
PROCESSO Nº: 02940030990 ANO: 1994 TURMA: 10ª

e) **Prazos peremptórios** – são aqueles improrrogáveis e fatais, salvo calamidade publica em que a lei permite sua prorrogação pelo juiz. Caso o ato processual não for realizado no prazo estabelecido, acarretará prejuízo à parte que não o cumpriu, e ainda neste prazo as partes não podem convencionar, pois é um prazo de ordem pública;

Ementa
RECURSO INTEMPESTIVO. PRAZO RECURSAL. JUÍZO COMPETENTE: OS RECURSOS SÃO REGIDOS POR NORMAS DE ORDEM PÚBLICA, PORTANTO, INDERROGÁVEIS PELA VONTADE DAS PARTES OU MESMO DO JUIZ. ASSIM, OS PRAZOS ESTIPULADOS ÀS PARTES PARA INTERPOSIÇÃO SÃO SEMPRE FATAIS E PEREMPTÓRIOS. PORTANTO, IMPRORROGÁVEIS. A PROTOCOLIZAÇÃO, POR EQUÍ-VOCO, EM JUÍZO INCOMPETENTE, NÃO SUSPENDE A FLUIÇÃO DO PRAZO RECURSAL. JUIZ RELATOR: DELVIO BUFFULIN.
ACÓRDÃO Nº: 02890226306
PROCESSO Nº: 02880091084 ANO: 0 – TURMA: 8ª

Ementa
OS PRAZOS LEGAIS SÃO PEREMPTÓRIOS, NÃO CABENDO ÀS PARTES, SOB O FUNDAMENTO DE QUE HÁ PRAZO COMUM PARA APELAÇÃO, PRORROGAR PRAZO RECUR-SAL (ARTIGO 182, DO CÓDIGO DE PROCESSO CIVIL).
ACÓRDÃO Nº: 02900066152
PROCESSO Nº: 02890210485 ANO: 0 – TURMA: 1ª

f) Prazos próprios – aqueles destinados às partes, podendo ser fixados por lei ou pelo juiz, sujeitos a preclusão;

No prazo ora em estudo, temos que fazer duas observações:

1) Sobre o artigo 191 do CPC, no qual admite prazo em dobro para litisconsorte com procuradores distintos, diferentemente do processo do trabalho, onde não há aplicabilidade do referido artigo do Código de Processo Civil, em decorrência do princípio da celeridade processual;

> **Ementa**
> *LITISCONSORTES. PROCURADORES DISTINTOS. PRAZO EM DOBRO. ART. 191 DO CPC. INAPLICÁVEL AO PROCESSO DO TRABALHO (DJ 11.08.2003). A regra contida no art. 191 do CPC é inaplicável ao processo do trabalho, em face da sua incompatibilidade com o princípio da celeridade inerente ao processo trabalhista.*
> **PROCESSO: E-RR NÚMERO: 589260 ANO: 1999**
> **PROC. Nº TST-E-RR-589.260/99.3**

2) Prazo diferente para pessoas jurídicas de direito público, os órgãos da administração Pública Direta, Autárquica e Fundacional da União, Estados, Distrito Federal e Municípios, estes entes terão prazo em quádruplo para contestar, conforme Decreto Lei nº 779, de 21-08-1969, artigo 1º, inciso II, e no inciso III, prazo em dobro para interpor qualquer recurso.

> **Ementa**
> *PRELIMINAR. TEMPESTIVIDADE. PRAZO EM DOBRO DA UNIÃO E SUAS AUTARQUIAS EM DOBRO. DL 779/69. Dispõe o artigo 1º, III do Decreto-Lei nº 779/69 que, nos processos perante a Justiça do Trabalho, o prazo da União e suas autarquias para interpor recurso é em dobro, ou seja 16 dias, inclusive na condição*

de 3º interessado, caso dos autos em que pugna pela cobrança de contribuições previdenciárias. Preliminar rejeitada. CONTRIBUIÇÃO PREVIDENCIÁRIA. ACORDO REALIZADO ENTRE AS PARTES APÓS O TRÂNSITO EM JULGADO DA SENTENÇA. LIMITES. RESPEITO AOS DIREITOS DE TERCEIROS. As partes podem se conciliar a qualquer tempo, fazendo inclusive concessões recíprocas. No entanto, transitada em julgado a sentença, nasce o direito da autarquia previdenciária as contribuições previdenciárias incidentes sobre os títulos de natureza salarial objeto da condenação, ficando vedada a transação de direitos de terceiros. Recurso provido.
ACÓRDÃO Nº: 20080349549
PROCESSO Nº: 03274-2003-432-02-00-8 ANO: 2008 TURMA: 12ª

Ementa
RECURSO ORDINÁRIO – CONTRIBUIÇÃO PREVIDENCIÁRIA – UNIÃO – PRAZO EM DOBRO. É intempestivo o recurso apresentado pelo INSS após o prazo de 16 dias (Decreto-Lei nº 779/69 e art. 188 do CPC) contados da data da intimação da decisão recorrida. Recurso não conhecido.
ACÓRDÃO Nº: 20080683449
PROCESSO Nº: 02502-2001-079-02-00-1 ANO: 2006 TURMA: 3ª

g) **Prazos impróprios** – destinados somente aos juízes e servidores do Poder Judiciário, não sujeitos a preclusão, porém, se descumpridos geram sansões de ordem disciplinar.

3.2. CONTAGEM DOS PRAZOS PROCESSUAIS

Consoante com o artigo 775 da Consolidação das Leis do Trabalho, os prazos trabalhistas contam-se com a exclusão do dia do começo e com a inclusão do dia do vencimento, sendo contínuos e irreleváveis, podendo ser prorrogados por tempo estritamente necessário pelo juiz ou tribunal.

Ementa

1. AVISO-PRÉVIO. NOTIFICAÇÃO. CONTAGEM DE TEMPO. EXCLUSÃO DO DIA DO INÍCIO E INCLUSÃO DO ÚLTIMO DIA. A CONTAGEM DO PRAZO DO AVISO-PRÉVIO SE FAZ DA MESMA FORMA DA CONTAGEM DOS PRAZOS JUDICIAIS, OU SEJA, COM A EXCLUSÃO DO DIA EM QUE FOR ENTREGUE A NOTIFICAÇÃO E INCLUSÃO DO DIA DO TÉRMINO.

2. AVISO-PRÉVIO INDENIZADO. PROJEÇÃO NO CONTRATO DE TRABALHO. DIFERENÇAS DE REAJUSTE CONCEDIDO NO PERÍODO. DEVIDAS. A PROJEÇÃO DO AVISO-PRÉVIO NO PACTO LABORAL DÁ-SE PARA TODOS OS EFEITOS LEGAIS, INOBSTANTE A INDENIZAÇÃO ANTECIPADA DO PERÍODO. HAVENDO INCIDÊNCIA DE REAJUSTE NO DECORRER DESSA PROJEÇÃO, DEVE A EMPRESA PAGAR AS DIFERENÇAS, ATRAVÉS DE TERMO DE RESCISÃO COMPLEMENTAR.

ACÓRDÃO Nº: 02940487191

PROCESSO Nº: 02930150461 ANO: 1993 TURMA: 6ª

Ementa

PRAZO JUDICIAL. CONTAGEM DO INÍCIO. CITAÇÃO EFETUADA EM DIA SEM EXPEDIENTE FORENSE. Cumprido o ato processual no final da semana ou feriado, ou seja, em qualquer dia em que não haja expediente forense, o prazo recursal tem início no dia útil imediato, e, portanto, a contagem no dia subsequente. Inteligência do artigo 775 e parágrafo único, da CLT, e da jurisprudência consagrada nos Enunciados números 01 e 262 do C. TST.

ACÓRDÃO Nº: 20010413396

PROCESSO Nº: 20010152096 ANO: 2001 TURMA: 5ª

Na lição de Sergio Pinto Martins, no seu livro Direito Processual do Trabalho, ed. 28ª, Editora Atlas. "Em casos de intimação na sexta-feira, o prazo judicial começará a correr na segunda-feira imediata, salvo se não houver expediente, caso em que começará a correr no primeiro dia útil que se seguir (S. nº 1 do TST e Súmula nº 310 do STF)." O sábado não é considerado dia útil, logo, "os prazos somente começam a correr a partir do primeiro dia útil após a intimação" (parágrafo 2º do artigo 184 do CPC). Esclarece a S. 262, I do TST que, "intimada ou notificada à parte no sábado, o início do prazo dar-se-á no primeiro dia útil imediato e a contagem no subsequente". "Assim, se a intimação for feita no sábado, considerar-se-á que a intimação foi realizada na segunda-feira, e o prazo começa a correr na terça-feira."

Súmula Nº 1 do TST
Prazo judicial
Quando a intimação tiver lugar na sexta-feira, ou a publicação com efeito de intimação for feita nesse dia, o prazo judicial será contado da segunda-feira imediata, inclusive, salvo se não houver expediente, caso em que fluirá no dia útil que se seguir. **(RA 28/1969, DO-GB 21.08.1969)**

Ementa
PRAZO. DE CONFORMIDADE COM O PARÁGRAFO ÚNICO DO ART. 240 DO CPC, AS INTIMAÇÕES CONSIDE-RAM-SE REALIZADAS NO PRIMEIRO DIA ÚTIL SEGUINTE, SE TIVEREM OCORRIDO EM DIA EM QUE NÃO TENHA HAVIDO EXPEDIENTE FORENSE. ASSIM, A INTIMAÇÃO FEITA NO SÁBADO É TIDA COMO OCORRIDA NA 2ª-FEIRA SEGUINTE SE FOR DIA ÚTIL, INICIANDO-SE O PRAZO NA 3ª-FEIRA
ACÓRDÃO Nº: 20020651141
PROCESSO Nº: 00514-2002-042-02-00-6 ANO: 2002 TURMA: 8ª

E caso os prazos vencerem no sábado, domingo ou feriado seu término será no primeiro dia útil seguinte, como expresso no parágrafo único do artigo 775 da Consolidação das Leis Trabalhistas.

Ementa

RECURSO. PRAZO. TERMO INICIAL. VÉSPERA DE FERIADO. O prazo, regra geral, começa a correr do primeiro dia útil após a intimação (CPC, art. 184, parágrafo 2º). O fato de preceder dia feriado não impede o início da contagem do prazo, notadamente se houve expediente forense. Agravo de Instrumento a que se nega provimento.

ACÓRDÃO Nº: 20060286479

PROCESSO Nº: 00579-2005-007-02-01-0 ANO: 2006 TUR-MA: 11ª

Ementa

AÇÃO RESCISÓRIA. PRESCRIÇÃO BIENAL. VENCI-MENTO DO PRAZO EM DOMINGO. PRORROGAÇÃO AO PRIMEIRO DIA ÚTIL SEGUINTE. PROCEDÊNCIA DA AÇÃO. É consabido que a prescrição consiste na perda do direito de ajuizar ação, ante a inércia de seu titular no tocante à prática dos atos necessários ao seu exercício, dentro de um prazo deter-minado, constituindo uma penalidade. Assim, tendo o titular desse direito deixado transcorrer o prazo legal preestabelecido para exercê-lo, resta obstada sua fruição, ante a presunção de seu desinteresse. Também é certo que a prescrição possui natureza jurídica de direito material, porém, gera efeitos processuais, pelo que a prorrogação dos prazos prescricionais constitui fato processual, devendo, pois, ser analisada à luz dos dispositivos legais pertinentes, quais sejam os artigos 775 da Consolidação das Leis do Trabalho, 184 do Código de Processo Civil e 132 do Código Civil. Ora, tendo em vista que o autor, ora reclamante, como titular de um direito, não podia ajuizar a ação compe-

tente para exercê-lo dentro do prazo preestabelecido em lei, em razão de um fato alheio à sua vontade, qual seja a ausência de expediente forense no domingo, consequentemente, não pode ser considerado negligente ou desinteressado, no tocante à prática dos atos necessários ao exercício desse direito, nem tampouco ser obstado de sua fruição. Por conseguinte, a pretensão do autor de corte rescisório da r. sentença de primeiro grau deve ser julgada procedente, com fundamento no inciso V, do artigo 485 do Código de Processo Civil, ante a expressa violação legal, uma vez que ao acolher a preliminar de prescrição, com base na alínea "a", do inciso XXIX, do artigo 7º, da Constituição Federal, violou literais dispositivos de lei, quais sejam os artigos 775, parágrafo 1º, da Consolidação das Leis do Trabalho, 184, parágrafo 1º, do Código de Processo Civil e 132, parágrafo 1º, do Código Civil. Ação Rescisória julgada procedente.

ACÓRDÃO Nº: 2005035848

PROCESSO Nº: 12519-2002-000-02-00-0 ANO: 2002 TURMA: SDI

Ementa

PRAZO JUDICIAL. CONTAGEM DO INÍCIO. CITAÇÃO EFETUADA EM DIA SEM EXPEDIENTE FORENSE. Cumprido o ato processual no final da semana ou feriado, ou seja, em qualquer dia em que não haja expediente forense, o prazo recursal tem início no dia útil imediato, e, portanto, a contagem, no dia subsequente. Inteligência do artigo 775 e parágrafo único, da CLT, e da jurisprudência consagrada nos Enunciados números 01 e 262 do C. TST.

ACÓRDÃO Nº: 20010413396

PROCESSO Nº: 20010152096 ANO: 2001 TURMA: 5ª

A inobservância dos prazos processuais gera sanção para os servidores.

Conforme o artigo 658, alínea "d", da CLT, o juiz que despachar e praticar atos fora do prazo, sujeitará à pena de um desconto correspondente a um dia de vencimento para cada dia de retardamento.

E ainda no artigo 712, parágrafo único, da CLT, neste caso é para os serventuários que sem motivo justificado, não realizarem os atos processuais dentro dos prazos fixados, terá um desconto em seu vencimento em tantos dias quanto o excesso cometido.

3.3. SUSPENSÃO E INTERRUPÇÃO DOS PRAZOS PROCESSUAIS

A Justiça do Trabalho tem recesso entre os dias 20 (vinte) de dezembro e 6 (seis) de janeiro de cada ano.

Em relação ao recesso doutrina se divide, tendo duas posições sobre o assunto, uns autores entendem ser suspensão do prazo processual, outros entendem ser interrupção dos prazos processuais.

Para uns, corrente minoritária, o prazo não é suspenso, no recesso, por se tratar de mero feriado.

Ementa
O recesso forense, por definição legal (art. 62, I da Lei 5.010/66) é considerado feriado e, como tal, não suspende o prazo recursal. O recurso cujo prazo vence durante o período de recesso deve ser protocolado no primeiro dia útil após 6 de janeiro, sob pena de não conhecimento, por intempestividade.
ACÓRDÃO Nº: 20080648830
PROCESSO Nº: 02323-2005-382-02-00-5 ANO: 2007 TURMA: 1ª

Ementa
I – AGRAVO DE INSTRUMENTO – AUTENTICAÇÃO DE PEÇAS. As cópias juntadas não se encontram devidamente

autenticadas, uma a uma, no anverso, na forma estabelecida pelo inciso IX da Instrução Normativa nº 16 do C. TST, encontrando--se deficiente a formação do apelo.

II – PRAZO – RECESSO – A contagem dos prazos processuais não se interrompem nem se suspendem em dias de feriado, assim sendo considerado o período de recesso forense, nos termos do art. 62, inciso I, da Lei nº 5.010/66.

ACÓRDÃO Nº: 20080405660
PROCESSO Nº: 00615-2007-085-02-01-2 ANO: 2008 TURMA: 4ª

Entretanto, outros sustentam a suspensão da contagem do prazo processual, corrente adotada pelo Tribunal Superior do Trabalho, existindo inclusive entendimento sumulado por este mesmo Tribunal na Súmula nº 262:

*"**262** – Prazo judicial. Notificação ou intimação em sábado. Recesso forense. (Res. 10/1986, DJ 31.10.1986. Nova redação em decorrência da incorporação da Orientação Jurisprudencial nº 209 da SDI-1 – Res. 129/2005, DJ. 20.04.2005)*
I – Intimada ou notificada a parte no sábado, o início do prazo se dará no primeiro dia útil imediato e a contagem, no subsequente. (ex-Súmula nº 262 – Res. 10/1986, DJ 31.10.1986)
II – O recesso forense e as férias coletivas dos Ministros do Tribunal Superior do Trabalho (art. 177, § 1º, do RITST) suspendem os prazos recursais. (ex-OJ nº 209 – Inserida em 08.11.2000
Em conformidade jurisprudência sobre o tema a favor da suspensão do prazo, a corrente majoritária.

Ementa
PRAZO RECURSAL. RECESSO FORENSE. EXEGESE DA LEI 5.010, 30.05.66. O período compreendido entre 20 de dezembro e 06 de janeiro tem a natureza jurídica de férias forenses, impondo-se a aplicação analógica do art. 179 do CPC. Não é possível considerar o período como feriado, a despeito do "nomem

iuris" utilizado no art. 62, inciso I, da Lei 5.010/66, em razão do fechamento prolongado desta Justiça Especializada. Assim, o restante do prazo volta a ser contado, a partir do primeiro dia útil seguinte ao termo das férias.

ACÓRDÃO Nº: 20000171233

PROCESSO Nº: 02990191547 ANO: 1999 TURMA: 6ª

PRAZO – VENCIMENTO – DISTINÇÃO ENTRE "FÉRIAS FORENSES" E "DIAS FERIADOS" – Os dias estabelecidos em lei como de recesso não são de férias forenses, mas feriados (art. 62, I, da Lei nº 5.010/66). Assim, não há que se falar em interrupção ou mesmo suspensão de prazo, porquanto estes são contínuos e irreleváveis (art. 775 da CLT). Coincidindo o seu término com feriado fica apenas prorrogado o termo para o 1º dia útil – (parágrafo único do art. 775. CLT). O art. 179, do CPC, trata de suspensão de prazo pela superveniência de férias forenses, que não se confundem com dias feriados. Nesse último caso, continua a fluir o prazo para recurso prorrogando- -se, apenas, o seu término para o primeiro dia útil imediato, quando feriado o derradeiro dia. Nem se alegue a respeito da incidência da OJ nº 209 da SDI-1 do C.TST, uma vez que tal entendimento somente é de ser aplicado no âmbito daquela Corte Superior, uma vez que em seu próprio teor há a menção expressa aos artigos pertinentes ao Regimento Interno daquela casa, e que cuidam da contagem dos prazos em férias forenses, que seguem imediatamente ao período de recesso forense, conforme determinado pelo art. 62, I da Lei nº 5.010/66.

ACÓRDÃO Nº: 20040719280

PROCESSO Nº: 02675-2003-471-02-01-6 ANO: 2004 TURMA: 4ª

Surge, ainda, uma discução nessa linha, pois a Emenda Constitucional nº 45/2006, foi editada antes da Súmula nº 262 do TST, porém, o Tribunal

Superior do Trabalho continua por entender que não há incompatibilidade do recesso forense com o texto da Constituição Federal.

Aplicando-se o artigo 179 do Código de Processo Civil, subsidiariamente, em relação ao recesso forense.

Capítulo 4

Partes e Procuradores

4.1. PARTES

4.1.1. Conceito

São pessoas físicas ou jurídicas que, diante de um conflito de interesses, são envolvidas numa relação contenciosa, em que cada uma das partes buscam através da função jurisdicional pelo Estado, a solução de seus interesses.

Na lição de Moacyr Amaral Santos, citado por Carlos Henrique Bezerra Leite: *"Partes, no sentido processual, são as pessoas que pedem ou em relação às quais se pede a tutela jurisdicional. Podem ser, e geralmente o são, sujeitos da relação jurídica substancial deduzida, mas esta circunstância não as caracteriza, porquanto nem sempre são sujeitos dessa relação. São, de um lado, as pessoas que pedem a tutela jurisdicional, isto é, formulam uma pretensão e pedem ao órgão jurisdicional a atuação da lei à espécie. Temos aí a figura do autor. É este que pede, por si ou por seu representante legal, a tutela jurisdicional. Pede-a ele próprio, se capaz para agir em juízo;...De outro lado, são partes as pessoas contra as quais, ou em relação às quais, se pede a tutela jurisdicional: sentença condenatória, providência executiva, ou providências cautelares..."*

Para Carlos Henrique Bezerra Leite, Curso de Direito Processual do Trabalho, p. 394, o Ministério Público, quer atuando como órgão agente, ou seja, como parte no processo, quer funcionando como órgão interveniente (*custos legis*), ele será sempre sujeito imparcial do processo, por tratar-se de um órgão institucional estatal que atua desinteressadamente em defesa do interesse público nos termos do artigo 127 da CF.

Amauri Mascaro Nascimento, em Curso de Direito Processual do Trabalho, p. 365, estabelece que o processo trabalhista, além do órgão jurisdicional perante o qual tramita, precisa, para constituir-se, da existência de partes. No processo contencioso sempre figura uma pessoa, física ou jurídica, e excepcionalmente mesmo um ente não dotado de personalidade jurídica, como a massa falida, etc., em face de quem outro pretende algo. Surgem duas posições, nas quais se situam um demandante e um demandado, aos quais é atribuída a denominação de *partes do processo*.

Renato Saraiva, Curso de Direito Processual do Trabalho, p. 214, destaca que o conceito clássico de partes revela-se insuficiente, uma vez que o processo não envolve tão somente o autor, réu e juiz, englobando, por vezes, outras pessoas (terceiros) que podem ingressar no processo em momento posterior à sua formação, seja para apoiar uma das partes principais ou para defender interesses próprios.

Ademais, como observado pelo mesmo doutrinador, Renato Saraiva, existem sujeitos do conflito e sujeitos do processo, que nem sempre coincidem entre si, numa relação processual. Citando o exemplo do doutrinador, em outras palavras, imaginemos que em determinada empresa um empregado sofre assédio moral ou sexual de seu supervisor hierárquico. Todavia, em eventual reclamação trabalhista pleiteando a reparação pelos danos morais sofridos, o empregado ingressa diretamente contra seu empregador, em função de sua responsabilidade objetiva. Tem-se, portanto, como sujeitos do processo o empregado e o empregador (empresa) e como sujeitos do conflito o empregado e seu superior hierárquico.

Porém, Alexandre Freitas Câmara, Lições de direito processual civil, págs. 150-151, citado por Renato Saraiva, traz um explicação para a insuficiência encontrada no conceito de partes:

"É tradicional o conceito de partes como sendo 'aquele que pleiteia e aquele em face de quem se pleiteia a tutela jurisdicional'. Por esta definição seriam partes, tão somente, o autor (ou demandante), isto é, aquele que, ajuizando uma demanda, provoca o exercício, pelo Estado, da função jurisdicional, pleiteando a tutela jurisdicional e, de outro lado, o réu (ou demandado), aquele em face de quem a tutela jurisdicional é pleiteada.

"Tal conceito, embora correto, não é adequado a explicar todos os fenômenos de relevância teórica a respeito das partes. Tal insuficiência, porém, facilmente se explica. É que o conceito aqui apresentado corresponde ao de 'partes da demanda'. Este conceito não se confunde com outro, mais amplo, que é o de partes do processo. Assim é que devem ser consideradas 'partes do processo' todas aquelas pessoas que participam do procedimento em contraditório. Em outras palavras, ao lado do autor e do réu, que são partes da demanda e também do processo, outras pessoas podem ingressar na relação processual, alterando o esquema mínimo daquela relação a que já se fez referência, e que corresponde à configuração tríplice do processo. Assim, por exemplo, na assistência (...) ou na intervenção do Ministério Público como *custos legis* (...), ingressam no processo sujeitos diversos daqueles que denominamos 'partes da demanda'. Esses novos sujeitos, embora não apareçam na demanda, são 'partes do processo'".

4.1.2. Denominação

Em razão da origem histórica de órgão administrativo vinculado ao Poder Executivo, na nomenclatura trabalhista, as partes envolvidas na demanda são denominadas de reclamante (autor), aquele que ingressa com a ação e, reclamado (réu), aquele contra quem a ação é interposta.

Antes de 1941 não se falava em ação, mas em reclamação administrativa, pois, a Justiça do Trabalho, apesar de já dirimir conflitos oriundos das relações entre empregadores e empregados, continuava sendo considerada um órgão administrativo, não fazendo parte do Poder Judiciário, donde teríamos a denominação, reclamante e reclamado. Contudo, apesar da CLT empregar em seu artigo 651 as expressões reclamante e reclamado, para Sérgio Pinto Martins, em Direito Processual do Trabalho, p. 190, os termos mais corretos seriam *ação, autor* e *réu*, de acordo com a teoria geral do processo. Da mesma forma entendem diversos doutrinadores, tais como Wagner D. Giglio, em Direito Processual do Trabalho, p. 103, Amauri Mascaro Nascimento, em Curso de Direito Processual do Trabalho, p. 368, entre outros.

Todavia, é importante ressaltar que no processo do trabalho, para casos específicos, existem denominações próprias, a seguir demonstradas:

TIPO	RECLAMANTE (AUTOR)	RECLAMADO (RÉU)
Dissídio Coletivo	Suscitante	Suscitado
Mandado de Segurança e *Habeas Corpus*	Impetrante	Impetrado
Inquérito para apuração de falta grave	Requerente	Requerido
Recursos	Recorrente	Recorrido
Execução	Exequente (credor)	Executado (devedor)
Liquidação de Sentença	Liquidante	Liquidado
Exceção	Excipiente	Exceto (ou excepto)
Reconvenção	Reconvinte	Reconvindo
Agravo de petição ou de Instrumento	Agravante	Agravado

4.2. CAPACIDADE

É a aptidão que a pessoa tem de exercer sozinha seus direitos e assumir obrigações perante as relações jurídicas.

De acordo com Washington de Barros Monteiro, capacidade é a aptidão para ser sujeito de direitos e obrigações e exercer por si ou por outrem os atos da vida civil. A capacidade é um elemento da personalidade pela qual se exprime poderes e faculdades.

Para Sérgio Pinto Martins, a capacidade em direito é a aptidão denominada pela ordem jurídica para o gozo e exercício de um direito por seu titular. Todo sujeito de direito pode gozar e fruir as vantagens decorrentes dessa condição, mas nem sempre está habilitado a exercer esse direito em toda a sua extensão.

Entretanto, há de se distinguir os institutos da capacidade de ser parte e a capacidade de se postular num processo.

4.2.1. Capacidade de Ser Parte

Capacidade de ser parte ou capacidade de direito ou de gozo, é aquela própria de todo ser humano, inerente à sua personalidade e que só se perde com a morte, ou seja, é a capacidade para adquirir direitos e contrair obrigações de acordo com o dispositivo do artigo 1º do Código Civil: "Toda pessoa é capaz de direitos e deveres na ordem civil".

Assim, é a possibilidade de a pessoa física ou jurídica ocupar um dos polos do processo, como autor ou réu. Porém, no que tange à pessoa natural ou física, exige-se a "personalidade civil" nos termos do artigo 2º do Código Civil, que se inicia com o nascimento da pessoa com vida, muito embora a lei ponha a salvo, desde a concepção, os direitos do nascituro.

A "personalidade civil" da pessoa jurídica inicia-se com a inscrição dos atos constitutivos no respectivo registro conforme artigo 45 do Código Civil.

Conforme dito anteriormente, os entes desprovidos de personalidade jurídica, tal qual a massa falida, o condomínio, o espólio, as sociedades, etc., também lhes são conferidos a capacidade para ser parte.

A respeito do tema, destacamos o entendimento de Carlos Henrique Bezerra Leite, Curso de direito processual do trabalho, págs. 399/400, que dispõe:

"Sabemos que toda pessoa humana, também chamada de pessoa natural ou pessoa física, é capaz de adquirir direitos e contrair obrigações. Trata-se de personalidade civil, que se inicia com o nascimento com vida, muito embora a lei já garanta ao nascituro, desde a concepção, os direitos fundamentais. Assim, todo ser humano tem capacidade de ser parte, independentemente de sua idade ou condição psíquica ou mental, seja para propor ação, seja para defender-se. É, pois, um direito universal conferido a toda pessoa humana.

Além das pessoas naturais, os ordenamentos jurídicos reconhecem às pessoas jurídicas a capacidade de ser parte, uma vez que também podem ser titulares de direitos e obrigações. As pessoas jurídicas que não se confundem com as pessoas naturais, são abstrações criadas pelo gênio humano com vistas à facilitação da circulação de riqueza e dos negócios, principalmente o comércio. Por serem entes abstratos, a lei dispõe que necessitam ser representadas judicial e extrajudicialmente por determinada pessoa natural, como veremos mais adiante quando tratarmos do instituto da representação.

Existem, ainda, outros entes abstratos aos quais a lei não confere a condição de pessoa jurídica, mas que têm capacidade de ser parte, tal como ocorre com a massa falida, o espólio, etc.".

4.2.2. Capacidade Processual

Quanto à capacidade de fato, processual ou de exercício, é aquela outorgada pelo artigo 7º do Código de Processo Civil, isto é, capacidade de exercitar por si os atos da vida civil e de administrar os seus bens, ou seja, de estar em juízo.

Não basta ter capacidade de direito, impõe-se verificar se a pessoa também tem capacidade de fato para praticar os atos processuais pessoalmente sem ajuda de qualquer espécie, ou seja, se não lhe falta a plenitude da consciência e da vontade. Se presentes as duas espécies de capacidade a pessoa terá capacidade plena, se ausente alguma delas, terá capacidade limitada, é o que ocorre, por exemplo, no caso dos absolutamente incapazes, cuja definição legal está no artigo 3º e 4º do Código Civil e artigo 8º do Código de Processo Civil, *in verbis*:

> "**Art. 3º** *São absolutamente incapazes de exercer pessoalmente os atos da vida civil:*
> *I – Os menores de dezesseis anos;*
> *II – Os que, por enfermidade ou deficiência mental, não tiverem o necessário discernimento para a prática desses atos;*
> *III – Os que, mesmo por causa transitória, não puderem exprimir sua vontade".*
> "**Art. 4º** *São incapazes, relativamente, a certos atos ou à maneira de os exercer:*
> *I – Os maiores de dezesseis e menores de dezoito anos;*
> *II – Os ébrios habituais, os viciados em tóxicos, e os que, por deficiência mental, tenham o discernimento reduzido;*
> *III – Os excepcionais sem desenvolvimento mental completo;*
> *IV – Os pródigos".*
> "**Art. 8º** *Os incapazes são representados ou assistidos por seus pais, tutores ou curadores, na forma da lei civil".*

No direito do trabalho, o menor de 16 anos não pode trabalhar, salvo na condição de aprendiz, a partir dos 14 anos, havendo assim incapacidade plena como determina a lei. Dos 16 aos 18 anos, a pessoa é relativamente incapaz, podendo firmar recibos de pagamento, porém, não pode assinar o termo de rescisão contratual, quando haverá necessidade de assistência de seu representante legal, conforme artigo 439 da CLT. Por fim, a capacidade civil plena dos empregados dá-se aos 18 anos, idade em que poderá demandar e ser demandado na Justiça do Trabalho, sem assistência ou representação de seus pais, tutores ou, em caso de mulher casada, seus maridos.

No âmbito do processo civil, a capacidade postulatória é privativa aos advogados devidamente habilitados e inscritos na Ordem dos Advogados do Brasil, não podendo, as partes, atuar em benefício próprio, ao contrário do âmbito do processo do trabalho, em que nas demandas envolvendo relação de emprego, além do advogado, às partes são conferidos o denominado *jus postulandi*, que é o direito de postular em causa própria.

De acordo com o artigo 793 da CLT, as reclamações trabalhistas dos menores de 18 anos serão feitas por seus representantes legais, e, na falta destes, pela Procuradoria Regional do Trabalho, pelo sindicato profissional, pelo Ministério Público Estadual ou curador nomeado em juízo.

Neste sentido, são os precedentes do Colendo Tribunal Superior do Trabalho, é o que dispõe a jurisprudência a seguir:

> *RECURSO DE EMBARGOS. MINISTÉRIO PÚBLICO. MENOR ASSISTIDO POR REPRESENTANTE LEGAL. AUSÊNCIA DE PREJUÍZO. DESNECESSIDADE DE INTERVENÇÃO DO "PARQUET". A representação da menor por sua mãe, que é sua representante legal, supre o interesse do Ministério Público para, na qualidade de parte, atuar no processo*

em defesa de interesse de menor. Sua intervenção, nesse caso, fica limitada à condição de custos legis. *Desse modo, a falta de intervenção do Ministério Público, no primeiro grau de jurisdição, quando o interesse de menor que visa a proteger já se encontra resguardado e assistido pela representante legal, não incorre em nulidade, porque ausente o prejuízo a justificá-la. Exegese dos artigos 82, I, do CPC; 793 da CLT; e 83 da Lei Complementar nº 75/93. Embargos não conhecidos. (TST – **Processo:** E-RR – 667059/2000.9, **Data de Julgamento:** 28/04/2008, **Relator Ministro:** Aloysio Corrêa da Veiga, Subseção I Especializada em Dissídios Individuais, **Data de Publicação: DJ** 09/05/2008).*

"MENOR ASSISTIDA PELA MÃE. AUSÊNCIA DE NOTIFI-CAÇÃO DO MINISTÉRIO PÚBLICO DO TRABALHO PARA ACOMPANHAR O FEITO NO 1º GRAU DE JURISDIÇÃO. NULIDADE. INOCORRÊNCIA. A eg. Subseção II da Seção Especializada em Dissídios Individuais desta alta Corte vem se posicionando no sentido de que, segundo o art. 793 da CLT, que cuida da representação e assistência processuais trabalhis-tas, estando a menor representada ou assistida por um de seus representantes legais, a intervenção do Órgão Ministerial no primeiro grau de jurisdição, apesar de relevante, não constitui requisito para a essência do ato. Assim sendo, há de se rejeitar a arguição de nulidade do processado, por falta de notificação do "Parquet" para acompanhar o feito desde a sua instauração, mormente porque, em sede de parecer exarado ordinariamente, não apontou este qualquer nulidade no desenvolvimento da instrução processual e propugnou, explícita e textualmente, pela confirmação do julgado originário que havia dado pela improcedência da Reclamação. RR conhecido, mas improvido" (RR-425.093/98, 2ª T., Rel. Juiz Convocado Márcio Ribeiro do Valle, DJ 22.06.2001).

"AÇÃO RESCISÓRIA. MENOR ASSISTIDO PELO PAI. INTERVENÇÃO DO MINISTÉRIO PÚBLICO DO TRABALHO. MENOR. REPRESENTAÇÃO. INTERVENÇÃO DO MINISTÉRIO PÚBLICO DO TRABALHO NO 1º GRAU DE JURISDIÇÃO. À luz do art. 793 da CLT, que rege a matéria em sede trabalhista, encontrando-se o menor representado ou assistido por seu pai, a intervenção do Ministério Público do Trabalho no primeiro grau de jurisdição, apesar de relevante, não constitui requisito para a essência do ato. Arguição de nulidade do processado, por ausência de notificação do 'Parquet' para acompanhar o feito desde a sua instauração, que se rejeita, máxime quando, encaminhado o processo para sua manifestação na fase do recurso pelo Regional, não aponta qualquer nulidade no desenvolvimento de instrução e propugna pela confirmação do julgado, que deu pela improcedência da ação. Decisão rescindenda que se mantém, pois, a se permitir a intervenção do Ministério Público, estar-se-ia permitindo a própria intervenção no pátrio poder, assegurado constitucionalmente – art. 229 da Constituição c/c o art. 22 da Lei nº 8069, de 13.7.90 – Estatuto da Criança e do Adolescente. Recurso desprovido." (ROAR-537.669/99, Rel. Min. José Luciano de Castilho Pereira, DJ 05.05.2000).

PRELIMINAR DE NULIDADE DO PROCESSO. AUSÊNCIA DE INTERVENÇÃO DO MINISTÉRIO PÚBLICO DO TRABALHO. RECLAMAÇÃO PROPOSTA POR MENOR DE IDADE ASSISTIDO POR SEU REPRESENTANTE LEGAL. Em nenhuma das normas de Direito do Trabalho que regem a intervenção do Ministério Público para atuar como custus legis, há a afirmação da existência de obrigatoriedade de sua presença no primeiro grau de jurisdição em caso de litígio versando sobre interesse de menores. Já o dispositivo que versa acerca da atuação da Procuradoria do Trabalho no primeiro grau de jurisdição sustenta a obrigatoriedade de sua intervenção tão somente nas situações

*em que funcionar como curador à lide, e, isso, quando houver a
ausência do representante legal (art. 793 da CLT). Sublinhe-se,
ainda, por oportuno, que o processo só pode ser considerado nulo
quando a Lei considerar obrigatória a intervenção do Ministério
Público. Destarte, se o legislador processual quisesse abranger
as causas dessa natureza, o teria mencionado expressamente.
Recurso não conhecido.(...) (TST – RR- 616.332/1999.0 Quarta
Turma, Min. Barros Levenhagen, DJ de 16/08/02).*

No mesmo sentido, entendem os Egrégios Tribunais:

*"MINISTÉRIO PÚBLICO. INTERVENÇÃO EM RELAÇÃO
A MENORES. Inaplicável o inciso I do artigo 82 do CPC no
processo do trabalho em relação à intervenção do Ministério
Público quanto a interesse de menores, pois há regra específica
no artigo 793 da CLT. A Procuradoria do Trabalho só atua na
falta dos representantes legais de menores. Não há omissão na
CLT para se aplicar o CPC (art. 769 da CLT). (TRT 2ª Região
– Acórdão 20020345377 – Juiz Relator Sérgio Pinto Martins –
Publicado no DOE/SP em 04/06/2002)".*

*"AUSÊNCIA DE INTERVENÇÃO DO MINISTÉRIO PÚBLICO.
INTERESSE DE MENOR. NULIDADE DO PROCESSO. A
ausência de intimação do Ministério Público para intervir nos
feitos que envolvam interesses de menor acarreta a nulidade do
processo, ex vi do disposto nos artigos 84 e 246, ambos do CPC."
(TRT 12ª Região – AP 00483-1996-018-12-85- 9 – 3ª Turma –
Juiz Gerson P. Taboada Conrado – Publicado no TRTSC/DOE
em 13-10-2008).*

A emancipação do menor 18 anos confere a ele a capacidade plena de
praticar todos os atos da vida civil independentemente de assistência, cujas
hipóteses estão previstas no artigo 5º do Código Civil quais sejam: pela

concessão dos pais, pelo casamento, pelo exercício de emprego público efetivo, pela colação de grau em curso de ensino superior ou pela existência de relação de emprego, desde que, neste último caso, o menor com 16 anos completos tenha economia própria.

Para Renato Saraiva, Curso de Direito Processual do Trabalho, p. 219, as normas de proteção à saúde do trabalhador, como as que proíbem o trabalho noturno, perigoso ou insalubre ao menor de 18 anos (art. 7º, inciso XXXIII, da CF/1988) ou a que impede que o menor labore em locais prejudiciais à sua formação, ao seu desenvolvimento físico, psíquico, moral e social (art. 403, parágrafo único da CLT), se estendem ao menor emancipado, por tratar-se de normas de ordem pública, de indisponibilidade absoluta que objetivam proteger a formação integral do menor, ainda incompleta, apesar da emancipação, com a qual concordamos.

Em caso de interdição posterior ao período do contrato de trabalho, aplica-se subsidiariamente à Justiça do Trabalho o artigo 1184 do Código de Processo Civil que reza:

> "**Art. 1184**. *A sentença de interdição produz efeito desde logo, embora sujeita a apelação (...)*"

Assim, o efeito da sentença de interdição é EX NUNC e, neste sentido, já se posicionou o Egrégio TRT da 2ª Região ao dispor:

> "*INTERDIÇÃO. EFEITOS EX NUNC. SENTENÇA PRO-FERIDA APÓS O TÉRMINO DO PACTO LABORAL. A decisão de origem não comporta reparos, porquanto a sentença de interdição proferida pelo Juízo Cível não produz efeito retroativo, conforme artigo 1184 do CPC, de forma a sustentar a tese de suspensão da execução trabalhista ou ilegitimidade de parte da agravante em face de incapacidade absoluta, pois somente a partir da sentença de interdição é que esta foi considerada*

incapaz para gerir sua vida e seus bens. Sendo o decreto de interdição posterior ao período do contrato de trabalho e dele não constando efeitos retroativos, merece ser confirmada a r. decisão agravada, mantendo-se a agravante como responsável pelo crédito exequendo. Agravo de Petição improvido.(TRT 2ª Região – Acórdão 20070977989 – Juíza Relatora Sonia Maria Prince Franzini – Publicado no DOE/SP em 30/11/2007)".

4.3. JUS POSTULANDI

O artigo 791 da CLT dispõe:

"Os empregados e empregadores poderão reclamar pessoalmente perante a Justiça do Trabalho e acompanhar as suas reclamações até o final".

Assim, o *jus postulandi* nada mais é do que a faculdade das partes envolvidas numa relação jurídica ingressarem em juízo, sem a intermediação de advogado, para postularem pessoalmente seus interesses.

Esta mesma faculdade está prevista no artigo 839 "a" da CLT que salienta:

"A reclamação poderá ser apresentada:
***a)** Pelos empregados e empregadores, pessoalmente, ou por seus representantes, e pelos sindicatos de classe".*

Com a vigência da Constituição Federal de 1988, discutiu-se a possível revogação ou não do artigo 791 da CLT em face da nova redação dada ao artigo 133 que estabelece:

"O advogado é indispensável à administração da justiça, sendo inviolável por seus atos e manifestações no exercício da profissão, nos limites da lei".

Apesar das divergentes correntes doutrinárias, entendemos que não houve revogação do artigo 791 da CLT, eis que o próprio artigo 133 da CF condiciona "aos limites da lei", a participação do advogado no processo, que, no caso do processo do trabalho, é ajustado à possibilidade das partes atuarem em juízo na busca pessoal de seus interesses.

Mesmo com o surgimento da Lei 8.906/94, artigo 1º (Estatuto da OAB) que declarou ser atividade privativa dos advogados a postulação a qualquer órgão do Poder Judiciário e aos Juizados Especiais, não houve revogação do *jus postuland*, pois, conforme declara Amauri Mascaro Nascimento em Curso de Direito Processual do Trabalho 22ª edição, p. 417, "A lei geral, no caso Estatuto da OAB, não pode revogar lei especial, que é a CLT".

Entretanto, é imperioso ressaltar que o Excelso STF na ADIn 1.127-8, proposta pela Associação dos Magistrados do Brasil – AMB, suspendeu liminarmente a aplicação do artigo 1º, I, da Lei 8/906/94 na Justiça do Trabalho, permanecendo, portanto, o *jus postulandi* da parte conforme artigo 791 da CLT.

Corroborando o disposto acima, transcrevemos o entendimento jurisprudencial dos Egrégios Tribunais:

> *PETIÇÃO INICIAL. PROCESSO TRABALHISTA. INÉP-CIA AFASTADA: "Considerando o informalismo que rege o processo do trabalho, que admite o "jus postulandi", o exame da propedêutica não deve ser apreciado pelo rigor aplicado no processo comum. Se o sócio, presente em audiência, confirma a compra da empresa que contratou a reclamante, revelando ser sua a assinatura aposta na baixa da CTPS da trabalhadora, não há que se falar em inépcia da inicial, ainda que esta tenha silenciado sobre a sucessão de empresas". Recurso ordinário a que se dá provimento parcial. (TRT 2ª Região – Acórdão 20070637282 – 11ª turma – Desembargadora Relatora Dora Vaz Treviño – Publicado no DOE/SP, em 28/08/2007).*

JUS POSTULANDI. APLICABILIDADE EM TODOS OS GRAUS DE JURISDIÇÃO. O disposto no art. 791 da CLT continua em vigor, não havendo falar que a Constituição da República promulgada em 1988, mormente por força do conteúdo do art. 133, não o tenha recepcionado, integral ou parcialmente. O fato de o advogado ter sido considerado como "indispensável à administração da justiça", por si só, não revogou a possibilidade de as partes reclamarem "pessoalmente perante a Justiça do Trabalho e acompanhar as suas reclamações até o final". (TRT 12ª Região – Acórdão AP 04151-2001-036-12-85- 3- 3ª Turma – Juíza Mari Eleda Migliorini – Publicado no TRTSC/ DOE em 18-11-2008).

Observa-se na jurisprudência acima que, em função do *jus postulandi*, as partes poderão atuar sem a constituição de advogado em todas as instâncias trabalhistas, mesmo nos Tribunais Regionais e no Tribunal Superior do Trabalho.

Entretanto, há entendimento jurisprudencial divergente no sentido de que o acompanhamento da partes "até o final" deve ser considerado apenas na instância ordinária. Assim, em caso de eventual recurso extraordinário para o Supremo Tribunal Federal, ou mesmo recurso encaminhado ao Superior Tribunal de Justiça, a presença do advogado é imprescindível, sob pena de o recurso não ser conhecido, até porque, o *jus postulandi* das partes, só pode ser exercido junto à Justiça do Trabalho e a interposição de recurso no STF e STJ esgota a "jurisdição trabalhista", como bem assevera Carlos Henrique Bezerra Leite, Curso de Direito Processual do Trabalho, 6ª edição, p. 403, com a qual concordamos.

Neste sentido, transcrevemos o entendimento do Colendo TST, *in verbis*:

"REPRESENTAÇÃO PROCESSUAL. RECURSO ORDINÁRIO. JUS POSTULANDI. O artigo 791 da CLT, parte final,

estabelece que tanto o empregado como o empregador poderão acompanhar as reclamações até o fim, assim considerado a instância ordinária. O não conhecimento do Recurso Ordinário subscrito por um dos proprietários da Reclamada ofende o mencionado dispositivo legal. Recurso de Revista provido" (TST – RR 351913, 3ª Turma. Ministro Relator Carlos Alberto dos Reis de Paula, DJU 09.06.2000, p. 349).

> *AGRAVO DE INSTRUMENTO. RECURSO DE REVISTA. REPRESENTAÇÃO PROCESSUAL. JUS POSTULANDI. Trata--se de agravo de instrumento interposto contra despacho que denegou seguimento ao recurso de revista, que, também, veio subscrito pelo reclamante. O jus postulandi está agasalhado no art. 791 da CLT, que preceitua: "Os empregados e os empregadores poderão reclamar pessoalmente perante a Justiça do Trabalho e acompanhar as suas reclamações até o final". A expressão "até o final", portanto, deve ser interpretada levando-se em consideração a instância ordinária, já que esta é soberana para rever os fatos e as provas dos autos. O recurso de revista, por sua natureza de recurso extraordinário, exige seja interposto por advogado devidamente inscrito na OAB, a quem é reservada a atividade privativa da postulação em juízo, incluindo-se o ato de recorrer art. 1º da Lei nº 8.906/94. Agravo de instrumento não conhecido. (TST – 4ª Turma – AIRR 886/2000.401.05.00 – Publicado no DJ em 12.08.2008).*

A faculdade do *jus postulandi*, também, é estendida ao representante do espólio, conforme jurisprudência em destaque:

> *NULIDADE. ÓBITO DO AUTOR. JUS POSTULANDI. RATIFICAÇÃO DOS ATOS PROCESSUAIS ATRAVÉS DE HABILITAÇÃO. AUSÊNCIA DE PREJUÍZO. REGULARI-DADE DO PROCEDIMENTO. PRETENSÃO DESFUNDA-*

MENTADA. FAZENDA PÚBLICA. ATO ATENTATÓRIO À DIGNIDADE DA JUSTIÇA. O Processo do Trabalho dispõe de norma própria, estabelecida pelo artigo 791, caput, da CLT, que estabelece o jus postulandi. *Falecido o autor, a extinção do mandato configura irregularidade plenamente sanável, pois prevalece o* jus postulandi *em relação ao espólio, não havendo falar-se em suspensão obrigatória do feito. Ademais, através da habilitação, com outorga de nova procuração, restam ratificados os atos processuais. Não se tratando de irregularidade insanável, e tendo em vista a possibilidade de convalidação dos atos processuais, a declaração de nulidade depende de prova robusta da existência de nulidade, diante do princípio estabelecido pelo artigo 794, caput, da CLT. A Fazenda Pública, na qualidade de parte, deve observar os deveres inerentes à lealdade e boa-fé processuais, e se comparece a Juízo arguindo nulidade e apresentando pretensões divorciadas das normas legais aplicáveis à espécie, ou tecendo pretensões sem fundamento, fica sujeita às sanções legais relativas aos atos atentatórios à dignidade da Justiça. (TRT 2ª Região – Acórdão 20080287462 – 4ª turma – Desembargador Relator Paulo Augusto Câmara – Publicado no DOE/SP em 22/04/2008).*

Para Renato Saraiva, Curso de Direito Processual do Trabalho, 5ª edição, p. 223, apesar da EC 45/2004 ter ampliado a competência material da Justiça do Trabalho para processar e julgar qualquer lide envolvendo relação de trabalho, o *jus postulandi* da parte é restrito às ações que envolvam relação de emprego, não se aplicando às demandas referentes à relação de trabalho distintas da relação empregatícia.

Logo, para o doutrinador, em caso de ações trabalhistas ligadas à relação de trabalho não subordinado, as partes deverão estar representadas por advogados, não se aplicando a elas o artigo 791 da CLT, restrito a empregados e empregadores.

Carlos Henrique Bezerra Leite, p. 404, entende da mesma forma, porém, discordamos dos ilustres doutrinadores, em razão do que prevê o artigo 114 da Constituição Federal, que confere à Justiça do Trabalho a competência de processar e julgar as ações oriundas das relações de trabalho, sendo, portanto, plenamente possível a extensão do artigo 791 da CLT aos trabalhadores não subordinados.

Neste sentido, é imperioso destacar o Enunciado 67 aprovado pela 1ª Jornada de Direito Material e Processual do Trabalho, promoção conjunta da Anamatra, do Tribunal Superior do Trabalho e da Escola Nacional de Formação e Aperfeiçoamento dos Magistrados do Trabalho (Enamat), com apoio do Conselho Nacional das Escolas de Magistratura do Trabalho (Conematra), que propõe interpretação extensiva do instituto do *jus postulandi*, nos seguintes termos:

> "JUS POSTULANDI. ART. 791 DA CLT. RELAÇÃO DE TRABALHO. POSSIBILIDADE. *A faculdade de as partes reclamarem, pessoalmente, seus direitos perante a Justiça do Trabalho e de acompanharem suas reclamações até o final, contida no artigo 791 da CLT, deve ser aplicada às lides decorrentes da relação de trabalho".*

No mesmo sentido, estabelece a jurisprudência citada por Renato Saraiva em sua obra, p. 223, que acarreta entendimento contrário ao seu, senão vejamos:

> "AMPLIAÇÃO DA COMPETÊNCIA DA JUSTIÇA DO TRABALHO. NOVAS AÇÕES. EXTENSÃO DO JUS POSTULANDI. *Embora o TST tenha editado instrução normativa que prevê a aplicação do princípio da sucumbência nos feitos da nova competência, remanesce a aplicabilidade da regra do* jus postulandi. *Se é verdade que o rito procedimental deve corresponder às peculiaridades das relações de direito material apreciadas, também é certo que a apreciação estrita do CPC pode prejudicar*

partes a que a hipossuficiência atinge de forma mais aguda, exatamente por não contarem com as garantias do contrato de emprego. Por fim, há que atentar para a circunstância de que o jus postulandi sempre foi assegurado, nos feitos de competência da Justiça do Trabalho, a empregado, a empregador, assim como, também, a trabalhador eventual e àquele que buscava conhecimento de vínculo, ainda que sem sucesso. A conclusão, portanto, é de que não existe irregularidade na atuação da parte sem a presença de advogado, nos feitos da nova competência. Recurso a que se nega provimento para manter a decisão que reconheceu que o réu tem capacidade postulatória".

4.4. HONORÁRIOS ADVOCATÍCIOS E ASSISTÊNCIA JUDICIÁRIA GRATUITA

O princípio da sucumbência tradicionalmente consagrado no artigo 20 do CPC em que declara que o vencido deve ressarcir ao vencedor todas as despesas que efetuou para o reconhecimento de seu direito, inclusive, àquelas resultantes da contratação de advogado, não se aplica ao processo do trabalho em razão do princípio da gratuidade processual admitido nesta Justiça Especializada.

Entretanto, com a promulgação da EC 45/2004, que ampliou a competência material da Justiça do Trabalho para processar e julgar qualquer ação envolvendo relação de trabalho, o Tribunal Superior do Trabalho, por meio da Resolução 126/2005, editou a IN 27/2005, dispondo sobre inúmeras normas procedimentais aplicáveis ao processo do trabalho, estabeleceu no artigo 5º que, "exceto nas lides decorrentes da relação de emprego, os honorários advocatícios são devidos pela mera sucumbência".

Nossa posição está de acordo com o entendimento do C. TST no sentido de que ao trabalhador que ingressar com ação de competência da Justiça do Trabalho, lhe é assegurado o princípio da sucumbência.

Renato Saraiva, p. 250, discorda do entendimento do C. TST, por entender que a limitação da condenação em honorários de sucumbência nas lides decorrentes da relação de emprego apenas beneficia o empregador mau pagador, onerando ainda mais o trabalhador, o qual, além de não ter recebido seus créditos trabalhistas no momento devido, ainda é obrigado a arcar com pagamento de honorários advocatícios ao seu patrono, diminuindo, ainda mais, o montante das verbas a receber.

O artigo 22 da Lei 8.906/1994, que disciplina o Estatuto da Advocacia, dispõe que a prestação de serviço profissional assegura aos inscritos na OAB o direito aos honorários convencionados, aos fixados por arbitramento judicial e aos de sucumbência.

Entretanto, sobre o assunto, existe forte dissenso doutrinário e jurisprudencial, formando-se duas correntes, em que a primeira, minoritária, entende que os honorários advocatícios em caso de sucumbência são sempre devidos ao advogado, tendo em vista o disposto no artigo 133 da CF/1988 que a pessoa do advogado é indispensável à administração da justiça, sendo inviolável por seus atos e manifestações no exercício da profissão, nos limites da lei, no artigo 20 do CPC ao estabelecer que a sentença condenará o vencido a pagar ao vencedor as despesas que antecipou e os honorários advocatícios e no artigo 22 da Lei 8.906/1994, anteriormente citado.

Para a segunda corrente, majoritária, os honorários advocatícios nas demandas que envolvem relação de emprego, não decorrem simplesmente da sucumbência no processo, devendo a parte também ser beneficiária da assistência judiciária gratuita e estar assistida pelo sindicato profissional.

Esta corrente majoritária é defendida pelo Tribunal Superior do Trabalho, que consubstanciou seu entendimento nas Súmulas 259 e 329, que têm, como suporte jurídico, a Lei 1.060/1950, que estabelece normas para a concessão da assistência judiciária, em especial o artigo 11 § 1º que limita a condenação em honorários de 15%, senão vejamos:

> *"**Art. 11.** Os honorários de advogados e peritos, as custas do processo, as taxas e selo judiciais serão pagos pelo vencido, quando o beneficiário de assistência for vencedor na causa.*
> *§ 1º Os honorários do advogado serão arbitrados pelo juiz até o máximo de 15% (quinze por cento) sobre o líquido apurado na execução da sentença".*

Note-se que o artigo da referida Lei está em consonância com a OJ 348 do Colendo TST, ao acrescentar que os honorários advocatícios, quando devidos, serão pagos sobre o valor líquido da condenação, apurado na fase de liquidação de sentença, sem a dedução dos descontos fiscais e previdenciários, *in verbis*:

> *"OJ 348 HONORÁRIOS ADVOCATÍCIOS. BASE DE CÁLCULO. VALOR LÍQUIDO. LEI Nº 1.060, DE 05.02.1950 (DJ 25.04.2007). Os honorários advocatícios, arbitrados nos termos do art. 11, § 1º, da Lei nº 1.060, de 05.02.1950, devem incidir sobre o valor líquido da condenação, apurado na fase de liquidação de sentença, sem a dedução dos descontos fiscais e previdenciários.*

As Súmulas 219 e 329 do C. TST seguem o mesmo entendimento:

> *"SÚMULA 219. HONORÁRIOS ADVOCATÍCIOS – HIPÓTESE DE CABIMENTO. Na Justiça do Trabalho, a condenação ao pagamento de honorários advocatícios, nunca superiores a 15% (quinze por cento), não decorre pura e simplesmente da sucumbência, devendo a parte estar assistida por sindicato da categoria profissional e comprovar a percepção de salário inferior ao dobro do salário-mínimo ou encontrar-se em situação*

econômica que não lhe permita demandar sem prejuízo do próprio sustento da respectiva família.

> *"SÚMULA 329. HONORÁRIOS ADVOCATÍCIOS. ART. 133 DA CF/88. Mesmo após a promulgação da CF/1988, permanece válido o entendimento consubstanciado no Enunciado 219 do Tribunal Superior do Trabalho."*

No processo do trabalho se faz necessária a presença concomitante dos requisitos da gratuidade processual e assistência do sindicato para percepção dos honorários advocatícios, exatamente nos termos da Orientação Jurisprudencial nº 305 da SDI-I do Colendo TST que dispõe:

> *"HONORÁRIOS ADVOCATÍCIOS. REQUISITOS. JUSTIÇA DO TRABALHO. Na Justiça do Trabalho o deferimento de honorários sujeita-se à constatação da ocorrência concomitante de dois requisitos: o benefício da justiça gratuita e a assistência por sindicato".*

Neste sentido, já se manifestou o Colendo TST, como se vê do seguinte aresto:

> *"HONORÁRIOS ADVOCATÍCIOS. I – Os honorários advocatícios, no Processo do Trabalho, não se orientam apenas pela sucumbência, mas continuam a ser regulados pelo art. 14 da Lei nº 5.584/70, estando a sua concessão condicionada estritamente ao preenchimento dos requisitos indicados na Súmula nº 219 do TST, ratificada pela Súmula nº 329 da mesma Corte, devendo a parte estar assistida por sindicato da categoria profissional e comprovar a percepção de salário inferior ao dobro do mínimo legal ou encontrar-se em situação econômica que não lhe permita demandar sem prejuízo do próprio sustento ou de sua família. II – Nesse sentido segue a Orientação Jurisprudencial nº 305 do*

TST, segundo a qual na Justiça do Trabalho o deferimento de honorários advocatícios sujeita-se à constatação da ocorrência concomitante de dois requisitos: do benefício da justiça gratuita e da assistência sindical. (TST – RR – 140/2006-383-04-00 – 4ª Turma – MINISTRO BARROS LEVENHAGEN PUBLICAÇÃO: DJ – 01/08/2008)".

Destacamos, ainda, os seguintes arestos:

"HONORÁRIOS ADVOCATÍCIOS. CONCESSÃO. No que diz respeito aos honorários advocatícios, resta pacificado o entendimento de que são devidos, nesta Justiça Especializada, exclusivamente os honorários assistenciais quando a parte estiver representada em Juízo por advogado credenciado pela entidade sindical representativa da sua categoria profissional, e não dispuser de meios para arcar com as despesas do processo sem prejuízo do sustento próprio ou da sua família (Lei nº 5.584/1970)". (TRT 12ª Região – Acórdão-3ª T RO 00317-2008-046-12-00-3 Juiz Gracio R. B. Petrone – Publicado no TRTSC/DOE em 19-11-2008).

(...) "HONORÁRIOS ADVOCATÍCIOS. Havendo na legislação celetista regra específica acerca da matéria inadmissível à aplicação de normas previstas no Código Civil. O Tribunal Superior do Trabalho pacificou o entendimento de que os honorários advocatícios, nesta Justiça especializada, somente são devidos na ocorrência, simultânea, das hipóteses de gozo do benefício da justiça gratuita e da assistência do Sindicato da categoria profissional, para os trabalhadores que vençam até o dobro do salário-mínimo ou declarem insuficiência econômica para demandar. Note-se que sucessivas revisões legislativas modificaram profundamente a assistência judiciária no âmbito da Justiça do Trabalho: a Lei nº 10.288/01 acrescentou ao art.789, da CLT, o parágrafo 10, que derrogou o art. 14, da

Lei nº 5.584/70; a Lei nº 10.537/02 alterou o art.789, da CLT, e excluiu o referido parágrafo 10, derrogando, também, com isso, o art. 16, da Lei nº 5.564/70. Daí aplicar-se a Lei nº 1.060/50, que não faz qualquer referência quer à assistência sindical, quer ao limite de ganho do beneficiário, para ensejar a condenação em honorários advocatícios como consequência da sucumbência (artigo 11). Ressalvada essa concepção, acata-se, por disciplina judiciária, o entendimento cristalizado nas Súmulas nºs 219 e 329 e nas Orientações Jurisprudenciais da SBDI-1 nºs 304 e 305 do C. TST". (TRT 2ª Região – Acórdão 20080279931 – Desembargado Relator Luiz Carlos Gomes Godoi – 2ª Turma – Publicado no DOE/SP 29/04/2008).

Em caso de condenação da empresa ao pagamento dos honorários de advogado na base de 15% como estabelecido pela lei, apesar de o empregado ser beneficiário da gratuidade processual, este valor não será revertido em favor dele, mesmo porque ele em nada despendeu com seu procurador, fornecido gratuitamente pelo sindicato.

Assim, a verba honorária deferida pelo juiz em caso de assistência por Sindicato, será a ele revertida, exatamente nos termos do artigo 16 da Lei 5.584/70 que estatui:

> **"Art. 16.** *Os honorários do advogado, pagos pelo vencido, reverterão em favor do Sindicato assistente".*

Verifica-se que são duas leis que dispõem sobre a concessão de assistência judiciária. A primeira delas é a já mencionada Lei 1.060/1950 em que a assistência judiciária aos necessitados é prestada pelo poder público federal e estadual, independentemente da colaboração dos municípios e da Ordem dos Advogados do Brasil (art. 1º). A segunda é a Lei 5.584/1970 que disciplina a concessão de assistência judiciária na Justiça do Trabalho em que esta será prestada aos necessitados, através do Sindicato profissional a que pertencer o trabalhador.

Entretanto, é importante frisar que nos termos do artigo 18 da Lei 5.584/70, a assistência judiciária será prestada ao trabalhador pelo seu sindicato profissional, mesmo que o obreiro não seja associado ao respectivo ente sindical, não sendo lícito, portanto, ao sindicato profissional negar assistência jurídica ao trabalhador ou mesmo condicioná-lo à sua associação.

Um dos requisitos para obter a percepção da assistência judiciária gratuita é o trabalhador perceber salário igual ou inferior ao dobro do mínimo legal, ficando assegurado igual benefício ao trabalhador de maior salário, desde que provado que sua situação econômica não lhe permite demandar, sem prejuízo do sustento próprio e de sua família, situação antigamente comprovada por meio de diligência sumária no prazo de 48 horas realizada pela autoridade local do Ministério do Trabalho ou mesmo Delegado de Polícia da região onde residia o obreiro. (art. 14, §§ 2º e 3º da Lei 5.584/70)

Contudo, com o advento da Lei 7.115/1983, art. 1º, deixou de ser obrigatória a apresentação de atestado de pobreza, bastando que o interessado de próprio punho ou por seu procurador com poderes específicos, sob as penas da lei, declarasse a veracidade da situação.

Destaca-se que assistência judiciária gratuita não é sinônimo de benefício da justiça gratuita, pois, a primeira está relacionada à gratuidade da assistência técnica, que no caso é o Sindicato, enquanto que a segunda refere-se exclusivamente à gratuidade nas despesas processuais, ou seja, custas, emolumentos, taxas judiciárias e selos, etc. (art. 3º da Lei 1.060/1950), mesmo que a representação processual tenha sido prestada por advogado particular constituído pela parte.

Para Carlos Henrique Bezerra Leite, Curso de Direito Processual do Trabalho, p. 420, a assistência judiciária nos domínios do processo do trabalho é monopólio das entidades sindicais, onde temos o assistente (sindicato) e o assistido (trabalhador), cabendo ao primeiro oferecer serviços jurídicos em juízo ao segundo. A assistência judiciária gratuita abrange o benefício da justiça gratuita.

Já o benefício da justiça gratuita, que é regulado pelo artigo 790 § 3º da CLT, pode ser concedido por qualquer juiz de qualquer instância a qualquer trabalhador, independentemente de estar sendo patrocinado por advogado ou sindicato, que litigue na Justiça do Trabalho, desde que perceba salário igual ou inferior ao dobro do mínimo legal ou que declare que não está em condições de pagar as custas do processo sem prejuízo do sustento próprio ou de sua família. O benefício da justiça gratuita implica apenas a isenção do pagamento de despesas processuais.

De acordo com este entendimento, Carlos Henrique Bezerra Leite, p. 420, menciona jurisprudência do Colendo TST que vem admitindo a coexistência da justiça gratuita e assistência judiciária, *in verbis*:

> *"(omissis) JUSTIÇA GRATUITA. Cabe ressaltar não haver nenhuma sinonímia entre os benefícios da justiça gratuita e o beneplácito da assistência judiciária. Enquanto a assistência judiciária reporta-se à gratuidade da representação técnica, hoje assegurada constitucionalmente (art. 5º, LXXIV), a justiça gratuita refere-se exclusivamente às despesas processuais, mesmo que a assistência judiciária tenha sido prestada por advogado livremente constituído pela parte. Assim, a assistência judiciária de que cuida a Lei nº 5.584/70 foi alçada apenas em um dos requisitos da condenação a honorários advocatícios, reversíveis à entidade que a prestou, ao passo que os benefícios da justiça gratuita se orientam unicamente pelo pressuposto do estado de miserabilidade da parte, comprovável a partir de o*

salário percebido ser inferior ao dobro do mínimo, ou mediante declaração pessoal do interessado. Isso porque o atestado de pobreza ou prova de miserabilidade de que cuidam os §§ 2º e 3º do art. 14 da Lei nº 5.584/70 encontra-se mitigado pela Lei nº 7.115/83, que admite a simples declaração do interessado, sob as penas da lei, de que não tem condições de demandar em juízo sem comprometimento do sustento próprio e da sua família. Com isso, tendo o Regional registrado a existência de declaração de pobreza, é cabível a concessão de benefícios da justiça gratuita, isentando o reclamante das custas processuais a que fora condenado. Ao mesmo tempo cumpre registrar que muito embora o recorrente seja beneficiário da gratuidade de justiça, isso não significa que o referido benefício alcance o valor pecuniário aplicado a título de multa por litigância de má-fé, uma vez que a gratuidade da justiça não é salvo-conduto para o abuso do direito, e a enumeração taxativa do art. 3º da Lei nº 1.060/50 não a cita. Recurso conhecido e provido". (TST – RR 688649 – 4ª Turma – Relator Ministro Antonio José de Barros Levenhagen – DJU 29.08.2003).

A lei assegura os benefícios da gratuidade processual, somente ao empregado, por ser assalariado, tal benefício não é atribuído ao empregador, pois, para este, não há previsão infraconstitucional que lhe garanta tal direito, sobretudo, quando pessoa jurídica.

A jurisprudência nesse sentido é praticamente uníssona, vejamos:

BENEFÍCIOS DA JUSTIÇA GRATUITA. PESSOA JURÍDICA. DEPÓSITO RECURSAL. INAPLICABILIDADE. SÚMULA Nº 6 DO C. TRIBUNAL REGIONAL DO TRABALHO DA SEGUNDA REGIÃO. Segundo o artigo 2º, parágrafo único da Lei 1.060/50 considera-se necessitada a pessoa cujas despesas processuais possam importar em prejuízo "próprio ou familiar", o que por interpretação lógica conduz à peroração de que apenas as pessoas físicas podem ser beneficiárias da gratuidade dos atos processuais. Ademais, a Lei 5.584/70, ao versar sobre a assistência gratuita, faz menção unicamente ao empregado, não citando, em momento nenhum, o empregador. (TRT 2ª Região – Acórdão 20080597704 – 12ª Turma – Desembargadora Relatora Vania Paranhos – Publicado no DOE em 03/07/2008).

JUSTIÇA GRATUITA. PESSOA JURÍDICA: "O benefício da justiça gratuita, no âmbito trabalhista, é dirigido ao assalariado, que vende sua força de trabalho, tendo por intuito assegurar-lhe acesso ao Judiciário, possibilitando-lhe a satisfação dos direitos decorrentes da prestação laboral. É incabível o deferimento de graciosidade judiciária a pessoa jurídica, que deve responder pelas custas processuais, além de ser obrigada a realizar o depósito recursal, caso pretenda a revisão do julgado pela instância "ad quem". Agravo de Instrumento a que se nega provimento. (TRT 2ª Região – Acórdão 20071121018 – 11ª Turma – Desembargadora Relatora Dora Vaz Treviño – Publicado no DOE em 22/01/2008).

JUSTIÇA GRATUITA. PESSOA JURÍDICA. IMPOSSIBILIDADE. As Leis nos 1.060/50 e 5.584/70 preveem a concessão da assistência judiciária gratuita para efeito de isenção do pagamento das custas processuais tão somente à pessoa física, não havendo como ser estendido o benefício à pessoa jurídica, mesmo diante da alegada impossibilidade de arcar com as despesas do processo. Assim, não tendo a ré comprovado o recolhimento das custas processuais, o recurso por ela interposto deve ser considerado deserto. (TRT 12ª Região – Acórdão – 3ªTurma – RO 00306-2008-051-12-00-9 – Juíza Gisele P. Alexandrino – Publicado no TRTSC/DOE em 20-11-2008).

INDEFERIMENTO DA JUSTIÇA GRATUITA AO EMPRE-GADOR. É inacolhível a pretensão da pessoa jurídica de direito privado ao benefício da justiça gratuita, espécie do gênero assistência judiciária que a Lei nº 5.584/70, em seu art. 14, restringe, na Justiça do Trabalho, a integrantes da categoria profissional, vale dizer, aos empregados, desde que declaradamente necessitados ou aufiram até dois salários-mínimos. O fato de a reclamada ser entidade sem fins lucrativos em nada altera o deslinde da questão. (TRT 12ª Região – Acórdão – 3ª T RO 00149-2008-051-12-00-1 – Juiz Gracio R. B. Petrone – Publicado no TRTSC/ DOE em 13-11-2008).

Entretanto, o C. TST admitiu em algumas situações o pedido de justiça gratuita para empregador pobre, concedendo-lhe isenção de custas processuais para recorrer de sentença em que foi condenado ao pagamento de verbas trabalhistas. Referido empregador, declarou de próprio punho, sob as penas da lei, apesar ser um microempresário, que não tinha condições de pagar as custas do processo sem prejuízo do próprio sustento e de sua família.

Transcrevemos a decisão, *in verbis*:

INSUFICIÊNCIA ECONÔMICA DO EMPREGADOR. JUSTIÇA GRATUITA. O Reclamado, dono de uma firma individual, enquadrado como microempresário, ao interpor o Recurso Ordinário, declarou, de próprio punho sob as penas da lei, ser pobre na acepção jurídica do termo, não tendo condições de residir em Juízo pagando as custas do processo sem prejuízo do próprio sustento e dos respectivos familiares. Assim, não se apresenta razoável, diante da peculiaridade evidenciada nos autos, a deserção declarada pelo Tribunal Regional, na medida em que o entendimento adotado acabou por retirar do Reclamado o direito à ampla defesa, impedindo-o de discutir a condenação que lhe foi imposta em 1º Grau. A tese lançada na Decisão revisanda vai de encontro aos termos do art. 5º da Constituição Federal, pois tal dispositivo, em seu inciso LXXIV, estabelece textualmente que o Estado prestará assistência judiciária integral e gratuita aos que comprovarem insuficiência de recursos, sem fazer qualquer distinção entre pessoas física e jurídica. Recurso conhecido e provido. (TST – 2ª Turma – RR 728010/2001.0 – DJ 11.04.2006).

No mesmo sentido, destacamos:

BENEFÍCIO DA JUSTIÇA GRATUITA. EMPREGADOR. A discussão que se coloca, hodiernamente, é sobre a possibilidade de concessão do benefício da justiça gratuita à pessoa jurídica. O simples fato de ser empregador não a desautoriza, principalmente, tratando-se de empregador doméstico. O benefício da assistência judiciária gratuita tem sede na Constituição e na Lei 1.060/50, que disciplina os requisitos para sua concessão, quais sejam não ter a parte condições para demandar sem prejuízo do próprio sustento e o de sua família, sendo bastante a declaração do próprio interessado. O Regional registra a existência dessa prova. Destarte, o empregador doméstico, desde que declarada a sua miserabilidade jurídica, é também destinatário do benefício da justiça gratuita. Entretanto, o benefício se limita às custas processuais, visto que a lei exime apenas do pagamento das despesas processuais e o depósito recursal trata-se de garantia do juízo de execução. Recurso provido. (TST – RR. 771.191/01.0 – 4ª Turma – Rel. Min. Antônio José de Barros Levenhagen – DJU 14.02.2003, p. 654).

A parte contrária poderá, em qualquer fase da lide, requerer a revogação dos benefícios de assistência, desde que comprove a inexistência ou o desaparecimento dos requisitos essenciais à sua concessão (art. 7º da Lei 1.060/1950).

4.5. REPRESENTAÇÃO E ASSISTÊNCIA

Primeiramente convém ressaltar que há distinção entre representação e assistência.

Representar significa desempenhar atribuições que lhe foram confiadas, ou seja, buscar a defesa dos interesses de outrem.

Conforme as palavras do doutrinador Renato Saraiva, p. 224, na representação o representante age no processo em nome do titular da pretensão, defendendo o direito do próprio representado. Em outras palavras, o representante figura no processo em nome e na defesa de interesse de outrem.

Para Amauri Mascaro Nascimento, p. 372, representar significa tornar presente, estar no lugar de alguém, desempenhar um papel que se lhe é confiado. Representante é exatamente aquele que surge no lugar de quem não pode desempenhar. Representação é o ato ou a ação, mas também a qualidade atribuída para o fim de agir no lugar de outrem.

A representação pode ser de diversos tipos:
a) **Representação legal:** é aquela imposta pela lei. Exemplo: A representação da categoria em juízo, por sindicato (art. 8º, III da CF e art. 513, a, da CLT); Representação das pessoas jurídicas de direito público (art. 12, I e II do CPC).
b) **Representação Convencional:** é aquela facultada à parte, ou seja, é ato de disposição da própria vontade da parte de se fazer representar em juízo. Exemplo: representação do empregador por preposto (art. 843, § 1º da CLT).

c) Representação geral: é a legitimidade total do representante para atuar em todos os atos processuais. Exemplo: representação do incapaz pelo pai, tutor ou curador.

d) Representação parcial: aquela restrita a alguns atos ou fases processuais. Exemplo: representação de algum ato específico, como comparecimento do representante em audiência para representar empregado que por motivo de doença, comprovada, não pode comparecer (art. 843, § 2º da CLT).

No que tange à assistência, esta pode ter inúmeros significados, consistindo numa assistência interventiva, litisconsorcial, assistência judiciária e assistência judicial dos relativamente incapazes (art. 4º do CC).

O assistente intervém na lide apenas para auxiliar a parte, pois, o assistido pode manifestar livremente sua vontade junto ao assistente.

Wagner Giglio, Direito Processual do Trabalho, 14ª edição, p. 108, pondera que o assistente, ao contrário do representante, apenas supre a deficiência de vontade do assistido, e não a substitui. Assim, não pode o assistente, por exemplo, fazer acordo em nome do assistido, mas é este que, após consulta com seu responsável legal, deve aceitar ou recusar a conciliação proposta.

Portanto, o assistente não é parte na ação, mas um terceiro, auxiliando a parte.

4.5.1. Representação de Pessoas Físicas

Já dissemos que toda pessoa física que tem capacidade civil também tem capacidade processual. Entretanto, os que não têm capacidade civil como os incapazes, estes serão representados ou assistidos por seus pais, tutores ou curadores, na forma da lei.

4.5.2. Representação de Empregado por Sindicato

Os artigos 791, § 1º combinado com artigo 513, a, da CLT facultam às partes (empregado e empregador) nos dissídios individuais fazer-se representar por intermédio de sindicato representante da categoria de classe.

Convém ressaltar que a Lei 5.584/70, art. 18, revogou parcialmente o art. 791, § 1º da CLT dispondo que a representação do empregado por sindicato, independe de ser ele associado ou não, veja:

> **Art. 18.** *"A assistência judiciária, nos termos da presente Lei, será prestada ao trabalhador ainda que não seja associado do respectivo Sindicato".*

Assim, não subsiste a exigência de a representação ser conferida apenas ao associado da entidade de classe.

O artigo 843, § 2º da CLT, destaca outra hipótese de representação do empregado por sindicato, senão vejamos:

> **Art. 843.** *(...)*
> **§ 2º** *"Se por doença ou qualquer outro motivo poderoso, devidamente comprovado, não for possível ao empregado comparecer pessoalmente, poderá fazer-se representar por outro empregado que pertença à mesma profissão ou pelo sindicato."*

Ocorre que a representação prevista nesse artigo não significa representação processual, pois, conforme explica Wagner Giglio, este dispositivo deve ser entendido, em consonância com a melhor doutrina e com apoio na jurisprudência dominante, que essa norma apenas prevê a possibilidade de o sindicato, por um de seus dirigentes, comparecer à audiência para provar a doença ou outro motivo poderoso determinante da ausência do reclamante, para o fim exclusivo de evitar o arquivamento do processo.

4.5.3. Representação do Empregado por Outro Empregado

O mesmo art. 843, § 2º da CLT acima citado prevê a possibilidade do empregado que não pode comparecer à audiência por motivo de doença, devidamente comprovado, de ser representado por outro empregado, desde que pertença à mesma profissão.

Veja que tanto a representação do empregado por sindicato como por outro empregado descrito no artigo 843, § 2º da CLT, não se trata de representação processual, uma vez que em ambos os casos o fim objetivado da norma é tão somente evitar o arquivamento do processo, quando o empregado, por motivo de doença, não puder comparecer.

A figura do sindicato e do empregado da mesma profissão, na representação do empregado ausente perante o juízo, não é de representá-lo processualmente, mas, apenas, de comprovar a veracidade da doença ou outro motivo relevante que impediu o autor de comparecer à audiência, evitando-se, assim, a extinção do processo sem resolução de mérito com o consequente arquivamento dos autos.

Conforme Carlos Henrique Bezerra Leite, p. 407, não se cuida, pois, de representação, porque, a rigor, nem o dirigente sindical nem o empregado da mesma profissão poderão praticar atos processuais inerentes à representação, como confessar, transigir, desistir da ação, recorrer, etc.

4.5.4. Representação na Reclamatória Plúrima e na Ação de Cumprimento

Esta hipótese está prevista no artigo 843 da CLT que dispõe o seguinte:

> **Art. 843.** *Na audiência de julgamento deverão estar presentes o reclamante e o reclamado, independentemente do comparecimento de seus representantes, salvo nos casos de Reclamatórias*

Plúrimas ou Ações de Cumprimento, quando os empregados poderão fazer-se representar pelo Sindicato de sua categoria.

Tendo em vista a existência de vários reclamantes neste tipo de ação, os juízes passaram a aceitar a chamada "comissão de representantes" que normalmente é a representação dos empregados por advogado do Sindicato, cujo objetivo é evitar que todos os empregados compareçam à Justiça do Trabalho ou na hipótese em que todos ainda estejam trabalhando na empresa, não fique esta impossibilitada de contar com todos os trabalhadores ao mesmo tempo.

Ressalte-se, entretanto, que não há previsão legal para esse tipo de comissão, sendo, portanto, faculdade do juiz aceitar ou não.

Imperioso esclarecer que nas reclamatórias plúrimas a representação dos empregados por sindicato também é meramente fática, e não processual, pois o sindicato, neste caso, também não poderá transigir, desistir da ação, confessar, recorrer, entre outros, em nome dos empregados por ele representados.

Entretanto, na ação de cumprimento o sindicato atua como substituto processual, lhe sendo facultado defender direito alheio, independentemente de autorização dos substituídos.

4.5.5. Representação dos Empregados Menores e Incapazes

Verifica-se, na doutrina, extensa discussão se o menor de 18 anos é representado ou assistido nos processos trabalhistas.

Para Sérgio Pinto Martins, Direito Processual do Trabalho, 21ª edição, p. 193, por exemplo, a CLT confunde representação e assistência, pois, ora emprega um com o significado do outro e vice-versa. É o caso do § 1º do art. 791 da CLT ao afirmar que nos dissídios individuais os empregados e empregadores poderão fazer-se *representar* por intermédio do sindicato, advogado, solicitador ou provisionado, enquanto que o § 2º do mesmo artigo menciona que nos dissídios coletivos aos interessados a *assistência* por advogado e o art. 792 da CLT ao estabelecer que os maiores de 18 anos e menores de 21 anos poderão pleitear perante a Justiça do Trabalho sem a *assistência* de seus pais, tutores ou maridos.

Esta discussão toda surge porque o art. 7º, XXXIII, da CF/88, com a nova redação dada ao inciso pela Emenda Constitucional nº 20/98, que estabelece a "proibição de trabalho noturno, perigoso ou insalubre a menores de 18 anos e de que qualquer trabalho a menores de 16 anos, salvo na condição de aprendiz, a partir de 14 anos".

Contudo, para o processualista Amauri Mascaro Nascimento, p. 377, os menores no plano do direito civil, são assistidos ou representados. Porém, no processo trabalhista, são sempre representados. Esta é uma representação processual. Não deve ser confundida com aquela, que é uma representação do direito substancial. A sutil distinção entre assistência e representação no plano material não deve ser transportada para a relação jurídica processual. Basta falar em representação, e pronto. O menor assistido ou representado continua com a capacidade de ser parte e o responsável legal com a capacidade de estar em juízo.

Concordamos com o pensamento do ilustre processualista, vez que é cediço que somente aos 18 anos o empregado adquire a maioridade trabalhista, momento em que passa a ter plena capacidade processual, que é a capacidade de estar em juízo. Assim, na Justiça do Trabalho não importa se o empregado é menor de 14 anos ou se tem entre 14 e 16 anos ou, ainda, entre 16 e 18 anos, todos somente terão capacidade de ser parte no processo, tendo capacidade de estar em juízo, somente seu responsável legal, até porque, a CLT, em seu artigo 793, com nova redação dada pela Lei nº 10.288/2001, não faz distinção entre os menores de 14 e 18 anos, conforme se lê:

Art. 793. *"A reclamação trabalhista do menor de 18 anos será feita por seus representantes legais e, na falta destes, pela Procuradoria da Justiça do Trabalho, pelo Sindicato, pelo Ministério Público estadual ou curador nomeado em juízo."*

As recentes estatísticas de exploração do trabalho infantil apontam que crianças e adolescentes de 6 anos aos 18 anos trabalham de forma subordinada e, muitas vezes, em ambientes prejudiciais à sua saúde física e mental, comprometendo a sua dignidade enquanto pessoa humana merecedora de proteção especial do Estado, da família e de toda a sociedade. Nestes casos, entende Carlos Henrique Bezerra Leite, p. 409, que, embora nula a relação empregatícia, esta produz todos os efeitos, como se válida fosse, razão pela qual os responsáveis legais poderão representar tais menores em ação que objetive a percepção das verbas trabalhistas correspondentes. Trata-se, em tais casos, de *representação*, e não de *assistência*.

No que concerne ao tema colecionamos os seguintes julgados:

PROCESSO DO TRABALHO. MENOR. CAPACIDADE DE ESTAR EM JUÍZO. ASSISTÊNCIA POR IRMÃO. IRREGULARIDADE. No processo do trabalho, os menores de dezoito anos não possuem capacidade de estar em Juízo (capacidade de exercício ou de fato), necessitando, para tanto, da assistência do pai, da mãe, e, na falta destes, do Procurador do Trabalho, do sindicato, do Ministério Público Estadual ou de curador à lide (art. 793/CLT). Nesse passo, é irregular a representação de menor por seu irmão, principalmente não tendo nos autos nenhum indício de que os pais do menor não sejam vivos ou que estariam impossibilitados de assim proceder. O acordo firmado pelo menor, acompanhado por seu irmão, é ato anulável, na forma do art. 171, inc. I, do CC, ato praticado por agente relativamente incapaz, sem a assistência de seu representante legal. (TRT 12ª Região – Processo RO 00731-2006-012-12-00-3

– 3ª Turma – Juiz Narbal A. Mendonça Fileti – Publicado no TRTSC/DOE em 21-10-2008).

AUSÊNCIA DE INTERVENÇÃO DO MINISTÉRIO PÚBLICO. INTERESSE DE MENOR. NULIDADE DO PROCESSO. A ausência de intimação do Ministério Público para intervir nos feitos que envolvam interesses de menor acarreta a nulidade do processo, ex vi do disposto nos artigos 84 e 246, ambos do CPC. (TRT 12ª Região – Processo 00483-1996-018-12-85- 9 – 3ª Turma – Juiz Gerson P. Taboada Conrado – Publicado no TRTSC/DOE em 13-10-2008).

MENOR. CURATELA. MINISTÉRIO PÚBLICO. ART. 793 DA CLT. INEXISTÊNCIA DE NULIDADE. PRINCÍPIO DA TRANS-CENDÊNCIA. Consoante o disposto no art. 793 da Consolidação, na falta dos representantes legais do menor, a sua assistência na ação trabalhista pode ser efetuada por agente do Ministério Público. Prescindível prova de que os genitores não lhe puderam dar assistência para que o referido agente político possa lhe prestar curatela, que, ao reverso, se afigura dever legal. Ademais, por aplicação do princípio da transcendência (art. 794 da CLT), o prejuízo é elemento essencial para declaração de nulidade processual. (TRT 12ª Região – Processo RO 00206-2007-016-12-00-4 – 3ª Turma – Juíza Ligia M. Teixeira Gouvêa – Publicado no TRTSC/DOE em 26-08-2008.)

4.5.6. Representação das Pessoas Jurídicas e Outros Entes sem Personalidade

Apesar do artigo 843 da CLT estabelecer que as partes deverão estar presentes na audiência de julgamento, independentemente do comparecimento de seus representantes, o empregador, entretanto, poderá fazer-se "substituir pelo gerente ou qualquer outro preposto que tenha conhecimento do fato, e cujas declarações obrigarão o proponente".

Conforme ensina Carlos Henrique Bezerra Leite, p. 411, fazer-se substituir não guarda qualquer pertinência com a substituição processual, que é uma espécie de legitimação *ad causam* extraordinária.

Alguns doutrinadores entendem que para ser preposto não precisa necessariamente ser empregado da empresa, visto que a lei não exige essa qualidade. A exemplo disso pensa o doutrinado Antonio Lamarca, citado por Amauri Mascaro Nascimento, p. 379, ao sustentar que o conceito de preposto não precisa coincidir, necessariamente, com a figura do empregado como tal definido no art. 3º do Estatuto Obreiro.

Contudo, a jurisprudência se firmou no sentido de que só o empregado da empresa reclamada pode servir de preposto, e não qualquer pessoa, como parecia indicar a redação dada pelo art. 843 da CLT. Posição que adotamos, pois, não pode uma pessoa alheia ao âmbito laboral ter conhecimento dos fatos como determina a lei.

Neste sentido, é o que dispõe a jurisprudência:

> *PREPOSTO. EMPREGADO DE ESCRITÓRIO DE CONTABILIDADE. REVELIA. O preposto deve ser empregado da empresa reclamada, exceto quando o empregado é empregado doméstico. A empresa que não se faz representar por verdadeiro empregado, mas por empregado de escritório de contabilidade, é revel e confessa quanto à matéria de fato. Recurso Ordinário não provido. (TRT 2ª Região – Acórdão 20080928930 – Juiz Relator DAVI FURTADO MEIRELLES – 12ª Turma – Publicado no DOE/SP em 24/10/2008).*

> *PREPOSTO NÃO EMPREGADO. REPRESENTAÇÃO IRREGULAR. REVELIA E CONFISSÃO. A nomeação de preposto sem vínculo de trabalho com a empresa, não satisfaz os ditames do artigo 843, § 1º, da CLT, cuja inteligência foi explicitada na*

Súmula 377, do C.TST, segundo a qual preposto tem que ser empregado, salvo na hipótese de empregador doméstico. A restrição consagrada na jurisprudência, à representação em Juízo por não empregados, atende aos fins do artigo 843, § 1º, da CLT, evitando a profissionalização da função de preposto, que produziria grave desequilíbrio entre as partes litigantes. (TRT 2ª Região – Acórdão 20070836447 – Juiz Relator RICARDO ARTUR COSTA E TRI-GUEIROS – 4ª Turma – Publicado no DOE/SP em 05/10/2007.)

Esta questão já foi pacificada, inclusive, pela Súmula 377 do Colendo Tribunal Superior do Trabalho, *in verbis*:

"Exceto quanto à reclamação de empregado doméstico, o preposto deve ser necessariamente empregado do reclamado. Inteligência do art. 843, § 1ª da CLT".

Ademais, a jurisprudência, entende, ainda, que o desconhecimento dos fatos pelo preposto em audiência, equivalerá ao não comparecimento do empregado, gerando sua confissão ficta.

CONFISSÃO FICTA. DEPOIMENTO DO PREPOSTO. DESCONHECIMENTO DOS FATOS. O preposto deve ter conhecimento dos fatos da lide, seja por ouvir dizer, seja por ter examinado a ficha de registro do empregado. O seu desconheci-mento implica confissão ficta quanto à matéria de fato. Exegese do § 1º, do artigo 843 da CLT, segundo o qual é facultado "ao empregador fazer-se substituir pelo gerente, ou qualquer outro preposto que tenha conhecimento do fato, e cujas declarações obrigarão o proponente". De acrescentar, ainda, que a oitiva da parte tem justamente por objetivo extrair-se dela a confissão. (TRT 2ª Região – Acórdão 20080543337 – Juíza Relatora MARIA APARECIDA DUENHAS – 11ª Turma – Publicado no DOE/SP em 01/07/2008).

CONFISSÃO. PREPOSTO. DESCONHECIMENTO DOS FATOS. É aplicável à ré a confissão ficta quando o preposto desconhece os horários trabalhados pelo autor e desconhece outros fatos relevantes da contratualidade. (TRT 12ª Região – Processo RO 01958-2007-032-12-00-1 – 3ª Turma – Juiz Gilmar Cavalieri – Publicado no TRTSC/DOE em 04-11-2008).

Colacionamos, entretanto, entendimento contrário à maioria jurisprudencial, *in verbis*:

REPRESENTAÇÃO. PREPOSTO NÃO É TESTEMUNHA. DESNECESSÁRIA A CIÊNCIA PESSOAL DOS FATOS. Preposto não é testemunha e, assim, não precisa ter conhecimento pessoal dos fatos. Assim, inócua a alegação da reclamada de que não tinha como fazer-se representar em audiência por estar doente o único sócio, e que não tinha mais empregados contemporâneos do reclamante na empresa. Bastaria à ré ter trazido empregado atual para representá-la, já que o parágrafo 1º do artigo 843 da CLT autoriza a substituição por gerente ou preposto que tenha conhecimento do fato, não necessitando que tal pessoa tenha trabalhado na mesma época que o reclamante; "…" II – CONFISSÃO. AUSÊNCIA DA RECLAMADA À AUDIÊNCIA. CONFISSÃO FICTA. A ausência da reclamada à audiência enseja a presunção decorrente da confissão ficta, segundo a qual tornam-se por verdadeiros os fatos articulados na petição inicial, conforme expressamente preconizado no art. 844, "caput" da CLT. Na situação dos autos, a decisão do Juízo de origem de aplicar apenas a "ficta confessio" foi até vantajosa para a reclamada, em vista do entendimento consubstanciado na OJ 122 da SDI-1 do C. TST, que autorizaria até a decretação da revelia. Recurso patronal ao qual se nega provimento. (TRT 2ª Região – Acórdão 20080319224 – Juiz Relator RICARDO

ARTUR COSTA E TRIGUEIROS – 4ª Turma – Publicado no DOE/SP em 29/04/2008).

Além das pessoas naturais ou físicas, há as pessoas jurídicas, de direito público ou de direito privado, cuja representação está disciplinada em vários incisos do art. 12 do CPC, segundo o qual serão representados em juízo, ativa e passivamente:

1. a União, os Estados, o Distrito Federal e os Territórios, por seus procuradores. A União é representada pela Advocacia Geral da União, os Estados, Distrito Federal e Territórios podem ser representados por qualquer preposto, desde que seja empregado, juntamente com o patrocínio do advogado ou procurador;
2. os Municípios, por seu Prefeito ou por seu procurador;
3. as pessoas jurídicas de Direito Privado, por quem os respectivos estatutos designarem, ou, não os designando, por seus diretores;
4. as sociedades sem personalidade jurídica, pela pessoa a quem couber a administração de seus bens;
5. a pessoa jurídica estrangeira, pelo gerente, representante ou administrador de sua filial, agência ou sucursal aberta ou instalada no Brasil. O "gerente da filial ou agência presume-se autorizado, pela pessoa jurídica estrangeira, a receber a citação inicial para o processo de conhecimento, de execução, cautelar e especial".

Ainda temos outros entes formais descritos no art. 12 do CPC, que, apesar de não terem personalidade de pessoa física ou jurídica, podem estar representadas em juízo:

1) a massa falida que é representada em juízo pelo síndico nomeado, ou, muitas vezes, pelo preposto deste, pois a massa falida não detém de empregados, e não é possível ao síndico estar em vários lugares ao mesmo tempo para representar a massa. Isso se dá, porque o falido perde o direito de comerciar e administrar os negócios da massa;
2) a herança jacente ou vacante será representada pelo curador nomeado;

3) o espólio será representado pelo inventariante nomeado e compromissado (Lei nº 6.858/1980);

4) a massa de bens, decorrente da declaração de insolvência civil do devedor, pelo administrador que for nomeado;

No que tange ao condomínio residencial e comercial, existe norma específica prevista na Lei nº 2.757/1956, não se aplicando, portanto, as regras do CPC (art. 769 da CLT). Assim, a representação dos condomínios em juízo deve recair na pessoa do síndico.

Quando o síndico for pessoa jurídica, ou seja, a própria empresa administradora (§ 4º do art. 22 da Lei nº 4.591/64), a representação poderá ser feita pelo preposto.

Quanto ao empregador doméstico, a representação pode ser feita tanto pela pessoa que contratou o doméstico, como qualquer pessoa da família, como o marido, o filho, a filha, etc., pois o art. 1º da Lei nº 5.589/72 dispõe que o empregado doméstico presta serviços a pessoa ou família.

Quanto ao grupo econômico, entendemos que cada empresa deverá ser representada por preposto individual, não se admitindo preposto único embora haja discordância na doutrina, inclusive pela jurisprudência que vem admitindo um único preposto para o grupo de empresa, veja:

> *REVELIA. INOCORRÊNCIA. PREPOSTO DE OUTRA EMPRESA COLIGADA. Segundo a melhor exegese do § 2º do art. 843 da CLT, o preposto precisa, necessariamente, ter conhecimento dos fatos e, ainda, ser empregado da reclamada. Sendo o preposto empregado de outra empresa do mesmo grupo econômico, não há que se falar em revelia, eis que suas declarações têm o condão de vincular solidariamente todas as empresas coligadas, ainda que estas tenham personalidade jurídica distintas"(TRT*

23ª Região R. – AC 4550/96 – (Ac. TP nº 1578/97) – Rel. Juiz José Simioni – DJMT 16.06.1997).

REVELIA. PREPOSTO. GRUPO ECONÔMICO. Empregado de uma das empresas demandadas componentes de grupo econômico pode validamente representar todas em audiência sem se configurar revelia e confissão. (TRT 9ª Região R. RO 7.892/94 – 3ª Turma – Ac. 13990/95 – Juiz Relator João Oreste Dalazen – DJPR 09.06.1995).

4.5.7. Representação por Advogado

Apesar do *jus postulandi* das partes permanecer em vigor na Justiça do Trabalho, conforme art. 791 da CLT, o art. 791 § 1º da mesma norma, faculta ao empregado e empregador fazer-se representar por advogado.

No entanto, nosso entendimento vai de encontro ao que dispõe o art. 133 da Constituição Federal, ao estabelecer que a figura do advogado é indispensável à administração da Justiça.

Neste mesmo sentido, entende Calamandrei, citado por Amauri Mascaro Nascimento, p. 413, cujas palavras são convincentes ao dizer que, do prisma psicológico, a parte, obcecada muito frequentemente pela paixão e pelo ardor da contenda, não tem, via de regra, a serenidade desinteressada que é necessária para captar os pontos essenciais do caso jurídico em que se encontra implicada e expor suas razões de modo tranquilo e ordenado: a presença, ao lado da parte, de um patrocinador desapaixonado e sereno que, examinando o caso com a distanciada objetividade do estudioso independente e a perturbação de rancores pessoais, está em condições de selecionar com calma e ponderação os argumentos mais eficazes à finalidade proposta, garantindo à parte uma defesa mais razoável e própria e, portanto, mais persuasiva e eficaz que a que poderia ela mesmo fazer. Do ponto de vista técnico, a importância do patrocínio é paralela à progressiva complicação da leis escritas e à especialização cada vez maior da ciência jurídica.

Para Calamandrei, a presença dos patrocinadores representa, antes de tudo, ao interesse privado da parte, a qual, confiado ao *expert*, não só o ofício de expor suas razões, mas também o de cumprir os atos processuais, escapa dos perigos da própria inexperiência e consegue o duplo fim de não incorrer em erros, de forma a ser mais defendida em sua subsistência e ao interesse público, quando favorece a parte, em que os juízes ao invés de se encontrarem em contato com os defensores técnicos, tivessem de tratar diretamente com os litigantes, desconhecedores do procedimento, incapazes de expor com clareza suas pretensões, perturbados com a paixão ou a timidez.

Se a parte optar por ser representada por advogado, deverá outorgar ao advogado o instrumento de mandato, que é a procuração, pois, sem esta, o advogado não poderá propor a ação ou ingressar nos autos (art. 37, primeira parte).

O mandato pode ser *ad judicia* ou *ad judicia et extra*. O mandato *ad judicia* é o instrumento que o habilita o advogado para o foro em geral, enquanto o instrumento *ad judicia et extra,* além de conferir poderes para o foro em geral, dá ao advogado poderes para representar as partes também em quaisquer repartições oficiais.

O advogado poderá propor a ação, a fim de evitar a decadência ou prescrição, ou intervir no processo em casos considerados urgentes, mesmo sem procuração, desde que no prazo de 15 dias exiba o instrumento de mandato, sendo permitido prorrogar por mais 15 dias, através de despacho do juiz, sob pena de os atos praticados serem considerados por inexistentes (CPC, art. 37, parágrafo único).

Em decorrência do instrumento de mandato outorgado, que é a procuração, o advogado poderá substabelecer com ou sem reserva de poderes a outro advogado, conforme art. 26 da Lei nº 8.906/94 – Estatuto da OAB.

Antigamente o C. TST exigia o reconhecimento de firma da assinatura do outorgante conforme previa a Súmula 270, contudo, com o advento da Lei 8.952/94, tornou-se dispensável tanto para a outorga do instrumento do mandato quanto para o seu substabelecimento.

4.6. ESTAGIÁRIO

Apesar do estagiário, poder receber procuração em conjunto com advogado, ou por substabelecimento deste, e apesar de aprender na prática a subscrever, sob supervisão de um advogado, petições iniciais, contestações, réplicas, memoriais, etc., no processo trabalhista, tais atos não podem ser praticados por ele, pois são atos privativos dos advogados devidamente habilitados.

A Lei 8.906/94, que limita sobre os direitos e deveres dos advogados e estagiários, tem proibido a atuação do estagiário em audiência. Apesar de alguns entendimentos contrários sob a participação do estagiário em audiência em decorrência do art. 791 § 1º da CLT, o entendimento majoritário é de que a lei em epígrafe deve prevalecer por tratar-se de lei federal.

Assim, apesar das limitações, para que o estagiário possa exercer os atos que lhe são autorizados, deve estar munido de sua carteira de habilitação, cuja inscrição é feita diretamente na Ordem dos Advogados do Brasil, correspondente à sua subscrição.

4.7. O DEVER DE LEALDADE, VERACIDADE E BOA-FÉ DAS PARTES E DE SEUS PROCURADORES

Antigamente entendia-se que o advogado, como auxiliar da Justiça, tinha o dever de agir com lealdade, porém, o Código de Processo Civil de 1973 inovou esta regra, de que o princípio da lealdade se estenderia também às partes envolvidas na demanda, transformando o dever moral em obrigação legal.

O art. 14 e incisos do CPC expressam quais são os deveres das partes e de todos aqueles que de qualquer forma participam do processo, principalmente os incisos I e II, que estabelecem como um desses deveres a veracidade dos fatos alegados, a lealdade e a boa-fé. Assim, as partes envolvidas numa relação jurídica devem agir com probidade.

Aplica-se o art. 14 do CPC na Justiça do Trabalho, em razão da omissão da CLT no que tange ao respeito da ética processual.

Vejamos quais são estes deveres:

> **Art. 14.** *São deveres das partes e de todos aqueles que de qualquer forma participam do processo:*
> *I – expor os fatos em juízo conforme a verdade;*
> *II – proceder com lealdade e boa-fé;*
> *III – não formular pretensões, nem alegar defesa, cientes de que são destituídas de fundamento;*
> *IV – não produzir provas, nem praticar atos inúteis ou desnecessários à declaração ou defesa do direito;*
> *V – cumprir com exatidão os provimentos mandamentais e não criar embaraços à efetivação de provimentos judiciais, de natureza antecipatória ou final.*

Parágrafo único. Ressalvados os advogados que se sujeitam exclusivamente aos estatutos da OAB, a violação do disposto no inciso V deste artigo constitui ato atentatório ao exercício da jurisdição, podendo o juiz, sem prejuízo das sanções criminais, civis e processuais cabíveis, aplicar ao responsável multa em montante a ser fixado de acordo com a gravidade da conduta e não superior a vinte por cento do valor da causa; não sendo paga no prazo estabelecido, contado do trânsito em julgado da decisão final da causa, a multa será inscrita em dívida ativa da União ou do Estado.

Esclarece-se, no entanto, que a ética processual estabelecida no art. 14, II do CPC, deve ser observada não apenas pelos sujeitos da lide, quais sejam as partes, como também pelos sujeitos do processo que são os juízes, advogado, membro do Ministério Público, peritos, testemunhas, servidores públicos entre outros.

Assim, não podem as partes alegar fatos que conscientemente sabem que não existiram ou existem; não podem agir de forma maliciosa ou dolosa com intuito de prejudicar a celeridade processual; não deve a parte ou seu procurador procrastinar o andamento processual, apoiando-se em teses que não têm sustentação jurídica, como no caso de interposição de Embargos Declaratórios meramente protelatórios; não devem valer-se de provas imprestáveis ao esclarecimento dos fatos controvertidos e, ainda, devem as partes e seus procuradores cumprir imediatamente as decisões judiciais, as liminares de tutelas antecipadas concedidas, etc.

O art. 15 do mesmo diploma legal restringe às partes e aos seus advogados outro dever processual: "é defeso às partes e seus advogados empregar expressões injuriosas nos escritos apresentados no processo, cabendo ao juiz, de ofício ou a requerimento do ofendido, mandar riscá-las". Parágrafo único: "Quando as expressões injuriosas forem proferidas em defesa oral, o juiz advertirá o advogado que não as use, sob pena de lhe ser cassada a palavra".

4.8. LITIGÂNCIA DE MÁ-FÉ

Os deveres das partes e de todas as pessoas que de qualquer forma participam do processo estão previstos no art. 14 do CPC, ressaltando que o principal desses deveres é o de que as partes procedam no processo com lealdade e boa-fé.

Porém, o Código de Processo Civil de 1973, apesar de estabelecer quais são os direitos e deveres das partes e de seus procuradores, impôs penalidade para àquele que descumprisse a norma agindo de má-fé.

Esta penalidade está prevista no art. 18 do CPC que dispõe:

> **Art. 18.** *O juiz ou tribunal, de ofício ou a requerimento, condenará o litigante de má-fé a pagar multa não excedente a um por cento sobre o valor da causa e a indenizar a parte contrária dos prejuízos que esta sofreu, mais os honorários advocatícios e todas as despesas que efetuou.*
>
> *§ 1º Quando forem dois ou mais litigantes de má-fé, o juiz condenará cada um na proporção do seu respectivo interesse na causa, ou solidariamente aqueles que se coligarem para lesar a parte contrária.*
>
> *§ 2º O valor da indenização será desde logo fixado pelo juiz, em quantia não superior a vinte por cento sobre o valor da causa, ou liquidado por arbitramento.*

Quanto aos honorários advocatícios, serão pagos quando cabíveis no processo do trabalho, de acordo com o art. 16 da Lei nº 5.584/70.

Dessa forma, conforme citado no tópico anterior, o dever de lealdade e boa-fé deixou de ser uma questão de ética e moral, para tornar-se uma obrigação legal sob pena de multa pelo descumprimento da lei.

Outrossim, a pena pela litigância de má-fé é atribuída à parte e não ao seu advogado, conforme se verifica no art. 16 do CPC. Assim, o juiz não poderá condenar solidariamente a parte e seu advogado, pois a penalidade é dada apenas quanto à parte e os terceiros intervenientes no processo e não seus procuradores.

A multa por litigância de má-fé não poderá exceder a 1%, contudo, poderá ser inferior a esse percentual, principalmente nos casos em que o valor da causa for muito alto, que acaba tornando inócua a pena, pela impossibilidade do litigante de má-fé pagá-la. A redução do percentual é arbitrada de acordo com o livre-arbítrio do juiz.

Não é permitido que o empregado, por ser beneficiário da gratuidade processual, seja isento do pagamento da multa de 1%, pois a assistência judiciária gratuita prevista na Lei. 1.060/50 abrange os honorários de advogado e não as penas de natureza processual.

Esclarece-se que, mesmo aqueles que tiverem ganho de causa, poderão ser condenados como litigantes de má-fé, pois esta penalidade não decorre da sucumbência.

O art. 17 do CPC traz as hipóteses de litigância de má-fé, veja:

> **Art. 17.** *Reputa-se litigante de má-fé aquele que:*
> *a) deduzir pretensão ou defesa contra texto expresso em lei ou fato incontroverso. (independe de dolo do litigante, basta a configuração de uma ou outra hipótese).*
> *b) alterar a verdade dos fatos;*
> *c) usar do processo para conseguir objetivo ilegal;*
> *d) opuser resistência injustificada ao andamento do processo;*
> *e) proceder de modo temerário em qualquer incidente ou ato do processo (significa proceder de forma afoita, precipitada, imprudente);*
> *f) provocar incidentes manifestamente infundados;*
> *g) interpuser recurso com intuito manifestamente protelatório (Ex.: recursos intempestivos; incabíveis, como no caso de recurso contra decisão interlocutória).*

Ainda será considerada litigância de má-fé, nos termos da Lei nº 9.800/99 a parte que apresentar fac-símile e o original não estiver em perfeita concordância com a peça apresentada.

Concordamos com a posição de Wagner Giglio, p. 141, por entender que para caracterizar a deslealdade processual não basta a apuração do componente *material,* arrolado no supratranscrito art. 17 do CPC, sendo imprescindível a caracterização da intenção fraudulenta. Assim, somente a pretensão ou defesa deduzida *conscientemente* contra texto expresso de lei configurará a hipótese; e apenas a alteração *proposital* da verdade dos fatos e a utilização do processo com a finalidade de alcançar objetivo *sabidamente* ilegal caracterizarão a deslealdade do agente.

A respeito da litigância de má-fé na Justiça do Trabalho, colhe-se alguns julgados:

> *(...) "LITIGÂNCIA DE MÁ-FÉ. CONFIGURAÇÃO. EFEITOS. Tendo havido alteração da verdade dos fatos praticada pelo autor, com o objetivo exclusivo de obter a prestação jurisdicional em seu proveito, correta a aplicação, pelo Juízo de origem, das penalidades relativas à litigância de má-fé, por força do que dispõem os arts. 17, II, e 18 do CPC". (TRT 12ª Região – Proc. RO 02615-2007-009-12-00-7 – 3ª Turma – Juiz Gerson P. Taboada Conrado – Publicado no TRTSC/DOE em 19-11-2008.)*

> *LITIGÂNCIA DE MÁ-FÉ. EMBARGOS DE DECLARAÇÃO. INCIDENTE INFUNDADO. Demonstrado que o embargante, ao menos em parte, opôs embargos de declaração despropositados, levantando omissão sobre argumento sequer existente nos autos, resta caracterizada a litigância de má-fé, cabendo-lhe ser aplicada a respectiva penalidade. (TRT 12ª Região – ED 00615-2007-043-12-00-3 – 2ª Turma – Juíza Sandra Marcia Wambier – Publicado no TRTSC/DOE em 25-09-2008.)*

> *PROCESSO. CONTEÚDO ÉTICO. ALTERAÇÃO DA VERDADE DOS FATOS. LITIGÂNCIA DE MÁ-FÉ. EFEITOS. De inalienável conteúdo ético, o processo é o instrumento pelo qual o Estado-Juiz soluciona os conflitos intersubjetivos dos cidadãos. Logo, cabe às partes litigantes obrar com lealdade e probidade no transcorrer da instrução processual. A inobservância desses*

postulados afeta a simplificação e a celeridade processuais, desrespeita o Estado-Juiz, malfere os princípios da igualdade das partes (art. 125, inc. I, CPC), da duração razoável do processo (art. 5º, inc. LXXVIII, CF) e da solidariedade social, desaguando na já tão combalida confiabilidade do cidadão na Justiça e no sistema judicial brasileiro. Com efeito, à parte ou às partes que se desviam desse norte, incorrendo em qualquer dos casos elencados nos incisos do art. 17 do CPC (aplicação subsidiária – art. 769/ CLT), devem ser aplicadas as cominações previstas no art. 18 do CPC. (TRT 12ª Região – RO 00902-2008-005-12-00- 8– 2ª Turma – Juiz Narbal A. Mendonça Fileti – Publicado no TRTSC/ DOE em 19-09-2008.)

LITIGÂNCIA DE MÁ-FÉ. CARACTERIZAÇÃO. ABUSO DO DIREITO DE DEMANDAR. IMPOSIÇÃO DE MULTA. A situação exposta nos autos configura as hipóteses previstas no CPC, sendo justa a aplicação de penalidade decorrente de litigância de má-fé. O manejo incauto da prática de atos processuais, sem fundamento plausível para tanto, importa o transbordamento dos limites do exercício do legítimo direito. (TRT 12ª Região – AIAP 02176-2006-001-12-01-3 – 1ª Turma – Juíza Águeda M. L. Pereira – Publicado no TRTSC/DOE em 29-07-2008.)

AGRAVO DE PETIÇÃO EM EMBARGOS DE TERCEIRO. LITIGÂNCIA DE MÁ-FÉ. Evidenciada nos autos, a intenção manifestamente protelatória na interposição do recurso, com intento de prolongar o desenvolvimento da execução, revela propósito ilícito do recorrente a ensejar a condenação pela litigância de má-fé, nos termos do art. 17, inciso VII, do CPC, devendo arcar com a multa de 1% sobre o valor da causa, em benefício do exequente. Agravo de Petição não provido. (TRT 2ª Região – Acórdão 20080929014 – 12ª Turma – Juiz Relator Davi Furtado Meirelles – Publicado no DOE/SP em 24.10.2008.)

LITIGÂNCIA DE MÁ-FÉ. MULTA APLICADA DE OFÍCIO. O direito de defesa e de valer-se da instância recursal não é atividade arbitrária ou de uso por mero capricho, já que pressupõe uma conduta ética e útil à segurança do próprio interesse, sem corresponder a artifício para protelar a efetividade da sanção objeto do decreto condenatório. No caso dos autos, a agravante incorreu na censura do inciso VII, do artigo 17 do CPC, apresentando agravo de petição com intuito manifestamente protelatório. De ofício, fica a executada condenada a pagar ao exequente indenização no importe de 20% sobre o valor da dívida. (TRT 2ª Região – Acórdão 20080906448 – 2ª Turma – Juiz Relator ODETTE SILVEIRA MORAES – Publicado no DOE/SP em 21.10.2008.)

Conforme aduz, Sérgio Pinto Martins, p. 207, os honorários advocatícios serão devidos pelo litigante de má-fé, inclusive o empregado, salvo se este gozar dos benefícios da justiça gratuita. A sentença é que irá fixar os referidos honorários, que serão arbitrados pelo juiz até 20% sobre o valor da condenação, sendo inaplicável o limite de 15%, previsto na Lei nº 1.060/50 (Lei de assistência judiciária), pois a hipótese específica é a regulada no art. 20 do CPC. Gozando o empregado dos benefícios da justiça gratuita e modificada essa situação, a parte contrária poderá requerer, em qualquer fase da lide, a revogação dos benefícios da assistência judiciária, provando a inexistência ou o desaparecimento dos requisitos essenciais à sua concessão (art. 7º da Lei nº 1.060/50). É o que ocorreria caso o empregado ganhasse valor considerável na própria ação, podendo pagar a penalidade a que foi condenado pela litigância de má-fé.

4.9. MANDATO TÁCITO E *APUD ACTA*

Já vimos que as partes possuem o *jus postulandi* previsto no art. 791 da CLT, plenamente em vigor na Justiça do Trabalho e, ainda, que o art. 91

§ 1º da mesma norma faculta ao empregado e empregador fazerem-se representar por advogado.

Vimos também, que sendo as partes representadas por advogado, estas devem conferir-lhes poderes de atuação em seus nomes, através de mandato, que pode ser *ad judicia* que é o instrumento que habilita o advogado para atuar no foro em geral ou *ad judicia et extra* que, além de conferir poderes para o foro em geral, dá ao advogado poderes para representar as partes também em quaisquer repartições oficiais.

Entretanto, tem sido admitido na Justiça do Trabalho o mandato tácito e *apud acta*.

Sérgio Pinto Martins, Direito processual do trabalho, p. 200, esclarece que a origem do mandato tácito encontra-se no Direito Romano, em que havia o "manu datum", em que as partes contratantes davam-se as mãos e apertavam-nas, evidenciando a concessão e a aceitação do mandato. Era a formalização, a aceitação e a promessa de fidelidade no cumprimento da incumbência.

O mandato tácito ocorre comparecimento da parte em audiência acompanhado de seu advogado, sem procuração, presumindo-se que foi outorgada procuração tácita ao advogado pelo cliente. Entretanto, se outra pessoa diversa daquela que detém o mandato tácito praticar atos no processo, estes serão considerados como inexistentes.

O mandato tácito tem previsão legal na Súmula 164 do Colendo Tribunal Superior do Trabalho que expressa:

> **Súmula 164.** *PROCURAÇÃO – JUNTADA – NOVA REDAÇÃO. "O não cumprimento das determinações dos §§ 1º e 2º do art. 5º da Lei nº 8.906, de 04.07.1994 e do art. 37, parágrafo único,*

do Código de Processo Civil importa o não reconhecimento de recurso, por inexistente, exceto na hipótese de mandato tácito".

Todavia, o mandato tácito só alcança os poderes para o ato em geral chamado de *ad judicia*, pois os poderes especiais referidos no art. 38 do CPC devem ser outorgados mediante mandato expresso.

No mandato expresso, a parte deverá indicar os poderes que concede ao procurador, ou seja, se ele pode receber a citação inicial, reconhecer a procedência do pedido, desistir, renunciar, receber e dar quitação de débito, firmar compromisso, etc.

Atualmente não mais se exige o reconhecimento de firma da assinatura do outorgante na procuração *ad juditia*, pois a redação dada pela Lei nº 8.952/94 ao artigo 38 do CPC eliminou essa exigência.

Renato Saraiva, p. 229, entende que as expressões mandato tácito e *apud acta* não se confundem, pois, para o doutrinador, o mandato tácito é formado em função do comparecimento do causídico à audiência, representando qualquer das partes e praticando atos processuais, constando seu nome na ata de audiência. A procuração *apud acta* é conferida pelo juiz em audiência, mediante ato formal, solene, devidamente registrado na ata de audiência.

Renato Saraiva, ainda menciona a mesma posição trazida pelo C. Tribunal Superior do Trabalho ao editar a seguinte jurisprudência, *in verbis*:

"MANDATO TÁCITO. PROCURAÇÃO "APUD ACTA". CARACTERIZAÇÃO. O mandato tácito previsto no Enunciado 164 do TST configura-se validamente com o comparecimento do advogado da parte em audiência, juntamente com ela ou com seu representante legal, sendo desnecessário, quando o empregador estiver representado por preposto, que este, além do credencia-

mento usual, tenha recebido poderes especiais para outorgar procuração a advogado. O mandato tácito, outrossim, não se confunde com o mandato apud acta, *que se constitui em juízo de forma solene. Recurso de Revista provido". (TST – 3ª T. – RR 276027/1996 – Rel. Min. Manoel Mendes de Freitas – DJU 27.02.1998, p. 00129.)*

Destacamos, ainda, outros entendimentos do C. TST e alguns Tribunais Regionais no que tange a mandato, substabelecimento e procuração:

Súmula nº 383 *MANDATO. ARTS. 13 E 37 DO CPC. FASE RECURSAL. INAPLICABILIDADE (conversão das Orientações Jurisprudenciais nos 149 e 311 da SB-DI-1) – Res. 129/2005, DJ 20, 22 e 25.04.2005*
I – *É inadmissível, em instância recursal, o oferecimento tardio de procuração, nos termos do art. 37 do CPC, ainda que mediante protesto por posterior juntada, já que a interposição de recurso não pode ser reputada ato urgente. (ex-OJ nº 311 da SBDI-1 – DJ 11.08.2003)*
II – *Inadmissível na fase recursal a regularização da representação processual, na forma do art. 13 do CPC, cuja aplicação se restringe ao Juízo de 1º grau. (ex-OJ nº 149 da SBDI-1 – inserida em 27.11.1998)*

Súmula nº 395 *MANDATO E SUBSTABELECIMENTO. CONDIÇÕES DE VALIDADE (conversão das Orientações Jurisprudenciais nos 108, 312, 313 e 330 da SB-DI-1) – Res. 129/2005, DJ 20, 22 e 25.04.2005*
I – *Válido é o instrumento de mandato com prazo determinado que contém cláusula estabelecendo a prevalência dos poderes para atuar até o final da demanda. (ex-OJ nº 312 da SBDI-1 – DJ 11.08.2003)*

II – Diante da existência de previsão, no mandato, fixando termo para sua juntada, o instrumento de mandato só tem validade se anexado ao processo dentro do aludido prazo. (ex-OJ nº 313 da SBDI-1 – DJ 11.08.2003)
III – São válidos os atos praticados pelo substabelecido, ainda que não haja, no mandato, poderes expressos para substabelecer (art. 667, e parágrafos, do Código Civil de 2002). (ex-OJ nº 108 da SBDI-1 – inserida em 01.10.1997)
IV – Configura-se a irregularidade de representação se o substabelecimento é anterior à outorga passada ao substabelecente. (ex-OJ nº 330 da SBDI-1 – DJ 09.12.2003.)

OJ da SBDI-1 nº 286 *AGRAVO DE INSTRUMENTO. TRASLADO. MANDATO TÁCITO. ATA DE AUDIÊNCIA. CONFIGURAÇÃO (DJ 11.08.2003)*
A juntada da ata de audiência, em que está consignada a presença do advogado do agravado, desde que não estivesse atuando com mandato expresso, torna dispensável a procuração deste, porque demonstrada a existência de mandato tácito.

"RECURSO. IRREGULARIDADE DE REPRESENTAÇÃO. ADVOGADO SEM PROCURAÇÃO NOS AUTOS. COMPARECIMENTO EM UMA AUDIÊNCIA. MANDATO TÁCITO. Embora o advogado que subscreve o recurso não tenha procuração nos autos, o fato de ter acompanhado o réu em uma das audiências configura o mandato tácito e afasta a irregularidade de representação". (TRT 12ª Região – 3ª Turma – RO 01552-2006-054-12-00-5 – Juíza Gisele P. Alexandrino – Publicado no TRTSC/DOE em 20-11-2008).

IRREGULARIDADE DE REPRESENTAÇÃO. A representação da parte em juízo por advogado exige legitimação processual corporificada em mandato regular, salvo na hipótese de man-

dato tácito – definido como a aceitação, pela parte, dos atos praticados em seu nome e em sua presença pelo advogado que a acompanha em audiência. A ausência de procuração nos autos outorgando poderes ad judicia ao advogado subscritor da peça recursal e a não-configuração do mandato tácito implicam o não-conhecimento do recurso, por inexistente (Súmula nº 164 do TST). (TRT 12ª Região – 3ª Turma – RO 00593-2006-042-12-00-4 – Juiz Gilmar Cavalieri – Publicado no TRTSC/DOE em 03-09-2008.)

Nos termos no art. 45 do CPC, a qualquer tempo poderá o advogado renunciar ao mandato, desde que prove que notificou o mandante a fim de que este possa nomear outro substituto. Durante os dez dias seguintes, o advogado continuará a representar o mandante, se necessário for, para lhe evitar prejuízos.

4.10. SUBSTITUIÇÃO PROCESSUAL

É a possibilidade daquele que tem legitimidade processual ingressar em juízo para postular, em nome próprio, direito de outrem, desde que autorizado por lei.

Sérgio Pinto Martins, p. 211, menciona que Emilio Betti já via no Direito Romano o instituto da substituição processual, como, por exemplo, no cognitor, no procurador, no defensor, no tutor e no curador.

Cita, ainda que, Kohler foi um dos primeiros juristas a estudar os casos em que alguém ingressava em juízo para postular, em nome próprio, direito alheio, nas hipóteses previstas na lei.

O art. 6º do CPC expressa: "Ninguém poderá pleitear, em nome próprio, direito alheio, salvo quando autorizado por lei".

Assim, em algumas situações extraordinárias a lei permite que a parte seja substituída por outra pessoa que figure no processo em nome próprio, porém, defendendo direito alheio.

Portanto, para Nelson Nery Junior, Código de Processo Civil comentado, p. 388, dá-se, pois, a legitimação extraordinária quando aquele que tem legitimidade para estar no processo como parte não é o mesmo que se diz titular do direito material discutido em juízo.

A substituição processual, portanto, conforme muito bem esclarecido por Renato Saraiva, p.235, confere à parte legitimidade extraordinária, podendo o substituto praticar todos os atos processuais, como a apresentação da petição inicial, da defesa, produção de provas, interposição de recursos, etc., não lhe sendo dado, contudo, o direito de transigir, renunciar ou de reconhecer o pedido, uma vez que o direito material não lhe pertence, e sim ao sujeito da lide, ao substituído.

Antes da Constituição Federal de 1988 a substituição processual pelo sindicato era restrita a hipóteses previstas no ordenamento jurídico vigente, tais como aquelas descritas no art. 195, § 2º, art. 872, parágrafo único, ambos da CLT e Leis 6.708/1979, art. 3ª, § 2º e 7.238/1984, art. 3º, § 2º todos especificamente prevendo a interposição de reclamações trabalhistas promovidas pelo sindicato profissional postulando direito dos substituídos.

Com a promulgação do art. 8, III da CF/88 que previu caber ao sindicato a defesa dos direitos e interesses coletivos ou individuais da categoria, inclusive em questões judiciais e administrativas, surgiu grande divisão doutrinária, sendo que a primeira entende que o texto legal consagra de forma ampla e irrestrita a substituição aos sindicatos, e a segunda vê nele simples reprodução do art. 513, a, da CLT, ou seja, uma interpretação restritiva à substituição pelo ente sindical, com o que a substituição processual continuaria a depender de expressa previsão na lei.

Entretanto, antes de chegarem ao consenso, o legislador editou novos textos legais regulamentando a substituição processual, quais sejam, a Lei 7.788/1989 que autorizava as entidades sindicais a atuar como substitutos processuais da categoria, não tendo eficácia a desistência, a renúncia e transação individuais, que foi inteiramente revogada pelo art. 14 da Lei nº 8.030/90, Lei 8.036/90 que autorizava o sindicato profissional a ajuizar reclamação trabalhista acionando diretamente a empresa, para compeli-la a efetuar o depósito das importâncias devidas a título de FGTS em autêntica hipótese de substituição processual, e Lei 8.073/90 que não versa sobre matéria alguma, estabelecendo em seu art. 3º, que as entidades sindicais poderão atuar como substitutos processuais dos integrantes da categoria.

O Tribunal Superior do Trabalho adotava o posicionamento da segunda corrente, porém, em sentido oposto o Supremo Tribunal Federal vem decidindo que o art. 8ª, III da CF, confere às entidade sindicais legitimação extraordinária para agir em nome próprio na tutela dos interesses dos integrantes da categoria que representam, tanto nas ações de conhecimento como na liquidação e nas execuções às sentenças trabalhistas.

Neste sentido, colacionamos dois julgados do Excelso STF:

Ementa:
AGRAVO REGIMENTAL NO RECURSO EXTRAORDINÁRIO. TRABALHISTA. MATÉRIA PROCESSUAL. OFENSA INDIRETA. SINDICATO. ARTIGO 8º, III, DA CB/88. PRECEDENTE DO PLENÁRIO. 1. Prevalece neste Tribunal o entendimento de que a interpretação da lei processual na aferição dos requisitos de admissibilidade dos recursos trabalhistas tem natureza infraconstitucional. Eventual ofensa à Constituição só ocorreria de forma indireta. 2. A jurisprudência deste Tribunal fixou-se no sentido de que o preceito inscrito no inciso III do artigo 8º da Constituição do Brasil assegura a ampla legitimidade ativa ad causam *dos sindicatos como substitutos processuais das cate-*

gorias que representam. Precedentes. Agravo regimental a que se nega provimento. (STF **RE-AgR 591533 / DF – DISTRITO FEDERAL – Relator (a): Min. EROS GRAU Órgão Julgador: Segunda Turma –** *Publicado no DJ em 24-10-2008).*

Ementa:
PROCESSO CIVIL. SINDICATO. ART. 8º, III DA CONS-TITUIÇÃO FEDERAL. LEGITIMIDADE. SUBSTITUIÇÃO PROCESSUAL. DEFESA DE DIREITOS E INTERESSES COLETIVOS OU INDIVIDUAIS. RECURSO CONHECIDO E PROVIDO. O artigo 8º, III da Constituição Federal, estabelece a legitimidade extraordinária dos sindicatos para defender em juízo os direitos e interesses coletivos ou individuais dos integrantes da categoria que representam. Essa legitimidade extraordinária é ampla, abrangendo a liquidação e a execução dos créditos reconhecidos aos trabalhadores. Por se tratar de típica hipótese de substituição processual, é desnecessária qualquer autorização dos substituídos. Recurso conhecido e provido. (STF RE 210029/ RS – Rio Grande do Sul – Recurso Extraordinário – Relator: Min. Carlos Velloso – Órgão Julgador Tribunal Pleno – Publicado no DJ em 17.08.2007).

O Tribunal Superior do Trabalho, curvando-se ao posicionamento do Excelso STF, por meio da Resolução 119/2003 (DJ 01.10.2003), cancelou o antigo Enunciado 310, que impedia a substituição processual ampla e irrestrita pelos entes sindicais, não mais havendo, portanto, a necessidade de arrolar na petição inicial os substituídos, conforme exigia-se.

A partir disso o TST editou a Orientação Jurisprudencial nº 121, da SDI-I, com redação dada pela Res. 129/2005, DJ 20.04.2005 que reconhece:

*"**OJ da SDI-I nº 121** SUBSTITUIÇÃO PROCESSUAL. DIFERENÇA DO ADICIONAL DE INSALUBRIDADE. LEGI-*

TIMIDADE (nova redação) – DJ 20.04.2005. O sindicato tem legitimidade para atuar na qualidade de substituto processual para pleitear diferença de adicional de insalubridade".
Histórico:
Redação original – Inserida em 20.11.1997

O TST também vem admitindo a substituição processual passiva quando o sindicato figura como réu, na ação rescisória proposta em face de decisão proferida em processo no qual tenha atuado, nessa qualidade, no polo ativo da demanda originária, conforme prescreve a Súmula 406 do TST, *in verbis*:

> **Súmula nº 406** *AÇÃO RESCISÓRIA. LITISCONSÓRCIO. NECESSÁRIO NO POLO PASSIVO E FACULTATIVO NO ATIVO. INEXISTENTE QUANTO AOS SUBSTITUÍDOS PELO SINDICATO (conversão das Orientações Jurisprudenciais nᵒˢ 82 e 110 da SBDI-2) – Res. 137/2005, DJ 22, 23 e 24.08.2005*
>
> *(...)*
>
> *II – O Sindicato, substituto processual e autor da reclamação trabalhista, em cujos autos fora proferida a decisão rescindenda, possui legitimidade para figurar como réu na ação rescisória, sendo descabida a exigência de citação de todos os empregados substituídos, porquanto inexistente litisconsórcio passivo necessário (ex-OJ nº 110 da SBDI-2 – DJ 29.04.2003).*

Além disso, na substituição processual do Direito Civil, o substituto satisfaz seu interesse através da satisfação do direito do substituído, seja ele credor original ou o marido, o condômino, o acionista, etc.

Ao passo que na substituição trabalhista, o sindicato não atua em defesa de direito público, mas defende o interesse privado dos integrantes da categoria que representa; não cria vinculação jurídica resultante do direito discutido entre o sindicato e os membros da categoria; não satisfaz interesse próprio, mas apenas cumpre sua missão precípua de defender os interesses e direitos dos integrantes da categoria e, principalmente, porque ao contrário do que ocorre no processo comum a substituição, no processo trabalhista, é concorrente e primária, ou seja, características novas e próprias que só são encontradas no processo do trabalho.

Considera-se como principal característica na substituição trabalhista a despersonalização do trabalhador-reclamante, evitando-se o atrito que pode ocorrer entre empregado e empregador, mormente quando o primeiro ainda está trabalhando na empresa, como nos casos em que o empregado pleiteia na justiça o pagamento, pela empresa, do adicional de insalubridade ou periculosidade a que considera estar exposto.

Sérgio Pinto Martins, p. 217, Direito processual do trabalho, 2008, p. 121, destaca que a substituição processual tem três características, pois considera que ela é autônoma, concorrente e primária.

Autônoma, porque o substituído por ser titular do direito material pode integrar a lide como assistente litisconsorcial, desistir da ação, transacionar e renunciar ao direito, independentemente da anuência do sindicato.

O artigo 50 do CPC confere ao substituído direito de intervir no processo como assistente do substituto, pois tem interesse jurídico e não meramente econômico na causa, porém, como não é parte, não poderá praticar atos processuais.

O substituído pode desistir da ação antes de a sentença transitar em julgado. Depois dessa fase deverá desistir ou renunciar ao direito à execução do julgado.

Concorrente, porque não é exclusiva, nada impedindo o substituto de ser parte, ajuizando a ação, ou de assumir o polo ativo da ação como assistente litisconsorcial.

Primária, porque o substituto não precisa aguardar a inércia do substituído em propor a ação.

É importante esclarecer que não caberá utilização da substituição processual para questões que versem prova individual para cada substituído, como exemplo a questão de horas extras, tampouco é necessário a juntada de procuração de cada substituído conforme art. 72 parágrafo único da CLT, pois, havendo juntada de procuração dos substituídos, existirá representação e não substituição processual. Se o sindicato atuar em juízo por advogado, este deverá ter procuração do sindicato.

O sindicato será obrigado a convocar assembleia para ajuizar a ação como substituto processual, pois os pronunciamentos sobre dissídios do trabalho dependem de assembleia geral. Entretanto, o sindicato não precisa avisar o empregado de que a ação está sendo proposta, pois a lei não exige o referido requisito.

4.11. SUCESSÃO PROCESSUAL

A sucessão processual poderá ocorrer por ato *inter vivos* ou *causa mortis*, em relação a pessoas físicas ou jurídicas. No caso do empregado ou empregador que falecer, seus direitos e deveres trabalhistas são transferidos ao sucessor, que é o inventariante do espólio, enquanto no caso de pessoa jurídica ocorre o que chamamos de "sucessão de empresas".

A sucessão processual ocorrerá no curso da ação, pois, se o empregado falecer antes do ajuizamento da ação, por exemplo, não haverá sucessão processual, mas propositura da ação diretamente pelos sucessores.

Em tese, o espólio, através do inventariante nomeado pelo juiz, assumirá o polo ativo ou passivo da ação. Contudo, conforme ensinamentos de Sérgio Pinto Martins, p. 211, normalmente, se o empregado não deixa bens ou tem filhos maiores não há porque se falar em inventário. Nesses casos, tem-se entendido que a viúva e os filhos ingressarão no polo ativo da ação em curso, mediante apresentação da certidão de casamento e nascimento dos filhos ou por meio de certidão do INSS que comprove dependência das pessoas anteriormente mencionadas. Não havendo qualquer impugnação da reclamada, o fato é tolerado.

Neste mesmo sentido dispõe a jurisprudência do Egrégio Tribunal Regional do Trabalho da 2ª região, *in verbis*:

> *MORTE DO EMPREGADO-RECLAMANTE. SUCESSÃO PROCESSUAL. APLICAÇÃO DA LEI 6.830/80. VALIDADE DO ACORDO CELEBRADO. A sucessão "causa mortis" do reclamante é regida pela Lei nº 6.830/80, sendo devidas as verbas trabalhistas aos dependentes habilitados perante a Previdência Social, eis que nenhuma distinção se verifica no art. 1º da lei supramencionada. Aplica-se, ainda, o disposto nos arts. 662 e 689 do Código Civil, quanto à possibilidade de ratificação do acordo celebrado posteriormente ao óbito quando o advogado não tem conhecimento deste fato. (TRT 2ª Região – Acórdão 20070846469 – 12ª Turma – Juiz Relator ADALBERTO MARTINS – publicado no DOE/SP em 19/10/2007).*

> *REPRESENTAÇÃO PROCESSUAL. MORTE DO RECLAMANTE. O escopo teleológico do legislador, ao formular o art. 265, § 1º, alínea "b" do Código de Processo Civil", é a aproveitabilidade dos atos praticados diante do infortúnio incontornável que é o óbito da parte. Assim, ocorrido o falecimento do autor quando já iniciada a fase de instrução, o feito prosseguirá até a prolação e publicação da sentença, oportunidade em que será permitida aos sucessores a regularização da representação. (TRT 2ª Região – Acórdão 20040705581 – 4ª Turma – Juiz Relator Paulo Augusto Câmara – publicado no DOE/SP em 14/01/2005).*

Assim, como esclarece Carlos Henrique Bezerra Leite, p. 424, tratando-se de "pequenas heranças", a Lei nº 6.858/80 permite que os "dependentes econômicos" do empregado falecido possam receber, por meio de alvará judicial, as suas respectivas cotas de salários, saldos salariais, férias, décimo terceiro salário, FGTS, etc., relativas ao extinto contrato de trabalho, independentemente de inventário ou arrolamento. São dependentes perante essa modalidade de sucessão processual os beneficiários do *de cujus* perante a Previdência Social (art. 16 da Lei nº 8.213/91).

Todavia, se houver necessidade de inventário, em face da existência de bens do falecido ou de filhos menores, o processo laboral deverá ser suspenso até a nomeação de inventariante e só após sua habilitação incidente nos autos, é que o processo volta ao seu curso normal conforme arts. 265, I, 1.055 e 1.062 todos do Código de Processo Civil.

Em relação à empresa, não é necessário que se aguarde inventário de seus proprietários, pois, o empregador além de poder ser substituído por qualquer preposto, a lei assegura os direitos dos trabalhadores conforme artigos 10 e 448 da CLT:

> **Art. 10.** *"Qualquer alteração na estrutura jurídica da empresa não afetará os direitos adquiridos por seus empregados".*
> **Art. 448.** *"A mudança na propriedade ou na estrutura jurídica da empresa não afetará os contratos de trabalho dos respectivos empregados."*

Logo, no caso acima, não há que se falar em sucessão, entretanto, se o empregador for pessoa física, haverá necessidade de se constatar a sucessão por meio de inventário.

Outra questão é a chamada despersonalização do proprietário da empresa, pois, se a sucessão de empresas ocorrer antes do ajuizamento da ação trabalhista pelo empregado, a empresa sucessora será legitimada passiva para a lide, porém, se a sucessão ocorrer no curso do processo, a empresa sucessora será integralmente responsável pelos débitos trabalhistas, pois, os contratos de trabalho vinculam-se à empresa e não ao seu proprietário.

Frise-se que o artigo 483, § 2º da CLT estabelece que, em caso de morte do empregador, não implica necessariamente a extinção do contrato de trabalho, pois, é facultado ao empregado permanecer no emprego ou rescindir o contrato, tendo em vista que a atividade econômica pode continuar a ser desenvolvida pelos herdeiros sucessores.

Sobre a cessão de créditos trabalhistas, a Corregedoria do C. TST por meio do Provimento nº 6, de 12.12.2000, vedou tal espécie de negócio jurídico entre empregado e terceiro que não figure como sujeito da lide. No entanto, o art. 83, § 4º, da Lei 11.101/2005 (nova Lei de Falências) permite a cessão de créditos trabalhistas, apenas alterando que "os créditos trabalhistas cedidos a terceiros serão considerados quirografários". Ademais, esta permissão foi amparada pela EC nº 45/2004, pois ampliou a competência da Justiça do Trabalho, permitindo que a sucessão processual, nos moldes da lei civil de ritos, também seja aplicada nas demandas oriundas das relações de trabalho distintas da relação de emprego.

4.12. LITISCONSÓRCIO

O litisconsórcio significa a pluralidade de pessoas demandantes ou demandadas numa única ação. Esta pluralidade tanto pode ser de autores, quanto de réus ou, ainda, autores e réus ao mesmo tempo.

Sérgio Pinto Martins, p. 220, define litisconsórcio como sendo uma aglutinação de pessoas em um ou em ambos os polos da reclamação processual, de maneira ordinária ou superveniente, voluntária ou coacta, nos casos previstos em lei.

O litisconsórcio pode ser classificado da seguinte forma:

1) Quanto ao momento de sua constituição: litisconsórcio originário ou inicial e litisconsórcio superveniente. Sendo formado no início, dá-se o litisconsórcio inicial; se formado no curso da relação jurídica processual, dá-se o litisconsórcio superveniente.

2) Quanto à necessidade ou não de sua constituição: litisconsórcio necessário (ou indispensável) e litisconsórcio facultativo (ou dispensável). Litisconsórcio necessário é formado por força de determinação legal, quando a prolação da sentença depender da presença no processo de todas as pessoas legitimadas. Assim, será necessário quando a presença dos litisconsortes for essencial para a prestação da tutela jurisdicional pelo Estado. Exemplo: o art. 10, § 1º, do CPC elenca hipóteses de litisconsórcio passivo necessário, e que a citação de ambos os cônjuges nos casos que indica se torna essencial para a validade do processo e no âmbito laboral Renato Saraiva, p. 255, cita como exemplo a propositura pelo Ministério Público do Trabalho de ação anulatória de cláusula convencional, em que ambos os sindicatos convenentes, necessariamente, integrarão o polo passivo da demanda.

2-1) Litisconsórcio facultativo – está relacionado à vontade das partes conforme art. 46 do CPC. O litisconsórcio facultativo deve ser formado sempre no momento da propositura da ação, não se admitindo formação posterior, o que representaria, se materializado, o desrespeito ao princípio do juiz natural.

Sérgio Pinto Martins, p. 222, destaca algumas exigências para a formação do litisconsórcio facultativo:

a) Deve haver uma mesma relação material entre as partes envolvidas, que possuam os mesmos direitos e obrigações a serem cumpridos, quanto ao conflito de interesses;

b) Os direitos ou as obrigações derivam de um mesmo fundamento de fato ou de direito, como ocorre se vários empregados forem demitidos por justa causa sob a pecha de ato de improbidade;

c) Deve haver entre as causas conexão, ou pelo objeto ou pela causa de pedir conforme art. 842 da CLT;

Se o número de litigantes for excessivo, o juiz poderá limitar o litisconsórcio facultativo, para não comprometer a rápida solução do litígio ou dificultar a defesa. Há, porém, necessidade de pedido. Este pedido de limitação interrompe o prazo da defesa, caso a determinação seja feita em audiência, sendo necessário ser designada nova audiência para esse fim conforme parágrafo único do art. 46 do CPC.

3) Quanto à posição das partes na relação processual: litisconsórcio ativo, passivo ou misto. Segundo Carlos Henrique Bezerra Leite, p. 395, ocorre o litisconsórcio ativo quando duas ou mais pessoas se reúnem para ajuizar uma ação em face de uma única pessoa. Se uma só pessoa ajuizar ação em face de duas ou mais pessoas, estaremos diante do litisconsórcio passivo. Finalmente, se duas ou mais pessoas ajuízam ação em face de duas ou mais pessoas, teremos aí o litisconsórcio misto.

4) Quanto à natureza da decisão: litisconsórcio simples e litisconsórcio unitário. O litisconsórcio será unitário quando a decisão da causa for, obrigatoriamente, uniforme para todos os litisconsortes, como no exemplo já mencionado de propositura de ação anulatória de cláusula convencional proposta pelo Ministério Público do Trabalho em face dos entes sindicais convenentes.

No litisconsórcio simples, também chamado de comum, a decisão não será necessariamente uniforme para todos os litisconsortes, existindo a possibilidade de decisões divergentes em relação a cada um dos litisconsortes.

É importante ressaltar que apesar dessa disposição dos litisconsortes no polo passivo e ativo da ação, nos termos do artigo 48 do Código de Processo Civil está estabelecido que "Salvo disposição em contrário, os litisconsortes serão considerados, em suas relações com a parte adversa, como litigantes distintos; os atos e as omissões de um não prejudicarão nem beneficiarão os outros".

Neste sentido, há exceções facultadas pela própria lei e o doutrinador Wagner D. Giglio, p. 112, exemplifica algumas delas, quais sejam:

a) A primeira delas se refere ao litisconsórcio unitário, se a decisão deve ser a mesma para todos, os atos benéficos a um aproveitam aos demais litisconsortes.

b) Embora a confissão de um não prejudique os outros litisconsortes, as outras "provas apresentadas por quaisquer deles podem beneficiar, mas podem também prejudicar os demais. Isso se deve à circunstância de que as provas são do *juízo*, não importando a quem coube a iniciativa de apresentá-las. É o chamado princípio da comunhão da prova, que prevalece no direito moderno".

c) Para Wagner Giglio, a mais importante das exceções é a editada pelo art. 509 do Código de Processo Civil: "O recurso interposto por um dos litisconsortes a todos aproveita, salvo se distintos ou opostos os seus interesses".

O art.842 da CLT é expresso em dispor:

> *"Sendo várias as reclamações e havendo identidade de matéria, poderão ser acumuladas num só processo, se se tratar de empregados da mesma empresa ou estabelecimento".*

Esta cumulação pode ser objetiva ou subjetiva.

Na cumulação objetiva, o réu sofre diversos pedidos, como, por exemplo, aqueles em que o empregado pleiteia numa eventual reclamação trabalhista, quais sejam, 13º salário, aviso-prévio, férias com o acréscimo de 1/3, etc.

O art. 292 do CPC também permite a cumulação de pedidos, num único processo, contra o mesmo réu, de vários pedidos, ainda que entre eles não haja conexão.

Contudo, o § 1º do mesmo diploma legal estabelece os requisitos de admissibilidade da cumulação:

a) *Que os pedidos sejam compatíveis entre si;*
b) *Que seja competente para conhecer deles o mesmo juízo;*
c) *Que seja adequado para todos os pedidos o tipo de procedimento.*

Os pedidos especiais, quando contestados, assumem o rito ordinário.

Dentro da cumulação objetiva, poderá haver a cumulação simples, cumulação sucessiva e cumulação alternativa dos pedidos. Conforme explica Sérgio Pinto Martins, p. 221, dá-se a cumulação simples quando os pedidos, ainda que não estejam inter-relacionados por qualquer motivo, são compatíveis entre si, como nos casos em que ocorre a cumulação de horas extras, adicional de insalubridade, que, apesar de não se relacionarem, são compatíveis de serem postulados na mesma ação.

A cumulação sucessiva ocorre quando a apreciação do pedido posterior apenas for possível se o anterior não for acolhido conforme art. 289 do CPC. No pedido de reintegração no emprego ou indenização, o segundo pedido só poderá ser apreciado se o empregado não puder ser reintegrado.

A cumulação alternativa ocorre quando forem feitos dois ou mais pedidos, em decorrência da narração dos fatos, embora só um possa ser acolhido. Manoel Antonio Teixeira Filho (1991:78) adverte que não se confunde cumulação alternativa com pedido alternativo. "Aqui, o pedido é um só, a despeito de ser formulado com base em obrigação alternativa, ao passo que, lá, a obrigação é uma, mas vários são os pedidos."

Na cumulação subjetiva não há cumulação de pedidos, mas a cumulação de partes no processo. Ou seja, vários empregados compõem o polo ativo da ação ao ingressarem na justiça em face do empregador para pleitear direito específico, como exemplo, os empregados que pleiteiam o pagamento do adicional de periculosidade, por trabalharem em local perigoso.

Amauri Mascaro Nascimento, p. 384, diferencia a cumulação subjetiva do litisconsórcio. Para o doutrinador, este é, de certo modo, uma cumulação subjetiva, isto é, uma reunião de demandantes ou demandados no mesmo processo, enquanto aquela é reunião de processos em razão do objeto, ainda que não sejam exatamente as mesmas as partes e como medida de unificação de decisões iguais. Exemplifique-se com a reunião de reclamações contra a mesma empresa movidas em Varas diferentes da mesma localidade por diferentes trabalhadores, discutindo-se adicional de insalubridade na mesma seção.

Valentin Carrion – Comentários à CLT e legislação complementar, 4. Edição – São Paulo, Saraiva, p. 521, resolve o problema do número de testemunhas a serem ouvidas quando há hipótese de cumulação de processos, da seguinte maneira: "Nos dissídios individuais plúrimos, ou cumulação subjetiva de ações, os reclamantes que propuseram as ações conjuntamente renunciam a seu direito de ouvir três testemunhas para cada um deles. Se o juiz determina a unificação de várias reclamações, juntando os autos, e nada dizem os litisconsortes, renunciam igualmente àquele direito; mas nada obsta que a parte dê seu assentimento à proposta do adversário ou do juiz, condicionado à ouvida de número de testemunhas superior a três. Quando há mais de um réu, cada um deles pode apresentar até três testemunhas".

Entendemos que a hipótese de ação plúrima prevista no artigo 842 da CLT, não se aplica aos "trabalhadores", pois, a norma estabelece que este tipo de ação só é possível, se se tratar de empregados da mesma empresa ou estabelecimento.

Carlos Henrique Bezerra Leite, p. 396, ainda destaca: "Com a ampliação da competência da Justiça do Trabalho para outras demandas distintas das oriundas da relação de emprego (CF, art. 114, I), cremos que em tais casos não haverá lugar para o dissídio individual plúrimo previsto no art. 842 da CLT. Em outros termos, quando os trabalhadores demandantes não forem empregados, é incabível o dissídio individual plúrimo, pois a literalidade da norma consolidada faz referência apenas a "empregados da mesma empresa ou estabelecimento". Logo, o instituto do litisconsórcio ativo entre "trabalhadores não empregados" deverá ser regulado pelos arts. 46 *usque* 49 do CPC, adotando-se, porém, no que couber, o procedimento do processo trabalhista (TST, IN 27/2005).

É admitido o litisconsórcio passivo na Justiça do Trabalho, embora este instituto não esteja previsto na CLT, como nos casos de responsabilidade subsidiária, como ocorre nos casos de terceirização (TST, Súmula 331, IV) e empreitada (CLT, art. 455), ou solidária (CLT, art. 2º, § 2º).

4.13. CONSEQUÊNCIAS E PROCEDIMENTOS

O art. 48 do CPC estabelece que, salvo disposição em contrário, os litisconsortes serão considerados, em suas relações com a parte adversa, como litigantes distintos, e os atos e as omissões de um não prejudicarão o outro nem beneficiarão os outros.

O art. 49 do CPC dispõe que cada litisconsorte tem o direito de promover o andamento do processo, sendo que todos devem ser intimados dos respectivos atos.

Nos termos dos artigos supracitados, verifica-se que um litisconsorte não será responsabilizado pelo insucesso dos demais. Dessa forma, podemos concluir que:

a) Os efeitos da revelia serão afastados, pois não se verificará se existirem outros réus e algum deles contestar a ação conforme art. 320, I, do CPC. É a confissão o efeito da revelia;

b) No entanto, a confissão judicial faz prova contra o confitente, não prejudicando, todavia, os demais litisconsortes conforme art. 350 do CPC;

c) Quando os litisconsortes tiverem diferentes procuradores ser-lhes-ão concedidos prazo em dobro para contestar, para recorrer e, de modo geral, para falar nos autos conforme art. 191 do CPC. No entanto, este artigo 191 do CPC não se aplica na Justiça do Trabalho a teor do que dispõe a OJ 310 da SDI-I/TST;

d) O recurso interposto por um dos litisconsortes a todos aproveita, salvo se distintos ou opostos os seus interesses – art. 509 do CPC e neste caso, somente no litisconsórcio unitário. Contudo, os atos prejudiciais não produzem efeitos em relação aos demais litisconsortes, somente ao que os tenha realizado.

4.14. INTERVENÇÃO DE TERCEIROS NA JUSTIÇA DO TRABALHO

4.14.1. Introdução

Existem situações de ordem práticas que a necessidade de um terceiro, diferente do autor e do réu, tenha que comparecer nos autos para se pronunciar. Não estamos falando apenas das testemunhas, peritos, informantes, assistentes, etc.

O que estamos querendo dizer é que determinadas pessoas serão as responsáveis por aquela demanda em si.

Seria uma incongruência tamanha cada parte envolvida num litígio promover a ação autônoma para resguardar seus direitos.

Desta forma a importância da intervenção de terceiros se faz necessária, inclusive no processo do trabalho, para a solução rápida do conflito, já que uma das colunas de sustentação do direito processual do trabalho é a capacidade de resolver seus conflitos de uma forma rápida, o chamado, principio da celeridade.

Insta salientar que no rito sumaríssimo não se aplica a figura da intervenção de terceiros. Ao nosso modo, a assistência é possível, haja vista que não há uma intervenção propriamente dita, mas apenas um acompanhamento. Segue um julgado que aborda esse tema.

> ***Intervenção de terceiros. Rito sumaríssimo. Incompatibilidade.*** *Muito embora a Lei 9.957/2000 não o diga expressamente, tem-se que referida lei, instituidora do rito sumaríssimo na Justiça do Trabalho, referendando, sobretudo, a celeridade na solução das causas trabalhistas de valores iguais ou inferiores a 40 (quarenta) salários-mínimos não admite qualquer modalidade de intervenção de terceiros prevista no CPC. Aliás, consoante doutrina e jurisprudência, tal intervenção não se coadunava com o rito ordinário, conclusão esta cristalizada em recente Orientação Jurisprudencial de nº 227 proveniente da E. SDI, TST, conclamando pela incompatibilidade da denunciação da lide nos processos do trabalho. Fosse pouco, temos expressa previsão na lei instituidora dos Juizados Especiais Cíveis (9099/95), onde inequivocamente abeberou-se a Lei 9.957/2000, vedando qualquer forma de intervenção de terceiro (art. 10). Tem-se, portanto, por incabível o aludido chamamento ao processo referido pela recorrente e previsto nos artigos 77 a 80 do CPC no rito sumaríssimo. Preliminar de cerceio de defesa que se afasta. (TRT 2ª Região – Acórdão nº: 20010460564 – Processo nº 20010305240 – Ano 2001- 6ª Turma).*

A intervenção de terceiros pode ser provocada ou espontânea ou voluntária, *ad coadjuvandum* ou *ad excludendum*.

A intervenção de terceiro, provocada, também chamada de necessária ou coacta, o terceiro pode intervir nos casos de denunciação da lide, chamamento ao processo e nomeação à autoria, pois, o incidente é provocado por uma das partes originarias do processo ou por determinação do juiz, *ex officio*. Já a intervenção de terceiros, espontânea ou voluntária, ocorre na assistência, oposição e embargos de terceiro, pois, o próprio terceiro, independentemente de provocação, pede ao juiz autorização para intervir no processo.

Esta apresenta duas espécies, a intervenção adesiva ou *ad coadjuvandum* ocorre quando um terceiro auxilia uma das partes no processo, podendo ser simples e autônoma ou litisconsorcial; e a principal, também chamada oposição ou intervenção *ad excludendum* em que o terceiro postula a exclusão de uma ou de ambas as partes.

4.14.2. Tipos de Intervenção de Terceiros

4.14.2.1. Nomeação à Autoria

Essa figura é muito comum de acontecer no dia a dia da prática forense. Ocorre quando o demandado é apenas possuidor do bem e não detém da propriedade. É o caso de empreitada. O artigo 62 do CPC traz a referida figura.

Pela emenda Constitucional 45 que alterou o art. 114 da CF, relações que envolvam trabalho, em caso de litígio será a competência da Justiça do Trabalho para sanar eventuais problemas. Desta forma, pode surgir o caso de nomeação a autoria de uma forma mais clara.

Exemplo disso seria um prestador de serviço que é demandado por ferramentas que utiliza em sua profissão, mas estas não pertencem a ele e sim à empresa que presta o serviço. Nessa situação, foi proposta uma ação possessória contra o empregado, porém, esse, em sua defesa, alega a nomeação a autoria, que é a empresa que presta o serviço.

Entendemos que a nomeação a autoria somente se aplica na fase de conhecimento e, assim sendo, não é cabível alegar uma numa penhora de bens de terceiro.

Ressaltamos que a nomeação a autoria deverá ser pronunciada até a primeira audiência. O juiz irá se pronunciar sobre esse pedido e por se tratar de uma decisão interlocutória a parte prejudicada deverá protestar em audiência e questionar em preliminar de recurso ou se a situação for abusiva cabe a impetração imediata do Mandado de Segurança.

O Nobre Colega, André Capelazo Fernandes, em artigo publicado no site www.jusvariandi.com.br, aduz sobre nomeação a autoria:

> *"É constitucional a regra que permite o nomeado recusar a nomeação? Ninguém pode negar o poder do Estado manifestado através da jurisdição, evidentemente (nem mesmo os governantes, como outrora e que era vazado com a expressão "the king can do no wrong!", eis que adotada entre nós a teoria do risco administrativo, onde as autoridades públicas respondem pelos danos praticados aos particulares, presumida a culpa do poder público em algumas hipóteses). Quanto a isso não há discussão na doutrina e nos tribunais, muito embora haja mecanismos diversos na apuração ou mesmo punição de eventual responsabilidade no plano civil, criminal, administrativo e político, justificada em certa medida pela qualidade de quem o pratica (determinado cargo, por exemplo) e em que circunstâncias a conduta praticada viola o direito objetivo; já foi o tempo do Estado irresponsável ou dotado de grosseiras desigualdades materiais objetivamente previstas no ordenamento, onde muitos não tinham qualquer responsabilidade perante o seio social e praticavam os mais diversos abusos e achincalhavam o direito alheio: o aforismo de que todos são iguais perante a lei (ao menos formalmente, no plano teórico ou objetivo) aqui tem plena voga. Nesse diapasão*

se discute, no plano do direito infraconstitucional, se o nomeado, nos casos de "intervenção de terceiro" mediante nomeação a autoria, poderia negar essa qualidade e simplesmente não vir perante o Estado-juiz se defender do alegado contra ele, "recusando a jurisdição".

4.14.2.2. Denunciação a Lide

A denunciação a lide é espécie de intervenção forçada, em que autor ou réu, com o objetivo de assegurar o direito de regresso, denuncia terceiro à lide, na própria sentença que impôs a condenação contra o denunciante.

Quando se trata de denunciação a lide, o assunto chama atenção no que concerne ao art. 70 do CPC, precisamente no inciso III (àquele que estiver obrigado, pela lei ou pelo contrato, a indenizar, em ação regressiva, o prejuízo do que perder a demanda), pois, a doutrina dominante entende que, nesta hipótese, a intervenção é facultativa, e não obrigatória como nas hipóteses em que o artigo indica, podendo, posteriormente, haver ação regressiva autônoma em face do terceiro.

Ocorrerá na hipótese de sucessão de empregadores, conforme artigos 10 e 448 da CLT. Caso ocorra uma venda e compra de empresa, e exista uma cláusula em que o vendedor obriga a indenizar o comprador pelos eventuais prejuízos causados, desde que exista uma condenação transitada em julgado, é justo denunciar a lide o terceiro. Aceita a denunciação, temos um litisconsórcio na ação que poderá aditar a petição inicial, procedendo-se, em seguida, à citação do réu.

Contudo, se a denunciação for feita pelo réu, três consequências poderão ocorrer:

a) Se o denunciado (terceiro) a aceitar e contestar o pedido, o processo prosseguirá entre o autor, de um lado, e de outro, como litisconsortes, o denunciante e o denunciado;

b) Se o denunciado for revel, ou comparecer apenas para negar a qualidade que lhe foi atribuída, cumprirá ao denunciante prosseguir na defesa até o final;

c) Se o denunciado confessar os fatos alegados pelo autor, poderá o denunciante prosseguir na defesa.

Muitas eram as discussões doutrinárias se a denunciação à lide poderia ou não ser aplicada na Justiça do Trabalho, porém, o Colendo Tribunal Superior do Trabalho pôs fim ao problema, ao cancelar a OJ nº 227 da SDI-I do TST que apontava a incompatibilidade da denunciação à lide no processo do Trabalho, isso em decorrência da ampliação da competência da Justiça do Trabalho imposta pela EC 45/2004. Contudo, apesar do cancelamento da OJ 227 compete à Justiça do Trabalho analisar cada situação individualmente.

Segue o seguinte julgado sobre o tema em tela:

> *CHAMAMENTO À LIDE. IMPOSSIBILIDADE. Descabida a pretensão da reclamada e no sentido de que a empresa Eletropaulo venha integrar o polo passivo da presente demanda, uma vez que não se admite o direito de regresso na Justiça do Trabalho. (TRT 2ª Região – Acórdão nº 20080253703 – Processo nº 20000454898 – Ano 2000 – 4ª Turma.)*

> *INOVAÇÃO DA LIDE. INCLUSÃO DE PARTES. IMPOSSIBILIDADE. Pedido de responsabilização solidária do Município de São Paulo, que não fez parte da lide. Inexistência de qualquer fato superveniente autorizador da inclusão no polo passivo da demanda. Inteligência do artigo 264, do Código de Processo Civil. Recurso ordinário não conhecido. (TRT 2ª Região – Acórdão nº 20080293373 – Proc. nº 00733-2005-010-02-00-3 – Ano 2007 – 12ª Turma).*

EFEITO RECURSAL. Não há falar em imprimir efeito suspensivo ao recurso quando o recorrente não utilizou o instrumento processual adequado à pretensão, e não houve antecipação dos efeitos da tutela jurisdicional. ILEGITIMIDADE PASSIVA. INDENIZAÇÃO. Tendo em vista que o reclamante pretende indenização por valores referentes a plano de saúde e complementação de aposentadoria decorrentes da dispensa que entende arbitrária, a reclamada é parte legítima para figurar no polo passivo neste particular. COMPETÊNCIA MATERIAL. INDENIZAÇÃO POR SUPLEMENTAÇÃO DE APOSENTADORIA. Quanto à competência para a questão da indenização em razão da suplementação de aposentadoria, observe-se que, na verdade, não é exatamente o tema da complementação que está sub judice, *mas a indenização por dano patrimonial gerado pela dispensa e, no que se refere a esta, não há dúvida de que a Justiça especializada está autorizada a apreciá-la por via constitucional (CF, art. 114, inciso VI). DENUNCIAÇÃO A LIDE. Correta a decisão original no que respeita o não cabimento da denunciação a lide* in casu, *uma vez que os pedidos são analisados à luz da responsabilidade ou não do polo passivo eleito pelo autor. ESTABILIDADE PROVISÓRIA E INDENIZAÇÃO POR DANOS MATERIAIS. Não se pode reconhecer estabilidade provisória sem prova contundente de nexo causal da moléstia com o exercício das atividades, nem direito a indenização por danos materiais sem verificação de culpa ou dolo da empregadora. (TRT 2ª Região – Acórdão nº 20080633972 – Processo nº 01482-2006-442-02-00-2 – Ano 2008 – 2ª Turma).*

DENUNCIAÇÃO A LIDE. INAPLICABILIDADE NA JUSTIÇA DO TRABALHO. Quanto à inclusão do Município de Campinas no polo passivo da demanda, o que pretende a recorrente é o que no processo civil denomina-se "Denunciação a Lide", uma forma de intervenção de terceiros que não se aplica na Justiça do Trabalho, visto que esta justiça especializada não é competente para dirimir conflitos entre empresas, ainda que, no caso, sejam tomadoras de mão de obra. (TRT 15ª Região – Processo nº 842-2004-095-15-00-9 – Juiz Relator Luiz Carlos de Araújo – Disponível em 10/11/2006.)

DENUNCIAÇÃO A LIDE. CABIMENTO. A denunciação a lide no processo do trabalho somente se justifica se adstrita ao interesse discutido. Ainda que admitida esta hipótese, trata-se de assunto a ser tratado em procedimento próprio, a fim de não prejudicar a celeridade processual, diante do caráter alimentar da verba trabalhista. (TRT/SP – 01239200002302008 – RO – Ac. 4ª T 20090052638 – Rel. SERGIO WINNIK – DOE 20/02/2009.)

4.15. *FACTUM PRINCIPIS*

Previsto no artigo 486 da CLT, o *factum principis* consiste num ato administrativo ou por imposição legal em que os entes públicos federal, estatal, municipal ou distrital impossibilitam a execução do contrato de trabalho, de forma temporária ou definitiva.

Na verdade, o § 1º do artigo 486 da CLT se refere expressamente ao chamamento à autoria, do *factum principis* e não denunciação a lide, na forma como estava previsto no CPC de 1939.

Conforme sustenta Wagner Giglio, p. 137, em juízo, o empregador deverá apontar a autoridade responsável pela paralisação, dando as razões que fundamentam a invocação do *factum principis*; se o juiz se convencer de que há indícios da configuração da espécie, após ouvir a parte contrária no tríduo (CLT, art. 486, § 2º), notificará a pessoa jurídica de direito público para, figurando no processo como denunciado, oferecer defesa no prazo de trinta dias; caso contrário, rejeitará a alegação, que só poderá vir a ser discutida novamente no recurso contra decisão final, como preliminar do reexame do mérito. E se acolhida a alegação de *factum principis*, os autos serão remetidos ao juízo da Fazenda Estadual ou Municipal, conforme o caso, ou à Justiça Federal, se a autoridade responsável for a União.

Assim, admitindo-se que houve o *factum principis* do Poder Público, a responsabilidade pela indenização de estabilidade seria da Administração e não mais da empresa, sendo automaticamente incompetente a Justiça do Trabalho para analisar a questão, razão pela qual os autos serão remetidos à Vara da Fazenda Pública (onde houver), de acordo com o § 3º do art. 486 da CLT.

4.16. CHAMAMENTO AO PROCESSO

O chamamento ao processo é facultativo, não é obrigatório como na denunciação a lide, e é ato privativo do réu.

No caso de solidariedade o chamamento ao processo é necessário. A maior consequência deste tipo de intervenção é que inclui no polo passivo da ação outros devedores. Se aplica no processo do Trabalho o inciso III do artigo 77 do CPC.

Sérgio Pinto Martins, p. 235, entende que o chamamento ao processo é inaplicável no processo do trabalho como previsto no CPC, pois, se admiti-lo no processo do trabalho, também deveria fazê-lo em relação à nomeação à autoria, à oposição e à denunciação a lide, o que desnaturaria os referidos institutos previstos no processo civil, que tem condições e circunstâncias, muitas vezes, totalmente distintas no processo do trabalho. Na verdade, a sentença trabalhista proferida não valerá como título executivo em relação ao chamado e a quem o chamou no processo, pois será preciso que a ação de regresso seja ajuizada na Justiça Comum.

Contudo adverte que, admitindo-se o cabimento do chamamento ao processo no Direito Processual do Trabalho, o réu deve requerer, no prazo da contestação, a citação do chamado (art. 78 do CPC).

Não é cabível o chamamento ao processo no processo de execução ou no dissídio coletivo, segundo entendimento majoritário.

Segue o seguinte julgado sobre o tema em tela:

> *COMPETÊNCIA DA JUSTIÇA DO TRABALHO. Estando o dissídio implicitamente associado à relação de emprego, a matéria pertence à competência desta Justiça Especializada. IMPUGNAÇÃO AO VALOR DA CAUSA. CONVERSÃO DO RITO PROCESSUAL. A manifestação do Órgão ad quem tem o seu limite determinado pelas alegações apresentadas no recurso. De outra parte, constitui pressuposto da ação sujeita ao rito sumaríssimo a indicação do valor de cada pedido, no momento da sua propositura, consoante se extrai do artigo 852-B, item I, regra de ordem pública. Desatendida essa exigência legal, nada obstante o valor atribuído à causa seja inferior a 40 salários-mínimos, é inadmissível a conversão do procedimento ordinário em sumaríssimo. ILEGITIMIDADE DE PARTE. Sendo o reclamado titular da relação substancial afirmada em Juízo, detém legitimidade para figurar no polo passivo e responder à pretensão. NULIDADE PROCESSUAL. CHAMAMENTO AO PROCESSO DA FAZENDA DO ESTADO DE SÃO PAULO. Os elementos constantes dos autos, especialmente a prova documental, permitem inferir que o correclamado Economus – Instituto de Seguridade Social, criado pelo Banco Nossa Caixa S/A, se incumbe do processamento da folha de pagamento do benefício devido à reclamante, sendo que a fonte pagadora é a Secretaria de Estado dos Negócios da Fazenda. Nesse contexto, é imprescindível a participação da*

Fazenda Estadual no polo passivo. (TRT 2ª Região – Acórdão nº 20080161108 – Processo nº 00865-2007-059-02-00-3- Ano 2007 – 2ª Turma.)

CHAMAMENTO AO PROCESSO. INEXISTÊNCIA NO PROCESSO TRABALHISTA. Consoante imperativos constitucionais (art. 114, CF) a Justiça Obreira tem sua competência restrita aos litígios nas relações entre patrões e empregados. Aceitar o privilégio de conferir ao patrão demandado o direito de trazer ao processo outro(s) réu(s), ainda que da análise dos autos se possa reconhecer a condição de empregador do(s) chamado(s), implicaria o exame de matéria ligada ao ajuste de responsabilidades entre duas ou mais pessoas jurídicas, estranha à competência conferida pela Lei Maior. A decisão trabalhista não valerá como título executivo em relação ao chamado e a quem o chamou ao processo. (TRT 2ª Região – Acórdão nº 20040272774 – Processo nº RO 01194200240102009 – 10ª Turma – Juíza Relatora Vera Marta Publio Dias, publicado no DOE/SP em 15.06.2004.)

"PROCESSO. CHAMAMENTO. IMPOSSIBILIDADE NA FASE EXECUTÓRIA. Prevalece na doutrina e na jurisprudência a tese segundo a qual a intervenção de terceiros no processo, com exceção da assistência, é possível tão só e unicamente no processo de conhecimento, não da execução. Tanto na denunciação a lide, como no chamamento ao processo, a lei processual prevê a existência de sentença (arts. 76 e 80), o que inexiste no processo de execução. Ademais, o art. 77, III, do CPC, exige a solidariedade entre os devedores, o que inocorre no presente caso. Agravo de petição improvido." (TRT 15ª Região – Ap. 7965/00, AC 29955/00, 3ª T., Rel Juiz Mauro Cesar Martins de Souza – DOE/SP 15.08.2000, p. 22.)

"DISSÍDIO COLETIVO . CHAMAMENTO AO PROCESSO. GREVE ABUSIVA. 1. O instituto do chamamento ao processo é incompatível com o dissídio coletivo. 2. Considera-se abusiva a greve quando não for comprovado que a deflagração foi precedida de aprovação dos interessados, manifestada em assembleia-geral devidamente convocada para este fim." (TST – EDC 142873/1994 – Rel. Min. Ursulino Santos – DJU 07.06.1996.)

4.17. ASSISTÊNCIA

O instituto da assistência busca o interesse processual com o objetivo da verificação no resultado da lide em virtude de um outro negócio jurídico. O art. 50 do CPC trata a figura em tela. Corroborando com o artigo citado o E. TST editou a Súmula 83 em que, em tese, afirma que deve ser demonstrado o interesse processual e não o meramente econômico.

Cumpre salientar que na assistência, o assistente recebe o processo no pé que se achar. Existem vários tipos de assistência. A simples, em que o assistente auxilia uma das partes a provar o que está sendo pretendido, ou seja, o interesse jurídico e não puramente econômico.

Existe também a intervenção que tem como escopo o auxílio de uma das partes. Pode-se chamar de assistência adesiva. E, por fim, a assistência litisconsorcial que exige dois requisitos: uma relação jurídica entre os envolvidos e a decisão judicial apontando a assistência.

A decisão que decide ou não pela assistência é meramente interlocutória, sendo passível apenas de mandado de segurança para a sua impugnação.

Nos chama a atenção um trecho de artigo publicado no endereço http://jus2.uol.com.br/doutrina/texto.asp?id=2514 sobre a assistência:

"A assistência é modalidade de intervenção de terceiros voluntária e, em que pese não estar regulada no Código dentro do Capítulo que disciplina a intervenção de terceiros, estando alocada juntamente com o litisconsórcio, com o qual não se confunde, a própria lei reconhece essa qualidade à assistência, a teor do quanto resta disposto no art. 208, inciso I do CPC.

Caracteriza-se a assistência pelo ingresso de terceiro na lide, que ostente interesse jurídico que possa vir a ser afetado direta ou reflexamente pela sentença, em virtude de uma relação jurídica existente entre o assistente e uma das partes envolvidas no litígio.

Cumpre observar, desde logo, que o terceiro deve demonstrar efetivo interesse jurídico. O simples interesse econômico não justifica o cabimento da assistência, ressalvado o caso do art. 5º § único da Lei Federal nº 9.469/97, que admite a intervenção assistencial das pessoas jurídicas de direito público em qualquer processo em que se verifique interesse do ente público, ainda que meramente econômico (modalidade de assistência considerada especialíssima pela jurisprudência do STJ)".

Colacionamos alguns julgados sobre o tema:

"AÇÃO INDENIZATÓRIA. DANO MORAL. ACIDENTE DO TRABALHO. EMPRESA SEGURADORA. INTERVENÇÃO DE TERCEIROS. ASSISTÊNCIA. A competência desta Justiça Especializada para julgar ação de indenização por acidente do trabalho decorre da existência de relação de trabalho entre as partes. A empresa que fornece seguro de vida aos empregados da reclamada tem com esta uma relação estritamente civil, podendo, com isso, integrar a lide somente nos casos em que haja interesse jurídico, quando intervirá como assistente. Inteligência da Súmula 82 do C. TST. (TRT 15ª Região – PROCESSO TRT Nº 02702-2006-135-15-00-1-RO – 1ª Turma – Juiz Relator Luiz Antonio Lazarim – Disponível 18/07/2008.)

4.18. OPOSIÇÃO

Oposição ou intervenção *ad excludendum* em que o terceiro postula a exclusão de uma ou de ambas as partes. Instituto previsto no art. 56 do CPC, *in verbis*:

"Quem pretender, no todo ou em parte, a coisa ou o direito sobre que controvertem autor e réu, poderá, até, ser proferida a sentença, oferecer oposição contra ambos".

Portanto, o oferecimento da oposição é modalidade de intervenção voluntária. Assim, conforme esclarece Carlos Henrique Bezerra Leite, p. 437, aquele que poderia intervir no processo como opoente e não o faz não será afetado pela coisa julgada, razão pela qual é lícito ao terceiro, em princípio, aguardar o término do processo e ajuizar ação autônoma em face da parte vencedora da demanda.

O artigo 56 do CPC deixa claro que após a prolação da sentença não cabe mais arguir esse instituto. Discute-se na doutrina a sua aplicação.

Na oposição, a controvérsia não deve ser entre autor e terceiro ou réu e terceiro, mas entre autor e réu, daí porque o opoente pretende a coisa ou direito para si.

A nosso ver é possível existir tal relação quando já existe uma ação em trâmite, por ex.: uma discussão entre o laboratório e um farmacêutico sobre de quem seria os direitos de uma nova fórmula de remédio. Nesse momento apresenta-se o verdadeiro funcionário que descobriu a fórmula e alega ser o merecedor dos direitos.

Nos chama a atenção trecho de artigo publicado no endereço http://jus2.uol.com.br/doutrina/texto.asp?id=9494 sobre a assistência:

Uma vez mais, com a devida vênia, criticamos a classificação do Código de Processo Civil e ressaltamos que a oposição não é modalidade de intervenção de terceiros. Ao revés, a oposição tem natureza de ação, que é ajuizada por pessoa que pretende haver para si objeto de uma demanda já em curso, ou seja, através desse instituto o opoente demanda em face dos opostos, os quais já litigam entre si para obter determinado bem da vida. Desta forma, o autor e o réu da ação originária tornam-se réus na oposição, havendo incidente de prejudicialidade com aquela demanda. Sendo assim, não pode o juiz julgar procedentes, na mesma sentença, o pedido formulado na ação originária e o pedido do opoente. Pode ocorrer a dupla procedência caso a oposição seja julgada após a primitiva ação. Nesse caso, o juiz concede o bem a uma das partes da demanda originária, levando em consideração somente os argumentos delas. Quando do julgamento da oposição, fixará quem tem razão: se improcedente a oposição, o bem permanece com o vencedor na ação principal; se procedente a oposição, fará jus ao bem o opoente, não havendo falar-se, nessa hipótese, em ofensa à coisa julgada material, pois esta só ocorre às partes da demanda originária que litigaram imbuídas do contraditório e da ampla defesa como ferramentas de um processo justo e contemporâneo com uma Constituição que garante sua bilateralidade.

Como bem observa Manoel Antonio Teixeira Filho, Breves Comentários à reforma do poder judiciário, LTr, 2005, p. 152, com a nova redação do art. 114 da CF, por força da EC nº 45/2004, é possível sustentar-se a competência dessa Justiça para solucionar litígios entre trabalhadores, desde que oriundo de uma relação de trabalho (art. 114, I). Todavia, se uma outra empresa intervir no processo, na qualidade de opoente, e o vendedor autônomo reconhecer, por exemplo, que o mostruário pertence ao opoente, desapareceria a competência da Justiça do Trabalho, uma vez que o conflito de interesses passaria a envolver duas pessoas jurídicas.

Carlos Henrique Bezerra Leite, p. 439, discorda do ilustre doutrinador, eis que, para ele, as regras constitucionais de competência da Justiça do Trabalho continuam sendo, mesmo com o advento da EC nº 45/2004, em razão da matéria e das pessoas, uma vez que lhe compete processar e julgar as ações oriundas da relação de emprego, o que pressupõe dois sujeitos em posição antagônicas entre si, isto é, empregado e empregador; e da relação de trabalho, ou seja, entre trabalhador e tomador de serviços.

Logo, a Justiça do Trabalho não é competente para processar e julgar ações entre dois tomadores de serviço ou entre dois trabalhadores, pois em ambas as hipóteses não há relação de trabalho ou relação de emprego entre elas.

No mesmo sentido é o que dispõe a jurisprudência:

> *"INTERVENÇÃO DE TERCEIROS. OPOSIÇÃO. NÃO-CABIMENTO. CPC, ART.56. A oposição é instituto de intervenção de terceiros que tem natureza jurídica de ação judicial de conhecimento ajuizada por terceiro (opoente) contra autor e réu (opostos), em litisconsórcio passivo necessário. Em seu objeto, o opoente não concorda com o pedido do autor e deduz pretensão contra este e contra o réu. Deseja o direito ou coisa disputada em juízo. Portanto, um de seus requisitos é de que o opoente deduza pretensão contra autor e réu ao mesmo tempo. O opoente pretende no todo ou em parte a coisa ou o direito sobre o qual pende a demanda entre outras pessoas. Propõe a sua ação contra elas para fazer valer direito próprio. Se o opoente não pretende um direito em que supostamente são titulares reclamante e reclamada, mas seu objetivo é provar que não existiu relação de emprego com a reclamada e sim com o opoente; ou seja, pretende defender a reclamada, excluindo-a da lide, não se configura o instituto da oposição, havendo que se extinguir o*

> *processo sem julgamento de mérito por ilegitimidade de parte, porquanto a ação sequer foi ajuizada em face do opoente que é parte estranha à lide". (TRT 15ª Região – Proc. 18143/99 – Ac. 13915/01 – 5ª T – Rel. Juíza Olga Aida Joaquim Gomieri – DOE/SO 19.04.2001.)*

Ressalte-se que a oposição não cabe no processo de execução, pois, de acordo com o art. 56 do CPC, ela só tem lugar antes de proferida a sentença.

Capítulo 5

Organização da Justiça do Trabalho

5.1. ÓRGÃOS DA JUSTIÇA DO TRABALHO

O artigo 111 da Constituiçã o Federal estabelece que são órgãos da Justiça do Trabalho: o Tribunal Superior do Trabalho, os Tribunais Regionais do Trabalho e os Juízes do Trabalho. Conforme se verifica, a norma constitucional vigente (revogou as disposições do artigo 644 da CLT na parte que se refere a Varas do Trabalho ou Juízos de Direito).

5.1.1. Tribunal Superior do Trabalho

A Justiça do Trabalho, desde 1946 quando passou a integrar o Poder Judiciário, é estruturada da mesma forma com três graus de Jurisdição, sendo certo que desde seu início o Tribunal Superior do Trabalho é o órgão de cúpula da Justiça do Trabalho, com sede em Brasília e jurisdição em todo o território nacional.

A resolução administrativa 1.295/2008 (RI) subdivide o TST da seguinte forma; Tribunal pleno, órgão especial, Seção especializada de dissídios coletivos, de dissídios individuais e oito tumas.

Composição – O artigo 111 da Constituição Federal, com a nova redação que lhe foi dada pela emenda Constitucional 45/2004, estabelece que:

> *"O Tribunal Superior do Trabalho compor-se-á de vinte e sete Ministros, escolhidos dentre brasileiros com mais de trinta e cinco e menos de sessenta e cinco anos, nomeados pelo Presidente da República após aprovação pela maioria absoluta do Senado Federal, sendo:*
>
> *I – um quinto dentre advogados com mais de dez anos de efetiva atividade profissional e membros do Ministério Público do Trabalho com mais de dez anos de efetivo exercício, observado o disposto no art. 94;*
>
> *II – os demais dentre juízes dos Tribunais Regionais do Trabalho, oriundos da magistratura da carreira, indicados pelo próprio Tribunal Superior;*
>
> *§ 1º A lei disporá sobre a competência do Tribunal Superior do Trabalho;*
>
> *§ 2º Funcionarão junto ao Tribunal Superior do Trabalho:*
>
> *I – a Escola Nacional de Formação e Aperfeiçoamento de Magistrados do Trabalho, cabendo-lhe, dentre outras funções, regulamentar os cursos oficiais para o ingresso e promoção na carreira;*
>
> *II – o Conselho Superior da Justiça do Trabalho, cabendo-lhe exercer, na forma da lei, a supervisão administrativa, orçamentária, financeira e patrimonial da Justiça do Trabalho de primeiro e segundo graus, como órgão central do sistema, cujas decisões terão efeito vinculante".*

O Tribunal superior do Trabalho tem suas normas estabelecidas no seu Regimento Interno que prevê no artigo 61 os órgãos que compõem o próprio TST, a saber: Tribunal Pleno, Seção Administrativa, Seção Especializada em Dissídios Coletivos (SEDC), Seção Especializada em Dissídio Individual (SEDI) subdividida em SEDI-1 e SEDI2, e Turmas.

Integram o Tribunal Superior do Trabalho os juízes da carreira da Justiça do Trabalho, vindos dos Tribunais Regionais do Trabalho, os membros do Ministério Público e os da Advocacia que compõem o quinto constitucional, indicados por lista sextúpla pelos órgãos de representação da respectiva classe, reduzida a três nomes pelo TST e, finalmente, escolhido pelo Presidente da República.

Tribunal Pleno

O Tribunal Pleno (TP) é constituído pelos Ministros da Corte, não participando das sessões solenes e das sessões ordinárias ou extraordinárias os juízes convocados (art. 64, *caput*).

Seção Administrativa (especial)

A Seção Administrativa (SA) é composta de 7 Ministros, devendo ser integrada pelo Presidente e o Vice-Presidente do Tribunal, pelo Corregedor-Geral, pelos dois Ministros eleitos pelo Tribunal Pleno. Os Ministros integrantes da Seção Administrativa comporão também outras seções do Tribunal. O *quorum* para funcionamento da seção Administrativa é de 5 Ministros (art. 65, RITST).

Seção Especializada em Dissídios Coletivos

A seção Especializada em Dissídios Coletivos (SDC) é composta de 9 Ministros, devendo ser integrada pelo Presidente do Tribunal, pelo Vice-Presidente, pelo Corregedor-Geral e pelos 6 Ministros mais antigos. Os Ministros do SDC integrarão também outras Seções do Tribunal. O *quorum* para funcionamento é de 6 Ministros (art. 66, RITST).

5.1.2. Tribunais Regionais do Trabalho

Os Tribunais Regionais do Trabalho estão previstos no artigo 115 da Constituição Federal, compõem-se de, no mínimo, sete juízes, nomeados pelo Presidente da República entre brasileiros com mais de 30 e menos de 65 anos, recrutados, quando possível, na respectiva região, sendo um quinto entre advogados e membros do Ministério Público do Trabalho e o restante entre juízes do trabalho promovidos por antiguidade e por merecimento.

Em relação à fixação do número dos juízes nos Tribunais Regionais, a Constituição Federal, na redação dada pela EC/45 ao inciso XIII do art. 93, estabelece que em todo o poder Judiciário, "o número de juízes na unidade jurisdicional será proporcional à efetiva demanda judicial e à respectiva população".

A Emenda Constitucional nº 45/2004, com a finalidade de assegurar o acesso à justiça estabeleceu a criação da **Justiça Itinerante para a realização de audiências e o exercício de outras funções da atividade jurisdicional** nos limites da jurisdição e a descentralização dos Tribunais, constituído em **câmaras regionais** assegurando o acesso dos jurisdicionados em todas as fases do processo, principalmente, em locais em que ainda não há Tribunais Regionais do Trabalho, como nos estados do Acre, Tocantins, Amapá, etc.

5.1.3. Juízes do Trabalho

A Constituição Federal no artigo 116, com a redação dada pela Emenda Constitucional 24/99, deixou certo que as Varas do Trabalho serão compostas de juiz singular, dispondo:

> "**Art. 116.** A lei criará varas da Justiça do Trabalho, podendo, nas comarcas não abrangidas por sua jurisdição, atribuí-la aos juízes de direito, com recurso para o respectivo Tribunal Regional do Trabalho".

Na estrutura da Justiça do Trabalho, as Varas do Trabalho estão equiparadas hierarquicamente, não existindo distinções. Todas integram a primeira instância.

Ainda em relação aos juízes do trabalho, o Superior Tribunal de Justiça na Súmula 10 entende que, instalada a Vara do Trabalho, cessa a competência do juiz de direito em matéria trabalhista, inclusive para a execução das sentenças por estes proferidas.

O artigo 113 da Constituição Federal determina que a lei disporá sobre a constituição, investidura, jurisdição, competência, garantias e condições de exercício dos órgãos da Justiça do Trabalho.

Em consonância com este dispositivo foi editada a Lei nº 10.770/2003 que estabelece que cada Tribunal Regional do Trabalho no âmbito de sua região, mediante ato próprio, pode estabelecer e alterar a jurisdição das varas, bem como transferir-lhes a sede de um município para outro de acordo com a necessidade de agilizar a prestação jurisdicional trabalhista.

A Lei nº 6.947/81 dispõe que a competência da Vara do Trabalho estende-se aos municípios próximos num raio máximo de 100 quilômetros da sede, desde que existam meios de acesso e de comunicação regulares com os referidos locais.

5.2. ÓRGÃOS AUXILIARES

São órgãos auxiliares as Secretarias, Oficiais de Justiça Avaliador, Distribuidor, Contadoria.

5.2.1. Secretaria

Cada vara na Justiça do Trabalho terá uma secretaria, que também existirão nos Tribunais (os conhecidos "cartórios" judiciais da Justiça Comum na Justiça do Trabalho chamam-se "secretarias").

5.2.2. Oficiais de Justiça Avaliador

Na Justiça do Trabalho, os oficiais de justiça são chamados oficiais de justiça avaliadores, pois, além de citarem para pagamento, fazem a penhora e a avaliação dos bens penhorados. Segundo disposto no artigo 721, § 2º da CLT, o prazo para cumprimento dos mandados é de nove dias e a avaliação deve ser feita no prazo de dez dias (§ 3º do mesmo artigo). Na falta ou impedimento do oficial de justiça avaliador, o juiz da vara poderá atribuir a realização do ato a qualquer serventuário (art. 721, parágrafo 5º da CLT).

5.2.3. Contadoria

Contadoria é o órgão auxiliar da Justiça, que tem a responsabilidade de efetuar os cálculos aritméticos das causas em geral, do principal e juros das condenações e qualquer cálculo determinado pelo juiz.

Na opinião de Amauri Mascaro Nascimento,[1] o "Tribunal Superior do Trabalho é organizado com base nas seguintes regras: a) divisão dos seus órgãos escalonados para fins jurisdicionais, cumprimento do princípio do duplo grau de jurisdição e divisão do trabalho; b) quatro tipos de competência: originária quando o processo tem início perante o órgão, recursal quando o órgão atua como instância revisora de decisão proferida por órgão anterior, competência em única instância em alguns casos e competência funcional dos seus membros definidas pela lei e pelo Regimento interno; c) composição: togada com o quito constitucional com juízes provenientes das classes de advogados e do Ministério Público do Trabalho, das quais se desligam, passando a integrar a magistratura; d) escolha dos magistrados de carreira entre os juízes dos Tribunais Regionais do Trabalho".

---

1. Nascimento, Amauri Mascaro. Curso de Direito Processual do Trabalho, 20ª ed., p. 154.

Capítulo 6

Competência da Justiça do Trabalho

A jurisdição, assim entendido o poder/dever do estado de dizer o direito no caso concreto, é una e indivisível.

A jurisdição atua quando se tem a violação dos direitos assegurados pelas normas jurídicas (Direito Objetivo)[2] em função de um conflito de interesses, ou seja, pressupõe a aplicação da lei ao caso concreto. O legislador cria o Direito Objetivo, enquanto a jurisdição aplica a norma abstrata ao caso concreto, atuando na pacificação dos conflitos de interesses.

No entanto, a determinação da esfera de atribuição dos órgãos encarregados do exercício da jurisdição chama-se "competência".

6.1. CONCEITO

Competência é a parcela de jurisdição atribuída a cada juiz.

A competência costuma ser analisada sob os seguintes ângulos: competência material, competência em razão de lugar e competência hierárquica ou funcional.

---

[2]. O Direito, como Direito Objetivo, insere a própria existência da norma jurídica, ou seja, um conjunto de regras gerais e positivas, as quais visam regular a vida social.

A jurisdição, como expressão do poder estatal, é uma só. Cada juiz ou tribunal é investido da jurisdição. Porém, o seu exercício é distribuído, pelas normas constitucionais e ordinárias, para vários órgãos jurisdicionais. Essa distribuição se faz em função de vários critérios. De acordo com esses critérios, o órgão jurisdicional poderá exercitar a sua jurisdição em função de determinados limites, ou seja, grupo de litígios. Portanto, vamos conceituar competência como a "quantidade de jurisdição cujo exercício é atribuído a cada órgão ou grupo de órgãos".[3]

Oreste Dalazen[4] ensina que Chiovenda agrupou em três os critérios determinantes da competência: objetivo, funcional e territorial: "Pelo critério objetivo, se fixa a competência ou pelo valor da causa (competência por valor), ou da natureza da causa (competência por matéria).

6.1.2. Competência Material

A Competência em razão de matéria é fixada levando em conta o tipo de questão ou a matéria, que pode ser suscitada aos órgãos da Justiça do Trabalho, e vem definida no artigo 114 da Constituição Federal, que assim dispõe:

> "**Art. 114.** *Compete à Justiça do Trabalho processar e julgar:*
> *I – as ações oriundas da relação de trabalho, abrangidos os entes de direito público externo e da administração pública direta e indireta da União, dos Estados, do Distrito Federal e dos Municípios;*
> *II – as ações que envolvam exercício do direito de greve;*
> *III – as ações sobre representação sindical, entre sindicatos, entre sindicatos e trabalhadores, e entre sindicatos e empregadores;*

---

3. Liebman *apud* Antonio Carlos de Araújo Cintra; Grinover, Ada Pellegrini; Dinamarco, Candido Rangel. Teoria Geral do Processo, 12ª Ed., p. 230.

4. Dalazen, João Oreste. Competência Material Trabalhista, p. 34.

IV – os mandados de segurança, habeas corpus *e* habeas data, *quando o ato questionado envolver matéria sujeita à sua jurisdição;*
V – os conflitos de competência entre órgãos com jurisdição trabalhista, ressalvado o disposto no art. 102, I, "o";
VI – as ações de indenização por dano moral ou patrimonial, decorrentes da relação de trabalho;
VII – as ações relativas às penalidades administrativas impostas aos empregadores pelos órgãos de fiscalização das relações de trabalho;
VIII – a execução, de ofício, das contribuições sociais previstas no art. 195, I, "a", e II, e seus acréscimos legais, decorrentes das sentenças que proferir;
IX – outras controvérsias decorrentes da relação de trabalho, na forma da lei".

A seguir vamos analisar todas as ações que devem ser processadas e julgadas pela Justiça do Trabalho:

I – As Ações Oriundas da Relação de Trabalho, Abrangidos os Entes de Direito Público Externo e da Administração Pública Direta e Indireta da União, dos Estados, do Distrito Federal e dos Municípios;

A competência em razão de matéria foi reformulada inteiramente pela Emenda Constitucional 45/2004 trazendo para o âmbito de atuação da Justiça do Trabalho todas as "ações oriundas da relação de trabalho", expressão muito mais ampla do que relação de emprego.

Relação de Trabalho pode ser conceituada como todo o contrato de atividade em que o prestador do serviço seja pessoa física, abrangendo eventual, autônomo, voluntário, estagiário e também todos os contratos de prestação de serviços regulados pelos artigos 593 a 609 do novo Código Civil.

Discute-se em doutrina se a competência material da Justiça do Trabalho abrangeria as ações decorrentes da relação de consumo, uma vez que segundo o Código de Defesa do Consumidor em alguns casos a relação de consumo também pode ter por objeto a prestação pessoal de serviços. A resposta pode ser no sentido de que a ação é proposta pelo prestador de serviços em face do consumidor, visando a aplicação de normas do Código de Defesa do Consumidor, trata-se de uma autêntica ação decorrente de relação de consumo e, por essa razão, escapa da competência da Justiça do Trabalho.

No entanto, se o litígio decorre não da relação de consumo, mas sim dos serviços prestados por pessoa física, em troca de remuneração, por exemplo, o não recebimento pelo prestador de serviços do valor ajustado, a competência será da Justiça do Trabalho.

Ações de Servidor da Administração Pública Estatutário
A Emenda Constitucional 45/2004, estendeu a competência da Justiça do Trabalho para julgamento das ações envolvendo os entes da administração pública. No entanto, foi concedida liminar em ADIN proposta pela Associação dos Juízes Federais do Brasil suspendendo qualquer interpretação que inclua na competência da Justiça do Trabalho o julgamento de ações entre servidores e o Poder Público vinculados à relação jurídica estatutária ou de caráter jurídico administrativo.

Trabalho Parassubordinado e a Competência Material da Justiça do Trabalho
A competência material da Justiça do Trabalho para apreciar e julgar as relações de trabalho subordinado ou relação de emprego é indiscutível. No entanto, atualmente, além do trabalho subordinado, a competência da Justiça do Trabalho também abrange o trabalho parassubordinado, o qual reflete uma posição intermediária entre o trabalho subordinado e o autônomo, com os seguintes traços característicos: continuidade, coordenação e o caráter pessoal na prestação dos serviços.

Doutrina

Arion Saião Romita.[5] Ensina: "O trabalhador parassubordinado pode ser considerado quase sempre um contratante débil". A debilidade contratual, que constitui uma característica constante nas formas de prestação de serviços parassubordinados, justifica a tentativa de incluir esta modalidade no campo de aplicação do direito do trabalho. A debilidade contratual se configura não somente pela debilidade econômica mas também pela circunstância de que o tomador de serviços tem a possibilidade de anular ou reduzir sensivelmente a liberdade contratual do prestador.

Entre os trabalhadores parassubordinados são elencados, além dos prestadores de trabalho associativo (sociedades em conta de participação, membros de cooperativa de trabalho, o sócio de indústria, membros de empresa familiar), os representantes comerciais, os propagandistas, agentes teatrais, cinematográficos e esportivos, corretores de toda espécie de negócios (como os corretores de imóveis), concessionários de vendas, pequenos empresários (dependentes economicamente de indústrias a que prestam colaboração contínua), profissionais liberais (como o advogado que trata de modo contínuo dos interesses de uma pessoa física, o médico de família, etc.).

II – Ações que Envolvam o Exercício do Direito de Greve – O exercício do direito de greve pode gerar a ocorrência de ações individuais (indenizações por danos causados pelos grevistas) ou coletivas, (dissídio de greve) inclusive possessórias (interditos proibitórios, para a garantia da posse de seus bens imóveis), todas de competência da Justiça do Trabalho.

III – Ações Sobre Representações Sindicais

Apesar da literalidade do texto constitucional, a doutrina e a jurisprudência vêm interpretando que o novo regramento constitucional

---

5. Romita, Arion Saião. Competência da Justiça do Trabalho para Ações Sobre Relações de Trabalho – Trabalho Eventual – *in* Revista Justiça do Trabalho, ano 22, nº 258, jun./2005, p. 18.

estabelece a competência da Justiça do Trabalho para julgar todas as lides intersindicais ou seja:

a) **Conflitos Intersindicais Coletivos**

Os Conflitos Intersindicais Coletivos também são denominados conflitos de representatividade e envolvem a discussão sobre a legitimidade da representação das categorias econômicas ou profissionais.

b) **Conflitos Intersindicais Não Coletivos**

Os Conflitos Intersindicais Não Coletivos são aqueles que têm como parte os sindicatos, defendendo um interesse próprio e não interesse da categoria. Exemplo: Dissídio de declaração ou não da filiação da entidade sindical a uma Federação.

c) **Conflitos Intrassindicais ou Conflitos sindicais Internos**

Os Conflitos Intrassindicais ou Conflitos sindicais Internos são aqueles que surgem na administração da entidade sindical ou entre a entidade sindical e seu associado Exemplo: Anulação de assembleia, de eleição Sindical, etc.

d) **Conflitos extrassindicais**

Os Conflitos extrassindicais são aqueles que surgem entre as entidades sindicais e terceiros, exemplo: Recusa em inscrever trabalhador para ser sócio do sindicato, e concorrer as eleições de dirigente sindical, recusa na admissão da empresa como sócia do sindicato da categoria econômica, etc.

Ainda, conforme disposto no inciso III do art. 114 da Carta Magna, verifica-se que o legislador constituinte expressamente atribuiu para a Justiça do Trabalho a competência para julgar as lides "sobre representação sindical, entre sindicatos, entre sindicatos e trabalhadores, e entre sindicatos e empregadores", sendo certo que a interpretação em consonância com a competência geral para as lides oriundas das relações de trabalho revela que toda e qualquer disputa acerca de contribuições sindicais, de qualquer natureza, são mera consequência da representação sindical em sentido amplo, pois inclusive pode ocorrer da recusa da empresa ao pagamento por não reconhecer a entidade sindical como sua representante, o que revela encontrar-se dentro dessa matéria (representação sindical) a questão das receitas dos sindicatos.

No que concerne ao rito processual adequado, à luz do disposto na Instrução Normativa 27/2005 do TST, pode-se conceber a utilização de rito próprio – caso existente – ou o rito ordinário trabalhista (sumaríssimo dependendo do valor), tudo na fase de conhecimento caso não possua o sindicato patronal título executivo ou documento sem eficácia, pois em caso contrário afigura-se possível o uso da execução de título executivo extrajudicial ou da ação monitória respectivamente, inclusive no Processo do Trabalho. Por outro lado, caso a parte possua o título executivo preconizado no art. 606 da CLT o rito adequado, afigura-se a execução de título executivo extrajudicial. Assim, caso possua título sem essa eficácia, a ação monitória; não possuindo título algum, deve-se utilizar o rito ordinário do processo do trabalho, sendo sumaríssimo dependendo do valor, em fase de conhecimento.

Concluindo, apesar do texto mencionar apenas as ações de representação sindical e sindicatos, deve ser dada uma interpretação extensiva para englobar todas as entidades sindicais, como as questões que envolverem Federações e as Confederações. São exemplos: ação envolvendo o direito de filiação ou desfiliação, ação anulatória de eleição sindical, ação de cobrança executiva de contribuição sindical, ação consignatória de contribuição sindical quando há disputa de representação entre dois sindicatos.

IV – Mandado de Segurança, *Habeas Corpus* e *Habeas Data*

Uma das grandes inovações é a possibilidade de impetração perante as Varas da Justiça do Trabalho (órgão de primeira instância) quando o ato questionado envolver matéria sujeita a sua jurisdição, por exemplo, quando a autoridáde coatora for auditor do trabalho ou Membro do Ministério Público do Trabalho.

Afirmada, também, a competência para o julgamento do *habeas corpus* quando se tratar de matéria sujeita à jurisdição trabalhista (Prisão de natureza civil).

A competência para o julgamento do *Habeas Data* também vem previsto no texto Constitucional emendado para possibilitar ao trabalhador o acesso a dados pessoais em poder do Estado, assegurando o respeito aos direitos da personalidade à intimidade e vida privada do trabalhador.

V – Conflitos de Competência – Formas de Solução

1) O conflito de competência entre Varas do Trabalho, na mesma região, deverá ser dirimindo pelo TRT.
2) Quando se tratar de conflito de Varas do Trabalho sujeitas à jurisdição de Tribunais Regionais do Trabalho diferentes ou entre Tribunais Regionais do Trabalho, a competência é do TST.
3) Quando o conflito envolver juízes vinculados a Tribunais diversos da Jurisdição Trabalhista, a competência é do STJ (artigo 102, I da CF).
4) Quando envolver conflito entre Tribunal Superior e STJ, a competência é do Superior Tribunal Federal (STF).

VI – Ações de Indenização por Dano Moral ou Patrimonial, Decorrentes da Relação de Trabalho

A Emenda Constitucional 45/2004 consagrou definitivamente a competência da Justiça do Trabalho para o julgamento de todas as ações que envolvem pedidos de indenização por danos materiais e morais decorrentes da relação de trabalho.

VII – Ações Relativas às Penalidades Administrativas

Muito embora o texto constitucional utilize a expressão **"ações" e não em "execuções"** relativas às penalidades administrativas, a doutrina vem, com acerto, se posicionando em sentido contrário.

A finalidade da nova hipótese de competência leva a afirmar-se que a própria execução fiscal das multas e dos valores deve ser feita perante a Justiça do Trabalho, admitindo-se a discussão da legalidade do lançamento através de embargos do executado.

Conforme análise feita pelo processualista do trabalho, o magistrado Marcos Neves Fava, mostra-se incoerente, para dizer o mínimo, "exigir dos litigantes que se defendessem ou postulassem, perante a Justiça do Trabalho, mas que, consolidada a obrigação de pagamento da dívida, aforassem – ou se defendessem – perante a Justiça Federal, durante a execução".

Não se pode através de equivocada hermenêutica rejeitar a competência da Justiça do Trabalho para as execuções fiscais relacionadas às penalidades administrativas impostas aos empregadores pela fiscalização das relações de trabalho.

Desde logo, porque a competência para o gênero **"ações"** induz, por corolário lógico, a da espécie **"execução"**. Aliás, o processo de conhecimento, ressalvada a tutela meramente declaratória, não se faz útil ou efetivo, sem a correspondente ação de execução.

Outra Questão que se coloca é que a literalidade do texto emendado sugere que apenas as "penalidades administrativas" já impostas pelos órgãos de fiscalização transferiram-se à competência da Justiça do Trabalho.

A resposta a esta indagação deve ser feita levando em conta que com a nova redação os atos da administração nas tarefas de regulação e fiscalização das relações do trabalho passaram à competência da Justiça do Trabalho. Se, inequivocamente, o auto de infração imposto ao empregador por falta da autorização a que se refere o artigo 71, parágrafo terceiro da CLT (para redução do intervalo de refeição) terá impugnação patronal resolvida pela Justiça do Trabalho, não impossível conceber que a negativa do Delegado Regional do Trabalho em conceder tal autorização – ou sua omissão em despachar o requerimento – seja, por ausência de imposição de multa, até então, transferida para competência da Justiça Federal. Cisão indesejável e casuística da competência, em desfavor da racionalidade da ordem jurídica.

Assim, no momento, entendemos que em lugar de "penalidades", a interpretação mais adequada sugere a leitura de **"atos" dos órgãos de fiscalização das relações do trabalho,** hermenêutica de consequências bem mais abrangentes.

Qualquer ação, tanto a proposta pelo empregador objetivando invalidar multa imposta pelas DRTs, como também as execuções dos títulos extrajudiciais, originados dos autos de inspeção tomados pelos auditores fiscais do trabalho; proposto pela fazenda pública em fazenda empregador passaram a ser da competência da Justiça do Trabalho

VIII – Execução, de ofício, das Contribuições Sociais previstas no artigo 195, I a, e II e seus acréscimos legais, decorrentes das sentenças que proferir.

A Justiça do Trabalho é competente para determinar o recolhimento das contribuições previdenciárias e fiscais sobre as verbas de natureza salarial, decorrentes das sentenças que proferir ou dos acordos homologados, devendo o juízo promover, de ofício, a execução dos valores devidos.

Complementação de Aposentadoria ou de Pensão
A competência material da Justiça do Trabalho não exige que, ao tempo

da propositura da ação, ainda se tenha a subsistência da relação de trabalho, pois pode existir ação trabalhista nas quais se pleiteia a complementação de aposentadoria ou de pensão decorrentes de regulamentos internos da empresa ou de entidade previdenciária complementar patrocinada pelo empregador, de forma isolada, ou mediante a participação do empregado. Neste caso, não há que se falar em incompetência da Justiça do Trabalho.

Competência da Justiça do Trabalho para julgar ação com pedido de indenização de dano moral sofrido na fase pré-contratual

A doutrina e a jurisprudência ainda não sedimentou o entendimento sobre a Competência da Justiça do Trabalho para julgar ação com pedido de indenização de dano moral sofrido na fase pré-contratual.

Para José Affonso Dallegrave,[6] "considerando que o conceito de relação de trabalho é aquele que pressupõe qualquer liame jurídico entre dois sujeitos, desde que tendo por objeto a prestação de um serviço, autônomo ou subordinado, não há dúvidas que não só os contratos celetistas estão nele abrangidos, mas boa parte dos contratos civis e comerciais".

Mauro Schiavi[7] discorre que o vocábulo relação de trabalho pressupõe "trabalho prestado por conta alheia, em que o trabalhador (pessoa física) coloca sua força de trabalho em prol de outra pessoa(física ou jurídica), podendo o trabalhador correr ou não os riscos da atividade. Desse modo, estão excluídas as modalidades de relação de trabalho em que o trabalho for prestado por pessoa jurídica, porquanto, nessas modalidades, embora haja relação de trabalho, o trabalho humano não é o objeto dessas relações jurídicas e sim um contrato de natureza civil ou comercial".

---

6. Dallegrave Neto. José Affonso. "Primeiras Linhas sobre a Nova Competência da Justiça do Trabalho Fixada pela Reforma do Judiciário (EC nº 45/2004)". Nova Competência da Justiça do Trabalho. Coord. Grijalbo Fernandes Coutinho e Marcos Neves Fava, p. 196.

7. Schiavi, Mauro. "O Alcance da Expressão 'Relação de Trabalho' e a Competência da Justiça do Trabalho um ano após a Emenda Constitucional nº 45/2004", *in* Revista TST, v. 72, nº 1, jan./abr. 2006, p. 38.

Délio Maranhão[8] menciona que "no contrato de trabalho, como nos demais contratos, pode haver um período pré-contratual. É que nem sempre o contrato tem formação instantânea, embora a formação progressiva do contrato de trabalho constitua uma exceção. Neste caso, não há confundir a proposta do contrato, que pressupõe que este se forma pelo único fato da aceitação, que, por isso, obriga o preponente (art. 1.080 do Código Civil de 1916; art. 427, Código Civil de 2002), com os entendimentos preliminares da fase pré-contratual.

Como ensina Serpa Lopes, "o característico principal dessas conversações preliminares consiste em serem entabuladas sem qualquer propósito de obrigatoriedade. Tais conversações, porém, se não obrigam a concluir o contrato, nem por esse motivo deixam de produzir, em alguns casos, efeitos jurídicos. Assim é que, se os entendimentos preliminares chegarem a um ponto que faça prever a conclusão do contrato e uma das partes os rompe sem um motivo justo e razoável (culpa em contraendo), a outra terá o direito ao ressarcimento do dano causado por esse rompimento (interesse contratual negativo), quando possa provar que, confiando na previsível conclusão do contrato, fez despesas em virtude de tais entendimentos, ou deixou de aceitar outra oferta tanto ou mais vantajosa. Consideramos perfeitamente cabível uma ação desta natureza na Justiça do Trabalho, em face do art. 114 da Constituição, que fala 'em outras controvérsias decorrentes da relação de trabalho'. Dir-se-á que essa relação não chegou a se completar. Mas o dano se apura, na hipótese, em função de sua previsível formação, e a culpa ocorre na fase preliminar de um contrato de trabalho: a controvérsia se origina, pois, de uma relação de trabalho, embora no nascedouro".

A jurisprudência declina:

"RELAÇÃO DE TRABALHO. ADVOGADO. COMPETÊNCIA DA JUSTIÇA DO TRABALHO. A relação entre o advogado e seu cliente é de trabalho. A prestação de serviços por advogado,

---

8. Maranhão, Délio; Vianna, Segadas, Teixeira, Lima. Instituições de Direito do Trabalho, v. 1, 19ª Ed., p. 252.

autônomo, implica atividade laboral. Compete à Justiça do Trabalho dirimir esse litígio" (TRT 9ª R – Proc. nº 78030-2005-020-09-00-0 – Rel. Francisco Roberto Ermel – DJPR 13/1/2006).

"HONORÁRIOS RELATIVOS A PRESTAÇÃO DE SERVIÇOS MÉDICOS. COMPETÊNCIA DA JUSTIÇA DO TRABALHO, NA FORMA DA EC Nº 45/2005, QUE DEU NOVA REDAÇÃO AO ART. 114 DA CF/88. Na ausência de provas quanto 'a remuneração pelos serviços médicos prestados, com base nos percentuais informados na exordial e não contestados pelo demandado, impõe-se o pagamento referente aos exames realizados pelo autor e comprovados nos autos. Recurso ordinário conhecido e parcialmente provido, para julgar procedente, em parte, a pretensão deduzida da demanda'" (TRT – 22ª R – RO nº 00101-2005-002-22-00-6 – Relatora Enedina Maria Gomes dos Santos – DJU 23/1/2006 – p. 11).

RECURSO DE REVISTA. INCOMPETÊNCIA MATERIAL DA JUSTIÇA DO TRABALHO. ENTE PÚBLICO. CONTRATAÇÃO IRREGULAR. Consignado, no acórdão recorrido, que o reclamante foi contratado nos moldes permitidos pelo Código de Organização e Divisão Judiciária do Estado e constatado que o obreiro não alegou, na petição inicial, desvirtuamento em tal contratação, mediante a prestação de serviços à Administração para atendimento de necessidade permanente e não para acudir a situação transitória e emergencial, conforme previsto na Súmula 205, II, do TST, não há falar em afronta ao art. 114 da Lei Maior. Divergência jurisprudencial específica não demonstrada (Súmula 296/TST). **Recurso de revista não-conhecido.**

Mesmo após a publicação da Emenda Constitucional nº 45/04, a competência para conhecer e julgar ações em que se pretende a cobrança de honorários advocatícios continua sendo da Justiça Estadual. Inteligência da Súmula 363 do (TRT/SP

– 13106200800002008 – CC01 – Ac. SDI 2009001085 – Rel.
SERGIO J. B. JUNQUEIRA MACHADO – DOE 12/03/2009)

Competência da Justiça do Trablho. Complementação de Aposentadoria.
É competente a Justiça do Trabalho para processar e julgar as ações
relativas à complementação de aposentadoria, na hipótese de a instituição
de previdência privada ser criada pelo empregador, pois a complementação
de aposentadoria decorre da relação de emprego, independentemente de
haver-se transferido a responsabilidade pela complementação dos proventos
para entidade diversa. A decisão recorrida encontra-se em sintonia com a
jurisprudência desta Corte, atraindo a incidência da Súmula 333 do TST.
Recurso de Revista de que não se conhece.

Competência para decidir ação movida por Atleta Profissional de Futebol
Pela nova ordem constitucional (CF/88), o Poder Judiciário só admitirá
ações relativas à disciplina e às competições desportivas após se esgotarem
as instâncias da justiça desportiva, reguladas em lei (art. 217, parágrafo 2º).
Contudo, a lei não excluirá da apreciação do Poder Judiciário lesão ou
ameaça a direito (art. 5º, XXXV). Pela interpretação sistemática dos artigos,
temos que "o art. 29, da Lei nº 6.354/76 é, em parte, incompatível com
o vigente texto constitucional: no que cerceia transitoriamente ao atleta
profissional de futebol o exercício do direito de ação para vindicar prestação
decorrente do contrato de trabalho firmado com a respectiva associação
empregadora. A Carta Magna não consente restringir-se o direito de ação,
senão excepcionalmente quanto à disciplina e às competições esportivas".[9]

Declina a Jurisprudência:
"ATLETA PROFISSIONAL. AÇÕES EM QUE É NECES-
SÁRIO ESGOTAR AS INSTÂNCIAS DA JUSTIÇA DESPOR-
TIVA. A Constituição Federal, promulgada em 5/10/1998, não
recepcionou o art. 29 da Lei nº 6.354/76. O art. 217 da CF/88

---

9. Dalazen, João Oreste. Ob. Cit., p. 133.

*dispõe expressamente sobre a necessidade de esgotar as instân-
cias da Justiça Desportiva somente para as ações concernentes
à disciplina e às competições desportivas" (TRT – 3ª R – 5ª T
– RO nº 16.769/99 – Rel. Márcia A. Duarte de Las Casas –
DJMG 18/07/01).*

*"Emenda Constitucional nº 45. Conflito negativo de compe-
tência entre a Justiça Comum e a do Trabalho. Remessa dos autos
ao STJ. A alteração superveniente da competência não atinge
as causas em que já havia sido proferida a decisão de primeiro
grau, pois somente o Tribunal de Justiça do Estado detém a
competência privada para julgar em grau de recurso as ações
decididas em primeira instância pelos juízes a ele vinculados.
Tem sido declarado incompetente aquele órgão, suscita-se o
conflito negativo de competência" (TRT – 12ª R – 2ª T – ROV
nº 704/2005.043.12.00-8 – Ac nº 6137/06 – Relª. Marta M. V.
Fabre – DJ 24/5/06 – p. 286).*

**Súmulas do Superior Tribunal de Justiça e a Competência Material
Trabalhista**
Súmula nº 62 – Compete à Justiça Estadual processar e julgar o crime
de falsa anotação na Carteira de Trabalho e Previdência Social, atribuído
à empresa privada.

Compete à Justiça Federal, excluídas as reclamações trabalhistas,
processar e julgar os feitos relativos à movimentação do FGTS (Súm.
nº 82) A Justiça do Trabalho é competente nas demandas que "objetivem
o ressarcimento de parcelas reativas ao FGTS, ou que, direta ou indiretamente, impliquem essa obrigação de fazer; o juiz determina que a empresa
sucumbente proceda ao recolhimento imediato das importâncias devidas
a tal título"[10] (art. 26, Lei nº 8.036/90).

---

10. Nascimento, Amauri Mascaro. Ob. Cit., p. 202.

Compete à Justiça Federal processar e julgar crime de falso testemunho cometido no processo do trabalho (Súm. nº 165).

6.1.2.1. Competência em Razão do Local

Regra geral – A ação trabalhista deve ser proposta perante a Vara do Trabalho do último local da prestação de serviços, ainda que o empregado tenha sido contratado em outro local ou no estrangeiro, é o que se depreende do artigo 651 da CLT.

Exceções

Quando se tratar de **empregado viajante comercial**, se estiver ligado à agência ou filial, a competência será da Vara do local em que está localizada a agência ou filial; na falta, ou se não estiver subordinado à agência ou filial, a competência será a do domicílio do empregado ou local mais próximo.

Quando se tratar de **empregado brasileiro laborando no estrangeiro**, este pode optar em ajuizar a ação no Brasil, desde que não haja convenção internacional dispondo em contrário, caso em que será competente a Vara do Trabalho do local em que estiver situada a repartição da empresa no Brasil. Desta forma, no caso de o empregado ir trabalhar no estrangeiro, a ação deverá ser ajuizada perante a vara onde o empregador tenha sede no Brasil ou onde o trabalhador tenha sido contratado antes da sua ida para o exterior.

Quando se tratar de **empresas que promovem atividades fora do lugar do contrato,** em lugares incertos, transitórios ou eventuais (Ex.: empresas circenses, desfiles de moda, reflorestamento, etc.), os empregados podem escolher entre o local da prestação de serviços e o local da contratação.

A competência territorial é **relativa.** Pode ser prorrogada se a parte contrária não se insurgir contra a escolha feita pelo autor.

No processo do trabalho, por medida de proteção ao trabalhador, não se admite o **foro de eleição**.

Empresas que Promovem Atividades Fora do Lugar do Contrato

Wagner Giglio[11] discorre: "A segunda exceção diz respeito a empregadores que realizem atividades fora do local onde são firmados os contratos de trabalho, como acontece com as empresas especializadas em auditoria, instalação de caldeiras, reflorestamento, etc. Tais atividades exigem que o empregado se desloque para prestar serviços no local onde são requeridos, por vezes ali permanecendo durante bastante tempo. Prestigiando, ainda uma vez, a facilidade de acesso do empregado às Cortes Trabalhistas, o art. 651, parágrafo 3º, da Consolidação, permite ao empregado, a sua escolha, 'apresentar reclamações no foro da celebração do contrato ou no da prestação dos serviços'. E a jurisprudência vem entendendo essa disposição de forma abrangente, aplicando os casos em que o empregado pode propor ação em juízo diverso daquele que seria competente em razão do lugar da prestação dos serviços.

Foro de Eleição e a Competência Territorial Trabalhista

Amauri Mascaro Nascimento[12] assevera: "A sua admissibilidade redundaria em problemas de difícil solução, dada a hipossuficiência do trabalhador. Se num contrato escrito em São Paulo ficasse constatado que a questão dele resultante, por acordo entre as partes, devesse ser movida, por exemplo, em Belém do Pará, o empregado não teria meios de se locomover até lá para propor a ação. Vale dizer, estaria praticamente invalidado o direito de ação, em prejuízo do mais fraco economicamente. Daí a repulsa ao foro de eleição no processo trabalhista. Entende-se, portanto, não escrita cláusula de contrato individual de trabalho estabelecendo foro de eleição.

Cumpre salientar que para as relações de trabalho o foro de eleição será aceito.

---

11. Giglio, Wagner. Direito Processual do Trabalho, 13ª Ed., p. 52.

12. Nascimento, Amauri Mascaro. Ob. Cit. p. 220.

6.1.3. Competência Funcional

Trata-se de distribuir a solução dos conflitos de acordo com a função do juiz.

Regra geral – As ações trabalhistas devem iniciar-se na primeira instância, ou seja, perante as Vara do Trabalho (artigos 652 e 653 da CLT); os Tribunais possuem regra de competência recursal (artigos 678, 679, 680 da CLT e Lei 7.701/1988).

No entanto, há casos de **ações de competência originárias dos tribunais superiores. Tribunais Regionais do Trabalho.**

A competência originária dos Tribunais Regionais do Trabalho envolve os dissídios individuais e coletivos, os quais são iniciados perante o próprio tribunal.

Os dissídios individuais são: mandados de segurança; ações rescisórias; *habeas corpus*; ações anulatórias em convenção ou acordo coletivo (OJ nº 129, SDI-II); medidas cautelas nominadas e inominadas, preparatórias ou incidentes, quanto aos processos de sua competência originária ou na forma do art. 800, parágrafo único, do CPC.

Competência Recursal dos Tribunais Regionais do Trabalho.
A competência recursal é decorrência natural do princípio do duplo grau de jurisdição, ou seja, a faculdade que é dada ao vencido de ter o reexame da decisão que lhe foi desfavorável.

São exemplos de Competência recursal dos Tribunais Regionais do Trabalho: As decisões definitivas ou terminativas originária das varas do trabalho nos dissídios individuais de conhecimento ficam submetidas ao duplo grau de jurisdição, por intermédio do recurso ordinário (art. 895, a, CLT). Nas ações de execução, as decisões proferidas pelas varas do trabalho são reexaminadas pelo agravo de petição (art. 897, a, CLT). Os despachos denegatórios de recursos, os quais são proferidos pelos juízes das varas do trabalho ou juízes estaduais no exercício da jurisdição trabalhista, podem ser revistos nos TRTs, pela oposição do agravo de instrumento (art. 897, b, CLT). Da fixação do valor da causa no processo trabalhista (art. 2º, parágrafo 2º, da Lei nº 5.584/70) no prazo de 48 horas, cabe o pedido de revisão para o presidente do TRT.

A competência em razão de matéria e hierárquica é absoluta e por essa razão é imodificável, inderrogável, pode ser reconhecida de ofício em qualquer tempo ou grau de jurisdição.

A competência territorial é relativa e por essa razão não pode ser reconhecida de ofício, se não for arguida pela parte contrária pode ser modificada e prorrogada.

6.1.4. Modificação de Competência

O artigo 114 do CPC dispõe que será prorrogada a competência se o réu não opuser exceção de competência em razão de lugar, no prazo legal. Aplica-se esta prorrogação na seara trabalhista.

No processo do trabalho não existe a possibilidade de modificação da competência em razão do valor da causa, uma vez que a ação trabalhista, independentemente do valor atribuído à causa, sempre será processada e julgada pelo mesmo juízo.

6.1.5. Conexão

O artigo 842 da Consolidação das Leis do Trabalho permite a acumulação ou a reunião de lides em um único processo desde que haja entre elas identidade de matéria e tenham sido propostas por empregado da mesma empresa ou estabelecimento, ou desde que haja identidade de objeto e causa de pedir das ações reputadas conexas.

Ocorrendo protocolo de ações conexas em juízos diversos, a prevenção será do juízo cuja ação trabalhista tenha sido protocolada em primeiro lugar.

Capítulo 7

Ministério Público do Trabalho

O artigo 127 da Constituição Federal conceitua a instituição Ministério Público, dispondo da seguinte maneira: "É uma instituição permanente, essencial à função jurisdicional do Estado, incumbindo-lhe a defesa da Ordem Jurídica, do Regime Democrático e dos interesses sociais e individuais indisponíveis".

7.1. ANÁLISE DO CONCEITO

Instituição Permanente: Trata-se de um dos órgãos pelo qual o Estado exerce a soberania e não pode ser abolido pelo poder constituinte derivado. A Constituição Federal deixa certo que o Ministério Público é uma instituição com função permanente de defender a sociedade, trata-se, portanto, de cláusula pétrea e por essa razão as disposições constitucionais sobre o Ministério Público não podem ser alteradas por uma emenda constitucional ou por uma lei infraconstitucional, é uma instituição que foi criada com esse perfil, ser permanente, perene e eterna para a sociedade.

Essencial à função jurisdicional do Estado. O Ministério Público é essencial ao exercício da função jurisdicional e por essa razão deve atuar na prestação da tutela jurisdicional sempre que existir interesse social e individual indisponível.

Defesa da Ordem Jurídica – Trata-se de uma instituição que tem como objetivo preponderante defender a ordem jurídica como fiscal da lei.

Do Regime Democrático – A defesa do regime democrático é a defesa do próprio Estado Democrático de Direito. Quando se fala em defesa do Estado Democrático de Direito, estamos falando da defesa da sociedade, por essa razão, o Ministério Público tem, por incumbência, adotar todas as medidas indispensáveis para garantir o respeito dos poderes públicos aos direitos assegurados pela constituição, lutar pela preservação dos valores democráticos, da soberania e representatividade popular, defender as instituições democráticas, a preservação dos direitos políticos como condição de assegurar a liberdade das pessoas.

Interesses indisponíveis. Quanto à defesa dos interesses individuais indisponíveis da sociedade e dos indivíduos, ou seja, o interesse público, voltado para a sociedade. A expressão Interesse público muitas vezes é utilizada como sendo interesse do Estado, contrapondo-se ao interesse privado ou particular, cujo titular é o cidadão. No entanto, há que se distinguir o interesse público primário (interesse de toda a comunidade), do interesse público secundário (interesse da administração) O interesse do Estado nem sempre coincide com o interesse da coletividade. Segundo estabelecido na Constituição Federal o Ministério Público deve atuar em questões que extrapolem o interesse meramente individual, na defesa de interesses indisponíveis ou seja **Interesse público primário,** bem geral da coletividade como, por exemplo, a vida, saúde, liberdade, etc., também interesses difusos, coletivos e individual homogêneo, **interesses indisponíveis.**

7.2. NATUREZA JURÍDICA DA INSTITUIÇÃO

Órgão do Estado, de natureza constitucional a serviço da sociedade e do interesse público.

7.3. NATUREZA JURÍDICA DA SUA ATUAÇÃO

Da análise das funções institucionais podemos afirmar a natureza administrativa da sua atuação. O fato de atuar como "custos legis" ou como órgão agente não torna suas funções institucionais em jurisdicionais ou legislativa. Exerce função administrativa, que consiste em zelar pelo interesse público primário. A Constituição Federal de 1988 inseriu a instituição Ministério Público em secção própria no capítulo IV Das Funções Essenciais à Administração da Justiça.

7.4. PRINCÍPIOS INSTITUCIONAIS

São Princípios Institucionais do Ministério Público: unidade, indivisibilidade, independência funcional.

7.4.1. Unidade

Significa que o Ministério Público é uma instituição única, todos têm a mesma atribuição, o que difere é a área de atuação. Todos têm a mesma incumbência – defesa da ordem jurídica, do regime democrático e dos interesses Sociais e Individuais Indisponíveis independentemente da jurisdição perante a qual esteja atuando (Civil – Penal – Militar ou Trabalhista).

7.4.2. Indivisibilidade

A indivisibilidade consiste no fato de que as atribuições entre os membros de um mesmo ramo do Ministério Público é indivisível e pode haver substituição de um por outro, não de maneira arbitrária, mas na forma da lei, em decorrência da indivisibilidade não há que se falar em Princípio da Identidade Física para os membros do Ministério Público.

7.4.3. Independência Funcional

Os membros do Ministério Público atuam de modo independente, sem qualquer vínculo de subordinação hierárquica "só submissos a sua consciência e aos seus deveres profissionais pautados pela Constituição Federal e à Lei que rege a instituição (Lei Complementar 75/93) Não recebem ordens. Por essa razão, nem o Procurador-Geral, nem o Conselho, nem o Corregedor podem impor um procedimento funcional a qualquer membro, senão fazer recomendações que poderão ser acatadas ou não.

O Princípio da Independência Funcional pode ser apontado como uma garantia da instituição e dos seus membros individualmente, mas também um princípio voltado para a sociedade, que também precisa ter garantias de que os seus interesses serão defendidos por pessoas, que não devem obediência e subordinação a ninguém.

7.4.4. Princípio do Promotor Natural

Outro princípio que não está no § 1º, mas está na Constituição Federal, no artigo 5º, XXXVI e LIII, é o Princípio do Promotor natural, assegurando-se à sociedade, aos jurisdicionados o direito de serem julgados e processados por juízes e promotores, que não sejam escolhidos para atuarem em um determinado processo, Pelo Princípio do Promotor Natural assegura-se que o membro da instituição não pode ser afastado ou removido de sua sede de lotação circunstancialmente, senão por critérios previamente estabelecidos pela lei para que não haja violação do direito individual de membro e também da sociedade. A designação e o afastamento de um inquérito civil ou penal ou de um processo só podem ocorrer nas hipóteses expressamente autorizadas em lei.

7.5. A CONSTITUIÇÃO FEDERAL DE 1988 E OS DIVERSOS RAMOS DO MINISTÉRIO PÚBLICO

O Artigo 128 da Constituição Federal estabelece que o Ministério Público abrange:
I – **Ministério Público da União** que compreende:
   a) Ministério Público Federal;
   b) Ministério Público do Trabalho;
   c) Ministério Público Militar;
   d) Ministério Público do Distrito Federal e Territórios;
II – **Ministério Público dos Estados**

Da análise do referido dispositivo legal verifica-se que o legislador constituinte estabeleceu a existência do Ministério Público da União, que já era reconhecido como instituição desde 1951, e que recebeu do legislador constituinte a Lei Maior a seguinte divisão: o Ministério Público Federal; o Ministério Público do Trabalho; o Ministério Público do Distrito Federal; e o Ministério Público Militar, e seus membros são conhecidos como Procuradores, Procuradores-Regionais e Subprocuradores. A área de atuação de cada um dos ramos do Ministério Público da União está disciplinada na Lei Complementar nº 75/93, onde se tem:

7.6. COMPETÊNCIA PARA ATUAÇÃO DE CADA UM DOS RAMOS DO MINISTÉRIO PÚBLICO DA UNIÃO

7.6.1. Competência para Atuação do Ministério Público Federal

O artigo 37 da LC 75/93 dispõe: O Ministério Público Federal exercerá as suas funções:
   I – Nas causas de competência do Supremo Tribunal Federal, do Superior Tribunal de Justiça, dos Tribunais Regionais Federais e dos Juízes Federais, e dos Tribunais e Juízes Eleitorais;
   II – Nas causas de competência de quaisquer juízes e tribunais, para

defesa de direitos e interesses dos índios e das populações indígenas, do meio ambiente, de bens e direitos de valor artístico, estático, histórico, turístico e paisagístico, integrantes do patrimônio nacional.

7.6.2. A Competência para Atuação do Ministério Público Militar

Vem prevista no artigo 116 da Lei Orgânica do Ministério Público da União, 75/93, que assim dispõe:

> *Art. 116. Compete ao Ministério Público Militar o exercício das seguintes atribuições junto aos órgãos da Justiça Militar:*
> *I – promover, privativamente, a ação penal pública;*
> *II – promover a declaração de indignidade ou de incompatibilidade para o oficialato;*
> *III – manifestar-se em qualquer fase do processo, acolhendo solicitação do juiz ou por sua iniciativa, quando entender existente interesse público que justifique a intervenção.*
> *Art. 117. Incumbe ao Ministério Público Militar:*
> *I – requisitar diligências investigatórias e a instauração de inquérito policial-militar, podendo acompanhá-los e apresentar provas;*
> *II – exercer o controle externo da atividade da polícia judiciária militar.*

7.6.3. Competência para Atuação do Ministério Público do Distrito Federal e Territórios

Os membros do Ministério Público do Distrito Federal e Territórios exercerão suas funções nas causas de competência do Tribunal de Justiça e dos Juízes do Distrito Federal e Territórios. Por oportuno, transcrevemos o artigo 151 da Lei Complementar 75/93.

> *Art. 151. Cabe ao Ministério Público do Distrito Federal e Territórios exercer a defesa dos direitos constitucionais do cidadão, sempre que se cuide de garantir-lhes o respeito:*

I – pelos Poderes Públicos do Distrito Federal e dos Territórios;
II – pelos órgãos da administração pública, direta ou indireta, do Distrito Federal e dos Territórios;
III – pelos concessionários e permissionários do serviço público do Distrito Federal e dos Territórios;
IV – por entidades que exerçam outra função delegada do Distrito Federal e dos Territórios.

7.6.4. Competência para Atuação do Ministério Público do Trabalho

O Ministério Público do Trabalho é ramo do Ministério Público da União, que tem legitimidade para atuar perante a Justiça do Trabalho na defesa dos interesses difusos, coletivos, individuais homogêneos, sociais e indisponíveis dos trabalhadores.

7.7. DO MINISTÉRIO PÚBLICO DOS ESTADOS

Estabelece, ainda, a Carta Constitucional vigente os Ministérios Públicos dos Estados, cujos membros são conhecidos tradicionalmente como Promotores Públicos, aqueles que atuam na Primeira Instância, e os Procuradores de Justiça que atuam na Segunda Instância. O Ministério Público dos Estados tem a sua atuação na área Estadual, tanto na área civil quanto na penal (ação penal pública), também pode promover Ação Direta de Inconstitucionalidade contra leis e atos normativos Estaduais e Municipais, já os Federais serão de competência do Ministério Público Federal.

7.8. MINISTÉRIO PÚBLICO ELEITORAL

O Ministério Público Eleitoral não existe como instituição, existem sim funções eleitorais do Ministério Público, ora cometidas ao Ministério Público Federal ora ao Ministério Público Estadual. Segundo a Lei Orgânica do Ministério Público da União (artigo 72), compete ao Ministério

Público Federal exercer as funções do Ministério Público junto aos Tribunais e Justiça Eleitoral. Perante os juízes e juntas eleitorais, as funções eleitorais do Ministério Público serão exercidas pelo Promotor Eleitoral que é o membro do Ministério Público local que oficia junto ao juízo investido na competência eleitoral de cada zona (artigos 78-79).

7.9. MINISTÉRIO PÚBLICO DO TRIBUNAL DE CONTAS

O Ministério Público junto ao Tribunal de Contas não foi previsto na Constituição Federal de 1988 como instituição própria, eis que não está inserido no rol constante do artigo 128 da Constituição Federal. Constituí um quadro especial, conforme decisão do Supremo Tribunal Federal, que reconheceu existência de um Ministério Público Especial junto ao Tribunal de Contas, mas sem a autonomia administrativa e financeira e institucional outorgada pela Constituição Federal aos outros ramos do Ministério Público; integra, na verdade, a organização administrativa do Tribunal de Contas, ainda que em regime jurídico especial.

Entretanto, conforme disposto no artigo 130 da Constituição Federal, os membros do Ministério Público junto ao Tribunal de Contas têm os mesmos direitos, vedações e forma de investidura que os demais membros do *Parquet*. Tais membros têm atuação restrita dentro destes tribunais, atuam apenas dando pareceres e oficiando como *custos legis* nos procedimentos e processos cometidos ao controle externo daquela corte.

A doutrina critica este fato, ao fundamento de que diante da relevância da sua função (fiscalizar as atividades administrativas e financeiras do Estado) não deveria ser tolhida sua autonomia administrativa e financeira, o que pode vir a enfraquecê-lo como instituição.

7.10. CONSELHO DE ASSESSORAMENTO DO MINISTÉRIO PÚBLICO DA UNIÃO

O artigo 28 da Lei Complementar nº 75/93 regulamenta a estrutura do Conselho de Assessoramento do Ministério Público da União, dispondo:

> *Artigo 28 – O Conselho de Assessoramento Superior do Ministério Público da União, sob a presidência do Procurador-Geral da República, será integrado pelo Vice-Procurador-Geral da República, pelo Procurador-Geral do Trabalho, pelo Procurador--Geral da Justiça Militar e pelo Procurador-Geral de Justiça do Distrito Federal e Territórios.*

Trata-se de um órgão colegiado criado com a função de assessoramento, podendo seus integrantes opinarem sobre as matérias de interesse comum de todos os ramos do Ministério Público, como forma de incentivar a uniformidade de atuação dentro da instituição, pois muito embora cada um tenha um ramo de atuação, todos convergem para o interesse público da sociedade.

Ressalte-se que não se pode confundir com o Conselho Nacional do Ministério Público previsto no artigo 130 da Constituição Federal, nem com o Conselho Superior do Ministério Público.

7.11. CONSELHO NACIONAL DO MINISTÉRIO PÚBLICO

Importante alteração decorrente da Emenda Constitucional nº 45/2004, foi a criação do Conselho Nacional do Ministério Público, tratado no artigo 130-A da Constituição Federal.

Da análise do referido dispositivo legal verifica-se que o Conselho Nacional do Ministério Público será composto por 14 membros, nomeados pelo presidente da República, depois de aprovada a escolha pela maioria absoluta do Senado Federal, para mandato de 2 (dois) anos, admitida **uma** recondução, sendo:

> *a) O Procurador-geral da República, que o preside;*
> *b) 4 membros do Ministério Público da União, assegurada a representação de cada uma de suas carreiras; um de cada ramo (1 do Ministério Público Federal, 1 do Ministério Público do Trabalho, 1 do Ministério Público Militar e 1 do Ministério Público do Distrito Federal e Territórios;*
> *c) 3 membros do Ministério Público dos Estados;*
> *d) 2 juízes, indicados pelo Superior Tribunal de Justiça;*
> *e) 2 advogados, indicados pelo Conselho Federal da Ordem dos Advogados do Brasil;*
> *f) 2 cidadãos de notável saber jurídico e reputação ilibada, indicados um pela Câmara dos Deputados e outro pelo Senado.*

Os membros oriundos do Ministério Público serão indicados pela respectiva instituição a que pertençam, na forma da Lei.

Compete ao Conselho Nacional do Ministério Público o controle da atuação administrativa e financeira do Ministério Público e do cumprimento dos deveres funcionais de seus membros, cabendo-lhe, ainda:

a) zelar pela autonomia funcional e administrativa do Ministério Público, podendo expedir atos regulamentares, no âmbito de sua competência, ou recomendar providências;

b) zelar pela observância do art. 37 da Constituição Federal e apreciar, de ofício ou mediante provocação, a legalidade dos atos administrativos praticados por membros ou órgãos do Ministério Público da União e dos Estados, podendo destituí-los, revê-los ou fixar prazo para que se adotem as providências necessárias ao exato cumprimento da lei, sem prejuízo da competência dos tribunais de contas;

c) receber e conhecer das reclamações contra membros ou órgãos do Ministério Público da União ou dos Estados, inclusive contra seus

serviços auxiliares, sem prejuízo da competência disciplinar e correcional da instituição, podendo avocar processos disciplinares em
curso, determinar a remoção, disponibilidade ou aposentadoria com
subsídios ou proventos proporcionais ao tempo de serviço e aplicar
outra sanções administrativas, assegurada ampla defesa;

d) rever, de ofício ou mediante provocação, os processos disciplinares
de membros do Ministério Público da União ou dos Estados julgados
há menos de um ano;

e) elaborar relatório anual, propondo as providências que julgar necessárias sobre a situação do Ministério Público no País e as atividades
do Conselho, o qual deve integrar a mensagem presidencial prevista
no art. 84, XI, da Constituição.

**O Conselho escolherá, em votação secreta, um Corregedor nacional,
dentre os membros do Ministério Público que o integra, vedada a recondução, competindo-lhe, além das atribuições que lhe forem conferidas
pela lei, as seguintes:**

a) receber reclamações e denúncias, de qualquer interessado, relativas
aos membros do Ministério Público e dos seus serviços auxiliares;

b) exercer funções executivas do Conselho, de inspeção e correição geral;

c) requisitar e designar membros do Ministério Público, delegando-lhes
atribuições, e requisitar servidores de órgãos do Ministério Público.

Ainda segundo a EC nº 45/04 (Reforma do Judiciário), leis da União e
dos Estados criarão ouvidorias do Ministério Público, competentes para
receber reclamações e denúncias de qualquer interessado contra membros
ou órgãos do Ministério Público, inclusive, contra seus serviços auxiliares,
representando diretamente ao Conselho Nacional do Ministério Público.

Por oportuno, transcrevemos abaixo o referido dispositivo legal:

> *"**Art. 130-A.** O Conselho Nacional do Ministério Público
> compõe-se de quatorze membros nomeados pelo Presidente da*

República, depois de aprovada a escolha pela maioria absoluta do Senado Federal, para um mandato de dois anos, admitida uma recondução, sendo:

I – o Procurador-Geral da República, que o preside;

II – quatro membros do Ministério Público da União, assegurada a representação de cada uma de suas carreiras;

III – três membros do Ministério Público dos Estados;

IV – dois juízes, indicados um pelo Supremo Tribunal Federal e outro pelo Superior Tribunal de Justiça;

V – dois advogados, indicados pelo Conselho Federal da Ordem dos Advogados do Brasil;

VI – dois cidadãos de notável saber jurídico e reputação ilibada, indicados um pela Câmara dos Deputados e outro pelo Senado Federal.

§ 1º Os membros do Conselho oriundos do Ministério Público serão indicados pelos respectivos Ministérios Públicos, na forma da lei.

§ 2º Compete ao Conselho Nacional do Ministério Público o controle da atuação administrativa e financeira do Ministério Público e do cumprimento dos deveres funcionais de seus membros, cabendo-lhe:

I – zelar pela autonomia funcional e administrativa do Ministério Público, podendo expedir atos regulamentares, no âmbito de sua competência, ou recomendar providências;

II – zelar pela observância do art. 37 e apreciar, de ofício ou mediante provocação, a legalidade dos atos administrativos praticados por membros ou órgãos do Ministério Público da União e dos Estados, podendo desconstituí-los, revê-los ou fixar prazo para que se adotem as providências necessárias ao exato cumprimento da lei, sem prejuízo da competência dos Tribunais de Contas;

III – receber e conhecer das reclamações contra membros ou órgãos do Ministério Público da União ou dos Estados, inclusive

*contra seus serviços auxiliares, sem prejuízo da competência dis-
ciplinar e correicional da instituição, podendo avocar processos
disciplinares em curso, determinar a remoção, a disponibilidade
ou a aposentadoria com subsídios ou proventos proporcionais
ao tempo de serviço e aplicar outras sanções administrativas,
assegurada ampla defesa;*

*IV – rever, de ofício ou mediante provocação, os processos dis-
ciplinares de membros do Ministério Público da União ou dos
Estados julgados há menos de um ano;*

*V – elaborar relatório anual, propondo as providências que
julgar necessárias sobre a situação do Ministério Público no País
e as atividades do Conselho, o qual deve integrar a mensagem
prevista no art. 84, XI.*

*§ 3º O Conselho escolherá, em votação secreta, um Corregedor
nacional, dentre os membros do Ministério Público que o integram,
vedada a recondução, competindo-lhe, além das atribuições que
lhe forem conferidas pela lei, as seguintes: Material exclusivo
dos alunos DIEX. Proibida a reprodução total ou parcial, por
qualquer meio ou processo. Vedada a distribuição, ainda que
gratuita. Infratores sujeitos às penalidades legais.*

*I – receber reclamações e denúncias, de qualquer interessado,
relativas aos membros do Ministério Público e dos seus serviços
auxiliares;*

*II – exercer funções executivas do Conselho, de inspeção e cor-
reição geral;*

*III – requisitar e designar membros do Ministério Público,
delegando-lhes atribuições, e requisitar servidores de órgãos
do Ministério Público.*

**§ 4º O Presidente do Conselho Federal da Ordem dos Advo-
gados do Brasil oficiará junto ao Conselho.**

*§ 5º Leis da União e dos Estados criarão ouvidorias do Minis-
tério Público, competentes para receber reclamações e denúncias de qualquer interessado contra membros ou órgãos do*

Ministério Público, inclusive contra seus serviços auxiliares, representando diretamente ao Conselho Nacional do Ministério Público".

Esse conselho tem poder regulamentar que é exercido através de suas resoluções sendo certo que já foram expedidas várias resoluções regulamentando, por exemplo, a questão da filiação partidária, do exercício do magistério pelo membro do Ministério Público, etc.

7.12. PROCURADORES GERAIS

7.12.1. O Procurador-Geral da República

Nos termos do disposto no parágrafo 1 do artigo 128 da Constituição Federal o Procurador-Geral da república é o chefe do Ministério Público da União, nomeado pelo Presidente da República dentre os integrantes da carreira, maior de 35 anos, após aprovação de seu nome por maioria absoluta do **Senado Federal. A escolha deve incidir sobre os integrantes da carreira, (o procurador aposentado não pode ser escolhido porque não mais integram a carreira).**

Ainda, da literalidade do referido dispositivo legal verifica-se que a escolha é feita entre os membros da carreira do Ministério Público da União, ou seja, pode ser escolhido entre os membros do Ministério Público Federal, o Ministério Público Militar, o Ministério Público do Distrito Federal e Territórios e o Ministério Público do Trabalho, no entanto, o fato de cumular a função com a Chefia do Ministério Público Federal, a escolha vem recaindo sempre entre um dos integrantes deste ramo do Ministério Público.

A Constituição Federal de 1988 representou um significativo avanço na escolha do Procurador-Geral da República ao determinar que este seja escolhido entre os membros da carreira e ter sua investidura fixada por tempo certo, coisa que não ocorria nas constituições anteriores. O fato de a escolha ser submetida à aprovação pela maioria absoluta dos membros do Senado Federal, torna a nomeação um ato composto.

Ressalte-se ainda que o mandato é pelo prazo de 2 (dois) anos, podendo ser reconduzido, sem limitação de vezes, desde que precedida de nova aprovação do Senado Federal, existindo neste fato uma diferença em relação aos demais chefes dos outros ramos do Ministério Público, que só podem ser reconduzidos **uma única vez**.

Essa forma de nomeação ainda possui um resquício da interferência do Poder Executivo na escolha do Procurador-Geral da República, pois na realidade a escolha deveria ser feita da mesma forma que para o Procurador-Geral dos Estados, ou seja, ser escolhido entre os integrantes de lista tríplice formada após votação entre os integrantes da carreira, contudo, esses, hoje, não têm qualquer participação na nomeação do Procurador--Geral da República.

7.12.2. Vice-Procurador da República

Segundo disposto no artigo 27 da Lei Complementar 75/93, "O Procurador-Geral da República designará, dentre os integrantes da carreira, maiores de trinta e cinco anos, o Vice-Procurador-Geral da República, que o substituirá em seus impedimentos". Ressalte-se ainda que, no caso de vacância, exercerá o cargo o Vice-Presidente do Conselho Superior do Ministério Público Federal, até o provimento definitivo do cargo por outro membro.

7.12.3. Destituição do Cargo de Procurador-Geral da República

O Procurador-Geral da República pode perder o cargo se condenado por crime de responsabilidade (*impeachment*). Mas a sua destituição do cargo em outras hipóteses só pode acontecer por iniciativa do Presidente da República, precedida de autorização de maioria absoluta do Senado Federal. Verifica-se, assim, que o **senado não destitui, apenas autoriza o Presidente da República a fazê-lo.**

Caso venha a ocorrer a destituição do Procurador-Geral da República, morte, ou renúncia, o novo membro empossado no cargo inicia investidura autônoma e integral

O Artigo 45 da Lei Complementar 75/93 estabelece que: "O Procurador-Geral da República é o Chefe do Ministério Público Federal".

7.13. PROCURADOR-GERAL DE JUSTIÇA

Dispõe a constituição Federal que o Procurador-Geral de Justiça é o Chefe do Ministério Público nos Estados, e é escolhido pelo Chefe do Executivo, (governador) em lista tríplice composta de integrantes da carreira, constituída na forma da lei local.

Verifica-se que em relação à escolha dos Procuradores-Gerais de Justiça houve um avanço significativo, uma vez que ainda que escolhidos pelo Chefe do executivo, a escolha deve recair entre os membros integrantes de lista tríplice, elaborada pelos membros da carreira, através de voto plurinominal.

Mandato – É de dois anos, permitida apenas uma recondução. Por recondução deve-se entender ao período imediatamente subsequente. Também se tem que para ser reconduzido o Procurador-Geral de Justiça, deve repetir-se todo o processo de investidura, ou seja, lista tríplice e nomeação. O membro aposentado também não pode ser escolhido Procurador-Geral de Justiça não integra mais a carreira.

7.14. DESTITUIÇÃO DO CARGO DE PROCURADOR-GERAL DE JUSTIÇA

O Procurador-Geral de Justiça pode perder o cargo se condenado por crime de responsabilidade (*impeachment*). Mas a sua destituição do cargo em outras hipóteses só pode acontecer por **deliberação pela maioria absoluta do Poder Legislativo do Estado.**

7.15. PROCURADOR-GERAL DE JUSTIÇA DO DISTRITO FEDERAL E TERRITÓRIOS

É o Chefe do Ministério Público do Distrito Federal e Territórios. É nomeado pelo Presidente da República (não pelo governador do Distrito Federal, uma vez que, conforme dispõe a Constituição Federal, integra o Ministério Público da União) entre os integrantes de lista tríplice elaborada de acordo com a lei respectiva.

Destituição do Procurador de Justiça do Distrito Federal e Territórios
O Procurador-Geral de Justiça do Distrito Federal e Territórios pode perder o cargo se condenado por crime de responsabilidade (*impeachment*). A destituição do cargo em outras hipóteses só pode acontecer por deliberação da maioria absoluta do Senado Federal (pelo fato de integrar o Ministério Público da União) mediante representação do Presidente da República (artigo 156, parágrafo 2º da LC 75/96).

7.16. ATRIBUIÇÕES DO PROCURADOR-GERAL DA REPÚBLICA

A Lei Orgânica do Ministério Público da União é a Lei Complementar nº 75/93, e esta Lei no artigo 26 especifica as atribuições do Procurador--Geral da República, dispondo:

Art. 26. *São atribuições do Procurador-Geral da República, como Chefe do Ministério Público da União:*

I – representar a instituição;

II – propor ao Poder Legislativo os projetos de lei sobre o Ministério Público da União;

III – apresentar a proposta de orçamento do Ministério Público da União, compatibilizando os anteprojetos dos diferentes ramos da Instituição, na forma da lei de diretrizes orçamentárias;

IV – nomear e dar posse ao Vice-Procurador-Geral da República, ao Procurador-Geral do Trabalho, ao Procurador-Geral da Justiça Militar, bem como dar posse ao Procurador-Geral de Justiça do Distrito Federal e Territórios;

V – encaminhar ao Presidente da República a lista tríplice para nomeação do Procurador-Geral de Justiça do Distrito Federal e Territórios;

VI – encaminhar aos respectivos Presidentes as listas sêxtuplas para composição dos Tribunais Regionais Federais, do Tribunal de Justiça do Distrito Federal e Territórios, do Superior Tribunal de Justiça, do Tribunal Superior do Trabalho e dos Tribunais Regionais do Trabalho;

VII – dirimir conflitos de atribuição entre integrantes de ramos diferentes do Ministério Público da União;

VIII – praticar atos de gestão administrativa, financeira e de pessoal;

IX – prover e desprover os cargos das carreiras do Ministério Público da União e de seus serviços auxiliares;

X – arbitrar o valor das vantagens devidas aos membros do Ministério Público da União, nos casos previstos nesta Lei Complementar;

XI – fixar o valor das bolsas devidas aos estagiários;

XII – exercer outras atribuições previstas em lei;

7.17. GARANTIAS DO MINISTÉRIO PÚBLICO

A Constituição Federal de 1988 assegurou à Instituição Ministério Público autonomia e independência, conferindo-lhe ainda garantias e prerrogativas tanto para a instituição quanto para seus membros.

7.18. GARANTIAS ASSEGURADAS À INSTITUIÇÃO

A primeira garantia é a **estruturação em carreiras, onde se tem que o ingresso se dá por concurso público**, cabendo ressaltar a atual exigência, decorrente da Emenda Constitucional nº 45, de que o candidato deve comprovar dois anos de atividade jurídica como requisito para ingresso no Ministério Público, sendo certo que o Conselho Nacional do Ministério Público regulamentou esta exigência através da resolução nº 4 de 2006, estabelecendo o que deve ser entendido como atividade jurídica.

A segunda garantia é a **autonomia administrativa do Ministério Público**, que pode propor ao Poder Legislativo a criação e a extinção de seus cargos e auxiliares, inclusive, com relação à política remuneratória e planos de carreira.

A terceira garantia da Instituição é sobre o processo de escolha e destituição do Procurador-Geral da República como chefe da Instituição, deve ser membro da carreira do Ministério Público, e a escolha submete-se ainda à aprovação do Senado Federal;

A quarta garantia é **a exclusividade quanto a legitimação da ação penal**, assegurando à instituição a função de titular do Estado da pretensão punitiva, salvo as exceções previstas no inciso LXIX do artigo 5º, onde se tem que quando o Ministério Público não intentar no prazo legal a ação pública pertinente, porque aí poderá ser intentada a ação privada pelo interessado (vítima); e na Lei 9.099/95, que trata das infrações penais de pequeno potencial ofensivo, onde caberá à vítima fazer a representação, contudo, há a atuação do Ministério Público na busca da conciliação, e também nesta é o Ministério Público, por ser titular da pretensão punitiva, que tem a palavra final.

7.19. GARANTIAS DOS MEMBROS DA INSTITUIÇÃO

O artigo 128, § 5º da Constituição Federal dispõe::

> *"Art. 128. (...):*
> *§ 5º – Leis complementares da União e dos Estados, cuja iniciativa é facultada aos respectivos Procuradores-Gerais, estabelecerão a organização, as atribuições e o estatuto de cada Ministério Público, observadas, relativamente a seus membros:*
> *I – as seguintes garantias:*
> *a) vitaliciedade, após dois anos de exercício, não podendo perder o cargo senão por sentença judicial transitada em julgado;*
> *b) inamovibilidade, salvo por motivo de interesse público, mediante decisão do órgão colegiado competente do Ministério Público, pelo voto da maioria absoluta de seus membros, assegurada ampla defesa;*
> *c) irredutibilidade de subsídio, fixado na forma do art. 39, § 4º, e ressalvado o disposto nos arts. 37, X e XI, 150, II, 153, III, 153, § 2º, I".*

7.19.1. Vitaliciedade

É adquirida após 2 anos de exercício, e decorrido este prazo o membro do Ministério Público só poderá perder o cargo mediante decisão definitiva transitada em julgado. Durante o estágio probatório, a perda do cargo só se dará por processo administrativo, onde é assegurado o contraditório e a ampla defesa. O corregedor acompanha o cumprimento do estágio probatório, e em caso de não aprovação propõe ao Conselho a exoneração do Membro. O Conselho decide sobre o cumprimento do estágio, e em caso de constatar a inaptidão, encaminha cópia da decisão ao Procurador--Geral para ser efetuada a exoneração.

7.19.2. Inamovibilidade

O membro do Ministério Publico é irremovível, em regra geral, de maneira que não pode ser removido compulsoriamente, salvo em caso de interesse público que deve ser cabalmente demonstrado. Trata-se de uma garantia não só ao membro da instituição, como também da sociedade, e decorre do Princípio do Promotor Natural. A remoção, portanto, pode se dar em três hipóteses:

1) A **remoção de oficio** – É a remoção feita por um órgão superior, que é o Procurador-Geral, que terá que justificar esta, provando o interesse público relevante.

2) A **remoção a pedido** – É muito comum, e será deferida desde que atendida a conveniência do serviço. A fim de atender aos interesses dos membros da instituição, por ocasião do término de concurso, antes de serem nomeados os aprovados, inicia-se um processo de remoção interna apresentando-se o número de vagas existentes nas diversas localidades, e os interessados se inscrevem para remoção interna a pedido, que será deferida pelo critério da Antiguidade.

3) A **remoção por permuta** se dá com a previsão do artigo 213 da Lei Complementar nº 75, entre membros que querem trocar de lotação.

> "**Art. 213.** *A remoção por permuta será concedida mediante requerimento dos interessados.*"

Ressalte-se, ainda, que a garantia da inamovibilidade não é garantia do cargo, mas também a garantia de exercer o cargo. O procurador tem o direito do exercício de suas funções institucionais.

7.19.3. Irredutibilidade de subsídios

Consiste na garantia da não redução de seus vencimentos, salvo as hipóteses legais. Trata-se de garantia assegurada a todos os ocupantes de cargos e empregos públicos conforme o artigo 39, parágrafo 4°, ressalvado o disposto nos artigos 37, X, XI, 150, II, 153, III, 153, parágrafo 2°.

7.20. PRERROGATIVAS

Com a finalidade de assegurar ao Ministério Público a possibilidade de cumprirem com independência e autonomia suas funções institucionais servindo à coletividade, o legislador conferiu a seus membros prerrogativas institucionais e processuais.

Inicialmente, há que se deixar certo que não se deve confundir prerrogativas com privilégio. A **prerrogativa** decorre de lei de ordem pública, trata-se de distinções que se ligam ao cargo no exercício da função, enquanto **privilégio** trata-se de vantagem individual sem qualquer fundamento jurídico ferindo o princípio da igualdade.

7.20.1. Prerrogativas Institucionais

O artigo 18 da Lei Complementar nº 75/93 dispõe que são prerrogativas Institucionais:
- **a)** sentar-se no mesmo plano e imediatamente à direita dos juízes singulares ou presidentes dos órgãos do judiciário, perante os quais oficiem;
- **b)** usar vestes talares;
- **c)** ter ingresso e trânsito livres, em razão de serviço, em qualquer recinto público ou privado, respeitada a garantia constitucional da inviolabilidade de domicílio;
- **d)** a prioridade em qualquer meio de transporte ou comunicação público ou privado no território nacional, quando em serviço de caráter urgente;

e) o porte de arma, independentemente de autorização;

f) carteira de identidade especial, de acordo com o modelo aprovado pelo Procurador-Geral da República e por ele expedida, nela se consignando as prerrogativas constantes do inciso I, alíneas "c", "d", e "e" do inciso II, alíneas "d", "e", e "f" deste artigo.

7.20.2. Prerrogativas Processuais

a) do Procurador-Geral da República ser processado e julgado, nos crimes comuns, pelo Supremo Tribunal Federal e pelo Senado Federal, nos crimes de responsabilidade;

b) do membro do Ministério Público da União que oficie perante tribunais, ser processado e julgado, nos crimes comuns e de responsabilidade, pelo Superior Tribunal de Justiça;

c) do membro do Ministério Público da União que oficie perante juízos de primeira instância, ser processado e julgado, nos crimes comuns e de responsabilidade, pelos Tribunais Regionais Federais, ressalvada a competência da Justiça Eleitoral;

d) ser preso ou detido somente por ordem escrita do tribunal competente ou em razão de flagrante de crime inafiançável, caso em que a autoridade fará imediata comunicação àquele tribunal e ao Procurador-Geral da República, sob pena de responsabilidade;

e) ser recolhido à prisão especial ou à sala especial de Estado-Maior, com direito a privacidade e à disposição do tribunal competente para o julgamento, quando sujeito a prisão antes da decisão final; e a dependência separada no estabelecimento em que tiver de ser cumprida a pena;

f) não ser indiciado em inquérito policial, observado o disposto no parágrafo único deste artigo;

g) ser ouvido, como testemunhas, em dia, hora e local previamente ajustados com o magistrado ou a autoridade competente;

h) receber intimação pessoalmente nos autos em qualquer processo e grau de jurisdição nos feitos em que tiver que oficiar. (Observe-se que a contagem de prazo tem inicio na data da oposição do ciente pelo representante do Ministério Público e não da data da entrada do processo na procuradoria.

Parágrafo único. Quando, no curso de investigação, houver indício da prática de infração penal por membro do Ministério Público da União, a autoridade policial, civil ou militar, remeterá imediatamente os autos ao Procurador-Geral da República, que designará membro do Ministério Público para prosseguimento da apuração do fato.

O artigo 19 da mesma lei estabelece que o Procurador-Geral da República terá as mesmas honras e tratamento dos Ministros do Supremo Tribunal Federal; e os demais membros da instituição, as que forem reservadas aos magistrados perante os quais oficiem.

Outra prerrogativa que vem elencada no artigo 20 da Lei Complementar é que os órgãos do Ministério Público da União terão presença e palavra asseguradas em todas as sessões dos colegiados em que oficiem.

Também no artigo 21 da Lei Complementar 75/93 se tem que as garantias e prerrogativas asseguradas são inerentes do exercício de suas funções e **irrenunciáveis,** por essa razão, os membros do Ministério Público têm o poder e o dever de defender essas prerrogativas, se não forem observados e exercitadas, o membro pode ser responsabilizado tamanha a importância destas. Por fim, no parágrafo único do mesmo artigo, tem-se certo que este rol de prerrogativas não é taxativo, pois não excluem outras estabelecidas em lei.

Conforme entendimento jurisprudencial dominante, essas prerrogativas são asseguradas aos membros da Instituição Ministério Público, tanto quando atuam na condição de órgão agente, quanto quando autuam na condição de *"custus legis".*

Em caso de violação destas garantias e prerrogativas, é cabível Mandado de Segurança a ser impetrado pela própria instituição.

7.21. DEVERES DO MEMBRO DO MINISTÉRIO PÚBLICO

A Lei Complementar nº 75/93, no artigo 236, estabelece os deveres do Membro do Ministério Público da União, analisando o referido dispositivo legal, verifica-se que estes são autoexplicativos, e por essa razão transcrevemos abaixo:

> *"**Art. 236.** O membro do Ministério Público da União, em respeito à dignidade de suas funções e à da Justiça, deve observar as normas que regem o seu exercício e especialmente"*:
>
> *"I – cumprir os prazos processuais;*
>
> *II – guardar segredo sobre assunto de caráter sigiloso que conheça em razão do cargo ou função;*
>
> *III – velar por suas prerrogativas institucionais e processuais;*
>
> *IV – prestar informações aos órgãos da administração superior do Ministério Público, quando requisitadas;*
>
> *V – atender ao expediente forense e participar dos atos judiciais, quando for obrigatória a sua presença; ou assistir a outros, quando conveniente ao interesse do serviço;*
>
> *VI – declarar-se suspeito ou impedido, nos termos da lei;*
>
> *VII – adotar as providências cabíveis em face das irregularidades de que tiver conhecimento ou que ocorrerem nos serviços a seu cargo;*
>
> *VIII – tratar com urbanidade as pessoas com as quais se relacione em razão do serviço;*
>
> *IX – desempenhar com zelo e probidade as suas funções;*
>
> *X – guardar decoro pessoal".*

7.22. IMPEDIMENTO E SUSPEIÇÃO

É certo que o Ministério Público, diante da relevância das suas funções, deverá agir com isenção de ânimo, totalmente desinteressado no objeto do litígio quanto na vitória de qualquer das partes. Assim, o artigo 238 da Lei Complementar 75/93 estabelece que os impedimentos e suspeições dos membros do Ministério Público são aqueles previstos em lei. Por outro lado, o artigo 138 do Código de Processo Civil dispõe que se aplica também aos membros do Ministério Público as regras de impedimento e a suspeição elencadas nos artigos 134 e 135 daquele código, podendo inclusive declarar-se suspeito por razões de foro íntimo.

Tem-se, portanto, que é defeso ao membro do Ministério Público exercer suas funções em processo contencioso ou voluntário nas hipóteses arroladas no artigo 134, a saber:

> "*I – de que for parte;*
> *II – em que interveio como mandatário da parte, oficiou como perito, funcionou como órgão do Ministério Público, ou prestou depoimento como testemunha;*
> *III – que conheceu em primeiro grau de jurisdição, tendo-lhe proferido sentença ou decisão;*
> *IV – quando nele estiver postulando, como advogado da parte, o seu cônjuge ou qualquer parente seu, consanguíneo ou afim, em linha reta; ou na linha colateral até o segundo grau;*
> *V – quando cônjuge, parente, consanguíneo ou afim, de alguma das partes, em linha reta ou, na colateral, até o terceiro grau;*
> *VI – quando for órgão de direção ou de administração de pessoa jurídica, parte na causa.*
> **Parágrafo único.** *No caso do nº IV, o impedimento só se verifica quando o advogado já estava exercendo o patrocínio da causa; é, porém, vedado ao advogado pleitear no processo, a fim de criar o impedimento do juiz.*

Também se aplicam ao Ministério Público as disposições contidas no artigo 135 do Código de Processo Civil, onde estão arroladas as hipóteses de suspeição, que são:

*"**Art. 135.** Reputa-se fundada a suspeição de parcialidade do juiz, quando:*
I – amigo íntimo ou inimigo capital de qualquer das partes;
II – alguma das partes for credora ou devedora do juiz, de seu cônjuge ou de parentes destes, em linha reta ou na colateral até o terceiro grau;
III – herdeiro presuntivo, donatário ou empregador de alguma das partes;
IV – receber dádivas antes ou depois de iniciado o processo; aconselhar alguma das partes acerca do objeto da causa, ou subministrar meios para atender às despesas do litígio;
V – interessado no julgamento da causa em favor de uma das partes.
Parágrafo único. *Poderá ainda o juiz declarar-se suspeito por motivo íntimo".*

7.23. PROMOTOR OU PROCURADOR *AD HOC*

As funções de Ministério Público só podem ser exercidas por integrantes da carreira, após aprovação em concurso público de provas e títulos, assegurada a participação do representante da Ordem dos Advogados do Brasil em todas as fases do certame, sendo proibida a figura do promotor ***ad hoc,*** ou seja, o exercício das funções institucionais do Ministério Público, por pessoas estranhas à instituição.

7.24. CONCURSO DE INGRESSO

O ingresso na carreira do Ministério Público far-se-á mediante concurso público de provas e títulos, com as seguintes condições impostas na Constituição:

a) assegura-se a participação da Ordem dos Advogados do Brasil em sua realização;

b) exigi-se do bacharel em direito, no mínimo, três anos de atividade jurídica;

c) deve-se observar, nas nomeações, a ordem de classificação.

7.25. RESIDÊNCIA NA COMARCA

A emenda Constitucional 45/2004 acrescentou o parágrafo no artigo 129, de maneira que há a exigência de que o membro do Ministério Público resida na comarca da lotação, salvo autorização do chefe da instituição.

7.26. RESPONSABILIDADE PENAL, CIVIL, ADMINISTRATIVA DOS MEMBROS DO MINISTÉRIO PÚBLICO

Na atuação dos membros do Ministério Público, por vezes, podem causar lesões a direitos de terceiros, devendo ser analisada a questão da responsabilidade dos Membros do Ministério Público nas esferas civil, penal e administrativa.

7.26.1. Responsabilidade Civil

O artigo 37, VI da Constituição Federal, prevê que o Estado responde objetivamente em face do chamado risco administrativo pelos atos praticados por seus agentes, que tragam prejuízos a terceiros. Aqui, a responsabilidade é objetiva, mas o membro que causou a lesão pode ter que responder regressivamente por esse dano, isso mediante culpa subjetiva.

No entanto, os membros do Ministério Público não podem ser civilmente responsabilizados pelos atos praticados no exercício da função, salvo nas hipóteses de improbidade administrativa e de prática de ato ilícito. É que esses membros são agentes políticos do Estado, não agentes públicos, trata-se de um órgão incumbido das relevantes funções de efetivação da ordem jurídica e da defesa da sociedade. Aplica-se, no entanto, o artigo 85 do Código de Processo Civil, que diz que haverá responsabilidade civil, no caso de dolo ou fraude. Ressalte-se que são esses dois casos que justi-ficam a responsabilidade civil, melhor esclarecendo, verifica-se que estes não respondem por simples culpa.

Ademais, não respondem os membros pessoalmente, nem a insti-tuição, quem responde é o Estado, porque a Instituição não é órgão personalizado juridicamente, então a responsabilidade será da União ou dos Estados, dependendo de qual é o ente a que está ligado o membro do Ministério Público.

Por oportuno transcrevemos o artigo 85 do Código de Processo Civil.

> *"**Art. 85.** O órgão do Ministério Público será civilmente responsável quando, no exercício de suas funções, **proceder com dolo ou fraude**" (grifo nosso).*

7.26.2. Responsabilidade Penal

Pode ser responsabilizado pelo uso indevido de informações obtidas em seus procedimentos (artigo 8º, § 1º da Lei Complementar nº 75), mas não se considera crime as funções desempenhadas no exercício das funções institucionais, diante do Princípio da Autonomia Funcional. Assim, desde que não tenha intenção dolosa de atingir a integridade moral do acusado, não responderá o membro do Ministério Público.

> *"**Art. 8º** Para o exercício de suas atribuições, o Ministério Público da União poderá, nos procedimentos de sua competência":*
> *"§ 1º O membro do Ministério Público será civil e criminal-mente responsável pelo uso indevido das informações e docu-mentos que requisitar; a ação penal, na hipótese, poderá ser proposta também pelo ofendido, subsidiariamente, na forma da lei processual penal".*

7.26.3. Responsabilidade Administrativa

A Lei Complementar nº 75, no artigo 239 e seguintes, estabelece as sanções administrativas que podem ser impostas aos membros do Ministério Público, dispondo:

> "**Art. 239.** *Os membros do Ministério Público são passíveis das seguintes sanções disciplinares:*
> *I – advertência;*
> *II – censura;*
> *III – suspensão;*
> *IV – demissão; e*
> *V – cassação de aposentadoria ou de disponibilidade".*
>
> **Art. 240.** *As sanções previstas no artigo anterior serão aplicadas:*
> *I – a de **advertência**, reservadamente e por escrito, em caso de negligência no exercício das funções;*
> *II – a de **censura**, reservadamente e por escrito, em caso de reincidência em falta anteriormente punida com advertência ou de descumprimento de dever legal;*
> *III – a de **suspensão**, até quarenta e cinco dias, em caso de reincidência em falta anteriormente punida com censura;*
> *IV – a de **suspensão**, de quarenta e cinco a noventa dias, em caso de inobservância das vedações impostas por esta lei complementar ou de reincidência em falta anteriormente punida com suspensão até quarenta e cinco dias;*
> *V – as de **demissão**, nos casos de:*
> *a) lesão aos cofres públicos, dilapidação do patrimônio nacional ou de bens confiados à sua guarda;*
> *b) improbidade administrativa, nos termos do art. 37, § 4º, da Constituição Federal;*

c) condenação por crime praticado com abuso de poder ou violação de dever para com a Administração Pública, quando a pena aplicada for igual ou superior a dois anos;
d) incontinência pública e escandalosa que comprometa gravemente, por sua habitualidade, a dignidade da Instituição;
e) abandono de cargo;
f) revelação de assunto de caráter sigiloso, que conheça em razão do cargo ou função, comprometendo a dignidade de suas funções ou da justiça;
g) aceitação ilegal de cargo ou função pública;
h) reincidência no descumprimento do dever legal, anteriormente punido com a suspensão prevista no inciso anterior;
VI – **cassação de aposentadoria ou de disponibilidade**, nos casos de falta punível com demissão, praticada quando no exercício do cargo ou função.

§ 1º A suspensão importa, enquanto durar, na perda dos vencimentos e das vantagens pecuniárias inerentes ao exercício do cargo, vedada a sua conversão em multa.

§ 2º Considera-se reincidência, para os efeitos desta lei complementar, a prática de nova infração, dentro de quatro anos após cientificado o infrator do ato que lhe tenha imposto sanção disciplinar.

§ 3º Considera-se abandono do cargo a ausência do membro do Ministério Público ao exercício de suas funções, sem causa justificada, por mais de trinta dias consecutivos.

§ 4º Equipara-se ao abandono de cargo a falta injustificada por mais de sessenta dias intercalados, no período de doze meses.

§ 5º A demissão poderá ser convertida, uma única vez, em suspensão, nas hipóteses previstas nas alíneas a e h do inciso V, quando de pequena gravidade o fato ou irrelevantes os danos causados, atendido o disposto no art. 244.

Tem-se, portanto, que as punições administrativas são: advertência; censura; suspensão das atividades; demissão; e cassação de aposentadoria ou de disponibilidade, no entanto, a apuração da infração será feita através de processo administrativo com a permissão do contraditório e da ampla defesa do membro acusado. Importa ainda dizer que a demissão, a cassação de aposentadoria ou disponibilidade somente podem ocorrer mediante decisão judicial, enquanto a advertência, a censura e a suspensão serão apuradas mediante procedimento administrativo. Por fim, quando se tratar de cassação de aposentadoria ou disponibilidade e demissão aplicam-se as prerrogativas de foro. Também se tem certo que quanto ao Procurador--Geral da República a competência para julgamento é do Supremo Tribunal Federal, e quanto aos membros que atuam na esfera federal é competência do Superior Tribunal de Justiça, e se se tratar de membros que atuam na Primeira Instância é da competência dos juízes federais.

7.27. DAS FUNÇÕES EXERCIDAS PELO MINISTÉRIO PÚBLICO

No exercício da sua função institucional assegurada pela Constituição federal e pelas leis, o Ministério Público exerce funções típicas e funções atípicas.

7.27.1. Funções Típicas

Podem ser entendidas aquelas funções próprias, normais ou peculiares à instituição, por exemplo, a de instaurar inquéritos e procedimentos para investigação, a respeito das denúncias e investigações que lhe são apresentadas, as ações penais como prerrogativa e as ações civis, aqui, de forma concorrente com outros legitimados, etc.

7.27.2. Funções Atípicas

São aquelas acometidas à instituição, mas que não são comuns com suas funções institucionais, não são normais do dia a dia, podemos citar como exemplo: a representação judicial de assistência judiciária aos necessitados, onde não houver órgãos próprios; outra função atípica é a prevista no artigo 477, § 3º, onde se tem que o Ministério Público pode atuar na assistência de homologação das rescisões contratuais dos trabalhadores com mais de um ano de serviço.

> "**Art. 477** – (...)
>
> *§ 3º – Quando não existir na localidade nenhum dos órgãos previstos neste artigo, a assistência será prestada pelo Representante do Ministério Público ou, onde houver, pelo Defensor Público e, na falta ou impedimento deste, pelo Juiz de Paz."*
>
> *Também é função atípica a assistência judiciária trabalhista na forma da Lei nº 5.584/70, no artigo 17, no âmbito da Justiça do Trabalho. Outra hipótese é a da substituição processual do Ministério Público nas ações "ex delictu". Artigo 9, II, § 2º do CP.*

7.28. FUNÇÕES INSTITUCIONAIS DO MINISTÉRIO PÚBLICO DA UNIÃO

A Lei Orgânica do Ministério Público da União, artigo 5º e seguintes enumera as funções institucionais do Ministério Público da União. Da análise do referido dispositivo legal verifica-se que o legislador infraconstitucional desmembra as atribuições previstas no artigo 127 da Constituição Federal, e estabelece os fundamentos e princípios que devem, também, ser tutelados pelo Ministério Público da União.

> "***Art. 5º*** *– São funções institucionais do Ministério Público da União:*
>
> *I – a defesa da ordem jurídica, do regime democrático, dos interesses sociais e dos interesses individuais indisponíveis, considerados, dentre outros, os seguintes fundamentos e princípios:*
>
> ***a)*** *a soberania e a representatividade popular;*
>
> ***b)*** *os direitos políticos;*

c) os objetivos fundamentais da República Federativa do Brasil;
d) a indissolubilidade da União;
e) a independência e a harmonia dos Poderes da União;
f) a autonomia dos Estados, do Distrito Federal e dos Municípios;
g) as vedações impostas à União, aos Estados, ao Distrito Federal e aos Municípios;
h) a legalidade, a impessoalidade, a moralidade e a publicidade relativas à administração pública direta, indireta ou fundacional, de qualquer dos Poderes da União;
II – zelar pela observância dos princípios constitucionais relativos:
a) ao sistema tributário, às limitações do poder de tributar, à repartição do poder impositivo e das receitas tributárias e aos direitos do contribuinte;
b) às finanças públicas;
c) à atividade econômica, à política urbana, agrícola, fundiária e de reforma agrária e ao sistema financeiro nacional;
d) à seguridade social, à educação, à cultura e ao desporto, à ciência e à tecnologia, à comunicação social e ao meio ambiente.
III – a defesa dos seguintes bens e interesse:
a) o patrimônio nacional;
b) o patrimônio público e social;
c) o patrimônio cultural brasileiro;
d) o meio ambiente;
e) os direitos e interesses coletivos, especialmente das comunidades indígenas, da família, da criança, do adolescente e do idoso.
IV – zelar pelo efetivo respeito dos Poderes Público da União, dos serviços de relevância pública e dos meios de comunicação social aos princípios, garantias, condições, direitos, deveres e vedações previstos na Constituição Federal e na lei, relativos à comunicação social;
V – zelar pelo efetivo respeito dos Poderes Públicos da União e dos serviços de relevância pública quanto:
a) aos direitos assegurados na Constituição Federal relativos às ações e aos serviços de saúde e à educação;

*b) aos princípios da legalidade, da impessoalidade, da morali-
dade e da publicidade.*
*VI – exercer outras funções previstas na Constituição Federal
e na Lei."*

No artigo 6º, cuida dos Instrumentos de Atuação, deixando certo que
o rol da Constituição Federal e da Lei Orgânica do Ministério Público da
União não é taxativo (129 IX), podem ser exercidas outras funções, desde
que compatíveis com sua finalidade.

7.29. MINISTÉRIO PÚBLICO DO TRABALHO

7.29.1. Considerações Gerais

O Ministério Público do Trabalho é ramo do Ministério Público da
União, que tem legitimidade para atuar perante a Justiça do Trabalho na
defesa dos interesses difusos, coletivos, individuais homogêneos, sociais
e indisponíveis dos trabalhadores. O Artigo 83 e seguintes, da Lei Orgânica do Ministério Público da União, dispõem sobre a competência, os
órgãos e a carreira do Ministério Público do Trabalho.

Conforme nos ensina o ilustre jurista Ives Gandra da Silva Martins Filho
em artigo publicado na revista nº 13 do Ministério Público do Trabalho,
intitulado "Um pouco da História do Ministério Público do Trabalho, "a
história do Ministério Público do Trabalho se confunde com a própria
história da Justiça do Trabalho" e por essa razão, de inicio, era um órgão
integrado ao Ministério da Agricultura, Indústria e Comércio, e os procuradores tinham como função básica emitir pareceres nos processos em
trâmite perante aquele órgão integrante do Poder Executivo,

A doutrina nos ensina que o Ministério Público do Trabalho teve sua
evolução histórica paralela a da Justiça do Trabalho. Em 30 de janeiro de
1951, quando foi promulgada a Lei Orgânica do Ministério Público da

União(Lei 1.341/51) passou a integrar esse ramo do Ministério Público, sendo certo ainda que no ano de 1956 teve editado seu primeiro Regulamento próprio, Decreto nº 40.359/56, no entanto, sua independência e autonomia como órgão adveio com a Constituição Federal de 1988.

7.29.2. Órgãos do Ministério Público do Trabalho

O artigo 85 da Lei Complementar nº 75/93 estabelece que **são órgãos do Ministério Público do Trabalho:**
• Procurador-Geral do Trabalho;
• Colégio de Procuradores do Trabalho;
• Conselho Superior do Ministério Público do Trabalho;
• Câmara de Coordenação e Revisão;
• Corregedoria do Ministério Público do Trabalho;
• Subprocuradores-Gerais do Trabalho;
• Procurador-Regional do Trabalho;
• Procurador do Trabalho.

7.29.3. Procurador-Geral do Trabalho

O Procurador-Geral do Trabalho é tratado nos artigos 87 e 88 da Lei Complementar nº 75/93 onde se tem que este é o chefe do Ministério Público do Trabalho, indicado pelo Procurador-Geral da República, dentre os integrantes da instituição, maior de 35 anos, constante de lista tríplice, escolhido mediante voto plurinominal, facultativo e secreto, pelo colégio de procuradores. A mencionada lei complementar deixa certo, ainda, que na hipótese de não haver número suficiente de candidatos com mais de cinco anos na carreira, poderá concorrer à lista tríplice quem contar mais de dois anos na carreira. Vejamos:

> **Art. 87.** *O Procurador-Geral do Trabalho é o Chefe do Ministério Público do Trabalho.*

Art. 88. *O Procurador-Geral do Trabalho será nomeado pelo Procurador-Geral da República, dentre integrantes da instituição, com mais de trinta e cinco anos de idade e de cinco anos na carreira, integrante de lista tríplice escolhida mediante voto plurinominal, facultativo e secreto, pelo Colégio de Procuradores para um mandato de dois anos, permitida uma recondução, observado o mesmo processo. Caso não haja número suficiente de candidatos com mais de cinco anos na carreira, poderá concorrer à lista tríplice quem contar mais de dois anos na carreira.*

7.29.4. Nomeação do Vice-Procurador do Trabalho

O artigo 89 da Lei Complementar 75/93 estabelece que "O Procurador-Geral do Trabalho designará, dentre os Subprocuradores-Gerais do Trabalho, o Vice-Procurador-Geral do Trabalho, que o substituirá em seus impedimentos. Em caso de vacância, exercerá o cargo o Vice-Presidente do Conselho Superior, até o seu provimento definitivo".

7.29.5. Mandato do Procurador-Geral do Trabalho

2 (dois) anos, facultada uma recondução, devendo ser observado o mesmo processo.

7.29.6. Exoneração

Conforme disposto ainda no parágrafo único do artigo 88 da Lei Complementar 75/93, a exoneração antes do término do mandato será proposta ao Procurador-Geral da República pelo Conselho Superior do Ministério Público do Trabalho, mediante deliberação, por voto secreto, de 2/3 de seus membros.

A competência e as atribuições do Procurador-Geral do Trabalho são tratadas nos artigos 90, 91 e 92 da Lei Complementar 75/93, que transcrevemos abaixo:

> **Art. 90.** *Compete ao Procurador-Geral do Trabalho exercer as funções atribuídas ao Ministério Público do Trabalho junto ao Plenário do Tribunal Superior do Trabalho, propondo as ações cabíveis e manifestando-se nos processos de sua competência.*
>
> **Art. 91.** *São atribuições do Procurador-Geral do Trabalho:*
> *I – representar o Ministério Público do Trabalho;*
> *II – integrar, como membro nato, e presidir o Colégio de Procuradores do Trabalho, o Conselho Superior do Ministério Público do Trabalho e a Comissão de Concurso;*
> *III – nomear o Corregedor-Geral do Ministério Público do Trabalho, segundo lista tríplice formada pelo Conselho Superior;*
> *IV – designar um dos membros e o Coordenador da Câmara de Coordenação e Revisão do Ministério Público do Trabalho;*
> *V – designar, observados os critérios da lei e os estabelecidos pelo Conselho Superior, os ofícios em que exercerão suas funções os membros do Ministério Público do Trabalho;*
> *VI – designar o Chefe da Procuradoria Regional do Trabalho dentre os Procuradores Regionais do Trabalho lotados na respectiva Procuradoria Regional;*
> *VII – decidir, em grau de recurso, os conflitos de atribuição entre os órgãos do Ministério Público do Trabalho;*
> *VIII – determinar a abertura de correição, sindicância ou inquérito administrativo;*
> *IX – determinar a instauração de inquérito ou processo administrativo contra servidores dos serviços auxiliares;*
> *X – decidir processo disciplinar contra membro da carreira ou servidor dos serviços auxiliares, aplicando as sanções que sejam de sua competência;*
> *XI – decidir, atendendo a necessidade do serviço, sobre:*

a) remoção a pedido ou por permuta;

b) alteração parcial da lista bienal de designações;

XII – autorizar o afastamento de membros do Ministério Público do Trabalho, ouvido o Conselho Superior, nos casos previstos em lei;

XIII – dar posse aos membros do Ministério Público do Trabalho;

XIV – designar membro do Ministério Público do Trabalho para:

a) funcionar nos órgãos em que a participação da Instituição seja legalmente prevista, ouvido o Conselho Superior;

b) integrar comissões técnicas ou científicas, relacionadas às funções da Instituição, ouvido o Conselho Superior;

c) assegurar a continuidade dos serviços, em caso de vacância, afastamento temporário, ausência, impedimento ou suspeição do titular, na inexistência ou falta do substituto designado;

XV – homologar, ouvido o Conselho Superior, o resultado do concurso para ingresso na carreira;

XVI – fazer publicar aviso de existência de vaga, na lotação e na relação bienal de designações;

XVII – propor ao Procurador-Geral da República, ouvido o Conselho Superior, a criação e extinção de cargos da carreira e dos ofícios em que devam ser exercidas suas funções;

XVIII – elaborar a proposta orçamentária do Ministério Público do Trabalho, submetendo-a, para aprovação, ao Conselho Superior;

XIX – encaminhar ao Procurador-Geral da República a proposta orçamentária do Ministério Público do Trabalho, após sua aprovação pelo Conselho Superior;

XX – organizar a prestação de contas do exercício anterior, encaminhando-a ao Procurador-Geral da República;

XXI – praticar atos de gestão administrativa, financeira e de pessoal;

XXII – elaborar o relatório de atividades do Ministério Público do Trabalho;

XXIII – coordenar as atividades do Ministério Público do Trabalho;

XXIV – exercer outras atribuições previstas em lei.

> **Art. 92.** *As atribuições do Procurador-Geral do Trabalho, previstas no artigo anterior, poderão ser delegadas:*
> *I – ao Coordenador da Câmara de Coordenação e Revisão, as dos incisos XIV, alínea c, e XXIII;*
> *II – aos Chefes das Procuradorias Regionais do Trabalho nos Estados e no Distrito Federal, as dos incisos I, XIV, alínea c, XXI e XXIII.*

7.29.7. Colégio de Procuradores

O Colégio de Procuradores do Trabalho é presidido pelo Procurador--Geral do Trabalho e é integrado por todos os membros da carreira, em atividade no Ministério Público do Trabalho.

7.29.8. Atribuições do Colégio de Procuradores

As Atribuições do Colégio de Procuradores vêm tratadas no artigo 94 da Lei Complementar 75/93, e consiste em: votar na formação de lista tríplice para escolha do Procurador-Geral do Trabalho, votar na formação da lista sêxtupla dos membros que concorrem a uma vaga, decorrente do quinto constitucional, para integrar, como juiz, o Tribunal Superior do Trabalho e o Tribunal Regional do Trabalho, e ainda nos 4 integrantes do Conselho do Ministério Público do Trabalho. Por oportuno, transcrevemos abaixo os dispositivos legais que dizem respeito ao colégio de Procuradores:

> **Art. 94.** *São atribuições do Colégio de Procuradores do Trabalho:*
> *I – elaborar, mediante voto plurinominal, facultativo e secreto, a lista tríplice para a escolha do Procurador-Geral do Trabalho;*
> *II – elaborar, mediante voto plurinominal, facultativo e secreto, a lista sêxtupla para a composição do Tribunal Superior do Trabalho, sendo elegíveis os membros do Ministério Público do Trabalho com mais de dez anos na carreira, tendo mais de trinta e cinco e menos de sessenta e cinco anos de idade;*

III – elaborar, mediante voto plurinominal, facultativo e secreto, a lista sêxtupla para os Tribunais Regionais do Trabalho, dentre os Procuradores com mais de dez anos de carreira;

IV – eleger, dentre os Subprocuradores-Gerais do Trabalho e mediante voto plurinominal, facultativo e secreto, quatro membros do Conselho Superior do Ministério Público do Trabalho.

§ 1º Para os fins previstos nos incisos deste artigo, prescindir-se-á de reunião do Colégio de Procuradores, procedendo-se segundo dispuser o seu Regimento Interno, exigido o voto da maioria absoluta dos eleitores.

§ 2º Excepcionalmente, em caso de interesse relevante da Instituição, o Colégio de Procuradores reunir-se-á em local designado pelo Procurador-Geral do Trabalho, desde que convocado por ele ou pela maioria de seus membros.

§ 3º O Regimento Interno do Colégio de Procuradores do Trabalho disporá sobre seu funcionamento.

7.30. CONSELHO SUPERIOR DO MINISTÉRIO PÚBLICO

O Conselho Superior do Ministério Público do Trabalho tem sua composição estabelecida no artigo 95 da Lei Complementar 75/93, que prevê que comporão o Conselho Superior do Ministério Público:

• O Procurador-Geral do Trabalho e Vice-Procurador-Geral do Trabalho – (membros natos);

• 04 Subprocuradores do Trabalho, escolhidos pelo Colégio de Procuradores;

• 04 Subprocuradores do Trabalho, escolhidos entre os Subprocuradores.

O Conselho é quem escolhe o Vice-Presidente do Conselho.

7.31. ATRIBUIÇÕES DO CONSELHO DE PROCURADORES DO TRABALHO

As atribuições do Conselho Superior do Ministério Público vêm elencadas no artigo 98 da Lei Complementar 75/93, e da análise do referido dispositivo verificamos que o Conselho tem funções normativas e administrativas.

1) Normativa
• Aprovar e elaborar Regimento Interno do Conselho, do Colégio de procuradores e da Câmara;
• Aprovar e elaborar as Normas dos Concursos; Normas sobre designações; Critérios de distribuição; Critérios de Promoção; Procedimentos para avaliar estagio probatório.

2) Administrativas, ou seja:
• Indicar os integrantes da Câmara de Coordenação e Revisão.
• Propor a exoneração do Procurador-Geral do Trabalho e do Corregedor por votos de 2/3 de seus membros.
• Elaborar lista tríplice de Promoções por mérito e para escolha do Corregedor.
• Indicar membros para promoção por antiguidade e para funcionar nos órgãos em que a Participação seja legalmente prevista.
• Opinar sobre o afastamento dos membros e outras atribuições previstas no artigo 95 da Lei Complementar 75/93.
• Diante da relevância das atribuições do Conselho, e ainda para facilitar a fixação, transcrevemos os dispositivos legais:

> *Art. 98. Compete ao Conselho Superior do Ministério Público do Trabalho:*
> *I – exercer o poder normativo no âmbito do Ministério Público do Trabalho, observados os princípios desta lei complementar, especialmente para elaborar e aprovar:*
> *a) o seu Regimento Interno, o do Colégio de Procuradores do Trabalho e o da Câmara de Coordenação e Revisão do Ministério Público do Trabalho;*
> *b) as normas e as instruções para o concurso de ingresso na carreira;*

c) as normas sobre as designações para os diferentes ofícios do Ministério Público do Trabalho;
d) os critérios para distribuição de procedimentos administrativos e quaisquer outros feitos, no Ministério Público do Trabalho;
e) os critérios de promoção por merecimento na carreira;
f) o procedimento para avaliar o cumprimento das condições do estágio probatório;
II – indicar os integrantes da Câmara de Coordenação e Revisão do Ministério Público do Trabalho;
III – propor a exoneração do Procurador-Geral do Trabalho;
IV – destituir, por iniciativa do Procurador-Geral do Trabalho e pelo voto de dois terços de seus membros, antes do término do mandato, o Corregedor-Geral;
V – elaborar a lista tríplice destinada à promoção por merecimento;
VI – elaborar a lista tríplice para Corregedor-Geral do Ministério Público do Trabalho;
VII – aprovar a lista de antiguidade do Ministério Público do Trabalho e decidir sobre as reclamações a ela concernentes;
VIII – indicar o membro do Ministério Público do Trabalho para promoção por antiguidade, observado o disposto no art. 93, II, alínea d, da Constituição Federal;
IX – opinar sobre a designação de membro do Ministério Público do Trabalho para:
a) funcionar nos órgãos em que a participação da Instituição seja legalmente prevista;
b) integrar comissões técnicas ou científicas relacionadas às funções da Instituição;
X – opinar sobre o afastamento temporário de membro do Ministério Público do Trabalho;
XI – autorizar a designação, em caráter excepcional, de membros do Ministério Público do Trabalho, para exercício de atribuições processuais perante juízos, tribunais ou ofícios diferentes dos estabelecidos para cada categoria;

XII – determinar a realização de correições e sindicâncias e apreciar os relatórios correspondentes;
XIII – determinar a instauração de processos administrativos em que o acusado seja membro do Ministério Público do Trabalho, apreciar seus relatórios e propor as medidas cabíveis;
XIV – determinar o afastamento do exercício de suas funções, de membro do Ministério Público do Trabalho, indiciado ou acusado em processo disciplinar, e o seu retorno;
XV – designar a comissão de processo administrativo em que o acusado seja membro do Ministério Público do Trabalho;
XVI – decidir sobre o cumprimento do estágio probatório por membro do Ministério Público do Trabalho, encaminhando cópia da decisão ao Procurador-Geral da República, quando for o caso, para ser efetivada sua exoneração;
XVII – decidir sobre remoção e disponibilidade de membro do Ministério Público do Trabalho, por motivo de interesse público;
XVIII – autorizar, pela maioria absoluta de seus membros, que o Procurador-Geral da República ajuíze a ação de perda de cargo contra membro vitalício do Ministério Público do Trabalho, nos casos previstos em lei;
XIX – opinar sobre os pedidos de reversão de membro da carreira;
XX – aprovar a proposta de lei para o aumento do número de cargos da carreira e dos ofícios;
XXI – deliberar sobre a realização de concurso para o ingresso na carreira, designar os membros da Comissão de Concurso e opinar sobre a homologação dos resultados;
XXII – aprovar a proposta orçamentária que integrará o projeto de orçamento do Ministério Público da União;
XXIII – exercer outras funções atribuídas em lei.
§ 1º Aplicam-se ao Procurador-Geral e aos demais membros do Conselho Superior as normas processuais em geral, pertinentes aos impedimentos e suspeição dos membros do Ministério Público.

§ 2º As deliberações relativas aos incisos I, alíneas a e e, XI, XIII, XIV, XV e XVII somente poderão ser tomadas com o voto favorável de dois terços dos membros do Conselho Superior.

7.32. CÂMARA DE COORDENAÇÃO E REVISÃO

A Câmara de Coordenação e Revisão do Ministério Público do Trabalho vem tratada no artigo 99 da Lei Complementar 75/93, trata-se de um órgão de Coordenação, integração e Revisão do exercício funcional dos membros.

É composta por três membros, sendo um indicado pelo Procurador-Geral do Trabalho; e dois indicados pelo Conselho Superior, sempre que possível entre os Subprocuradores.

O Coordenador da Câmara de Coordenação e Revisão é o membro indicado pelo Procurador-Geral do Trabalho.

As Atribuições da Câmara de Coordenação e Revisão são tratadas no artigo 103 da Lei Complementar nº 75/93, onde se tem:

> *Art. 103. Compete à Câmara de Coordenação e Revisão do Ministério Público do Trabalho:*
> *I – promover a integração e a coordenação dos órgãos institucionais do Ministério Público do Trabalho, observado o princípio da independência funcional;*
> *II – manter intercâmbio com órgãos ou entidades que atuem em áreas afins;*
> *III – encaminhar informações técnico-jurídicas aos órgãos institucionais do Ministério Público do Trabalho;*
> *IV – resolver sobre a distribuição especial de feitos e procedimentos, quando a matéria, por sua natureza ou relevância, assim o exigir;*

V – resolver sobre a distribuição especial de feitos que, por sua contínua reiteração, devam receber tratamento uniforme;
VI – decidir os conflitos de atribuição entre os órgãos do Ministério Público do Trabalho.
Parágrafo único. *A competência fixada nos incisos IV e V será exercida segundo critérios objetivos previamente estabelecidos pelo Conselho Superior.*

7.33. CORREGEDOR

O Artigo 104 da Lei Complementar 75/93 cuida da regulamentação do Corregedor do Ministério Público do Trabalho, órgão incumbido da fiscalização das atividades e conduta dos membros do Ministério Público do Trabalho.

A escolha do Corregedor é feita pelo Procurador-Geral do Trabalho sendo certo que o Conselho Superior elabora uma lista tríplice entre os Subprocuradores do Trabalho e o Procurador-Geral do Trabalho escolhe um dos integrantes da lista.

Mandato – 02 (dois) anos, permitida uma recondução.

Em relação ao Corregedor do Ministério Público, é importante ressaltar as seguintes peculiaridades:

• Não pode ser nomeado corregedor os membros do Conselho Superior do Ministério Público do Trabalho.

• Pode participar, sem direito a voto, das reuniões do Conselho Superior do Ministério Público do Trabalho.

• O Corregedor-Geral poderá ser destituído, por iniciativa do Procurador-Geral, antes do término do mandato, pelo voto de dois terços dos membros do Conselho Superior.

• Serão suplentes do Corregedor-Geral os demais integrantes da lista tríplice, na ordem em que os designar o Procurador-Geral.

7.34. ATRIBUIÇÃO DO CORREGEDOR-GERAL DO TRABALHO

As Atribuições do Corregedor-Geral do Trabalho vêm previstas no artigo 106 da LC. nº 75/93 que assim dispõe:

> **Art. 106.** *Incumbe ao Corregedor-Geral do Ministério Público:*
> *I – participar, sem direito a voto, das reuniões do Conselho Superior;*
> *II – realizar, de ofício ou por determinação do Procurador-Geral ou do Conselho Superior, correções e sindicâncias, apresentando os respectivos relatórios;*
> *III – instaurar inquérito contra integrante da carreira e propor ao Conselho Superior a instauração do processo administrativo consequente;*
> *IV – acompanhar o estágio probatório dos membros do Ministério Público do Trabalho;*
> *V – propor ao Conselho Superior a exoneração de membro do Ministério Público do Trabalho que não cumprir as condições do estágio probatório.*

7.35. SUBPROCURADOR-GERAL DO TRABALHO

O Subprocurador-Geral do Trabalho é lotado na Procuradoria-Geral do Trabalho, e tem atuação perante o Tribunal Superior do Trabalho. Em caso de vaga ou de afastamento de Subprocurador-Geral do Trabalho por prazo superior a trinta dias, poderá ser convocado pelo Procurador--Geral, mediante aprovação do Conselho Superior, Procurador-Regional do Trabalho para substituição.

Na forma do disposto no artigo 108 da Lei Complementar 75/93, tem competência privativa para o exercício de cargos de corregedor e coordenador da Câmara de Coordenação e Revisão.

> *Art. 108. Cabe aos Subprocuradores-Gerais do Trabalho, privativamente, o exercício das funções de:*
> *I – Corregedor-Geral do Ministério Público do Trabalho;*
> *II – Coordenador da Câmara de Coordenação e Revisão do Ministério Público do Trabalho.*
> *Art. 109. Os Subprocuradores-Gerais do Trabalho serão lotados nos ofícios na Procuradoria-Geral do Trabalho.*

7.36. PROCURADORES-REGIONAIS DO TRABALHO

Conforme disposto no artigo 110 da Lei Complementar 75/93, os Procuradores-Regionais do Trabalho oficiam junto aos Tribunais Regionais do Trabalho e são lotados nas Procuradorias-Regionais do Trabalho nos Estados e no Distrito Federal.

O parágrafo único do mesmo artigo estabelece que em caso de vaga ou de afastamento de Subprocurador-Geral do Trabalho por prazo superior a trinta dias, o Procurador-Regional do Trabalho poderá ser convocado pelo Procurador-Geral do Trabalho, mediante aprovação do Conselho Superior, para substituição.

7.37. PROCURADORES DO TRABALHO

O Artigo 112 da Lei Complementar 75/93, trata dos Procuradores do Trabalho dispondo que serão designados para funcionar junto aos Tribunais Regionais do Trabalho e, na forma das leis processuais, nos litígios trabalhistas que envolvam, especialmente, interesses de menores e incapazes.

Da análise do contido nos artigos suprarreferidos, verifica-se que somente os Procuradores do Trabalho é que estão legitimados a funcionar perante os órgãos de primeira instância. Os Procuradores-Regionais e os Subprocuradores estão impedidos de fazê-lo, salvo se, cumulativamente, houver interesse do serviço devidamente justificado, e anuência do membro designado, e autorização do Conselho Superior do Ministério Público, conforme dispõe o artigo 214 e parágrafo único da Lei Complementar nº 75/93, abaixo transcrito:

> **Art. 214.** *A designação é o ato que discrimina as funções que sejam compatíveis com as previstas nesta lei complementar, para cada classe das diferentes carreiras.*
>
> **Parágrafo único.** *A designação para o exercício de funções diferentes das previstas para cada classe, nas respectivas carreiras, somente será admitida por interesse do serviço, exigidas a anuência do designado e a autorização do Conselho Superior.*

7.38. CONFLITO DE ATRIBUIÇÃO

Havendo conflito de atribuição o mesmo deverá ser solucionado de acordo com a Lei Orgânica do Ministério Público, e que pode ser assim sintetizado:

a) cabe ao Procurador da República decidir conflito entre membros de ramos diferentes do Ministério Público da União;

b) cabe à Câmara de Coordenação e Revisão do respectivo ramo do Ministério Público da União decidir conflitos entre membros desse ramo, com recurso ao respectivo Procurador-Geral;

c) cabe ao Procurador-Geral de Justiça dos Estados decidir os conflitos entre membros da respectiva instituição;

d) em caso de conflito entre membros dos Ministérios Públicos diversos, não vinculados ao mesmo Procurador-Geral (por exemplo, de um Estado e de outro Estado, ou de um Estado e um Procurador da República), o STF tem entendido caber a solução do conflito ao STJ, analogicamente ao que ocorre com o conflito entre juízes de Tribunais diferentes (art. 105, I, "d", da CF; Informativo STF nos 284 e 290).

As suspeições e os impedimentos, por sua vez, quando ocorram em autos de processos judiciais, a lei processual impõe sejam resolvidos pelo Poder Judiciário.

7.39. FORMAS DE ATUAÇÃO DOS MEMBROS DO MINISTÉRIO DO TRABALHO

Conforme estabelece a norma constitucional vigente, o Ministério Público do Trabalho está legitimado a atuar de forma judicial e extrajudicial.

7.39.1. Atuação Judicial do Ministério Público do Trabalho

A atuação judicial do Ministério Público do Trabalho está descrita no artigo 83 da Lei Complementar 75/1993, conforme abaixo descrito:

> "**Art. 83.** Compete ao Ministério Público do Trabalho o exercício das seguintes atribuições junto aos órgãos da Justiça do Trabalho:
> **I** – promover as ações que lhe sejam atribuídas pela Constituição Federal e pelas leis trabalhistas;
> **II** – manifestar-se em qualquer fase do processo trabalhista, acolhendo solicitação do Juiz ou por sua iniciativa, quando entender existente interesse público que justifique a intervenção;
> **III** – promover a ação civil pública no âmbito da Justiça do Trabalho, para defesa de interesses coletivos, quando desrespeitados os direitos sociais constitucionalmente garantidos;
> **IV** – propor as ações cabíveis para declaração de nulidade de cláusula de contrato, acordo coletivo ou convenção coletiva que viole as liberdades individuais ou coletivas ou os direitos individuais indispensáveis aos trabalhadores;
> **V** – propor as ações necessárias à defesa dos direitos e interesses dos menores incapazes e índios, decorrentes das relações de trabalho;
> **VI** – recorrer das decisões da Justiça do Trabalho, quando entender necessário, tanto nos processos em que for parte, naqueles em que

oficiar como fiscal da lei, bem como pedir revisão dos Enunciados da Súmula de Jurisprudência do Tribunal Superior do Trabalho;

***VII** – funcionar nas sessões dos Tribunais Trabalhistas, manifestando-se verbalmente sobre a matéria em debate, sempre que entender necessário, sendo-lhe assegurado o direito de vista dos processos em julgamento, podendo solicitar as requisições e diligências que julgar conveniente;*

***VIII** – instaurar instâncias em caso de greve, quando a defesa da ordem jurídica ou o interesse público assim o exigir;*

***IX** – promover ou participar da instrução e conciliação em dissídios decorrentes da paralisação de serviços de qualquer natureza, oficiando obrigatoriamente nos processos, manifestando sua concordância ou discordância em eventuais acordos firmados antes da homologação, resguardado o direito de recorrer em caso de violação à lei e à Constituição Federal;*

***X** – promover mandado de injunção, quando a competência for da Justiça do Trabalho;*

***XI** – atuar como árbitro, se assim for solicitado pelas partes, nos dissídios de competência da Justiça do Trabalho (atuação extrajudicial);*

***XII** – requerer as diligências que julgar convenientes para o correto andamento dos processos e para a melhor solução das lides trabalhistas;*

***XIII** – intervir obrigatoriamente em todos os feitos nos segundo e terceiro graus de jurisdição da Justiça do Trabalho quando a parte for pessoa jurídica de Direito Público, Estado Estrangeiro ou organismo internacional".*

Tem-se, portanto, que no cumprimento de suas funções institucionais de defesa da ordem jurídica e do interesse público, o Ministério Público do Trabalho poderá atuar judicialmente tanto como órgão agente (autor) em ações que envolvam conflitos trabalhistas (decorrentes de contrato de trabalho), ou poderá atuar como órgão interveniente nos processos trabalhistas em curso, conforme se verifica a seguir:

7.39.2. Atuação como Órgão Agente

Como órgão agente, o Ministério Público do Trabalho tem legitimidade para:

a) **promover as ações que lhe sejam atribuídas pela Constituição Federal** e pelas leis trabalhistas;

b) **promover a ação civil pública** no âmbito da Justiça do Trabalho, para defesa de interesses difusos e coletivos, quando desrespeitados os direitos sociais constitucionalmente garantidos; e a **ação civil coletiva para** a defesa de direitos individuais homogêneos;

c) **propor as ações cabíveis para declaração de nulidade** de cláusula de contrato, acordo coletivo ou convenção coletiva que viole as liberdades individuais ou coletivas ou os direitos individuais indisponíveis dos trabalhadores;

d) **propor as ações necessárias à defesa dos direitos e interesses dos menores, incapazes e índios**, decorrentes das relações de trabalho;

e) **instaurar instância em caso de greve**, quando a defesa da ordem jurídica ou o interesse público assim o exigir;

f) **recorrer das decisões da Justiça do Trabalho** quando entender necessário nos processos em que for parte; assim como naqueles em que atuar como fiscal da lei;

g) **instaurar inquérito civil** e outros procedimentos administrativos, para assegurar a observância dos direitos sociais dos trabalhadores.

Verifica-se, assim, que a legislação vigente confere ao Ministério Público do Trabalho a legitimidade para atuar como órgão agente, utilizando-se de importantes instrumentos na defesa dos interesses difusos, coletivos e individual homogêneo, e conforme as lições do ilustre colega Procurador--Regional do Trabalho, da 6ª Região, José Janguiê Bezerra Diniz, em sua obra "Ministério Público do Trabalho – Ação Civil Pública – Ação Anulatória e Ação de Cumprimento", pág. 231, Editora Consulex. "O ministério Público do Trabalho é o ramo do Ministério Público da União que mais se expandiu em termos de atuação como órgão agente na defesa da sociedade a partir da Constituição Federal de 1988."

Com a finalidade de dar efetividade às novas atribuições recebidas do legislador constituinte, foram criadas no âmbito da Instituição a Coordenadoria de Defesa dos Interesses Difusos e Coletivos, que vem desenvolvendo um trabalho significativo notadamente no que diz respeito à erradicação do trabalho infantil, erradicação do trabalho escravo, no combate a todas as formas de discriminação e assédio nas relações de trabalho, no combate à terceirização ilícita e às falsas cooperativas, na defesa da probidade administrativa e do meio ambiente do trabalho.

7.40. ÓRGÃO INTERVENIENTE (*CUSTOS LEGIS*)

De acordo com o artigo 83 da Lei Complementar 75/93, como órgão interveniente o Ministério Público do Trabalho poderá:

a) **manifestar-se em qualquer fase do processo trabalhista**, acolhendo solicitação do juiz ou por sua iniciativa, quando entender existente interesse público que justifique a intervenção;

b) **intervenção obrigatória**: feitos em 2º e 3º graus de jurisdição quando a parte for pessoa jurídica de Direito Público, Estado estrangeiro ou organismo internacional;

c) **recorrer das decisões da Justiça do Trabalho** quando entender necessário, naqueles processos em que oficiar como fiscal da lei, bem como pedir revisão dos Enunciados da Súmula de Jurisprudência do Tribunal Superior do Trabalho;

d) **funcionar nas sessões dos Tribunais Trabalhistas**, manifestando-se verbalmente sobre a matéria em debate, sempre que entender necessário, sendo-lhe assegurado o direito de vista dos processos em julgamento, podendo solicitar as requisições e diligências que julgar convenientes;

e) **promover ou participar da instrução e conciliação em dissídios decorrentes da paralisação de serviços de qualquer natureza,** oficiando obrigatoriamente nos processos, manifestando sua concordância ou discordância em eventuais acordos firmados antes da homologação, resguardado o direito de recorrer em caso de violação à lei ou à Constitucional Federal;

f) **interpor mandado de injunção** quando a competência for da Justiça do Trabalho;

g) **atuar como mediador ou como árbitro** se assim for solicitado pelas partes nos dissídios de natureza trabalhista;

h) **participar, como instituição observadora**, em qualquer órgão da administração pública direta, indireta ou fundacional da União, que tenha atribuições correlatas às funções da instituição;

i) **participar de órgãos colegiados** estatais, federais ou do Distrito Federal, constituídos para defesa de direitos e interesses relacionados com as funções da instituição. Ex.: participação no CONADE;

j) **exercer outras atribuições** que lhe forem atribuídas por lei, desde que compatíveis com sua finalidade.

7.41. ATUAÇÃO EXTRAJUDICIAL

No âmbito extrajudicial, o Ministério Público está legitimado a instaurar o Inquérito Civil Público, a funcionar como arbitro, se assim for solicitado pelas partes, nos dissídios de competência da Justiça do Trabalho, bem como promover audiências públicas, participar como instituição observadora em qualquer órgão da administração pública que tenha atribuições ligadas às funções da instituição; expedir notificações e intimações necessárias aos procedimentos e inquéritos que instaurar, etc.

7.40.1. A Atuação do Ministério Público Como Árbitro

O artigo 83, inciso XI dispõe que compete ao Ministério Público do Trabalho atuar como árbitro se assim for solicitado pelas partes nos dissídios de natureza trabalhista.

A arbitragem, por sua vez, está regulada pela Lei 9.307/96, e conforme se tem no artigo 1º, trata-se de instrumento capaz de solucionar conflitos, desde que se tratem de direitos patrimoniais disponíveis, mediante convenção arbitral, na qual se insere a cláusula compromissória, que significa cláusula consignada no sentido de que as partes se comprometem a submeter a questão surgida à arbitragem e ao compromisso arbitral, que corresponde ao instrumento arbitral expresso.

Trata-se de forma heterocompositivo de solução de conflitos, em que as partes submetem a terceiro ou terceiros (árbitros), pela confiança que têm das próprias partes, o poder de solucionar a controvérsia, em substituição à vontade delas.

Da análise do texto legal supramencionado, verifica-se a legitimidade do Ministério Público para atuar como arbitro, se esta for a vontade das partes. Observe-se que da literalidade da lei, a competência é estabelecida para a instituição Ministério Público do Trabalho, e não de seu membro específico, de maneira que o procedimento deverá ser regularmente distribuído, entre um dos membros da instituição que agirá com independência funcional, não podendo ser imposta nenhuma limitação ao seu livre convencimento na decisão que proferir. Na prática, ainda há muita resistência da instituição da arbitragem como forma de solução de conflitos trabalhistas. As razões apontadas são: a ausência de confiança, pois dificilmente se encontra pessoa que detenha a confiança das duas partes em conflito para funcionar como árbitro, e também a questão dos custos, pois os sindicatos e as partes envolvidas, muitas vezes, não possuem condições para suportar as despesas decorrentes.

Quando o Ministério Público é eleito pelas partes para funcionar como arbitro, há a vantagem de que inexistirá custos para as partes, e também é de ser relevado o fato de que o *parquet* trabalhista, cada vez mais, vem adquirindo a confiança da sociedade e dos trabalhadores, como defensor dos interesses sociais.

A seguir, vamos tratar do inquérito civil público, valioso instrumento, que se tem utilizado o Ministério Público do Trabalho para o exercício das suas funções institucionais.

7.40.2. Do Procedimento Investigatório e Inquérito Civil Público

Conforme disposto no artigo 129, inciso III da Constituição Federal, compete ao ministério Público promover o inquérito civil e a ação civil pública para a proteção dos interesses difusos e coletivos, No mesmo sentido o artigo 84, inciso II da Lei Complementar 75/93.

Conceito – Inquérito Civil é o procedimento administrativo de investigação de natureza inquisitorial a ser instaurado privativamente pelo Ministério Público, sempre que se vislumbrar ocorrência de lesão à ordem jurídica, possibilitando a colheita de provas e fornecendo elementos para uma possível ação civil pública, ou então possibilitando a regularização da ilegalidade com a celebração do termo de ajustamento de conduta.

O inquérito civil público pode originar-se de uma representação formulada perante o Ministério Público, ou então através de iniciativa dos membros do *parquet*.

Recebida e distribuída a representação, o membro do Ministério Público do Trabalho terá o prazo de 08 dias para sua apreciação, que poderá resultar em uma de três possibilidades:
- **a)** arquivamento, quando inexistir fundamento, ou por não se verificar de plano lesão a interesse difuso ou coletivo;
- **b)** adoção de procedimento investigatório sumário, caso não haja indícios suficientes que justifiquem a instauração de inquérito;
- **c)** instauração de ICP mediante portaria.

Neste sentido, também o artigo 9º da Lei nº 7.347/85

> *"Se o órgão do Ministério Público, esgotadas todas as diligências, se convencer da inexistência de fundamento para a propositura da ação civil pública, promoverá o arquivamento dos autos do inquérito civil ou das peças informativas, fazendo fundamentadamente.*
> ***Parágrafo 1º** – Os autos do Inquérito civil ou das peças de informação arquivadas serão remetidos, sob pena de se incorrer em falta grave, no prazo de 03 dias ao Conselho Superior do Ministério Público."*

Constatada a prática ilegal, poderá ser firmado entre o empregador e o Ministério Público do Trabalho, com a aceitação dos representantes dos detentores do interesse lesado, **Termo de Compromisso de Ajuste de Conduta**, para a cessação da ilegalidade e/ou reparação do dano causado (Lei 7.347/85, artigo 5º, parágrafo 6º) também denominado termo de ajustamento de conduta.

7.42. TERMO DE AJUSTAMENTO DE CONDUTA

Termo de Ajustamento de Conduta é o instrumento onde o Ministério Público ajusta com os interessados o compromisso de ajustamento das suas condutas às exigências legais, no tempo, modo e lugar, mediante cominações, com eficácia de título executivo extrajudicial (artigo 876 da CLT).

Da execução do termo de ajustamento de conduta

O termo de ajustamento de conduta tem força de título executivo extrajudicial por expressa previsão nos artigos 5º, parágrafo 6º, da Lei 7.347/85 e 876 da CLT.

Com a petição inicial, o Ministério Público deverá provar o não cumprimento das obrigações assumidas pelo executado, trazendo aos autos o Termo de Ajustamento de Conduta celebrado, o demonstrativo da multa atualizada e a prova da inexecução da obrigação. Poderão ser executadas no mesmo processo as obrigações de fazer ou não fazer e a de pagar quantia certa (multa já vencida e exigível).

Capítulo 8

Ação Trabalhista e Procedimentos

8.1. AÇÃO TRABALHISTA E RELAÇÃO JURÍDICA PROCESSUAL

Ação trabalhista nada mais é do que o direito público subjetivo de invocar a tutela jurisdicional com a finalidade de solucionar os conflitos decorrentes da relação de trabalho

8.1.1. Relação Jurídica Processual

É a relação que se forma entre autor (reclamante), réu (reclamada) e o juiz, representante do Estado, que vai fazer a entrega da prestação jurisdicional, e por essa razão tem o dever de solucionar o conflito, não pode eximir-se de sentenciar.

8.2. PROCESSO E PROCEDIMENTO

O processo constitui-se de um conjunto de atos processuais que se vão sucedendo e coordenando dentro da relação processual, até atingir seu fim com a entrega da prestação jurisdicional.

Procedimento ou rito, por sua vez, é a forma, o modo, como os atos processuais vão se projetando e se desenvolvendo dentro da relação jurídica processual.

8.2.1. Tipos de Procedimento no Processo do Trabalho

Na Justiça do Trabalho encontramos os seguintes procedimentos:

Procedimento comum que, por sua vez, se subdivide em:

a) **Procedimento Ordinário**

O procedimento ordinário encontra-se regulado nos artigos 837 ao artigo 852 da Consolidação das Leis do Trabalho. Durante muito tempo o procedimento ordinário era o único existente no processo do trabalho. O artigo 843 da CLT estabelece que as ações individuais trabalhistas devem ser decididas em uma única audiência (artigo 843 está inserido na seção II – com o título da Audiência de Julgamento). No entanto, o artigo 849 facultava ao juiz fracionar a audiência, ao dispor que a audiência deve ser contínua, mas se não for possível ao juiz concluí-la no mesmo dia, por motivo de força maior, o juiz marcará sua continuação para a primeira desimpedida. Assim, muitos juizes passaram a fracionar a audiência em três partes. Inicial, instrução e Julgamento.

b) **Procedimento Sumário ou Alçada**

O procedimento sumário no âmbito do processo laboral foi introduzido pela Lei nº 5.584/70, com o de dar maior celeridade às causas trabalhistas de pequeno valor ou seja nas ações cujo valor da causa na data da distribuição da ação era de até dois salários-mínimos. Entre outras peculiaridades, a Lei nº 5.584/70 instituiu a chamada "causa de alçada", que, na verdade, é uma ação submetida ao procedimento sumário, cuja regulação está prevista nos parágrafos 3º e 4º do art. 2º da referida lei, segundo os quais:

a) quando o valor fixado para a causa, na forma deste artigo, não exceder de duas vezes o salário-mínimo vigente na sede do Juízo, será dispensável o resumo dos depoimentos, devendo constar da ata a conclusão da Vara quanto à matéria de fato;

b) salvo se versarem sobre matéria constitucional, nenhum recurso caberá das sentenças proferidas nos dissídios da alçada a que se refere o parágrafo anterior, considerado, para esse fim, o valor do salário-mínimo à data do ajuizamento da ação.

Há, inclusive, quem sustente a inconstitucionalidade do art. 2º, parágrafo 2º, da Lei nº 5.584/70, por violação ao princípio do duplo grau de jurisdição.

No entanto a posição doutrinária mais aceita é que o princípio do duplo grau comporta exceções, e no caso é de se admitir que nosso ordenamento permite a existência de causas decididas em única instância.

Outra questão que comporta discussão quando a ação se processa pelo procedimento sumário é a respeito da constitucionalidade, ou não, do parágrafo 3º do art. 2º da Lei 5.584/70, que estabelece vinculação ao salário-mínimo para fins de determinação da alçada.

A questão, no entanto, já foi sedimentada pelo TST, através da Súmula nº 356, segundo o qual o referido dispositivo legal "foi recepcionado pela Constituição da República de 1988, sendo lícita a fixação do valor da causa com base no salário-mínimo".

Alguns doutrinadores afirmam que a Lei 9.957/2000, que introduziu o procedimento sumaríssimo derrogou o artigo 2º da Lei 5.584/70, ao fundamento de que os dissídios cujo valor da causa é de até dois salários-mínimos estão abrangidos pelo rito sumaríssimo, de maneira que deve ser observado o regramento previsto na Lei 9.957/2000, no que diz respeito aos pedidos serem certos, determinados e líquidos, prazo para sua apreciação, e possibilidade de recurso, mesmo que não envolva matéria constitucional.

No entanto, o fato de terem sido mantidas as Súmulas 356 e 365 pelo TST deixa certo que segundo a jurisprudência dos tribunais ainda persistem as ações de alçada.

c) **Procedimento Sumaríssimo**

Foi introduzido no processo do trabalho por força da Lei nº 9.957, de 13/01/2000, que acrescentou à CLT os artigos 852-A a 852-I, com a mesma ideologia que orientou a edição da Lei nº 5.584/70, ou seja, tornar o processo do trabalho mais célere e, ao mesmo tempo, mais seguro em virtude dos novos critérios objetivos adotados pelo legislador.

8.2.2. Peculiaridades do Procedimento Sumaríssimo

De acordo com o art. 852-A da CLT, somente "os dissídios individuais cujo valor não exceda a quarenta vezes o salário-mínimo vigente na data do ajuizamento da reclamação ficam submetidos ao procedimento sumaríssimo".

O procedimento sumaríssimo só tem lugar nas ações trabalhistas individuais (simples ou plúrimas) cujo valor da causa seja maior que dois salários-mínimos e menor do que quarenta salários-mínimos. Isto porque, nas causas até dois salários-mínimos, o procedimento legal é o sumário; nas causas de valor acima de quarenta salários-mínimos, o procedimento legal é o ordinário.

8.2.3. Da Exclusão da Administração Direta do Rito Sumaríssimo

Diante de algumas peculiaridades foi excluída expressamente da incidência do procedimento sumaríssimo as causas em que figurem as pessoas de direito público da Administração Direta, sendo certo que nos termos do disposto no artigo 173 da Constituição Federal, a restrição não existe quando se tratar de Empresas públicas e Sociedade de Economia Mista que se submetem ao mesmo regime das empresas privadas.

8.2.4. Da Obrigatoriedade de Adoção do Rito Sumaríssimo

A matéria procedimental se reveste da natureza de ordem pública, razão pela qual, de regra, deve ser imposta à parte, não havendo como submeter a sua vontade à escolha do procedimento. Ademais, das disposições constantes do artigo 852-A tem-se de forma expressa que os dissídios individuais nas hipóteses previstas ficam subordinados ao procedimento sumaríssimo, de maneira que deverá ser adotado obrigatoriamente, salvo havendo justo motivo que impeça o processamento pelo rito. Ex.: conexão ou continência com outra ação que se processa pelo rito ordinário.

8.2.5. Citação por Edital

As situações que justificam a citação por edital no CPC são quando desconhecido ou incerto o réu, quando ignorado, incerto ou inacessível o lugar em que se encontrar ou ainda nos casos expressos em lei (artigo 231 do CPC). A CLT por sua vez prevê a citação por edital quando o réu criar embaraços ou não for encontrado. Quando o réu se encontra em local ignorado ou inacessível, o que acontece? Alguns juízes aplicam o CPC subsidiariamente. Da análise dos dispositivos legais citados, a doutrina e jurisprudência admite a citação por edital, por aplicação analógica do artigo 841 do CPC, mesmo admitindo que a real intenção da lei é impedir que qualquer dificuldade na notificação (criar embaraços) fosse pretexto para se exigir a citação por edital.

8.2.6. Do Pedido

Conforme estabelece o artigo 852-B da CLT que nas ações enquadradas no procedimento sumaríssimo:

I – o pedido deverá ser certo ou determinado e indicará o valor correspondente, cabendo aqui advertir o equívoco perpetrado pelo legislador, pois o conectivo correto é o *e*, e não o *ou*. Vale dizer, o pedido deve ser certo e determinado;

II – não se fará citação por edital, incumbindo ao autor a correta indicação do nome e endereço do reclamado, evitando-se, com isso, a chamada "indústria da revelia".

8.2.7. Da Emenda à Inicial

Da análise do contido na lei, o não atendimento das exigências do artigo 852-B, incisos I e II, importará na extinção do processo sem julgamento de mérito e a condenação do autor nas custas processuais e o arquivamento da reclamação. Considerando que a finalidade de ser adotado o rito sumaríssimo é tornar um processo mais célere, não há como se conceder o prazo de 10 (dez) dias para que o autor emende a inicial e atenda às exigências legais.

8.2.8. Da Possibilidade de Intervenção de Terceiros

Como vimos, a intervenção de terceiros no processo do trabalho, mesmo quando a ação se processa pelo o procedimento ordinário, a doutrina resiste a sua aplicação. Quando a ação se processa pelo procedimento sumaríssimo, entende-se não ser cabível nenhuma hipótese de intervenção de terceiros, para não retardar a tramitação do processo, adotando-se a mesma regra do juizado especial.

Admite-se, no entanto, a formação de litisconsórcio ou reclamações plúrimas, desde que o valor da soma dos pedidos seja inferior a quarenta vezes o salário-mínimo, mesmo porque o legislador ao estabelecer o procedimento sumaríssimo para as ações cujo valor não excedam de quarenta vezes o valor do salário-mínimo não excepcionou as reclamações plúrimas.

8.2.9. Incidentes e Exceções

O artigo 852-G deixa certo que todos os incidentes e exceções deverão ser resolvidos de plano. Por essa razão, não se aplica no procedimento sumaríssimo os prazos de horas estabelecidos no artigo 800 para manifestação, devendo a manifestação, a instrução e decisão ocorrer em audiência. No entanto, quando se tratar de exceção de suspeição ou impedimento do juiz, entende-se que deverá ser suspensa a audiência para julgamento da exceção por outro juiz Assim, apresentada a exceção, se o juiz reconhecer existente o impedimento e suspeição deverá remeter os autos ao seu substituto legal, no entanto, não reconhecendo a exceção oposta, deverá remeter os autos ao TRT, acompanhado de suas razões e documentos, para julgamento, uma vez procedente, o TRT determinará o andamento do feito através do juiz substituto daquele suspeito ou impedido. Antes da EC 24 era possível a Junta decidir a exceção. Agora, com o juiz monocrático atuando, não parece possível o mesmo juiz decidir a exceção.

8.2.10. Exceção de Incompetência em Razão de Lugar no Procedimento Sumaríssimo

Adotando o mesmo regramento estabelecido pela Lei 9.099/95, Juizado Especial Civil, artigo 51, III, a doutrina entende que o processo deve ser julgado extinto sem julgamento de mérito quando for reconhecida a incompetência em razão de lugar.

8.2.11. Audiência no Procedimento Sumaríssimo

O processo submetido ao rito sumaríssimo será instruído e julgado em uma única audiência, e de acordo com o disposto no artigo 852-B, III, a apreciação da ação submetida ao procedimento sumaríssimo deverá ocorrer no prazo máximo de quinze dias do seu ajuizamento, podendo constar de pauta especial, se necessário, de acordo com o movimento judiciário da Vara do Trabalho (CLT, art. 852-B, III).

8.2.12. Provas

Todas as provas serão produzidas na audiência, ainda que não requeridas previamente.

Documentos

Sobre os documentos juntados, deverá a parte contraria manifestar-se imediatamente, salvo absoluta impossibilidade e a critério do juiz. Vide art. 630 da CLT.

Testemunhas

Cada parte somente poderá apresentar duas testemunhas, que deverão ser convidadas pelo autor ou pelo réu. Só haverá intimação de testemunha se esta, comprovadamente convidada pela parte, não comparecer à audiência (CLT, art. 852-H, parágrafos 3º e 4º).

Depoimento de Testemunha por Carta Precatória

De regra, a demanda deve ser instruída e julgada em audiência única, e dispõe a lei que as testemunhas deverão comparecer na audiência independentemente de intimação, todas essas regras existem para tornar o processamento da ação mais célere. Por essa razão, em doutrina encontramos o entendimento de ser incompatível a adoção de atos processuais por carta no procedimento sumaríssimo. Alguns, no entanto, defendem sua adoção desde que a situação expressamente assim o exigir, e para que não se viole o princípio constitucional do contraditório e da ampla defesa.

Prova Pericial

Somente quando a prova do fato o exigir, ou for legalmente imposta (ex.: verificação de ambiente insalubre ou perigoso), será deferida prova técnica, incumbindo ao juiz, desde logo, fixar o prazo, o objeto da perícia e nomear perito. As partes serão intimadas a manifestar-se sobre o laudo, no prazo comum de cinco dias. Interrompida a audiência, a continuação e a solução do processo deverá ocorrer no prazo de 30 (trinta) dias, salvo motivo justificado pelo juiz nos autos.

Na apreciação das provas, o juiz deverá "dar especial valor às regras de experiência comum ou técnica" (art. 852-D da CLT).

Audiência ata resumida

Conforme expressa previsão legal na audiência, a ata não precisa consignar todos os registros detalhados, como ocorre no rito ordinário, mas a lei é expressa no sentido de que deve conter o resumo dos atos essenciais, das afirmações das partes e das informações úteis à solução da causa trazida pelas provas, deverá ainda constar, por cautela, todos os requerimentos, indeferimentos e protestos da parte que se sentir prejudicada em decorrência de algum fato ou ocorrência.

8.2.13. Tutela Antecipada ou Cautelar

Não se verifica qualquer incompatibilidade entre a tutela antecipada ou medida cautelar com procedimento sumaríssimo.

8.2.14. Julgamento e da Sentença

O artigo. 852-I da CLT, além de dispensar o relatório nas sentenças sujeitas ao rito sumaríssimo, prescreve que o juiz deverá adotar em cada caso a decisão que reputar mais justa e equânime, atendendo aos fins sociais da lei e às exigências do bem comum (julgamento por equidade).

O procedimento sumaríssimo admite a interposição de embargos declaratórios, inclusive com efeito modificativo, quando na sentença houver omissão ou contradição (CLT, art. 897-A). Se os embargos de declaração tiverem efeito modificativo, o juiz deve abrir vista dos autos à parte contrária para, querendo, oferecer contrarrazões (TST/SDI/OJ nº 142).

Em relação aos recursos das decisões proferidas quando a ação se processa pelo rito sumaríssimo, abordaremos adiante quando estivermos tratando especificamente dos recursos.

8.2.15. Conversão de Rito

Quando o juiz perceber que o valor da causa deve ser fixado em valor superior a quarenta salários-mínimos, o juiz deve julgar extinto o processo sem julgamento de mérito. No entanto, existe em doutrina entendimentos de que o juiz pode converter o rito em ordinário.

8.2.16. Quando na Fase de Liquidação se Constata que o Valor Excede de Quarenta Vezes o Salário-mínimo

Tem-se que de regra a execução deverá ser processada pelo valor total da condenação, sem qualquer limitação. Os juros e correção monetária constituem acessório e não necessitam vir calculados na inicial, impossível se falar em renúncia pelo reclamante do valor que ultrapassar o limite legal, pois os direitos trabalhistas são irrenunciáveis. Caso tenha havido má-fé do empregado comprovado em juízo, o prejuízo da reclamada poderá ser requerido pela reclamada, a nulidade a partir do ato nulo, (audiência) a fim de que seja observado o rito comum. Inaplicável no caso a situação prevista no Juizado Especial Civil, pois os interesses em conflitos são diferentes.

8.2.17. Procedimento Sumaríssimo e a Reunião de Ações por Conexão ou Continência

Quanto à possibilidade de reunião de ações em decorrência de conexão ou continência, desde que observado o limite de 40 salários-mínimos para o total dos pedidos das ações, conforme previsto no *"caput"* do art. 852-A da CLT, não há óbice, segundo a doutrina majoritária. Deve ser ressaltado que tanto a conexão como a continência prestigiam os mesmos princípios do procedimento sumaríssimo, a saber, a celeridade e a economia processual, sendo recomendadas, desde que não ultrapassado o valor legalmente previsto no dispositivo mencionado.

Entretanto, deve ser mencionado que para alguns, utilizando a mesma justificativa (celeridade processual), mas em sentido contrário, não é cabível a conexão e a continência, pois resultaria em maior complexidade e tempo de desenvolvimento para a ação.

8.2.18. O Procedimento Sumaríssimo nas Reclamações Plúrimas

A reclamação plúrima está expressamente prevista no capítulo III da CLT (dos dissídios individuais), no art. 842 que assim dispõe:

> "**Art. 842.** *Sendo várias as reclamações e havendo identidade de matéria, poderão ser acumuladas num só processo se se tratar de empregados da mesma empresa ou estabelecimento*".

O art. 852-A da CLT ao estabelecer o procedimento sumaríssimo cabível para os dissídios individuais apenas faz menção restritiva ao valor – que não exceda a quarenta vezes o salário-mínimo – não constando restrição quanto às reclamações plúrimas, espécie de dissídio individual, consoante norma acima transcrita.

Portanto, desde que observados os requisitos do art. 842 e o limite de valor previsto no "*caput*" do art. 852-A para o total do pedido (ambos dispositivos da CLT), não haverá óbice da reclamação plúrima adotar o procedimento sumaríssimo, conforme entendimento majoritário da doutrina (Renato Saraiva menciona, expressamente, neste sentido em seu "Curso de Direito Processual do Trabalho": "*aplica-se às ações plúrimas, desde que o valor total dos pedidos para todos os reclamantes não exceda a 40 salários-mínimos*").

8.2.19. Procedimento Especial

A norma processual celetista, os procedimentos especiais para o Inquérito para apuração de falta grave nos artigos 853 a 855, o dissídio coletivo nos artigos 856 a 871, ação de cumprimento no artigo 872 e parágrafo único, faz uma breve referência à ação rescisória no artigo 836, no entanto, aplicando-se as disposições contidas no artigo 769 da CLT, temos algumas ações especiais tratadas no CPC que são processadas na Justiça do Trabalho, sendo certo que algumas delas necessitam de ser adaptadas ao rito procedimental trabalhista (ex.: ação de consignação em pagamento).

8.2.20. Petição Inicial

Conceito – É o ato processual de que se vale a parte para pleitear a tutela jurisdicional. É a materialização do direito de ação assegurado constitucionalmente.

Trata-se de um instrumento de relevante importância para o processo, uma vez que descreve a pretensão do autor, seus fundamentos, e sobre o pedido formulado é que incidirá a prestação jurisdicional, pois o juízo só pode atuar nos limites do que foi pedido.

Forma – Nos dissídios individuais, a petição inicial pode ser verbal ou escrita. Quando se tratar de dissídio coletivo, inquérito para apuração de falta grave, bem como outras ações especiais, tais como mandado de segurança, ação rescisória, etc., a petição deve ser escrita.

Requisitos da Petição Inicial – Os artigo 840 e artigo 852-B da CLT apontam os requisitos que devem conter a petição inicial no dissídio individual, sendo que a petição inicial do procedimento ordinário é tratada no artigo 840 da CLT e no procedimento sumaríssimo no artigo 852-B.

> *Art. 840 – A reclamação poderá ser escrita ou verbal.*
> *Parágrafo 1º Sendo escrita, a reclamação deverá conter a designação do juiz do Trabalho, ou do juiz de direito, a que for dirigida, a qualificação do reclamante e do reclamado, uma breve*

exposição dos fatos de que resulte o dissídio, o pedido, a data e a assinatura do reclamante ou de seu representante;
Parágrafo 2º *Se verbal, a reclamação será reduzida a termo, em duas vias datadas e assinadas pelo escrivão ou diretor de secretaria, observado, no que couber, o disposto no parágrafo anterior.*

O artigo 786 da CLT determina que quando a ação for distribuída em localidade onde existir mais de uma vara, a reclamação verbal será primeiramente distribuída e, após a distribuição, o reclamante deverá comparecer no cartório no prazo de 5 (cinco) dias para reduzir a termo a reclamação.

Petição Escrita – Rito Sumaríssimo previsto no artigo 852-B da CLT; (já analisado).

Art. 787 – A reclamação escrita deverá ser formulada em duas vias e desde logo acompanhada dos documentos em que se fundar.

8.2.21. Da Petição Inicial – Rito Ordinário

Analisando o disposto no artigo 840 legal verificamos que o processo trabalhista é mais simples, e não há exigência legal que a inicial contenha os fundamentos jurídicos do pedido, as especificações do pedido, o valor da causa, a especificação das provas que o autor pretende se valer para demonstrar a veracidade dos fatos alegados, e o requerimento de notificação do réu.

É que no processo do trabalho ainda persiste **o *"jus postuland"*** conferido às partes. No que se refere ao valor da causa, a Lei 5.584/70 deixa certo que se não for atribuído pela parte o valor da causa, o juiz o fixará em caso de ser frustrada a conciliação.

Afirmam, também, que em respeito ao princípio do devido processo legal e da ampla defesa, a petição deve conter os elementos que possibilitem a defesa do réu, e por essa razão deve obrigatoriamente conter a causa de pedir, pois trata-se de um dos elementos da ação.

8.2.22. Petição na Norma Celetista: Requisitos

I) Designação da Autoridade Judiciária (Juiz ou Tribunal) a que é Dirigida.

Ao autor incumbe indicar o juiz ou tribunal competente para processar e julgar a ação que está sendo proposta, sempre de acordo com os critérios processuais que regem a competência, podendo daí advir consequências, como por exemplo: a prevenção. Em primeira Instância é dirigida ao Excelentíssimo Sr. Dr. Juiz do Trabalho da Vara do Trabalho de.... e se for ação de competência originária do Tribunal será dirigida ao Excelentíssimo Sr. Dr. Juiz Presidente do Egrégio Tribunal Regional do Trabalho de.....

II)- Qualificação das partes: Nome completo das partes, estado civil, profissão e endereço completo, CEP, número da CTPS, CPF, CNPJ, e PIS.

III) Breve Exposição dos Fatos que Resulte o Dissídio – Fatos e Fundamentos Jurídicos do Pedido.

Ainda que vigore o princípio da simplicidade no processo do trabalho, deve o autor descrever com precisão os fatos relevantes que constituem a relação jurídica sobre a qual pretende o pronunciamento jurisdicional, possibilitando o exercício do direito de defesa e do contraditório do réu, essenciais no Estado Democrático de Direito. Também deve ser descrito o fato contrário do réu que impediu a efetivação voluntária e espontânea do direito do autor, e tem a incumbência de apontar a natureza do direito da situação descrita. O fato e fundamento jurídico constituem o que se denomina "causa petendi", e também serve para verificação de litispendência, coisa julgada, continência, conexão, etc.

O fundamento jurídico é diferente de fundamento legal, este é a indicação dos dispositivos legais a serem aplicados, aquele se refere à relação jurídica e o fato contrário do réu que justifica o pedido.

A comissão de conciliação prévia deve ser citada mas não como uma obrigatoriedade, mas sim como uma faculdade das partes, nesse sentido a Súmula de nº 02 do TRT da 2ª Região determina que a CCP não é um requisito nem obrigatoriedade para a propositura da ação trabalhista.

> ***Recurso ordinário.*** *Juízo Arbitral. Pedido de demissão. Termo de Rescisão do contrato de trabalho. Contrato com mais de um ano de vigência. Art. 477, § 1º, da CLT. Assistência do respectivo Sindicato ou perante a autoridade do Ministério do Trabalho. Matéria de ordem pública. A assistência mencionada pelo legislador é de substância do ato. Significa dizer que, caso os atos jurídicos referidos não contarem com a assistência (homologação) dos órgãos indigitados, não produzem efeito. São ineficazes. São inexistentes no mundo jurídico. E não consta do dispositivo em causa o juízo arbitral. O art. 1º, da Lei nº 9.307, de 23 de setembro de 1996, estabelece a possibilidade de opção pela arbitragem, pelas pessoas capazes de contratar, apenas aos direitos patrimoniais disponíveis. Precedente TRT/SP02111.2006.024.02.00-3. (TRT/SP – 01599200502202008 – RO – Ac. 11ª T 20090072612 – Rel. CARLOS FRANCISCO BERARDO – DOE 03/03/2009.)*

> ***COMISSÃO DE CONCILIAÇÃO PRÉVIA.*** *INEXISTÊNCIA DE OBRIGATORIEDADE DE SUBMISSÃO DO CONFLITO À CCP PARA EXERCITAR O DIREITO DE AÇÃO. A legislação ordinária não pode obrigar o empregado a utilizar os serviços prestados pelas Comissões de Conciliação Prévia ou Núcleos*

Intersindicais de Conciliação, que cobram pelos serviços prestados, para exercitar o direito constitucional de ação, pena de violação do artigo 5º, XXXV, da Constituição Federal. (TRT/SP – 05270200608502000 – RO – Ac. 7ª T 20090020515 – Rel. NELSON BUENO DO PRADO – DOE 06/02/2009.)

a) Teoria da Substanciação

No que se refere aos requisitos da petição inicial, quanto à causa de pedir, o direito brasileiro adota a teoria da substanciação, que consiste na exigência legal de se apontar a descrição dos fatos oriundos da relação de direito material e a justificativa da razão pela qual afirma a existência do direito.

Conforme nos ensina " Bezerra Leite", não basta ao empregado alegar simplesmente que é sujeito de uma relação de emprego e que por essa razão quer anotação na CTPS. O nosso direito exige que o autor especifique a razão pela qual afirma que é titular de direito, declinando por exemplo que trabalhou com pessoalidade, subordinação, etc...

São os fatos que dão origem à ameaça ou lesão aos direitos. Os fundamentos do pedido compõem o que se denomina causa de pedir. Ex.: se pede o vínculo de emprego deve indicar que não era reconhecido, não tinha anotação na CTPS, etc...

A causa de pedir é um dos elementos que identifica o processo e não pode ser modificado sem o consentimento do réu após a citação, e em nenhuma hipótese após o saneamento (artigo 264 do CPC). Possibilita a análise da ocorrência de litispendência, conexão, continência e coisa julgada.

A teoria da Substanciação se contrapõe à chamada teoria da individualização, segundo a qual basta a indicação de um fundamento geral para o pedido.

Ex.: Sou credor, por essa razão quero receber. No processo do trabalho não há a necessidade de se apontar o fundamento legal.

No processo do trabalho, a petição inicial é desprovida das regras do CPC, basta uma breve exposição dos fatos, e da causa de pedir, de forma que a reclamada possa apresentar sua defesa, formando o contraditório.

Não há uniformidade na doutrina entre o que seja causa remota próxima ou remota, para alguns o fato é a causa de pedir remota e o fundamento jurídico do pedido a causa de pedir próxima ou imediata. (Bezerra entende que os fatos = próxima ou imediata e fundamentos jurídicos remota ou mediata).

IV) Pedido e suas Especificações

Do fato e do fundamento jurídico deve, logicamente, decorrer o pedido que pode ser classificado em:

a) **PEDIDO MEDIATO:** É o bem da vida pretendido pelo autor por meio da ação judicial. Ex.: condenação ao pagamento de horas extras.

b) **PEDIDO IMEDITATO:** É a solicitação da prestação jurisdicional pelo Estado para a solução de um conflito de interesses, através da sentença judicial, sendo que está poderá ter natureza declaratória, constitutiva ou condenatória. É a espécie de tutela pretendida pelo autor.

O artigo 286 do CPC estabelece que o pedido deve ser certo ou determinado, mas tanto a doutrina quanto a jurisprudência deixa certo que ambas as qualidades são necessárias.

c) **Pedido Certo** – O pedido, de regra, deve ser certo e determinado, isto é, definido quanto à qualidade e quantidade. Admiti-se pedido genérico nas hipóteses do artigo 286 do CPC (ações universais, quando não for possível determinar de modo específico as consequências do ato ou fato ilícito, quando a determinação do valor da condenação depender de ato que deva ser praticado pelo réu).

Nas ações que têm por fim a tutela de interesses coletivos ou individual homogêneo, formula-se pedido genérico, isto é, certo quanto à existência, e determinado quanto ao gênero, quantitativamente indeterminado, mas suscetível de determinação em liquidação de sentença, com a apuração do *quantum* devido, se for o caso até por artigos de liquidação (CDC artigos 95 e 98).

- **d) Pedido Alternativo**: Diz-se pedido alternativo quando pela natureza da obrigação o devedor pode cumprir a prestação de mais de uma maneira. A alternativa vem assegurada ao devedor pela lei ou pelo contrato. Exemplo: em caso de dispensa discriminatória, a lei faculta ao empregado escolher entre ser reintegrado ou indenizado na forma dobrada (artigo 4º da Lei 9.029/95).
- **d1) Momento da Escolha:** Se a escolha competir ao credor, este deverá, na inicial, fazê-la, optando por um dos pedidos que o tornará fixo, e se a escolha couber ao réu, o juiz condenará alternativamente, fazendo o réu a escolha por ocasião da execução.
- **e) Pedido Subsidiário ou Sucessivo** – Previsto no artigo 289 do CPC, que estabelece ser lícito ao autor formular mais de um pedido, de maneira que o juiz conheça do posterior se não for possível conhecer do anterior. Ex.: empregado estável pede a reintegração ou a indenização pelo período estabilitário.

Diferença entre pedido alternativo e Sucessivo, Quando se trata de pedido alternativo, um exclui o outro, no sucessivo, existe um pedido que deve ser atendido, só na impossibilidade de ser deferido o primeiro é que pode ser apreciado o segundo.

- **f) Pedido Simples** – um só pedido - **Pedido Cumulativo** : previsto nos arts. 292 e 289 do CPC, vários pedidos numa mesma ação.

A cumulação de pedidos formulados pelo autor poderá ser também própria ou imprópria. Na cumulação própria há a possibilidade do Autor formular dois ou mais pedidos e de todos serem acolhidos. A cumulação própria subdivide-se em simples (o autor tem interesse na procedência de todos, indistintamente) e sucessiva (o acolhimento do pedido secundário só ocorrerá se acolhido o principal).

Cumulação Imprópria, hipótese em que só um pedido poderá ser acolhido, esta subdivide-se em subsidiária (o autor apresenta a ordem de sua preferência; em não sendo acolhido o primeiro pedido – principal – poderá ser acolhido o seguinte, denominado subsidiário) e alternativa (neste caso, não há ordem de preferência indicada pelo autor).

Da Cumulação de Pedidos ou Cumulação Objetiva: O Código de Processo Civil permite ao autor cumular, num único processo, vários pedidos, ainda que conexos.

g) Requisitos para a Cumulação
   1) Que os pedidos sejam compatíveis entre si;
   2) Que seja competente para conhecer deles, o mesmo juízo;
   3) Que seja adequado para todos os pedidos o mesmo tipo de procedimento.
h) Pedido Principal e Acessório – Os pedidos são interpretados restritivamente, compreende-se, no entanto, no principal os juros legais. Salário do mês de maio de 2005, pedido principal e juros acessórios, para alguns a correção monetária seria acessório, aplicando-se a regra do artigo 293 do CPC
i) Pedido implícito – A jurisprudência não é pacífica em aceitar pedido implícito. A regra é de que o autor deve formular expressamente os pedidos. No entanto, para alguns existe pedido implícito, ex.: férias, pedido principal, acréscimo de 1/3 implícito.

V) Local, data e assinatura do subscritor

O código de processo civil não faz menção expressa na necessidade da assinatura do subscritor da inicial, no direito processual do trabalho, e a exigência da assinatura da parte ou seu representante como requisito essencial da petição inicial escrita. Petição sem assinatura é apócrifa, e por essa razão é considerada inexistente. No entanto, o juiz deve conceder o prazo de 10 (dez) dias para a regularização.

VI) Outros Requisitos da Petição Inicial

a) **Valor da causa** – O valor atribuído à causa deve corresponder ao valor econômico postulado. A doutrina e jurisprudência divergem quanto a sua obrigatoriedade. Alguns autores sustentam que o valor da causa só é obrigatório no procedimento sumaríssimo (Bezerra, Giglio), outros, no entanto, (Saraiva) entendem que após a Lei 9.957/200 é obrigatório conter na inicial o valor da causa. A Lei 5.584/70, no artigo 2º, estabelece que se o autor não indicar o valor da causa, o juiz antes de instruir o processo deverá fixá-lo para fins de alçada. Também há o entendimento de que havendo ou não impugnação do réu, o juiz pode, de ofício, fixar valor diverso para fins de adequar o valor ao disposto no artigo 259 do CPC.

b) **Especificação de Provas** – Para alguns autores é desnecessária a especificação das provas.

c) **Requerimento de Notificação do Réu** – A doutrina afirma que no processo do trabalho é dispensável o requerimento de notificação da parte contrária, pois, trata-se de ato determinado por lei, e feito automaticamente pelo chefe ou diretor de secretaria (artigo 841 da CLT).

8.2.23. Do Indeferimento da Inicial

O artigo 295 do CPC autoriza o juiz a indeferir a petição inicial nas seguintes hipóteses:

1) Quando for inepta; considera-se inepta a petição inicial quando lhe faltar pedido ou causa de pedir, quando da narração dos fatos não decorrer logicamente a decisão, quando o pedido for juridicamente impossível ou contiver pedidos incompatíveis entre si;
2) Quando a parte for manifestamente ilegítima;
3) Quando o autor carecer de interesse processual;
4) Quando o juiz verificar, desde logo, a decadência de prescrição;
5) Quando o tipo de procedimento escolhido pelo autor não corresponder à natureza da causa ou do valor da ação, caso em que só não será indeferida se puder adaptar-se ao tipo de procedimento legal.

O indeferimento da petição inicial, por encontrar-se desacompanhada de documento indispensável à propositura da ação ou não preencher outro requisito legal, somente é cabível se, após intimação para suprir a irregularidade em dez dias, a parte não o fizer. Inépcia da inicial – 1) Em face do princípio da economia processual, verificando o juiz que a petição inicial não preenche os requisitos da lei ou que apresente defeitos ou irregularidades capazes de dificultar ou comprometer o julgamento do mérito, determinará que o reclamante a emende no prazo de 10 (dez) dias, para somente indeferir a petição inicial, quando o autor não cumprir a determinação judicial, conforme previsão do art. 284 do CPC e Súmula 263 do Colendo TST.

O despacho do juiz que indefere a inicial é de natureza terminativa.

Havendo recurso da sentença que julga extinto o processo sem julgamento de mérito por indeferimento da inicial, é facultado ao juiz reformar sua decisão.

VII) Da Juntada de Documento

O artigo 283 do CPC estabelece que a petição inicial deverá ser instruída com os documentos indispensáveis à propositura da ação.

8.2.24. Aditamento à Petição Inicial

O aditamento à petição inicial é admitido com as devidas adaptações ao processo do trabalho. Admite-se o aditamento à inicial até o recebimento da notificação dando ciência ao réu da data da realização da audiência (artigo 264 do CPC). Após a entrega da notificação o aditamento só será admitido com a concordância do réu. Esta regra é abrandada no processo do trabalho, de maneira que alguns juízes e doutrinadores entendem que o aditamento pode ser feito na audiência, antes da entrega da defesa, devendo o juiz receber o aditamento e devolver o prazo para a defesa, designando-se nova data para audiência, ainda que não haja consentimento do réu, em vista do princípio da oralidade, simplicidade, celeridade e da ausência do prejuízo. Após a apresentação da defesa, já não é mais possível o aditamento à petição inicial.

8.2.25. Nulidade de Sentença. Inépcia da Inicial

Não tendo havido, por parte do Juiz de primeiro grau, a expressa determinação para que o reclamante aditasse a petição inicial, imperiosa a decretação de nulidade da sentença *a quo*. Inteligência do art. 284 do CPC e Enunciado nº 263 do TST. (TRT 15ª Reg., no RO nº 5333/1999, Ac. Da 3ª T., nº 19214/2000, Rel. Juiz Domingos Spina, in DOE-SP de 30/05/2000, p. 62).

8.3. AUDIÊNCIA

8.3.1. Comparecimento das Partes e "Arquivamento", Conciliação, Revelia, Resposta do Reclamado, Defesa Direta e Indireta, Exceções, Contestação, Compensação, Reconvenção

O artigo 841 da CLT dispõe que recebida e protocolada a inicial, o chefe da secretaria tem o prazo de 48 horas para enviar a segunda via à reclamada, notificando-a para comparecimento na audiência que será na primeira data desimpedida depois de 5 (cinco) dias, e o parágrafo 2º do mesmo artigo estabelece também que o reclamante será notificado da data da audiência no momento da distribuição da ação ou pelo correio.

8.3.2. Conceito

É o ato do juiz de ouvir as partes, suas pretensões e suas testemunhas.

De acordo com os artigos 813 a 817 da CLT, as audiências dos órgãos da Justiça do Trabalho serão públicas e realizadas de regra na sede do Juízo ou Tribunal, em dias úteis previamente fixados, entre **8h00 e 18h00**, não podendo ultrapassar cinco horas seguidas, salvo se houver matéria urgente. Em casos especiais poderá ser realizada em outro local, mediante edital fixado na sede do juízo com antecedência de 24 horas no mínimo.

Se até 15 minutos após a hora marcada, o juiz não houver comparecido, os presentes poderão retirar-se, devendo apenas constar no livro de registros das audiências (observação: este prazo é para o caso de não comparecimento do juiz, e não atraso na audiência).

8.3.3. Forma da Audiência Trabalhista

Nos termos da CLT, a audiência trabalhista, qualquer que seja o rito (sumário, sumaríssimo ou ordinário) deveria ser sempre UNA (arts. 841 e 852-A), ou seja, a proposta conciliatória, apresentação da defesa, instrução do processo e julgamento são realizados em uma única oportunidade, em obediência ao princípio da imediatividade e concentração dos atos processuais, próprios do processo do trabalho.

Na prática, em razão da complexidade de alguns processos e o excesso de processos em pauta, a maioria das Varas do Trabalho tem optado em fracionar a audiência una em três, valendo-se do que dispõe o artigo 843 da CLT.

INICIAL: busca conciliação tão somente e, em caso negativo, recebe a defesa da reclamada, abrindo-se vista ao reclamante, designando-se nova audiência em continuidade.

8.3.4. Instrução e Julgamento

Realizada em sequência a audiência inicial, visando a oitiva das partes, das testemunhas do reclamante e reclamado, ou o inverso em caso de inversão do ônus da prova, e demais provas necessárias, julgando o feito ao final ou não, neste caso deverá ficar consignada na ata de audiência a forma pela qual as partes tomarão ciência da sentença = via postal, Diário Oficial ou na forma do Enunciado 197 do TST = daí a importância do advogado ler o DOU ou contratar em empresa de recortes.

8.3.5. Julgamento

Destinado somente ao Juízo para o julgamento do processo, sem a presença das partes, sendo que as partes terão ciência da decisão, via postal, oficial de justiça, Imprensa Oficial ou pelo enunciado 197, que declara que as partes dão-se por notificadas no dia e hora marcados para a publicação da decisão.

Em doutrina encontramos a posição de doutrinadores que afirmam que a audiência UNA não seria conveniente, porque dificulta a réplica do reclamante, ferindo a garantia constitucional da ampla defesa, do contraditório e o consequente, devido processo legal, exceção feita ao procedimento sumaríssimo onde a parte, em regra geral, será instada a se manifestar sobre os documentos em audiência (art. 852-H, parágrafo 1º, CLT).

8.3.6. Dever de Comparecimento das Partes na Audiência

O artigo 843 da CLT estabelece o dever de comparecimento pessoal do reclamante (salvo tratando-se de reclamação plúrima ou ação de cumprimento, quando este poderá ser representado pelo sindicato da categoria) e também da reclamada às audiências, independentemente de seus representantes ou advogados.

Observe-se, no entanto, que nas ações de cumprimento, ainda que o legislador empregue o termo representar, na verdade, o sindicato pode atuar como substituto processual dos substituídos. É ao autor da ação, atua em nome próprio, na defesa dos substituídos. Sendo dispensável o comparecimento pessoal dos substituídos, titulares do direito material em juízo.

Também quando se tratar de reclamação plúrima, os empregados poderão se fazer representar pelo sindicato da categoria, sendo permitido também ao juiz que autorize os autores serem representados por um grupo ou comissão dos litisconsortes.

8.3.7. Consequência do Não Comparecimento das Partes

O artigo 844 da CLT deixa certo que a ausência do reclamante na audiência de julgamento importa no arquivamento da reclamação (podendo intentar nova ação, devendo ser observado o prazo de 6 meses entre a segunda e terceira propositura (art. 732 CLT), e o não comparecimento da reclamada importa revelia, além de confissão quanto a matéria de fato.

8.3.8. Arquivamento

De acordo com a norma processual celetista, a ausência do reclamante na audiência de julgamento importa no arquivamento da reclamação.

O artigo 843, parágrafo 2° da CLT, também deixa certo que ocorrendo motivo relevante, o reclamante pode se fazer substituir por colega de profissão ou sindicato se estiver doente. Haverá o adiamento da audiência nessa hipótese, mesmo porque o representante do reclamante não poderá fazer confessar, transigir (fazer acordo), etc...

8.3.9. Revelia

A falta de comparecimento da reclamada na audiência de julgamento importa na revelia, sendo certo que a jurisprudência TST vem se firmando no sentido de que: **"A reclamada ausente à audiência em que deveria apresentar defesa, é revel ainda que presente seu advogado munido de procuração, podendo ser elidida a revelia mediante a apresentação de atestado médico, que deverá declarar, expressamente, a impossibilidade de locomoção do empregador ou do preposto no dia da audiência".**

Na audiência, a pessoa jurídica deverá ser representada pelos sócios ou preposto com carta de proposição, que deverá ser pessoa que tenha conhecimento dos fatos, cujas declarações obrigarão o proponente.

O preposto do empregador, desde que munido da respectiva carta de preposição, está apto a praticar atos de audiência, tais como contestar, requerer provas, arguir nulidades, apresentar razões finais, inclusive transigir (fazer acordos). No entanto, também submete o proponente a todas as consequências negativas oriundas do mau exercício da preposição, confissão, preclusão para arguir nulidades, etc...

Os poderes de representação do preposto se esgota na audiência, o que não ocorre quando a representação se dá pelo representante legal da reclamada, que em vista do *jus postulandi*, está apto a continuar praticando atos processuais no processo.

Também se tem certo que não há qualquer inconveniente do preposto ser testemunha da empresa, desde que se tratem de processos distintos.

8.3.10. Falta de Carta de Preposição

Irregularidade de representação deve ser concedido prazo para regularizar a representação (artigo 13 do CPC). Na realidade, o juiz deveria suspender os trabalhos e conceder prazo para regularizar, mas em vista do princípio da celeridade, de regra, concedem prazo para a regularização, sem suspender o processo, dando continuidade aos trabalhos de audiência.

No entanto, é sabido que a carta de preposição é o documento hábil para se provar a qualidade de preposto e, via de regra, a legitimidade da representação da reclamada, por essa razão, a jurisprudência entende que se considera ausente na audiência a ré quando o preposto não prova sua condição de representante, deixando de regularizar sua representação no prazo assinalado pelo juiz, entendendo ainda correta a decisão que não aprecia a defesa apresentada e declara a revelia e confissão ficta da reclamada.

8.3.11. Advogado Preposto

O artigo 3º da Lei 8.906/94 (Estatuto da OAB) proíbe que o advogado funcione no processo simultaneamente como preposto e como advogado do cliente. As partes poderão fazer-se acompanhar de advogado, que deverá apresentar o competente mandato, que poderá ser tácito ou "apud acta", com poderes simples ou escrito, por instrumento público ou particular, com poderes especiais e específicos, sendo dispensável o reconhecimento de firma.O Advogado, em caso urgente, poderá postular em Juízo e requerer a juntada do instrumento em 15 dias, prorrogáveis por mais 15 dias por despacho do Juiz (art. 37 CPC).

8.3.12. Revelia e Confissão Ficta

Revelia é a ausência de defesa. Não se trata de pena ou sanção (natureza jurídica de fato jurídico – acontecimento capaz de produzir efeitos jurídicos) na verdade, trata-se de uma faculdade conferida ao réu de não defender-se. O efeito da revelia é a confissão ficta, ou seja, presunção relativa de veracidade dos fatos alegados na petição inicial (art. 319 do CPC, aplicado por força do art. 769 da CLT), prosseguindo-se o processo, sendo certo que o revel poderá intervir em qualquer fase processual recebendo o processo no estado em que se encontra. A confissão ficta limita-se a fatos, não alcança direitos.

> "*REVELIA. PREPOSTA. COMPROVAÇÃO DA QUALIDADE DE EMPREGADA POR FICHA DE REGISTRO. Tendo a reclamada, diante de determinação do Juízo de Origem quanto à comprovação da qualidade de empregada da preposta que compareceu à audiência através de cópias de sua CTPS, juntando cópias de sua ficha de registro de empregado, cumpre a exigência que afasta a revelia. Ademais, ainda que assim não fosse, impositivo aplicar apenas a ficta confessio à reclamada, pois o advogado legalmente constituído esteve presente à mesma audiência e apresentou contestação por ele firmada legitimamente, hábil ao afastamento da revelia que, em última análise, se consubstancia pela ausência de defesa.*" (TRT/SP – 03036200502002001 – RO – Ac. 10ª T 20090083436 – Rel. SÔNIA APARECIDA GINDRO – DOE 03/03/2009.)

8.3.13. A Presunção de Veracidade dos Fatos Não Ocorrerá

• Se houver pluralidade de réus e algum deles contestar a ação;
• Se o litígio versar sobre direitos indisponíveis;
• ou ainda quando a petição inicial não estiver acompanhada de instrumento público que a lei repute indispensável à prova do ato.

A revelia não se confunde com a contumácia, que se refere ao não comparecimento da parte em juízo, e pode ocorrer em qualquer fase do processo. A revelia por sua vez é a não apresentação de defesa pelo réu.

Consequências do não comparecimento das partes na audiência em prosseguimento:

Nos termos do entendimento súmulado pelo Tribunal Superior do Trabalho, Súmula nº 9 do TST – A ausência do reclamante quando adiada a instrução após ser contestada a ação em audiência não importa no arquivamento da reclamação.

Também a Súmula 74 TST estabelece que se aplica confissão à parte que, expressamente intimada para comparecimento na audiência em prosseguimento, deixa de comparecer.

8.3.14. Propostas Conciliatórias

O artigo 846 da CLT dispõe que aberta a audiência o juiz proporá a conciliação

No processo do trabalho, quando a ação se processa pelo rito ordinário, o juiz em dois momentos processuais deve formular a proposta conciliatória. A Primeira tentativa deve ocorrer logo na abertura da audiência (art. 846 CLT) antes da apresentação da defesa e a segunda após as razões finais (art. 850 CLT) antes da sentença, não havendo impedimento para a conciliação entre as partes em qualquer fase do processo. Ressalta-se, no entanto, que mesmo ultrapassado o momento processual previsto na lei, as partes poderão pôr fim ao processo mediante a celebração de acordo (artigo 764 da CLT).

Havendo acordo, o termo que for lavrado valerá como decisão irrecorrível, salvo para a Previdência Social quanto às contribuições devidas ao órgão arrecadador (artigo 831, parágrafo 1°). Só por ação rescisória é que pode ser atacado o termo de homologação de acordo. Não havendo acordo, o juiz abrirá o prazo para oferecimento da defesa (Súmula 259 do TST).

8.3.15. Falta de Proposta Conciliatória

Alguns autores defendem o entendimento que as propostas conciliatórias, expressamente previstas em lei, constituem matéria de ordem pública e que a inobservância do disposto nos artigos 846 e 850 da CLT constitui nulidade absoluta. Outros, no entanto, entendem que em vista do disposto no artigo 764, parágrafo 3°, onde se tem que as partes poderão licitamente celebrar acordo que ponha fim ao processo mesmo depois de encerrado o juízo conciliatório, a ausência das propostas não produzem prejuízos aos litigantes e, por essa razão, não importa em nulidade,

8.3.16. Das Respostas do Reclamado

Nos termos do disposto no artigo 847 da Consolidação das Leis do Trabalho, a defesa da reclamada deverá ser apresentada em audiência, oralmente, no prazo de 20 minutos. No entanto, a praxe sedimentou a prática da empresa apresentar defesa escrita. Por outro lado, da análise do referido dispositivo legal, verifica-se que o legislador adotou a expressão defesa pretendendo englobar todas as formas de ataque da reclamada à pretensão do reclamante, de maneira que neste momento processual poderá ser apresentada exceção, contestação, reconvenção, aplicando-se subsidiariamente o artigo 297 do Código de Processo Civil, sendo certo que as duas primeiras são realmente defesa do réu, mas a última não se trata de resposta, mas de verdadeiro ataque do réu em face do autor, trata-se de ação e não de defesa.

8.3.17. Defesa Indireta do Processo

Sempre que forem discutidos pressupostos para o válido desenvolvimento do processo, e podem ser de **caráter dilatório** (são as **exceções previstas no**

artigo. 304 do CPC) ou de **caráter peremptório,** quando se pretende pela via processual impedir a discussão de direito material em conflito, através de preliminares tratadas no art. 301 do CPC; **Defesa indireta de mérito,** que se poderia chamar de prejudiciais do próprio mérito da ação, quando se pretende atacar o mérito, sem precisar discutir a própria pretensão, é o caso de arquição de prescrição e decadência, em que o processo é extinto com julgamento de mérito (art. 269, IV, do CPC); **Defesa de mérito**, em que o réu pretende ver a ação julgada em sua essência e substância, com a improcedência da pretensão do autor (art.269, I, do CPC).

A seguir, vamos analisar as formas de defesa do reclamado no processo trabalhista.

8.3.18. Defesa Indireta do Processo de Caráter Dilatório – Exceção

I – A exceção constitui uma forma de defesa processual ou defesa indireta, contra defeitos, irregularidades ou vícios do processo, que impedem seu desenvolvimento regular, não se discutindo o mérito da questão, onde o réu, sem negar os fatos articulados pelo autor, opõe fatos extintivos ou impeditivos ligados ao processo. Observe-se, ainda, que em algumas hipóteses pode também ser oferecida pelo autor.

Só suspendem o andamento do processo as exceções de suspeição, impedimento e de incompetência (art. 799 da CLT). As outras antigas exceções não suspendem o andamento do feito, sendo alegadas como matéria de defesa (parágrafo 1º do art. 799 da CLT). Até que se decida a exceção, o processo não terá andamento (art. 306 c/c art. 265, III, do CPC).

8.4. DA EXCEÇÃO DE IMPEDIMENTO

Conforme se verifica, a norma celetista não menciona no artigo 799 a possibilidade de ser oposta exceção de impedimento, mas esta é cabível, e a ausência do tratamento normativo é decorrente do fato de que o referido instituto foi previsto no código de processo civil de 1973, de maneira que considerando que a CLT foi editada em 1943, não existia ainda a figura à época em que foi publicada.

O impedimento é causa de nulidade do processo, pois a norma processual deixa certo que o juiz não pode funcionar nos processos nas hipóteses tratadas no artigo 134 do CPC, ex.: I – em que for parte; II – em que interveio como mandatário da parte, oficiou o perito, funcionou com Órgão do Ministério Público ou prestou depoimento como testemunha; III – quando seu cônjuge ou qualquer parente seu estiver postulando como parte ou como advogado da parte, etc.

8.4.1. Exceção de Suspeição

A suspeição está regulada no artigo 801 da CLT, e ocorre em relação ao juiz à pessoa dos litigantes e não de seus procuradores. Mas, o juiz poderá dar-se por suspeito caso houver amizade íntima com o advogado da parte, de modo a caracterizar a parcialidade, aplicando-se, então, o parágrafo único do artigo 135 do CPC, pois grande parte da doutrina entende que as hipóteses do artigo 801 são meramente exemplificativa, aplicando-se de forma subsidiária todas as hipóteses dos artigos 134 e 135 do CPC.

Dá-se a suspeição nos seguintes casos (artigo 801):
• inimizade pessoal;
• amizade íntima;
• parentesco por consanguinidade ou afinidade até terceiro grau civil;
• interesse particular na causa.

8.4.2. Exceção de Incompetência Relativa

A incompetência em razão do lugar deve ser arguida através de exceção, sendo certo que a incompetência absoluta de regra deve ser arguida como preliminar de contestação, conforme previsto no artigo 799, parágrafo 1º da CLT.

Caso não seja arguida a incompetência relativa pela parte tem-se que a incompetência se prorroga, tornando juízo plenamente competente para dirimir o litígio, ademais, segundo entendimento do STJ, não pode ser reconhecida de ofício pelo juiz (Súmula 33 do STJ).

8.4.3. Forma da Exceção

No processo do trabalho há não uniformidade na doutrina se a exceção deve ser processada em apenso aos autos principais ou nos próprios autos da ação trabalhista. No entanto, a corrente mais aceita é a segunda, em vista do princípio da simplicidade e da existência do *jus postulandi* no processo do trabalho.

A decisão proferida por ocasião do julgamento da exceção tem natureza de decisão interlocutória.

8.4.4. Da Preclusão para se Arguir Suspeição ou Impedimento

A imparcialidade do juiz é pressuposto de desenvolvimento válido e regular do processo. A suspeição e o impedimento, se confirmados, geram a necessidade do afastamento do Magistrado, remetendo-se os autos para seu substituto.

No processo do trabalho, a oportunidade para ser oposta a exceção de suspeição (e de impedimento) é a primeira vez em que o excipiente tiver de falar nos autos ou em audiência (art. 795 da CLT) após a ciência do fato legalmente descrito como fundamento da suspeição ou do impedimento, este de natureza objetiva, aquela, subjetiva.

As hipóteses previstas no art. 801 da CLT são exemplificativas, aplicando-se, subsidiariamente, os arts. 134 e 135 do CPC, apesar da divergência doutrinária sobre a questão, bem como sobre a figura do impedimento, não prevista expressamente na CLT.

8.4.5. Momento para se Arguir Impedimento

As causas geradoras de impedimento têm natureza objetiva, estão expressamente capituladas na lei, ou seja, nas hipóteses tratadas no artigo 134 do CPC. É que nessas hipóteses haverá uma presunção absoluta de imparcialidade do juiz e, por essa razão, o vício sobrevive ao trânsito em julgado da decisão, podendo ser alegada em qualquer tempo (passível de ser rescindida a decisão por ação rescisória, artigo 485, inciso II do CPC).

8.4.6. Suspeição

A preclusão do direito de excepcionar de suspeição ocorrerá em momentos diversos do processo, tendo como parâmetro, em relação a ambas as partes, mas deverá ser arguida no primeiro momento de sua manifestação após a ciência do fato. Passada esta primeira oportunidade sem manifestação – seja do réu ou do autor – estará preclusa. O parágrafo único do art. 801 da CLT é claro em estabelecer as situações que determinam o momento a partir do qual haverá preclusão:

> *"Se o recusante houver praticado algum ato pelo qual haja consenso na pessoa do juiz, não mais poderá alegar exceção de suspeição, salvo sobrevindo novo motivo. A suspeição não será também admitida se do processo constar que o recusante deixou de alegá-la anteriormente, quando já a conhecia, ou que, depois de conhecida, aceitou o juiz recusado ou, finalmente, se procurou de propósito o motivo de que ela se originou".*

Observe-se que o marco da preclusão quanto à exceção de suspeição no processo civil é diverso: o art. 305 do CPC estabelece o prazo de 15 dias contado do fato que ocasionou a suspeição.

8.4.7. Processamento

Oposta a exceção, o juiz suspende o processo e, tratando-se de exceção de incompetência, o juiz abre vista dos autos ao exceto para manifestação em 24 horas improrrogáveis, devendo a decisão ser proferida na primeira audiência ou sessão que se seguir (artigo 800 da CLT). Dispõe o artigo 802 que, apresentada a exceção de suspeição ou impedimento, o juiz ou Tribunal designará audiência no prazo de 48 horas, para julgamento e instrução da exceção.

No entanto, com o fim das juntas de conciliação e Julgamento, a doutrina defende que a competência para decidir as exceções de impedimento e suspeição deixou de ser do juiz, aplicando-se o disposto no artigo 313 do CPC, que estabelece a competência do juizo "ad quem", pois o juiz é parte diretamente interessada.

8.5. DEFESA INDIRETA CONTRA O PROCESSO DE CARÁTER PEREMPTÓRIO

Também conhecida como Objeção ou Preliminares Processuais Arguidas em Contestação.

Preliminares são matérias de defesa processual que o réu deve suscitar ao juiz antes de adentrar a procedência ou improcedência dos fatos e pedidos descritos na petição inicial. O artigo 301 do CPC estabelece que, antes de discutir o mérito dos pedidos, o réu deve alegar como preliminares na contestação as seguintes matérias:
• inexistência ou nulidade de citação;
• incompetência absoluta;
• inépcia da inicial;
• litispendência;
• coisa julgada;

- perempção à perda temporária do direito de ação especial do processo trabalhista (art. 731, 732 CLT);
- conexão;
- continência;
- carência de ação;
- incapacidade da parte, defeito de representação ou falta de autorização;
- convenção de arbitragem;
- falta de caução ou de outra prestação que a lei exige como preliminar.

A doutrina nos ensina que as disposições do artigo 301 do CPC devem ser analisadas de forma sistemática com as disposições do artigo 267 do CPC, sendo certo também que alguns doutrinadores entendem que as disposições constantes dos incisos IV e XI não se aplicam no processo do trabalho.

8.6. DEFESA INDIRETA DE MÉRITO – PREJUDICIAIS DE MÉRITO

São matérias arguidas pela reclamada sempre que pretende um pronunciamento de mérito, sem discutir a própria pretensão, quando houver prescrição ou decadência do direito.

8.7. PRESCRIÇÃO

É a extinção da pretensão do titular do direito violado pelo decurso do tempo estabelecido em lei, no qual permaneceu inerte, de acordo com a tese adotada pelo novo Código Civil em seu art. 189 (violado um direito, nasce para o seu titular uma pretensão, extinta pela prescrição se o titular permanecer inerte).

Alguns autores – Maria Helena Diniz – ainda seguem a tese antiga, de Clóvis Beviláqua, para quem a prescrição é a perda do direito à ação, pelo transcurso do tempo, em razão de seu titular não o ter exercido.

"PRESCRIÇÃO. ARGUIÇÃO EM DEFESA. NÃO APRE-CIAÇÃO EM SENTENÇA. PRECLUSÃO. Embora arguida a prescrição total e quinquenal, como prejudicial de mérito na peça defensiva, o Juízo de Primeiro Grau não apreciou a matéria quando da decisão de mérito e, não tendo sido essa omissão objeto de embargos de declaração, a hipótese não permite nenhuma outra medida, posto já se encontrar a prestação jurisdicional concluída, estando preclusa a matéria, inviabilizada, por isso, a apreciação pela Instância Revisora. Descabe invocar a Súmula 153 do C. TST que discorre acerca da possibilidade de conhecimento e apreciação da prescrição arguida em sede recursal, ainda que não arguida por ocasião da defesa, não sendo essa a hipótese destes autos, onde, em efetivo, houve arguição anteriormente à r. sentença, esta que nada disse, não tendo sido a omissão objeto de embargos, razão por que exsurge preclusa." (TRT/SP – 02437200707002002 – RS – Ac. 10ª T 20081042145 – Rel. SÔNIA APARECIDA GINDRO – DOE 13/01/2009)

Indenização por dano moral e material decorrente de aci-dente do trabalho, com origem na relação de emprego, sofre a incidência da prescrição trabalhista, nos termos do art. 7º, XXIX, da CF/88. (TRT/SP – 00953200626202003 – RO – Ac. 3ª T 20081100471 – Rel. SERGIO J. B. JUNQUEIRA MACHADO – DOE 13/01/2008.)

AGRAVO DE PETIÇÃO. EXECUÇÃO FISCAL DE VALORES IRRISÓRIOS. PRESCRIÇÃO. DECLARAÇÃO DE OFÍCIO. Decorridos mais de 05 (cinco) anos de arquivamento dos autos sem baixa na distribuição, nas execuções fiscais de valores irrisó-rios, e intimada a se pronunciar sobre o decurso do prazo de que trata o § 4º do art. 40 da Lei nº 6.830/80, acrescentado pela Lei nº 11.051/2004, a exequente alega inexistência de inércia de sua parte, vez que determinado o arquivamento do feito com fundamento no art. 20 da MP 1973-67, cabe ao Judiciário declarar, de ofício, a extinção do crédito tributário, pela prescrição intercorrente. Consequentemente, não será juridicamente viável à Fazenda Pública a dedução de sua pretensão em juízo, posto que esta, também, estará extinta. Agravo de petição a que se nega provimento. (TRT/SP – 00206200646602007 Ac. 3ª T 20090051526 – Rel. MARIA DORALICE NOVAES – DOE 20/02/2009.)

PRESCRIÇÃO. APOSENTADORIA ESPONTÂNEA. EXTINÇÃO DO CONTRATO DE TRABALHO. FGTS. MULTA DE 40%. A aposentadoria espontânea não provoca a extinção do contrato de emprego se o empregado permanece prestando serviços ao empregador após a jubilação. Todavia, não havendo continuidade na prestação de serviços e discutindo-se o direito à multa de 40% do FGTS, o prazo prescricional começa a fluir do evento da aposentadoria. Recurso a que se nega provimento. (TRT/SP – 01859200705602004 – RO – Ac. 8ª T 20090088926 – Rel. SILVIA T. DE ALMEIDA PRADO – DOE 03/03/2009.)

PRESCRIÇÃO INTERCORRENTE. INADMISSIBILIDADE NO PROCESSO DO TRABALHO. A lei trabalhista denota a relevância com que o legislador tratou a fase de execução, uma vez que possibilitou a qualquer interessado, bem como autorizou ao próprio juiz, de ofício, que promova a execução do título judicial, conferindo interesse público ao procedimento executório (art. 878 da CLT). A execução trabalhista não é uma ação propriamente dita, mas uma fase imediatamente posterior ao rito de conhecimento. Desta forma, não se sujeita aos mesmos limites temporais daquele no que tange à prescrição. Nos termos do disposto na Súmula 114 do TST, é inadmissível a prescrição intercorrente nesta Justiça Especializada. (TRT/SP – 00310200440202000 – AP – Ac. 4ª T 20090094365 – Rel. SERGIO WINNIK – DOE 06/03/2009.)

8.8. DECADÊNCIA

É a perda de um direito em decorrência da ausência de seu exercício, ou seja, por não ter sido exercido dentro do prazo legal. Na Decadência é o próprio direito e não apenas a faculdade de propor a ação que se perde, ou, conforme a nova doutrina, a pretensão (prescrição).

8.9. ARGUIÇÃO DA PRESCRIÇÃO – MOMENTO

O artigo 193 do novo Código Civil estabelece que a prescrição pode ser arguida em qualquer grau de jurisdição a quem ela aproveita, no entanto, a Súmula 153 do TST estabelece que **"não se conhece da prescrição não arguida na instância ordinária"**.

Por instância ordinária compreende-se a fase do processo caracterizada pelo exame amplo das questões componentes da lide, quer seja matéria de direito, quer seja matéria de fato. Trata-se, pois, da fase processual de contraditório e da oportunidade de veiculação de matérias novas e, por essa razão, pode-se afirmar que, até em razões de recurso ordinário ou em razões de recurso ordinário adesivo, é cabível a arguição da prescrição.

Na sustentação oral já não é mais possível porque não há como ser assegurado o contraditório. E também não pode ser arguida em embargos de declaração, pois estes somente têm cabimento em caso de omissão, obscuridade e contradição, não sendo hábil para veicular alegações novas.

8.10. DEFESA DE MÉRITO

Em relação ao mérito, poderá o reclamado adotar duas modalidades de defesa:

8.10.1. Defesa Direta de Mérito

Negação do fato constitutivo do direito do autor.

Ex. Não é empregado.

8.10.2. Defesa Indireta de Mérito

Reconhece o fato constitutivo do direito, mas opõe um fato extintivo, (já foi efetuado o pagamento, transação, prescrição, etc.) impeditivo, (dispensa se deu por justa causa, não é devido a indenização) ou modificativo do direito do autor (reclamante pede reajuste salarial previsto em norma coletiva de 6% a partir de janeiro. A empresa alega que o reajuste é para ser pago somente a partir de maio).

8.10.3. Compensação

Também por se tratar de defesa indireta de mérito, sempre que duas pessoas reúnem entre si as qualidades de credoras e devedoras, reciprocamente, poderão requerer ao juiz que os créditos sejam compensados.

Trata-se de instituto do direito material e, no processo do trabalho, só podem ser compensadas dívidas de natureza trabalhista (Súmula 18 do TST), e ainda, conforme disposto no artigo 767 da CLT, só pode ser invocado como matéria de defesa, ou seja, na contestação. Impossível ser requerida na fase recursal ou na fase de execução. (Súmula 48 do TST.)

8.10.4. Diferença entre Compensação e Dedução

A compensação não se confunde com dedução, pois aquela para ser deferida necessita ser requerida (pedido expresso), enquanto esta pode ser concedida de ofício para evitar-se enriquecimento sem causa.

8.10.5. A Retenção

Consiste no direito da reclamada manter em seu poder (reter) alguma coisa do autor reclamante até que este quite sua dívida com a empresa, só podendo ser arguida como matéria de defesa, no prazo desta, sob pena de preclusão (art. 767 da CLT). Ex.: contribuições de imposto de renda ou previdenciárias incidentes sobre valores que devem ser recolhidos pelo empregador de valores pagos ao reclamante (artigo 46 da Lei nº 8.541/92).

8.11. A RECONVENÇÃO

Não se trata de modalidade de resposta do réu, consiste em um contra-ataque do réu em face do autor, no mesmo processo, dando origem a uma nova demanda com os polos invertidos: o autor passa a ser réu e o réu, autor na demanda reconvencional. Na reconvenção há uma cumulação objetiva de ações (principal e reconvenção). Deve ser proposta no prazo de defesa e será tratada como ação conexa. Por ser facultativa, caso não seja intentada no prazo mencionado, persistirá a possibilidade de o direito ser pleiteado de forma autônoma (entretanto, se proposta a ação independente antes da sentença, também ocorrerá a conexão).

A reconvenção é medida de economia processual e majoritariamente aceita pela doutrina trabalhista, havendo maior cizânia quanto à incompatibilidade da reconvenção nos procedimentos sumário e sumaríssimo (Renato Saraiva entende que é cabível em todos os procedimentos trabalhistas).

8.11.1. Processamento

Apresentada a reconvenção, o juiz deverá conceder prazo para o reclamante se manifestar sobre a reconvenção de, no mínimo, 5 dias (artigo 841 da CLT), salvo se abrir mão desse prazo e oferecer sua defesa na própria audiência. Embora sejam processadas no mesmo processo, ambas as ações têm vida própria, de maneira que se o reclamante não contestar a reconvenção será revel e confesso quanto à matéria de fato tratada na reconvenção. A desistência da ação, por parte do autor, não implica na desistência da reconvenção, que será processada normalmente até a sentença, o mesmo acontecendo em caso de desistência da reconvenção. Nos termos do artigo 318 do CPC, ação e reconvenção serão julgadas na mesma sentença.

8.11.2. Ações Dúplices e Reconvenção

Nas ações dúplices como no caso do inquérito para apuração de falta grave, é controvertido o cabimento de reconvenção, salvo se o objeto da reconvenção for mais amplo do que a ação.

8.11.3. Contestação por Negativa Geral

O Princípio da Impugnação Especificada previsto no artigo 302 do CPC aplica-se no processo do trabalho, por força do disposto no artigo 769 da CLT. Segundo as regras estabelecidas por este princípio, não se admite a contestação de forma genérica. A contestação por negativa geral é ineficaz e redunda em serem presumidos como verdadeiros os fatos articulados na petição inicial, salvo se apresentada por advogado dativo, curador especial ou órgão do Ministério Público, nos termos do parágrafo único do art. 302 do CPC.

8.11.4. Princípio da Eventualidade

De acordo com o princípio da eventualidade todos os meios de defesa devem ser apresentados em uma única oportunidade processual, ou seja, deve ser arguida no momento da contestação toda a matéria de defesa, sob pena de preclusão, salvo direito superveniente, questões de ordem pública ou matérias que a lei permite serem conhecidas a qualquer tempo e grau de jurisdição (art. 303 do CPC).

8.12. PROVAS

8.12.1. Conceito de Prova

Conjunto dos meios empregados para demonstrar a existência de um ato jurídico ou a demonstração da verdade de um fato, controvertido, relevante para a solução do litígio.

8.12.2. Objeto das Provas

De regra, provam-se os fatos não o direito. O direito o juiz conhece, é a aplicação do apótema latino "da mihi factum, dabo tibi jus". Excepcionalmente determina a lei que a parte deverá provar não só o fato mas também o direito. A parte que alegar direito estadual, municipal, estrangeiro ou consuetudinário deverá fazer prova de seu teor e sua vigência, se o juiz assim exigir (art. 337 do CPC). O mesmo se dá com as Convenções Coletivas de Trabalho, Acordos Coletivos de Trabalho e regulamento de empresa. **No entanto, tratando-se de direito federal, há uma presunção absoluta que o juiz o conhece.**

8.12.3. Fatos que Independem de Provas

O artigo 334 do CPC enumera os fatos que independem de prova, a saber:
- **Fato Notório** – aquele que é de conhecimento geral do Grupo Social onde ele ocorreu ou desperta interesse. Exemplo citado por Carlos Henrique Bezerra Leite: "é desnecessário provar que por ocasião das festas de final de ano as vendas crescem no comércio".
- **Fatos incontroversos** – Alegados e não contestados pelo réu, artigo 302 e 309 do CPC;
- **Fatos cuja Existência Legal é Presumida** – ou aqueles com presunção de veracidade ou de existência: Ex.: O reclamante não precisa provar que sofreu coação ao aceitar uma alteração contratual ilícita.

• **Fatos Irrelevantes** – São aqueles que não tenham nexo de causualidade com o tema posto em discussão.

8.12.4. O Ônus da Prova – Quem Deve Provar

O artigo 818 da Consolidação das Leis do Trabalho estabelece que no processo do trabalho a prova das alegações incumbe à parte que as fizer. Complementando a matéria, o artigo 333 do Código de Processo Civil estabelece que o ônus da prova incumbe ao autor quanto ao fato constitutivo de seu direito e ao réu quanto à existência de fato impeditivo, modificativo ou extintivo do direito do autor.

Em algumas situações, a jurisprudência altera essa regra. Ex.: Jornada de trabalho Súmula 338 – é ônus do empregador que conta com mais de 10 empregados o registro da jornada de trabalho na forma do artigo 74 da CLT. A não apresentação injustificada dos controles de frequência gera presunção relativa de veracidade da jornada de trabalho declinada pelo que pode ser elidida por prova em contrário.

No que diz respeito à existência da relação de emprego, admitida pela reclamada, a prestação de serviços, é desta o ônus de provar que a relação havida não era de emprego.

Ainda a Súmula 212 do TST estabelece que o ônus de provar o término da relação de emprego, quando negados a prestação de serviços e o despedimento, é do empregador, em vista do princípio da continuidade da relação de emprego.

Também o Código de Defesa do Consumidor consagra a inversão do ônus da prova, como um direito do consumidor, com a finalidade de facilitar a defesa e seus direitos, quando a critério do juiz for verossímil a alegação ou quando for ele hipossuficiente segundo as regras ordinárias de experiência

Valoração da Prova – princípio da livre persuasão racional:

Nosso ordenamento jurídico adota o sistema da livre persuasão racional, ou seja, o juiz tem liberdade de avaliação da prova, não está vinculado a valores probatórios preestabelecidos (sistema da prova legal); mas sua liberdade não é total: não está livre para julgar sem provas ou contra as provas dos autos; devendo sempre motivar suas decisões.

8.12.5. Princípios em Matéria de Provas

a) **princípio do contraditório**: artigo 5º, inciso LV – apresentada a prova em juízo, a parte contrária deve ter o direito de sobre ela se manifestar.

b) **princípio da Igualdade de oportunidade de prova:** autor e réu devem ter igual oportunidade de produzir provas no momento processual adequado a isso.

c) **princípio do livre convencimento motivado** (ou persuasão racional): o juiz aprecia livremente as provas produzidas em juízo, mas deve dar as razões de seu convencimento quando da sentença; artigos 765 da CLT e 131 do CPC.

d) **princípio da oralidade**: as provas devem ser realizadas, preferencialmente, na audiência de instrução e julgamento; artigos 845, 848, 852-H, etc.

e) **princípio da identidade física do juiz:** o juiz que inicia a colheita da prova deve terminá-la e proferir a sentença. Este princípio não era aplicável ao processo do trabalho quando o julgamento era realizado por colegiados (Vara do Trabalho que ainda funcionasse como órgão colegiado ou nas antigas Juntas de Conciliação). Hoje, aplica-se na JT de primeira instância.

f) **princípio da aquisição processual ou da comunhão da prova:** trazida a prova a juízo ela passa a pertencer ao processo, não mais podendo ser extraída ou desconsiderada, pouco importando saber quem a produziu. Assim, o reclamante ou o reclamado não podem, por exemplo, pedir que seja desconsiderado determinado testemunho de autoria de testemunha por eles trazida a juízo sob o argumento que depôs contra quem a trouxe.

g) **princípio da unidade da prova**: a prova deve ser examinada no seu conjunto e não de forma isolada.

h) **princípio da proibição da prova obtida por meio ilícito:** são inadmissíveis as provas obtidas por meio ilícito. No entanto, em algumas situações, este princípio é abrandado utilizando-se o principio da proporcionalidade. Ex.: assédio sexual.

Prova de Fato Negativo – Durante muito tempo entendia-se ser dispensável a prova de fato negativo, sob a alegação de que o ônus da prova era de quem os afirmava. No entanto, quando a negativa resulta em uma afirmação, impõe-se a obrigação de quem alega o fato de ter que prová-lo. Ex.: empregador ao alegar que não dispensou o empregado está implicitamente alegando abandono de emprego.

8.12.6. Meios de Prova

A Constituição Federal no artigo 5º, inciso LVI, estabelece: São inadmissíveis, no processo, as provas obtidas por meio ilícito, também o artigo 332 do Código de Processo Civil deixa certo que todos os meios legais, bem como quaisquer outros não especificados em lei, desde que moralmente legítimos, são hábeis para provar a verdade dos fatos em que se funda a ação ou a defesa.

8.12.7. Interrogatório e Depoimento Pessoal

O artigo 848 da CLT estabelece que terminado a defesa seguir-se-á a instrução do processo, podendo o juiz de ofício interrogar os litigantes. A doutrina costuma distinguir o depoimento pessoal do interrogatório das partes, apontando que o Interrogatório, consiste na oitiva das partes pelo Juiz, por sua iniciativa, a qualquer momento, e o depoimento pessoal deve ser requerido pela parte contrária para ser realizado. Analisando a norma processual trabalhista, verificamos que o legislador celetista só cuidou do interrogatório das partes, consistindo, assim, em uma faculdade do juízo, mas que, em obediência ao princípio do contraditório e da ampla defesa, só deve ser indeferido se o juiz já firmou seu convencimento.

A finalidade do depoimento pessoal é a obtenção da confissão real.

8.12.8. Confissão

Conceito: é a declaração que uma das partes faz da verdade dos fatos afirmados pela parte favorável a este.

A confissão pode ser: espontânea, assim considerada aquela feita deliberadamente pela parte; provocada, quando for obtida através de depoimento pessoal.

Ficta ou Presumida corresponde a presunção da verdade dos fatos narrados, a qual poderá ser ilidida por prova em sentido contrário já existente nos autos, a confissão é presumida por ausência de contestação, ausência na audiência de instrução ou escusa injustificada em responder as perguntas feitas em juízo.

A confissão espontânea ou provocada, ao contrário da confissão ficta, faz prova plena das alegações e é irrevogável, salvo se ficar demonstrado que foi obtida com vício do consentimento como erro, dolo ou coação, e uma vez confessados os fatos retira da parte a quem aproveita o ônus de provar. O juiz tem o dever de acatá-la, relevando inclusive pequenos defeitos da petição inicial. A confissão é indivisível, deve ser considerada por inteiro, não podendo ser aceita na parte que beneficia a parte, e rejeitada na parte que lhe é desfavorável, aplicação do artigo 354 do CPC.

Instrumentos de revogação: a confissão viciada pode ser revogada através de ação anulatória, se ocorrer – no Curso do Processo, ou por ação rescisória se a ação já tiver sentença com trânsito em julgado.

Diferença entre Confissão e Reconhecimento Jurídico do pedido – O reconhecimento jurídico do pedido é mais amplo que a confissão. A confissão versa apenas sobre os fatos controvertidos da causa e o reconhecimento jurídico do pedido abrange todo o pedido; a confissão é apreciada na sentença (mérito), e o reconhecimento jurídico do pedido é causa de extinção do processo com julgamento do mérito.

Prova documental

Documento – Todo objeto suscetível de servir de prova a alguma proposição, não só escrita, também fotos, gráficos, desenhos, etc. A prova documental vem tratada na CLT no artigo 830.

No entanto, a doutrina e a jurisprudência entendem (OJ 36 SDI-I) que se tratando de documento comum às partes (convenção coletiva, acordo coletivo, sentença normativa) cujo conteúdo não é impugnado, este possui validade, o fato de não estar autenticado não o invalida, cabendo à parte que o impugnar comprovar eventual falsidade.

Momento da Produção de Prova Documental

O artigo 845 da CLT estabelece que os documentos essenciais à propositura da ação devem ser juntados com a petição inicial e os referentes a provas das alegações de defesa devem ser apresentados com a contestação.

A juntada de documento novo só é admitida quando destinada a fazer prova de fatos ocorridos depois dos articulados ou para contrapor aos que foram produzidos nos autos (Súmula nº 8), sendo certo que o juiz sempre deverá conceder prazo para manifestação sobre eles.

O descumprimento destas regras pode ensejar o encerramento da instrução, salvo motivo relevante, com a desconsideração do documento juntado serodiamente (fora de prazo).

Incidente de falsidade

A parte contra a qual tiver sido apresentado o documento poderá, no prazo da contestação ou de 10 dias, contados da ciência da sua juntada aos autos, arguir sua falsidade ou não autenticidade. Esse incidente pode ser oposto em qualquer fase do processo e em qualquer grau de jurisdição, e o incidente se processará na forma dos artigos 390 a 395 do CPC, sendo a parte que produziu o documento intimada para se manifestar no prazo de 10 (dez) dias, em seguida o juiz ordenará o exame pericial nos autos. A perícia não se realizará se a parte que produziu o documento concordar em retirá-lo e a parte contrária não se opuser ao desentranhamento. O incidente de falsidade documental suspenderá o processo principal, e a decisão que julga o incidente trata-se de decisão interlocutória.

Obrigatoriedade da prova documental

No processo do trabalho devem ser provados necessariamente por documentos: o pagamento de salários (salvo se o empregado afirmar que realmente recebeu); o acordo de prorrogação de jornada; concessão e pagamento de férias.

Prova do contrato de trabalho

A prova do contrato de trabalho pode ser feita pelas anotações da CTPS, ou por instrumento escrito, e pode ser por todos os meios de provas em direito permitidos, no entanto, existe alguns contratos de trabalho (atleta profissional, trabalho temporário, aprendiz, etc.) que por força de lei devem ser celebrados por escrito.

Prova das anotações na CTPS

As anotações da CTPS gozam de presunção relativa de veracidade, Súmula 12 do TST e Súmula 225 do STF Dallegrave – As anotações na

CTPS gozam de presunção "iuris tantum" de veracidade apenas para o empregado, pois para o empregador a presunção é "iuri et de iuri" salvo se demonstrado que resultou de erro material.

8.13. PROVA PERICIAL

Prova técnica ou científica utilizada quando falta ao juiz conhecimentos técnicos ou científicos sobre o assunto. No processo do trabalho, a prova pericial pode ser requerida ou determinada de ofício pelo juiz. No entanto, é obrigatória quando houver pedido de adicional de periculosidade ou insalubridade (artigo 195, parágrafo 2º da CLT). Aplica-se subsidiariamente no processo do trabalho o disposto nos artigos 420 a 439 do CPC.

O juiz não está vinculado ao laudo (artigos 436 e 437 do CPC), podendo formar sua convicção com outros elementos existentes nos autos e, sempre que entender não estar suficientemente esclarecido, poderá determinar nova perícia sobre os mesmos fatos, a qual não substitui a primeira, e será analisada livremente o valor de cada uma delas.

No processo do trabalho, a Lei 5.584/70 prevê que a perícia será realizada por um só perito, nomeado pelo juiz, que lhe fixará prazo para entrega do laudo; as partes podem nomear assistentes técnicos que apresentarão suas conclusões no mesmo prazo concedido ao perito oficial, sob pena de desentranhamento dos autos.

Aplica-se aos peritos (não aos assistentes) as causas de suspeição e impedimento previstas nos artigos 134 e135 do CPC.

O perito poderá no prazo de 5 (cinco) dias da intimação ou do impedimento superveniente, sob pena de presumir-se que renuncia do direito de alegá-la, recusar o encargo. O artigo 790-B da CLT estabelece que a responsabilidade pelo pagamento dos honorários periciais é da parte sucumbente na pretensão objeto da perícia, salvo se beneficiária da justiça gratuita, e nas ações decorrentes de relação de emprego não pode ser exigido depósito prévio de honorários periciais (OJ 98), salvo se se tratar de lide decorrente de relação de trabalho (IN – 27/2005 artigo 6°).

8.13.1. Prova Testemunhal

Conceito: Testemunha é a pessoa naturalmente capaz que, sem ter interesse no litígio, é convidada para depor sobre fatos que presenciou e são discutidos na causa.

Testemunhar não é uma faculdade mas sim um dever público de colaboração com o Estado, encarregado de fazer a entrega da prestação jurisdicional, salvo se se tratar de fatos que lhe acarretem grave dano, bem como a seu cônjuge ou a seus parentes consaguíneos ou afins, ou tratando-se de fatos, cujo respeito, por estado ou profissão, deva guardar sigilo.

Não podem depor como testemunha:
- os incapazes (menor de 18 anos, interditado por demência, acometido por enfermidade mental e os deficientes visuais e auditivos quando a ciência do fato depender dos sentidos que lhes faltam);
- os impedidos (cônjuge, ascendentes ou descendentes, colaterais até o terceiro grau, por afinidade ou consanguinidade);
- os suspeitos (condenados em definitivo por falso testemunho, inimigos capitais ou amigos íntimos e o que tiver interesse no litígio).

Número de testemunhas: No processo do trabalho são admitidas até três testemunhas para cada parte no procedimento ordinário, quando a ação se processa pelo rito sumaríssimo admite-se até duas para cada parte, e tratando-se de inquérito para apuração de falta grave este número sobe para seis para cada parte.

Contradita: Contraditar a testemunha significa arguir seu impedimento, incapacidade ou suspeição. Deve ser realizada até antes do início do depoimento, após a qualificação da testemunha. Se não for feita nessa oportunidade, a contradita estará preclusa. O juiz pode ouvir testemunhas impedidas ou suspeitas como informantes se julgar necessário (artigo 405, parágrafo 4°).

> O **artigo 829** da CLT dispõe: A testemunha que for parente até o terceiro grau civil, amigo íntimo ou inimigo de qualquer das partes, não prestará compromisso, e seu depoimento valerá como simples informação.

A Súmula 357 do TST estabelece que não torna suspeita a testemunha o fato de estar litigando ou ter litigado contra o mesmo empregador.

> CERCEAMENTO DE DEFESA. CONTRADITA. AMIZADE ÍNTIMA. Testemunha conduzida pela reclamante que, contradita sob fundamento de amizade íntima, confirma ter sido visitada pela reclamante quando se encontrava doente, assim como quando se mudou para o interior do Estado, vez que a família da reclamante residia numa cidade, denota não se tratar apenas de uma colega de trabalho, mas confirmando suas declarações de amizade íntima, hipótese em que não poderia mesmo como ser ouvida validamente sem a pecha da suspeição. Preliminar de cerceio de defesa que se rejeita. (TRT/SP – 01029200802402003 – RS – Ac. 10ª T 20081077542 – Rel. SÔNIA APARECIDA GINDRO – DOE 13/01/2009.)

> PROVA TESTEMUNHAL. VALORAÇÃO. PREVALÊNCIA, COMO REGRA, DO CONVENCIMENTO DO JUIZ QUE COLHEU A PROVA. Deve ser prestigiado, como regra, o convencimento do juiz que colheu a prova. Ele, afinal, é que manteve o contato vivo, direto e pessoal, com as partes e testemunhas, medindo-lhes as reações, a segurança, a sinceridade, a postura. Aspectos, aliás, que nem sempre se exprimem, que a comunicação

escrita, dados os seus acanhados limites, não permite traduzir. O juízo que colhe o depoimento "sente" a testemunha. É por assim dizer um testemunho do depoimento. Convencimento, portanto, mais bem aparelhado e que, por isso, deve ser preservado, salvo se houver elementos claros e contundentes a indicar que a prova diz outra coisa. Recurso da ré a que se nega provimento. (TRT/SP – 01317200846302003 – RS – Ac. 11ª T 20090035750 – Rel. EDUARDO DE AZEVEDO SILVA – DOE 17/02/2009.)

8.13.2. Inspeção Judicial

A Consolidação das Leis do Trabalho é omissa, mas aplicando-se as disposições dos artigos 765 e 769 da CLT, aplica-se subsidiariamente no processo do trabalho o artigo 440 do CPC, de maneira que o juiz do Trabalho pode de ofício ou atendendo a requerimento inspecionar coisas e pessoas. Inspeção judicial trata-se da percepção sensorial direta do juiz, com a finalidade de colher esclarecimentos quanto a fato, qualidade ou circunstâncias corpóreas de pessoas ou coisas. Nos termos do disposto no artigo 442 do CPC, as partes têm sempre o direito de assistir a inspeção, prestando esclarecimentos e observações que reputem importantes para a causa. Após concluída a inspeção, será lavrado um termo circunstanciado contendo tudo que for útil ao julgamento da causa, podendo ser instruído o termo com fotos, gráficos ou desenhos.

8.14. CERCEAMENTO DE DEFESA

Sempre que o juiz indeferir prova necessária e hábil a confirmar em juízo as alegações da parte, sem motivo justificável, estará violando o direito da parte de produzir em juízo a prova de suas alegações e, portanto, gerando nulidade processual consubstanciada em cerceamento de defesa.

8.15. PROVA EMPRESTADA

Dá-se o nome de prova emprestada na transferência para o processo de provas que foram produzidas em outro processo mediante certidão. De regra a prova deve ser produzida no próprio processo, mas, excepcionalmente admite-se a utilização da prova emprestada no processo trabalhista. Exemplo: perícia de insalubridade ou periculosidade quando o local foi desativado.

> *ÔNUS DA PROVA. MOMENTO DA FIXAÇÃO DAS REGRAS. As regras do ônus da prova, em cada processo "sub judice", são fixadas de conformidade com a lide, ou seja, alegações na inicial e defesa, nos exatos termos do art. 818, da CLT e art. 333, do CPC. Não há falar em inversão do ônus da prova, após a produção destas, que teriam demonstrado um ou alguns fatos negados na defesa. Negada a prestação de serviços e todos os demais fatos pertinentes ao contrato de trabalho, a prova de algum trabalho não permite ao julgador aplicar a regra da inversão do ônus da prova, como se o reclamado houvesse reconhecido a prestação de serviços. Recurso ordinário desprovido. (TRT/SP – 00538200539102002 – RO – Ac. 5ª T 20081100820 – Rel. FERNANDO ANTONIO SAMPAIO DA SILVA – DOE 23/01/2009.)*

8.16. FASE DECISÓRIA. RAZÕES FINAIS. SENTENÇA NOS DISSÍDIOS INDIVIDUAIS

Encerrada a instrução, colhida toda a prova sobre a matéria de fato tratada no processo, inicia-se a fase decisória. No entanto, o juiz antes de proferir a decisão concederá às partes a oportunidade de aduzirem suas razões finais.

8.17. RAZÕES FINAIS

Conceito: alegações finais ou razões finais é o momento processual de grande importância, em que é concedido aos litigantes a oportunidade de ser requerida a revisão do valor da causa fixado pelo juiz, a declaração de nulidades sobre as quais a parte ainda não pode se pronunciar, como também apresentarem um resumo dos fatos acontecidos no processo desde o início da ação até o final da instrução, com a finalidade de ser aprimorado o convencimento do juiz, ressaltando-se os pontos favoráveis da parte que a está produzindo.

Fundamentação legal: o artigo 850 da CLT estabelece que "terminada a instrução poderão as partes aduzir razões finais..."

Forma: podem ser feitas oralmente, em audiência, após o final da fase de instrução, em 10 minutos. Mas pode ocorrer de ser concedido prazo para a apresentação das razões finais por escrito.

Consequência da não apresentação: razões finais são de apresentação facultativa. A não apresentação não terá, como consequência de regra, prejuízo direto ou indireto de ordem processual.

Razões finais no rito sumaríssimo: não há previsão legal de razões finais quando a ação se processa pelo rito sumaríssimo e ficará ao critério do juiz autorizá-las ou não.

8.18. SEGUNDA TENTATIVA DE CONCILIAÇÃO

Após a apresentação das razões finais e antes da sentença, o Juiz do Trabalho deverá renovar a proposta de conciliação. Se houver acordo, não haverá julgamento.

8.19. SENTENÇA

Conceito de sentença: Conforme disposto no artigo 162, parágrafo 1°, sentença é todo ato pelo qual o juiz põe fim ao processo, decidindo ou não o mérito da ação em primeira instância.

Partes da sentença: O artigo 832 da CLT dispõe que da decisão deverão constar: nome das partes, resumo do pedido, e a defesa, a apreciação das provas, os fundamentos da decisão e a respectiva conclusão. Da mesma forma o artigo 458 do CPC estabelece que a sentença deverá conter:

Relatório: Nesta parte da sentença o juiz fará um breve histórico do processo, apontando as principais ocorrências.

Quando a ação se processa pelo rito sumaríssimo é dispensado o relatório.

8.19.1. Fundamentação – Motivação da Sentença – Razões de Decidir

Trata-se da parte da sentença em que o juiz apresenta os fundamentos fáticos e jurídicos que motivaram seu convencimento. Na motivação deve o juiz analisar especificamente a matéria de prova, as razões jurídicas, tudo o que estiver colocado em debate nos autos.

A ausência da fundamentação importa na nulidade da sentença, mesmo porque, por força do artigo 93 da Constituição Federal, o Juiz está obrigado a decidir e fundamentar suas razões de decidir.

8.19.2. Dispositivo ou Conclusão

Constitui a parte mais importante da sentença, é no dispositivo que o juiz apresentará sua conclusão sobre a ação, se procedente ou improcedente a pretensão do autor, podendo também extinguir o processo sem julgamento do mérito. Em doutrina encontramos posição no sentido de que sentença sem dispositivo é inexistente. Poderá a parte dispositiva ser direta ou indireta.

Direta

Quando o juiz menciona expressamente a conclusão da sentença, Ex.: Condeno a empresa ..... a pagar ao reclamante ..... as diferenças salariais entre o valor recebido e o valor devido .....

Indireta

Quando o juiz limita-se a fazer referência ao pedido inicial. Exemplo: acolhe os pedidos formulados nas letras ..... da inicial

Ainda, às vezes, verificamos sentenças em que o juiz limita-se a fazer referência à fundamentação, o que é muito criticado pelo doutrina.

Erros materiais da sentença **poderão ser corrigidos pelo Juiz de ofício ou a requerimento das partes ou do MPT.**

Sentença no procedimento sumaríssimo: no procedimento sumaríssimo foi dispensado o relatório, devendo constar da sentença "os elementos de convicção do juízo, com resumo dos fatos relevantes ocorridos em audiência". O juiz adotará em cada caso a decisão que reputar mais justa e equânime, atendendo aos fins sociais e às exigências do bem comum.

8.20. CLASSIFICAÇÃO DAS SENTENÇAS

8.20.1. Quanto à Natureza da Ação

a) **Declaratória** – limita-se a declarar a existência ou inexistência de uma relação jurídica ou a autenticidade ou falsidade do documento;

b) **Condenatória** – Tipo de sentença mais comum, afirma a existência de um direito e, reconhecendo sua violação, impõe ao demandado a obrigação de fazer, não fazer ou pagar algo;

c) **Constitutiva** – preferida nas ações de natureza constitutiva, que tem por fim criar, modificar ou extinguir determinada relação jurídica.

8.21. CLASSIFICAÇÃO DAS SENTENÇAS CONFORME O RESULTADO DA LIDE

Sentença Terminativa – Aquela que extingue o processo sem julgamento do mérito nas hipóteses do artigo 267 do CPC.

Sentença Definitiva – Aquelas que extinguem o processo com julgamento do mérito, conforme artigo 269 do CPC.

8.22. LIMITES DA SENTENÇA. JULGAMENTO *EXTRA PETITA, CITRA PETITA* OU *ULTRA PETITA*

O juiz deve decidir dentro dos limites do que foi pedido pelo autor. Assim, é vedado ao juiz dar ao autor objeto que ele não pediu (ultrapetição), deixar de analisar ou de decidir pedidos feitos pelo autor (citrapetição) ou conceder ao autor coisa diversa da requerida na petição inicial (extrapetição). **Trata-se do princípio da adstrição da sentença aos pedidos formulados.**

> *Art. 460 do CPC – É defeso ao Juiz proferir sentença a favor do autor de natureza diversa da pedida, bem como condenar o réu em quantidade superior ou em objeto diverso do que lhe foi demandado.*

> *Artigo 128 do CPC – O juiz deve decidir a lide nos limites em que foi proposta, sendo-lhe defeso conhecer de questão não suscitada a cujo respeito a lei exige a iniciativa da parte.*

Em caso de julgamento extra ou ultrapetição é possível ao tribunal dar a sentença na sua exata medida, cortando, por exemplo, o que tiver sido dado a mais ou fora do pedido, por ocasião da análise do recurso ordinário, **sem a necessidade de declarar-se a nulidade da sentença.**

Ressalte-se, também, que em algumas situações o próprio legislador autoriza o julgamento extra (496) e ultrapetição (467).

No entanto, no caso de julgamento *citra petita*, tem-se entendido que a solução mais correta é a declaração da nulidade da sentença, porquanto não poderia o tribunal pronunciar-se sobre o pedido não decido em primeira instância, sob pena de prejuízo ao duplo grau de jurisdição. Contudo, a legislação vigente autoriza o julgamento do mérito de pedidos não apreciados em primeira instância, quando a matéria for exclusivamente de direito, em atenção ao princípio da economia processual.

> *A OJ 41 da SDI-2 do TST deixa certo que na sentença citra petita o vício processual vulnera os artigos 128 e 460 do CPC, tornando-a passível de ser desconstituída ainda que não opostos embargos de declaração.*

Há que se ressaltar que juros de mora, correção monetária poderão ser concedidos ainda que não requeridos expressamente, conforme Súmula nº 211 do TST. Juros são aplicados ao principal devidamente corrigido.

Publicidade: O artigo 852 da CLT dispõe que a sentença será prolatada na audiência, e os litigantes serão notificados na mesma oportunidade, salvo no caso de revelia, quando a notificação deverá ser feita por via postal, no entanto, poderão ocorrer situações diversas:

a) sentença e sua redação e ciência na própria audiência;

b) prolação da sentença sem a sua redação: pode ocorrer de ser proferida em audiência a conclusão da decisão, ficando para ser juntado ao processo em até 48 horas a redação final da sentença.

Na primeira hipótese, considera-se que a sentença foi publicada na data da audiência (art. 834 da CLT). Na Segunda hipótese, considerar--se-á publicada a sentença na data de sua juntada aos autos, sem necessidade de intimação das partes (Súmula nº 197 do TST), se isto ocorrer até 48 horas após a audiência.

Na hipótese de a sentença não ser redigida em audiência ou não ser juntada aos autos no prazo de 48 horas, a Vara do Trabalho deverá expedir intimação às partes da publicação da sentença (Súmula nº 30 do TST).

O art. 852 da CLT determina seja expedida ao revel a intimação da sentença.

Duplo grau de jurisdição obrigatório – as sentenças proferidas em face de União, Estados e Municípios, suas autarquias e fundações de direito público que não exercem atividade econômica devem obrigatoriamente ser remetidas ao Tribunal Regional do Trabalho, para reexame da condenação, independentemente da apresentação de recurso pelo ente público.

Coisa julgada – É a qualidade especial da sentença que por força de lei torna-se imutável, ou seja, há a impossibilidade de ser discutido o conteúdo da decisão proferida; a coisa julgada pode ser Material ou Formal.

Coisa Julgada Material – O artigo 467 do CPC denomina de "coisa julgada material a eficácia que torna imutável e indiscutível a sentença, não mais sujeita a recurso ordinário ou extraordinário". Verificando-se a coisa julgada material, a sentença só poderá ser desconstituída mediante ação rescisória, caso seja demonstrada a existência de vícios apontados no artigo 485 do CPC. A sentença que aprecia o Mérito faz coisa julgada material e formal.

Coisa Julgada Formal – Diz-se coisa julgada formal a impossibilidade de discutir-se o conteúdo do julgado, dentro do mesmo processo, pelo decurso de prazo de apresentação de recurso ou pelo trânsito em julgado da decisão, também conhecido como *preclusão máxima ou coisa julgada formal*. A sentença meramente terminativa, ou seja, aquela que extingue o processo sem julgamento de mérito, não faz coisa julgada material, de maneira que, de regra, a ação pode ser reproposta, salvo nas hipóteses do artigo 267, inciso V, ou seja, em caso de peremção, coisa julgada ou litispendência.

8.23. CUSTAS E HONORÁRIOS ADVOCATÍCIOS

Custas – são quantias devidas aos serventuários pela prática de atos judiciais. Na Justiça do Trabalho elas revertem ao Estado e por isso tem a natureza de taxa judiciária.

Características:
São pagas pelo **vencido**, quando do trânsito em julgado da ação ou se houver recurso, **no prazo do recurso a partir de 26.09.2002 (data de vigência da Lei 10.537/2002), – valor:** 2% do valor: I) da condenação ou do acordo; II) do pedido, quando houver desistência, arquivamento, improcedência; III) do valor que o Juiz fixar se a causa for de valor indeterminado. União, Estados e Municípios e suas autarquias e fundações que não desenvolvem atividade econômica e o Ministério Público do Trabalho **não pagam custas.**

Honorários advocatícios – não cabem na Justiça do Trabalho, salvo a favor do sindicato que presta assistência judiciária gratuita, quando será de no máximo 15% do valor da causa.

Mesmo após a publicação da Emenda Constitucional nº 45/04, a competência para conhecer e julgar ações em que se pretende a cobrança de honorários advocatícios, continua sendo da Justiça Estadual. Inteligência da Súmula 363 do (TRT/SP – 13106200800002008 – CC01 – Ac. SDI 2009001085 – Rel. SERGIO J. B. JUNQUEIRA MACHADO – DOE 12/03/2009).

Capítulo 9

Recursos Trabalhistas

9.1 INTRODUÇÃO

Esse capítulo nós mostra como a parte deve agir após as decisões das Varas do Trabalho e/ou dos Tribunais.

A palavra recurso tem sua origem etimológica no Latim – *recursus*, que dá a ideia de repetição. Os recursos constituem um instrumento eficiente para que a parte vencida possa pleitear aos órgãos jurisdicionais um reexame da matéria, que vem sendo discutida.

A lei processual trabalhista impõe certos requisitos, para que as partes interponham seus recursos, que são os chamados pressupostos de admissibilidade do recurso, podendo ser divididos em pressupostos subjetivos e objetivos.

Portanto, o recurso é um meio de discutir a matéria dentro do mesmo processo, onde foi prolatada a decisão.

Neste sentido, Renato Saraiva, "recurso, portanto, seria um direito subjetivo processual, atuando como espécie de extensão do próprio direito de ação já exercido". (Curso de Direito Processual do Trabalho, 5ª ed – Ed. Método.)

Afirma, ainda, Renato Saraiva que: "... a natureza jurídica do recurso seria a de prolongamento do exercício do direito de ação, dentro do mesmo processo".

9.2. SISTEMAS RECURSAIS: LIMITATIVO E AMPLIATIVO

Basicamente dois sistemas recursais são encontrados no ordenamento jurídico, sendo eles o limitativo e o ampliativo.

O limitativo prima pela celeridade e extrema segurança dos julgados, estabelecendo que algumas decisões não são passíveis de impugnação, como as decisões interlocutórias.

O ampliativo consiste no duplo grau de jurisdição, evidenciando que para cada decisão haverá um recurso, o que pode ser causa para o retardamento do andamento dos processos.

Assim como na Justiça do Trabalho não se admite recurso de decisões interlocutórias, entendemos que o sistema recursal é o limitativo.

9.3. PRINCÍPIOS RECURSAIS

Entre os inúmeros princípios que norteiam o direito do trabalho, podemos citar como principais, para a constituição do sistema recursal, o da voluntariedade; o do duplo grau de jurisdição; o da irrecorribilidade das decisões interlocutórias; o da unirrecorribilidade; o da adequação; o da fungibilidade; o da variabilidade e o da proibição da *reformatio in pejus*.

9.3.1. Princípio da Voluntariedade

Do referido princípio da voluntariedade, o que se extrai é que o Estado apenas prestará a tutela jurisdicional se for provocado, conforme aduz o art. 2 do CPC.

É a manifestação do princípio dispositivo que envolve a vontade das partes, ou seja, existe a necessidade de que a parte interponha o recurso, para que somente assim o juiz, representando o Estado, exerça a prestação jurisdicional.

Para Rui Portanova, o referido principio é: "O princípio da voluntariedade consiste na exigência de que não haja dúvida acerca da vontade do recorrente em impugnar o 'decisum' recorrido". (Princípios do Processo Civil, p. 278.)

9.3.2. Princípio do Duplo Grau de Jurisdição

O princípio do duplo grau de jurisdição visa assegurar ao litigante vencido, total ou parcialmente, o direito de submeter a matéria decidida a uma nova apreciação jurisdicional, no mesmo processo, desde que atendidos determinados pressupostos específicos, previstos em lei.

Em outras palavras o princípio afirma que todas as causas devem ser submetidas a outros juízes, que então poderão modificar as decisões, garantindo assim aos litigantes o acesso à Justiça e ampla defesa.

Segundo Djanira Maria Radamés de Sá (1999, p. 88), o duplo grau de jurisdição consiste na "...possibilidade de reexame, de reapreciação da sentença definitiva proferida em determinada causa, por outro órgão de jurisdição que não o prolator da decisão, normalmente de hierarquia superior".

9.3.3. Princípio da Irrecorribilidade das Decisões Interlocutórias

Segundo o princípio da irrecorribilidade das decisões interlocutórias, como o próprio nome diz, as decisões interlocutórias não são passíveis de impugnação na Justiça do Trabalho.

Assim, evidencia-se que o sistema recursal trabalhista é, portanto, diverso do utilizado no processo civil.

A Súmula 214 do TST assegura que das decisões interlocutórias não cabem recursos, porém, existem algumas exceções. A primeira seria quando o Juiz arbitra o valor da causa em audiência, caberá nessa situação pedido de revisão do valor da causa.

Uma outra exceção seria quando o Juiz encaminha um processo para outra vara do trabalho de competência de outro TRT, nessa hipótese caberá recurso ordinário.

E para encerrar, nos tribunais trabalhistas as decisões interlocutórias são passíveis de agravo regimental.

Para não nos delongarmos em demasia, qualquer decisão interlocutória proferida nas varas do trabalho, abusivas, caberá mandado de segurança.

É este o entendimento doutrinário de Júlio César Bebber, que concluiu: "Vige, no trabalhista..., o princípio da irrecorribilidade em separado das decisões interlocutórias..." (*in* Recursos no Processo do Trabalho. Teoria Geral dos Recursos. Editora LTr. São Paulo. 2000. p. 49).

> *AGRAVO DE INSTRUMENTO. EXECUÇÃO. DECISÃO INTERLOCUTÓRIA. PRINCÍPIO DA IRRECORRIBILIDADE EM SEPARADO DAS DECISÕES INTERLOCUTÓRIAS. Não cabe Agravo de Petição interposto em face de decisão interlocutória, porque esta, a teor do § 1º do artigo 893 da CLT e da Súmula nº 214 do c. TST, é irrecorrível em separado, de modo que seu conteúdo será apreciado apenas no recurso interposto da decisão definitiva, desde que atendidos os requisitos do § 1º do art. 897 da CLT. (TRT – AI-02077.1995.005.23.01-4 – AC. TP. Nº 2539/2002 – origem 2ª Vara do Trab. de Cuiabá – Rel. Edson Bueno.)*

9.3.4. Princípio da Unirrecorribilidade

De acordo com o princípio da unirrecorribilidade, para cada ato judicial haverá somente um recurso possível.

No tocante à singularidade do recurso ou unirrecorribilidade. Não há dupla e simultânea impugnação recursal, nossa CLT prevê única e exclusivamente um recurso por decisão, e como o próprio nome já diz é singular, portanto, um.

Contudo, voltando às exceções, há a possibilidade de oposição de Embargos Declaratórios, concomitante com o recurso que couber do ato decisório.

Outra hipótese de exceção se encontra no art. 7º, § 2º, da Lei 7.701/1988, que dispõe com relação aos dissídios coletivos, quando não publicado o acórdão, no prazo legal de 20 dias seguidos à data do julgamento, qualquer das partes ou o Ministério Público do Trabalho poderá interpor recurso ordinário, com base apenas na certidão do julgamento, observando que o prazo será reaberto, após a efetiva publicação do acórdão, podendo, inclusive, as partes aditarem o recurso já interposto.

> *OFENSA AO PRINCÍPIO DA UNIRRECORRIBILIDADE – NÃO CONHECIMENTO: Não pode a parte que interpôs recurso ordinário renovar a sua insurgência também pela via do recurso adesivo, por ofensa ao princípio da unirrecorribilidade dos recursos. (TRT – 22ª Região – RO 00962-2003-002-22-00-2 – Rel. Laércio Domiciano – 01/06/2006.)*

> *RECURSO ADESIVO DO RECLAMANTE. PRINCÍPIO DA UNIRRECORRIBILIDADE. PRECLUSÃO CONSUMATIVA. No nosso sistema jurídico tem abrigo o princípio da fungibilidade recursal, desde que no prazo para a impugnação. Todavia, admitir*

que a parte que já tenha manejado um recurso e, após ciente do despacho que pontuou sua intempestividade, reencete idêntica medida impugnativa, implicaria ofensa ao princípio da unirrecorribilidade e grave violação do instituto da preclusão. REMESSA NECESSÁRIA. Valor da condenação inferior ao limite de 60 salários-mínimos impede o conhecimento do apelo ex officio. Aplicação da Súmula nº 303, do C.TST. RECURSO DA RECLAMADA. NULIDADE CONTRATUAL. EFEITOS. Configurada a nulidade do contrato de trabalho, por ausência de concurso público, o trabalhador tem jus, tão somente, ao pagamento dos dias efetivamente trabalhados e não quitados, bem como dos valores referentes aos depósitos do FGTS, nos termos da Súmula nº 363 do Tribunal Superior do Trabalho, acatada por disciplina judiciária, com ressalva de entendimento diverso. (TRT 2ª Região – RO – 00799-2005-074-02-00-2 – Rel. Luiz Carlos Gomes Godoi – 15/07/2008.)

9.3.5. Princípio da Adequação

O princípio da adequação vige que o recurso a ser usado deve ser o recurso adequado, próprio para aquela decisão, e não outro.

Simplificando seria nada mais nada menos do que o cabimento, existindo um recurso próprio para cada espécie de decisão.

Busca-se a adequação do instrumento ao objeto, matéria a ser discutida, de modo a melhor e mais facilmente para alcançar os fins pretendidos pelas partes. Desse princípio extrai-se a base do denominado princípio da fungibilidade.

9.3.6. Princípio da Fungibilidade

O princípio da fungibilidade, salvo hipótese de má-fé, erro grosseiro, crasso ou absurdo, o juiz poderá receber o recurso errado, como se fosse o recurso certo, ou seja, mesmo que a parte não tenha utilizado a adequação correta, poderá o juiz entender e conhecer o referido recurso.

> *PRINCÍPIO DA FUNGIBILIDADE. APLICAÇÃO. RES-TRIÇÕES. A aplicação do princípio da fungibilidade cinge-se às hipóteses de inexistência de má-fé e/ou erro grosseiro. In casu, a interposição de agravo de instrumento ao invés de agravo de petição constitui erro grosseiro, obstando a aplicação do mencionado princípio. (TRT da 22ª Região – AI 00554-1994-003-22-01-8, Rel. Fausto Lustosa Neto, 30/6/2005.)*

> *RECURSO CABÍVEL – PRINCÍPIO DA FUNGIBILIDADE – CONHECIMENTO. Deve ser conhecido como recurso ordinário o agravo de petição interposto contra decisão proferida na fase de conhecimento, em consideração ao princípio da fungibilidade. (TRT 5ª Região – Proc. 00833-2007-019-05-00-2 – RO – Ac. 022937/2008, Rel. Marizete Menezes – 22/09/2008.)*

9.3.7. Princípio da Variabilidade

Referido princípio dispõe que mesmo que a parte recorrente entrar com o recurso errado, entretanto, dentro do prazo legal, poderá ainda intentar o recurso correto, inexistindo, nesse caso, a chamada preclusão temporal.

Em outras palavras, a parte pode variar de recurso, ou seja, trocar o recurso que interpôs inicialmente, desistindo dele e interpondo outro, por perceber que não era o adequado.

9.3.8. Princípio da *Reformatio in Pejus*

Extrai-se desse princípio que quando a parte recorrente interpõem seu recurso, o Douto Magistrado não poderá inverter a decisão para pior, ou seja, prejudicando a parte. Assim não se pode no reexame da matéria prejudicar a situação da parte.

> *SUCESSÃO TRABALHISTA – CONTRATO DE CONCESSÃO DE SERVIÇO PÚBLICO OJ 225 DA SBDI-1 DO TST DISPENSA DO EMPREGADO OCORRIDA DEPOIS DA CELEBRAÇÃO DO CONTRATO – RESPONSABILIDADE SOLIDÁRIA IMPOSTA À RFFSA – APLICAÇÃO DO PRINCÍPIO DA NON REFORMATIO IN PEJUS. Não obstante a jurisprudência desta Corte consagre o entendimento de que a responsabilidade da RFFSA, decorrente do contrato de arrendamento das malhas ferroviárias, quando não houver solução de continuidade no contrato de trabalho do empregado seja apenas subsidiária, a responsabilidade solidária da RFFSA, imposta pelas instâncias ordinárias, deve ser mantida, em atenção ao princípio da non reformatio in pejus, na medida em que, aplicando-se o entendimento sedimentado na Orientação Jurisprudencial nº 225 da SBDI-1 do TST, estar-se-ia agravando a situação da ora Recorrente, constituindo-a em devedora principal e isolada da obrigação trabalhista. Assim, invoca-se o óbice da Súmula nº 333 do TST ao prosseguimento da revista, nesse aspecto. Recurso de revista não conhecido. (TST-RR – 4ª Turma nº RR-614094/1999, 03/03/2004.)*

9.4. CLASSIFICAÇÃO GERAL

9.4.1. Ordinários e Extraordinários

Os recursos se classificam em ordinários e extraordinários.

Os recursos ordinários ou comuns são os que visam obter revisão do julgamento, considerando-se o duplo grau de jurisdição, devolvendo ao tribunal as matérias de fato e de direito, sendo os mais frequentes.

Os recursos extraordinários ou especiais são os que se contrapõem aos de natureza ordinária. Abrangendo os recursos acerca do *error in procedendo* e acerca do *error in judicando*.

Error in procedendo é quando o juiz desrespeita ou viola norma de procedimento, causando prejuízo à parte, no ato da prolação de sua decisão, portanto, no exercício de sua atividade.

Ocorre na verdade erros e defeitos na construção processual da decisão, tratando-se de vício de forma e não de mérito ou de fundo.

Error in judicando é o erro que existe na decisão que julgou o mérito, podendo ser um erro de fato, quando o Magistrado dá como fato algo diverso da realidade ou erro de direito, pois o juiz erra ao aplicar o direito a um fato, na verdade é o erro na aplicação ou interpretação da norma jurídica.

Nesse entendimento, tem-se a contribuição de Moacyr Amaral Santos, ensinando que: "a violação de literal disposição de lei é aquela que ofende flagrantemente a lei, tanto quando a decisão é repulsiva à lei (*error in judicando*), como quando proferida com absoluto menosprezo ao modo e forma estabelecidos em lei para a sua prolação (*error in procedendo)*". (Moacyr Amaral Santos, Primeiras Linhas de Direito Processual Civil, vol. III, 4ª edição, Editora Saraiva, São Paulo, 1977, p. 455.)

9.5. EFEITOS DE RECURSOS

Iniciamos esse tópico com o seguinte pensamento, todo recurso ao ser interposto gera certos efeitos no mundo jurídico. Com relação aos efeitos dos recursos temos: efeito devolutivo, suspensivo, translativo, substitutivo, extensivo e regressivo, passamos a analisá-los.

9.5.1. Devolutivo

O efeito devolutivo é o mais conhecido na esfera trabalhista, possuindo suma importância com relação à chamada execução provisória, vejamos:

No processo do trabalho vige a regra da simples devolutividade dos recursos, previsão no art. 899 da CLT.

Segundo Renato Saraiva: "o art. 899 da CLT determina que os recursos serão dotados, em regra, de efeito meramente devolutivo, permitindo-se a execução provisória até a penhora".

Sérgio Pinto Martins, para ele, "não existe efeito suspensivo no recurso ordinário, pois segue-se a regra geral do artigo 899 da CLT, do recebimento do recurso apenas no efeito devolutivo"; portanto, "o juiz não precisará dizer o efeito com que recebe o recurso ordinário, pois o efeito será um só: apenas devolutivo" (*Direito Processual do Trabalho*. 5ª ed., São Paulo, Atlas, 2001, p. 369).

> *RECURSO ORDINÁRIO. Efeito meramente devolutivo. Execução provisória: direito líquido e certo, tratando-se de obrigação de dar. CLT, art. 895 c/c 898.(TRT/SP – Ac. 20070344870 – 08/05/2007 – Rel. Altair Berty Martinez – Proc. 00023-2007-000-02-00-8.)*

> *MANDADO DE SEGURANÇA – REINTEGRAÇÃO – EXECUÇÃO PROVISÓRIA. Como regra, os recursos na esfera trabalhista somente são recebidos no efeito devolutivo (art. 899 da CLT). No caso dos autos, não se observa a existência de qualquer medida oposta pelo Litisconsórcio a fim de buscar impor efeito suspensivo ao seu recurso especial, prevalecendo os efeitos da decisão proferida pela C. 8ª Turma deste Regional (tutela jurisdicional específica que determina a imediata reintegração da obreira), ainda que de forma provisória. (TRT/SP*

– 17/04/2007 – Rel. Odete Silveira Moraes – Ac. 2007010605 – Proc. 12168-2006-000-02-00-0.)

9.5.2. Suspensivo

Os recursos não são dotados de efeito suspensivo, em regra, uma vez que possuem apenas o efeito devolutivo, como já visto acima, exatamente para que a parte possa executar provisoriamente a sentença.

Todavia, existem as exceções, como é o caso do denominado Agravo de Petição, que, por sua natureza, possui o efeito suspensivo.

Ainda existe a possibilidade de a parte contrária pleitear o efeito suspensivo ao recurso, através da chamada Ação Cautelar Inominada, que nesse caso é endereçada exatamente para o local onde se encontrar o recurso no juízo *ad quem*, com fundamentação na Súmula 414 do TST.

> *MEDIDA CAUTELAR – EFEITO SUSPENSIVO – RECURSO ORDINÁRIO. Inexistindo na Medida Cautelar efetiva demonstração do* fumus boni juris *e* periculum in mora *não há que se deferir o efeito suspensivo perseguido, quanto mais quando os elementos dos autos evidenciam o* periculum in mora *para os recorridos. (TRT/SP – 27/03/2008 – Rel. Rosa Maria Zuccaro – Ac. 20080251468 – Proc. 00100200700002000.)*

> *MEDIDA CAUTELAR. EFEITO SUSPENSIVO AO RECURSO. Demonstrados os pressupostos da tutela cautelar na forma do art. 798 do CPC, é de se conceder efeito suspensivo ao recurso ordinário interposto, tendo por escopo evitar danos de difícil reparação. (TRT/SP – Ac. 20080381302 – 16/05/2008 – Rel. Paulo Augusto Câmara – Proc. 00182-2007-000-02-00-2 – T. 4ª.)*

9.5.3. Translativo

Ocorre quando, no recurso, há questões de ordem pública que devem, obrigatoriamente, ser conhecidas de ofício pelo juiz e que não sofrem preclusão.

O referido efeito se produz somente nos recursos classificados como ordinários ou comuns, conforme arts. 515 e 516 do CPC, uma vez que devolvem toda a matéria a ser examinada para o juízo *ad quem*.

Neste sentido:

> *"Efeito translativo. Dá-se o efeito translativo quando o sistema autoriza o tribunal a julgar fora do que consta das razões ou contrarrazões do recurso, ocasião em que não se pode falar em julgamento* **ultra**, **extra** *ou* **infra petita**. *Isto ocorre normalmente com as questões de ordem pública, que devem ser conhecidas de ofício pelo juiz e a cujo respeito não se opera a preclusão (v. g., CPC 267, § 3º, 301, § 4º). A translação dessas questões ao juízo* **ad quem** *está autorizada pelo CPC 515, § § 1º e 2º, e 516. O exame das questões de ordem pública, ainda que não decididas pelo juízo* **a quo**, *fica transferido ao tribunal destinatário do recurso por força do efeito translativo autorizado pelo CPC 515". (Nélson Nery Júnior e Rosa Maria Andrade Nery, Código de Processo Civil brasileiro comentado e legislação processual civil extravagante em vigor, 4ª ed., São Paulo, Editora Revista dos Tribunais, 1999, p. 965.)*

9.5.4. Substitutivo

O efeito substitutivo, consagrado no art. 512 do Código de Processo Civil, substitui integralmente a decisão recorrida, decisão essa de mérito, portanto, em sede de recurso, o acórdão proferido confirma o conteúdo da sentença, substituindo-a.

Neste sentido para que surta o efeito substitutivo, vê-se a necessidade de que ocorra, primeiramente, a admissibilidade do recurso interposto, vez que preencheu todos os pressupostos e após que seja proferida a decisão dando provimento ou não.

Caso seja improvido, que é na verdade a improcedência de mérito, terá o efeito substitutivo, pois a decisão da instância superior substituirá aquela que ensejou a interposição do recurso.

Na hipótese do recurso ser provido, ou seja, procedente no mérito, reformando o erro de julgamento, significa, também, que a decisão do tribunal tomou o lugar da decisão recorrida.

"Somente é rescindível o acórdão que conhece do recurso, isto é, que julga o recurso, provendo-se ou lhe negando provimento. Isto porque a decisão do tribunal sobre o mérito do recurso substitui a decisão recorrida (efeito substitutivo – CPC 512)", NERY JÚNIOR, Nelson. Código de Processo Civil comentado e legislação extravagante. 8ª ed. – São Paulo, Editora Revista dos Tribunais. 2004. p. 485, nota 3.

> *Em face do disposto no artigo 512 do CPC, o julgamento proferido pelo Tribunal substituiu a sentença rescindenda. Destarte, torna-se juridicamente impossível o pedido explícito de desconstituição de decisão proferida em primeira Instância, quando esta foi substituída por acórdão Regional, nos termos do item III da Súmula 192 do C. TST. Extinto, sem resolução de mérito. (TRT/SP – 07/05/2007 – Rel. Delvio Buffulin – Ac. 2007015844 – Proc. 12356-2004-000-02-00-7- SDI.)*

9.5.5. Extensivo

A aplicabilidade desse efeito ocorre nos caso de litisconsórcio necessário unitário, onde o recurso de um litisconsorte é aproveitado para o outro, pois a decisão não pode ser diferenciada, pois vige a regra da incindibilidade das defesas e de sentença uniforme para todas as partes envolvidas, previsão no art. 509 do CPC.

> *EMBARGOS DE DECLARAÇÃO. PRINCÍPIO DA TRANS-CENDÊNCIA. NULIDADE PROCESSUAL NÃO CONFIGU-RADA. Versa o objeto da reclamatória sobre matéria meramente de direito, em relação ao qual este Regional já possui julgamento pacífico e unânime no sentido de assegurar aos inativos e pensionistas o direito ao auxílio-alimentação postulado. E mais, tratando-se da demanda de litisconsórcio unitário, no qual o recurso de um dos litisconsortes aproveita aos demais em face da comunhão dos fundamentos das defesas (art. 509/CPC), não há que se falar em prejuízo o equívoco na intimação da sentença de embargos declaratórios proferida em primeiro grau. Desta feita, segundo o princípio da transcendência, não se acolhe a nulidade processual alegada (art. 794/CLT).(TRT – 22ª Região – Proc. 00236-2003-002-22-00-0.)*

> *REVELIA. EMPREGADOR. EFEITOS. DEFESA APRE-SENTADA PELO LITISCONSORTE RESPONSÁVEL SUBSIDIÁ-RIO. HIPÓTESE DE LITISCONSÓRCIO NÃO UNITÁRIO E DE INTERESSES DISTINTOS ENTRE OS LITIGANTES PASSIVOS. EFEITOS DA REVELIA MANTIDOS. NÃO APLICAÇÃO DO ART. 320, I, CPC. INTELIGÊNCIA DOS ARTS. 47, 48 E 509 DO MESMO DIPLOMA, EM COTEJO SISTEMÁTICO. Para a melhor exegese do art. 320, I, CPC, segundo a qual o efeito da revelia não se verifica quando um dos litisconsortes apresenta defesa, é indispensável o seu cotejo*

com o art. 48 do mesmo diploma, que traz a regra geral sobre litisconsórcio: a autonomia entre os litisconsortes, que são tratados nas suas relações com a parte contrária como litigantes distintos. A exceção fica por conta das hipóteses de litisconsórcio unitário, onde vige a regra da incindibilidade das defesas e de sentença uniforme para todas as partes envolvidas (art. 47), bem como para determinados casos de litisconsórcio simples nos quais os interesses dos litisconsortes não sejam distintos ou opostos (art. 509, CPC). Isso porque os fatos comuns a ambos os litisconsortes não podem gerar efeitos diversos com relação a cada um deles. Um mesmo fato não pode ao mesmo tempo ser reputado verdadeiro contra o litisconsorte revel e não provado com relação ao outro litisconsorte que apresentou defesa. É a regra de que os atos prejudiciais e benéficos não se comunicam. Diferentemente ocorre quando os fatos não são comuns aos litisconsortes. Sendo partes diferentes, o tratamento é diverso, inclusive quanto ao encargo probatório. E o exemplo bastante comum aconteceu na espécie: revelia da empregadora e defesa da tomadora e responsável subsidiária, hipótese de litisconsórcio passivo simples e de interesses distintos entre os litisconsortes (a segunda pretende a exclusão da lide e não presenciou os fatos), a afastar a incidência do art. 320, I, CPC. (TRT/SP – RO – 08/05/2007 – Rel. Ivani Contini Bramante – Ac. 20070349562 – Proc. 00266-2005-231-02-00-9 – T. 6ª.)

9.5.6. Regressivo

Produzirá efeito regressivo, quando o recurso permitir que o prolator da decisão recorrida se retrate, com sua simples interposição, pode reapreciar seu pronunciamento. Verifica-se a aplicabilidade desse efeito no agravo de instrumento e no agravo regimental.

9.6. PRESSUPOSTOS RECURSOS TRABALHISTAS

Sabemos que a reclamação trabalhista possui pressupostos, logo os recursos, também, os possui, sendo que o Juízo "a quo", aquele que prolatou a referida decisão, analisa e realiza o chamado juízo de admissibilidade do recurso, para que possa ter seguimento à instância superior.

Contudo, a instância superior, denominada Juízo "ad quem", também, realiza o juízo de admissibilidade, observando todos os requisitos processuais, para que se possa conhecer o recurso, automaticamente, entende-se que o juízo de admissibilidade é realizado tanto no juízo "a quo" como no juízo "ad quem".

Existem diversas nomenclaturas e subdivisões, referentes aos pressupostos, alguns doutrinadores chamam de extrínsecos e intrínsecos ou objetivos e subjetivos, entretanto, nada mais são do que sinônimos.

9.6.1. Pressupostos Subjetivos

Assim, **pressupostos recursais subjetivos** são aqueles que dizem respeito à pessoa do recorrente e são LEGITIMIDADE, CAPACIDADE e INTERESSE EM RECORRER. A legitimidade deriva da lei e o interesse resulta do caso concreto.

Legitimidade – a parte legitimada a recorrer é aquela que foi vencida ou sucumbente, ressaltando que o Ministério Público do Trabalho, também possui legitimidade para recorrer, nos processos em que atua, como parte ou, nos casos em que foi oficiado, para atuar como fiscal da lei, com expressa previsão no art. 499 do CPC.

Não se olvidando de mencionar o terceiro interessado que, por vezes, também, possui legitimidade em recorrer, porquanto, terceiro prejudicado, entende-se por todo aquele que poderia ter vindo a interferir na demanda e não o fez, vindo somente a ingressar como terceiro na fase recursal.

Capacidade – Lembrando que as partes devem demonstrar estarem plenamente capazes de praticar os atos processuais, que nada mais são do que a capacidade das partes.

Interesse de Agir – resulta da própria legitimidade, ou seja, o interesse em recorrer é evidenciado pela necessidade que tem a parte, quando não teve reconhecida a pretensão deduzida em juízo.

> *"Processo do Trabalho – Recurso Ordinário. Pressupostos de Admissibilidade. Não se conhece de recurso quando ausente o interesse recursal." (TRT 2ª Região – Ac. 20080955546 – T. 10ª – 07/11/2008 – Proc. 20080694726 – Rel. Rilma Aparecida Hemetério.)*

> *AGRAVO DE INSTRUMENTO. LEGITIMIDADE DO INSS PARA INTERPOR RECURSO ORDINÁRIO. Dispõe o parágrafo único do art. 831 da CLT que "no caso de conciliação, o termo que for lavrado valerá como decisão irrecorrível, salvo para a Previdência Social quanto às contribuições que lhe forem devidas". No mesmo diapasão, o parágrafo 4º do art. 832 da CLT faculta ao INSS a interposição de recurso contra as decisões homologatórias. De todo o modo, referida autarquia possui legitimidade para recorrer na condição de terceiro prejudicado, nos exatos termos do art. 499 do CPC, aplicável subsidiariamente ao Processo do Trabalho (TRT 2ª Região – 17/04/2008 – Rel. Marcelo Freire Gonçalves – Proc. 01984-2005-069-02-00-9 – T. 7ª – Ac. 20080326980).*

> *RAZÕES RECURSAIS APÓCRIFAS. INEXISTÊNCIA. A capacidade postulatória é pressuposto de admissibilidade recursal, o*

que exige o oferecimento do inconformismo por meio de advogado regularmente constituído nos autos, restando necessária a subscrição da peça. Inteligência da Súmula 164, do C. TST. Estando apócrifas as razões, evidente a inexistência da medida, no âmbito processual. (TRT 2ª Região – 07/12/2007 – Rel. Jane Granzoto Torres da Silva – Ac. 20070994913 – Proc. 00387-2007-058-02-01-8 – T. 9ª.)

9.6.2. Pressupostos Objetivos

Por outro lado, os **pressupostos recursais objetivos** são aqueles que dizem respeito ao próprio recurso, ADEQUAÇÃO, RECORRIBILIDADE, REGULARIDADE, TEMPESTIVIDADE e PREPARO.

Recorribilidade – nada mais é do que a decisão passível de ser reexaminada novamente, sendo ela recorrível. Já os chamados despachos de mero expediente não desafiam recurso e a decisão interlocutória é irrecorrível de imediato, conforme dispõe o art. 893, § 1º da CLT.

Vale mencionar que o Tribunal Superior do Trabalho pacificou o tal entendimento, através da Súmula 214, que traz a seguinte redação:

"Súm. 214/TST. Decisão interlocutória. Irrecoribilidade. Na Justiça do Trabalho, nos termos do art. 893, § 1º, da CLT, as decisões interlocutórias não ensejam recurso de imediato, salvo nas hipóteses de decisão:
 a) de Tribunal Regional do Trabalho contrário à Súmula ou orientação Jurisprudencial do Tribunal Superior do Trabalho;
 b) suscetível de impugnação mediante recurso para o mesmo Tribunal;
 c) que acolhe exceção de incompetência territorial, com a remessa dos autos para Tribunal Regional distinto daquele a que se vincula o juízo excepcionado, consoante o disposto no art. 799, § 2º, da CLT".

Destarte, existe a exceção, quando o Douto Magistrado, em audiência reduz o valor da causa, decisão essa interlocutória, que comporta o chamado recurso de revisão do valor da causa, no prazo de 48 horas, endereçado ao presidente do Tribunal Regional do Trabalho.

Portanto, atenção às regras e suas exceções.

> *VÍNCULO DE EMPREGO. RECORRIBILIDADE. A decisão declarativa da relação de emprego, sem cunho terminativo, não é recorrível de imediato, consoante entendimento consubstanciado na Súmula nº 214, do C. TST. Vale dizer, o recurso deve ser dirigido para o órgão hierarquicamente superior àquele prolator do acórdão, no momento da impugnação da decisão que o definiu. (TRT 2ª Região – Rel. Rosa Maria Zuccaro – Ac. 20071013495 – Proc. 00210-2006-075-02-00-3 – T. 2ª – 11/12/2007.)*

Regularidade Formal – é determinada pela forma preconizada em lei (forma escrita) e a fundamentação do recurso são pressupostos essenciais para a admissibilidade do recurso.

Dispõe o art. 899 da CLT que os recursos podem ser interpostos por simples petição, extraindo-se do referido artigo, que fica dispensada qualquer fundamentação ou razões.

Entretanto, a fundamentação do recurso é parte essencial deste, pois é nesse momento que a parte irá demonstrar as suas razões de inconformismo, requerendo a análise por parte do órgão jurisdicional. Ressaltando que a maioria dos recursos exige fundamentação precisa, sob pena de ser negado conhecimento.

Sobre tais fatos menciona a Súmula 422 do TST:

> *"**Súm. 422**. Recurso. Apelo que não ataca os fundamentos da decisão recorrida. Não conhecimento. Art. 514, II, do CPC...".*

*PRESSUPOSTOS DE ADMISSIBILIDADE. REGULARI-
DADE FORMAL. A regularidade formal, prevista no art. 514,
II do CPC, é um dos pressupostos necessários para que o apelo
seja admitido. Recurso que não ataca os fundamentos da sentença para o indeferimento do pedido, limitando-se a repetir
a pretensão formulada na inicial, não é formalmente válido e
não pode ser conhecido. (TRT – 5ª Região – Proc. 01387-2007-
611-05-00-1 – RO – Ac. 010848/2008 – Rel. VÂNIA CHAVES,
1ª T – 06/06/2008.)*

*RECURSO ORDINÁRIO. PRESSUPOSTOS DE ADMIS-
SIBILIDADE. Os fundamentos de fato e de direito constituem
requisito de admissibilidade do recurso (CPC, 514, II). In casu,
os fatos narrados pela recorrente estão equivocados, totalmente
dissociados do quanto ocorrido nos autos. Recurso ordinário que
não se conhece. (TRT/SP – Ac. 20080914017 – 31/10/2008 –
Proc. 20080313234 – Rel. Marta Casadei Momezzo.)*

Tempestividade – todo recurso deve ser interposto dentro do prazo
fixado em lei, sob pena de não ser conhecido, por intempestivo. A interposição do recurso antes do prazo aberto aos possíveis recorrentes, também,
caracteriza a intempestividade.

O art. 6º da Lei 5.584/1970 prevê que o prazo para interpor e contrar-
razoar qualquer recurso trabalhista será de oito dias. No entanto, alguns
recursos possuem prazos diferenciados, como os embargos de declaração,
com prazo de cinco dias e o recurso extraordinário com quinze dias de
prazo, entre outros que serão discutidos nos capítulos seguintes.

O prazo será contado em dobro para as pessoas jurídicas de direito
público recorrerem, conforme art. 1º, III, do Decreto-lei 779/1969, com
exceção das empresas públicas e sociedades de economia mista, bem como

o Ministério Público do Trabalho também possui o prazo em dobro, aplicando-se subsidiariamente, conforme art. 769 da CLT, o art. 188 do CPC.

> *RECURSO ORDINÁRIO. INTEMPESTIVIDADE. A matéria concernente aos requisitos de admissibilidade dos recursos – que envolve a tempestividade – é de ordem pública, de modo que deve ser examinada ex officio pelo Juiz ou Tribunal, independentemente de requerimento da parte ou interessado. Assim, não se conhece, de ofício, de recurso interposto fora do prazo legal. (TRT – 5ª Região – Proc. 00588-2007-311-05-00-7 – RO – Ac. 026995/2008 – Rel. NORBERTO FRERICHS – 5ª T – 07/11/2008.)*

Preparo – é a exigência legal do pagamento das custas processuais e depósito recursal, logo não sendo recolhido o preparo, o recurso interposto não será conhecido, por se encontrar deserto.

Custas – Com relação às custas, essas serão sempre pagas pela parte sucumbente, ou seja, vencida, em regra somente após o transito em julgado, calculadas no importe de 2% sobre o acordo ou condenação; extinção, improcedência, ação declaratória e constitutiva sobre o valor da causa, ou quando o valor for indeterminado sobre o que o juiz fixar.

Todavia, quando da interposição do recurso, as referidas custas devem ser recolhidas e a parte tem o dever de comprovar o pagamento, dentro do prazo recursal, assim disciplina o art. 789, § 1º, da CLT, sob pena de deserção.

Importante observar que o empregado, quando ajuíza a reclamação trabalhista, será responsável pelo pagamento das custas, nos casos de extinção sem resolução de mérito ou improcedência da ação, ressalvados os casos onde o empregado é beneficiário da Justiça Gratuita, art. 790, § 3º da CLT.

Ficam isentas de recolhimento das custas a União, os Estados, o Distrito Federal, os Municípios, Autarquias, Fundações Públicas, federais, estaduais ou municipais, desde que não explorem atividade econômica, art. 790-A da CLT, incluindo nessa relação o Ministério Público do Trabalho.

Oportuno dizer que as empresas públicas e sociedades de economia mista não estão isentas, uma vez que possuem regime jurídico próprio de empresas privadas, assim disposto no art. 173, § 1º, da CF.

Ainda, com relação às custas, devidas em fase de execução, utilizamos o art. 789-A da CLT, onde nitidamente determina o pagamento destas, sempre ao final do processo.

> *AGRAVO DE INSTRUMENTO INTERPOSTO PELA AUTORA. AUSÊNCIA DE RECOLHIMENTO DAS CUSTAS PROCESSUAIS. O pagamento das custas processuais constitui-se em pressuposto de admissibilidade do recurso ordinário. Agravo de instrumento desprovido. (TRT – 4ª Região – Proc. 00675-2007-571-04-00-0 – AI – Rel. BERENICE MESSIAS CORRÊA – 06/11/2008.)*

> *JUSTIÇA GRATUITA. ISENÇÃO DAS CUSTAS PROCES-SUAIS. NÃO-CONCESSÃO. Conquanto se presuma o estado de miserabilidade do trabalhador-demandante mediante simples declaração, inclusive lançada na petição inicial ou em outra petição, por parte de seu procurador (art. 790, § 3º, da CLT), essa presunção é apenas relativa e pode ser elidida por elementos de prova em sentido contrário. Não se reconhece o direito aos benefícios da justiça gratuita nas hipóteses em que a declaração de hipossuficiência econômica é incompatível com o contexto fático extraído dos autos. (TRT-PR-00999-2006-513-09-00-9-Ac- 32436-2008 – 3ª T – Rel. PAULO RICARDO POZZOLO – 05-09-2008.)*

MUNÍCIPIO. ISENÇÃO DE CUSTAS PROCESSUAIS. LEI Nº 10.537-2002. APLICAÇÃO IMEDIATA. Com a edição da Lei nº 10.537-2002, que alterou os artigos 789 e 790 da CLT sobre custas e emolumentos na Justiça do Trabalho, e que acrescentou os artigos 789-A, 789-B, 790-A e 790-B, os Municípios, assim como a União, os Estados, o Distrito Federal e respectivas autarquias e fundações públicas federais, estaduais ou municipais que não explorem atividade econômica, passaram a ser isentos do pagamento das custas processuais (art. 790-A da CLT). A aplicabilidade instantânea do citado dispositivo legal é possível em virtude de que o efeito imediato de aplicação da lei opera-se em situações em curso à época do surgimento da nova lei ou, ainda, não consumados no referido instante, ante o Princípio da Retroação Benéfica (art. 6º da L.I.C.C). Remessa de ofício a que se dá provimento. (TRT-PR-03698-2002-513-09-00-3- Ac -03084-2004 – Rel. UBIRAJARA CARLOS MENDES – 06-02-2004.)

JUSTIÇA GRATUITA. ISENÇÃO DE CUSTAS PARA RECORRER. Os benefícios da Justiça gratuita, nesta Justiça Especializada, não se aplicam apenas nas hipóteses em que o empregado está assistido pelo sindicato de sua categoria profissional, sendo suficiente a alegação incontestada, em qualquer tempo ou grau de jurisdição, a teor da Orientação Jurisprudencial nº 269 da SBDI I do C. TST, do estado de miserabilidade jurídica do trabalhador (Lei nº 1.060-50). Persistindo, pois, em recurso, alegação de insuficiência econômica não desconstituída, deve ser deferido o benefício da justiça gratuita com isenção e custas. Exegese do art. 4º, da Lei nº 1.060-50, com as alterações da Lei nº 7.510-86. (TRT-PR-03466-2003- 662-09-00-4- Ac – 24331-2005 – Rel. UBIRAJARA CARLOS MENDES – 27-09-2005.)

Depósito recursal – podemos concluir que o depósito recursal é uma forma de garantia da execução, uma vez que a empresa é obrigada a recolher, garantindo o juízo, fato esse que não é exigido por parte do empregado.

Porquanto, a empresa quando vencida totalmente ou parcialmente é obrigada a pagar o depósito recursal, caso queira interpor eventual recurso, sendo assim o depósito é um pressuposto de admissibilidade do recurso, pois caso não seja realizado, o recurso não será conhecido, por deserção.

O depósito recursal é efetuado na conta do FGTS do empregado, através da guia GFIP, código 418, e permanece lá, até que a decisão transite em julgado, momento em que o juiz ordenará o levantamento em favor da parte vencedora.

A empresa deverá comprovar o recolhimento, dentro do prazo para a interposição do recurso, art. 7º da Lei 5.584/70. Nesse mesmo sentido é o entendimento da Súmula 245 do TST.

Com relação as pessoas jurídicas de direito público e do Ministério Público do Trabalho, essas estão isentas do recolhimento de depósito recursal, nos termos do art. 1º, IV, do Decreto-lei 779/69 e item X da Instrução Normativa IN 3/1993 do TST, entretanto, não podemos esquecer que tal isenção não abrange as empresas públicas e as sociedades de economia mista.

Outra exceção ao pagamento do depósito recursal são as empresas que se encontram falidas, ou seja, a massa falida não está obrigada ao pagamento do depósito nem das custas, assim previsto na Súmula 86 do TST, contudo, não englobando as empresas em liquidação extrajudicial, pois essas sim possuem obrigatoriedade no pagamento das custas e depósito recursal.

EMPRESA EM LIQUIDAÇÃO EXTRAJUDICIAL. NÃO HÁ ISENÇÃO DE PREPARO PARA RECURSO. A liquidação

extrajudicial não está isenta do pagamento das custas processu-
ais e do depósito recursal, que são pressupostos objetivos para o
conhecimento do recurso. Correta a decisão. Não há na legislação
qualquer diploma ou dispositivo que isente a ré, nesta situação,
do descumprimento dos requisitos básicos para o apelo. Também,
não há falar-se em assistência judiciária gratuita em virtude
desse fato. (TRT 2ª Região – Ac. 20080313170 – 29/04/2008 –
Proc. 20070033417 – Rel. Carlos Roberto Husek.)

DEPÓSITO RECURSAL E CUSTAS. RECOLHIMENTO.
PRESSUPOSTO RECURSAL. DESERÇÃO. NÃO CONHECI-
MENTO. A reclamada, embora tenha interposto recurso ordi-
nário a fls. 159/164, não juntou aos autos o comprovante do
pagamento das custas e do recolhimento do depósito recursal,
razão pela qual não conheço do recurso, por deserto. (TRT 2ª
Região – Ac. 20080860677 – 25/09/2008 – Rel. Vânia Paranhos
– Proc. 20070913158.)

9.7. RECURSOS EM ESPÉCIES

No Processo do Trabalho são possíveis os seguintes recursos:
• ordinário;
• de revista;
• agravo de instrumento;
• agravo de petição;
• embargos infringentes e de divergência;
• agravo regimental;
• pedido de revisão;
• adesivo;
• embargos declaratórios;
• extraordinário;
• correição parcial (reclamação correicional).

9.7.1. Recurso Ordinário

O Recurso Ordinário com previsão no art. 895 da CLT deve ser interposto no prazo de oito dias, com igual prazo para as contrarrazões, tal recurso é equivalente à apelação do Processo Civil.

Tem cabimento com relação às sentenças terminativas ou definitivas, prolatadas pela Vara do Trabalho ou pelo juiz de direito no exercício da jurisdição trabalhista e, ainda, caberá das decisões definitivas prolatadas pelos Tribunais Regionais do Trabalho, nos processos de competência do Tribunal em dissídios coletivos e individuais, ação rescisória e mandado de segurança.

Importante ressaltar que na ausência de quaisquer das condições de ação, pressupostos ou nos casos de arquivamento da reclamação, por ausência do reclamante, que são decisões terminativas, sem resolução de mérito, a parte que se sentir prejudicada poderá interpor o recurso ordinário.

Será considerado recurso ordinário por imposição legal, também chamado recurso *ex officio*, quando decorrente das sentenças contrárias à União, aos Estados, aos Municípios, às fundações de direito público e autarquias (Decreto-lei nº 779/69), entretanto, tal fato, não é na verdade considerado um recurso, uma vez que o juiz que prolatou a sentença não recorre da própria decisão, o que seria um absurdo. O que torna o ato uma simples e necessária remessa de ofício ao tribunal para que a decisão seja revista, objetivando resguardar interesses públicos.

Poderá ser interposto quando o juiz acolhe a exceção de incompetência em razão do lugar e determina a remessa dos autos, para outra jurisdição trabalhista, prevista na Súmula 214 do TST.

Ou, ainda, com relação à declaração de incompetência absoluta em razão da matéria, o Juízo Trabalhista remete os autos à Justiça Comum.

Nos casos da competência originária do Tribunal, citamos a ação rescisória, proposta no TRT, onde segundo a Súmula 158 do TST é cabível recurso ordinário para o TST. Quanto ao mandado de segurança, de sua decisão junto do TRT, é plenamente cabível o recurso ordinário para o TST, Súmula 201 TST.

O processamento do recurso ordinário segue a seguinte forma.

Deve ser interposto no juízo "a quo", que realiza o primeiro juízo de admissibilidade, verificando se a parte preencheu todos os requisitos.

Após, conhecido o recurso, o juiz abre vistas para que a parte contraria apresente suas contrarrazões.

Feito isso, tendo apresentado ou não as contrarrazões, fica facultado ao juiz reconsiderar sua decisão.

Com a mantença da decisão, o juiz "a quo" encaminhará os autos para a instância superior, ou seja, o juízo "ad quem".

No Tribunal, o recurso é recebido pelo juiz relator, que realizará o segundo juízo de admissibilidade, conhecendo ou não o recurso.

Sendo conhecido, segue para a Turma, para que essa dê provimento ou não, com a consequente prolação do acórdão.

Com relação ao rito sumaríssimo, o recurso ordinário possui algumas peculiaridades, que serão destacadas a seguir.

O rito sumaríssimo teve a sua origem pela Lei nº 9.957/2000, trazendo alterações na CLT, especificamente no art. 895, § 1º e § 2º.

Portanto, fica aqui evidenciada as peculiaridades no processamento do recurso ordinário, nos ritos sumaríssimo e ordinário.

Por último, destacamos o chamado rito de alçada ou sumário, quando o valor da causa não ultrapassa dois salários-mínimos, nesse caso, não caberá qualquer recurso, exceto quando versar sobre matéria constitucional, que será, portanto, recurso extraordinário e não o ordinário, previsto no art. 2º, § 4º da Lei 5.584/70 e aplicação do art. 102, II da CF.

> *CAUSA DE PEDIR E PEDIDO. INOVAÇÃO EM SEDE RECURSAL. É defeso à parte modificar a causa de pedir e o pedido em sede recursal, ex vi, do disposto nos arts. 128 e 460 do CPC, sob pena de ofensa aos princípios da adstrição e do contraditório e da ampla defesa. Recurso a que se nega provimento. (TRT/ SP – 00532200725502005 – RO – Ac. 3ª T 20090007942 – Rel. MARIA DORALICE NOVAES – DOE 03/02/2009.)*

9.7.2. Agravo de Instrumento

Previsto no art. 897, b, da CLT, é exercitável em qualquer grau de jurisdição, só podendo ser objeto de julgamento pelo Tribunal Regional ou Superior.

Assim, quando o recurso interposto pela parte não é conhecido ou, em outras palavras, é denegado seguimento, a medida cabível é a interposição de agravo de instrumento, no prazo de oito dias, ressaltando que não existe preparo.

Será interposto perante o juízo que negou seguimento, possibilitando o chamado juízo de retratação, podendo o Magistrado reconsiderar, ou não, sua decisão.

Após o conhecimento, a parte contrária terá o prazo de oito dias para apresentar suas contrarrazões, e este será remetido para a instância superior, portanto, será julgado pelo Tribunal competente para apreciar o recurso que foi denegado, assim o legislador especificou no art. 897, § 4º da CLT.

Cabe observar que o agravo de instrumento possui a exigibilidade de que a parte o instrua com as peças obrigatórias, assim disciplinadas no art. 897, § 5º, incisos I e II da CLT, que abaixo serão elencadas, podendo, também, ser inseridas as denominadas peças facultativas, que o agravante entender serem úteis à solução da demanda.

- da decisão agravada;
- da certidão da respectiva intimação;
- das procurações outorgadas aos advogados do agravante e do agravado;
- da petição inicial;
- da contestação;
- da decisão originária;
- da comprovação do depósito recursal;
- do recolhimento das custas.

Assim, com a formação do instrumento, o referido recurso será processado em autos próprios, apartado do processo principal.

Em decorrência da Lei nº 9.756/98, a parte pleiteará o julgamento daquele recurso que foi negado seguimento, na mesma sessão, com o objetivo de celeridade processual.

Salienta, ainda, que o Juízo da interposição do agravo tem o dever de encaminhá-lo à instância superior, e caso não o faça é cabível a impetração de Mandado de Segurança.

> *O agravo de instrumento, nesta Justiça Especializada, somente é cabível na hipótese de destrancamento de recurso, a teor do artigo 897, "b". (TRT 2ª Região – Ac 20080950226 – T. 12 07/11/2008 – Proc. 20080684470 – Rel. DELVIO BUFFULIN.)*

AGRAVO DE INSTRUMENTO. PAGAMENTO DE CUSTAS COMO REQUISITO DE ADMISSIBILIDADE. Custas processuais da fase de execução devem ser pagas a final, segundo a dicção do art. 789-A. Agravo de Instrumento provido. (TRT 2ª Região – Ac. 20080599650 – T. 12 11/07/2008 – Proc. 20080370033 – Rel. DAVI FURTADO MEIRELLES.)

Agravo de instrumento. Peças necessárias ao exame do recurso principal. Pressuposto objetivo de admissibilidade. Constitui pressuposto objetivo de admissibilidade do Agravo de Instrumento a juntada das peças dos autos principais que são necessárias ao exame do recurso principal. Assim a cópia de documentos que foram mencionados na sentença e que servem de fundamento ao exame do mérito do recurso. Art. 897, § 5º da CLT. Agravo não conhecido. (TRT 2ª Região – Ac. 20080946245 – T. 11 – 04/11/2008 – Proc. 20080113367 – Rel. EDUARDO DE AZEVEDO SILVA.)

9.7.3. Recurso de Revista

O recurso de revista é previsto no art. 896 da CLT, sendo admitido em face dos acórdãos do TRT que, em grau de recurso ordinário nos dissídios individuais, houver:

a) Divergência na interpretação de lei federal – art. 896, "a" – a decisão impugnada dá interpretação diversa à lei federal da que lhe houver dada outro TRT, o SDI (Setor de Dissídios Individuais) do TST, ou Súmula do TST;

b) Violação de lei federal ou da Constituição Federal – art. 896, "c";

c) Outras divergências de interpretação trazidas pelo art. 896, "b" da CLT.

O recurso de revista objetiva, principalmente, a uniformização de jurisprudência.

Somente vai para o Tribunal Superior do Trabalho, por meio desse recurso, matéria de direito, que é o confronto da lei versos o acórdão, uma vez que as matérias de fato, devem ser discutidas até a apreciação do recurso ordinário.

Com referência a esse assunto, destacamos a Súmula 126 do Colendo Tribunal Superior do Trabalho:

> **Súm. 126/TST:** *"Incabível o recurso de revista ou de embargos (CLT, arts. 896 e 894, 'b') para reexame de fatos e provas".*

O prazo para a propositura do recurso de revista é de 08 (oito) dias a partir da publicação do acórdão, sendo que o recurso é dirigido ao juízo *ad quem*, que é o TST, por meio do Tribunal prolator do acórdão.

Para que o recorrente comprove a divergência jurisprudencial, a Súmula 337 do Tribunal Superior do Trabalho determina:

> **Súm. 337/TST:**
> *"**a** – Junte certidão ou cópia autenticada do acórdão paradigma ou cite a fonte oficial ou repositório autorizado em que foi publicado;*
> *b – Transcreva, nas razões recursais, as emendas e/ou trechos dos acórdãos trazidos à configuração do dissídio, mencionando as teses que identifiquem os casos confrontados, ainda que os acórdãos já se encontrem nos autos ou venham a ser juntados com o recurso (Res. nº 35/94, DJ 18-21 e 22.11.94)".*

A admissibilidade do recurso de revista está subordinada à existência de divergência jurisprudencial atual. A jurisprudência ultrapassada por súmula não é considerada atual (art. 896, § 4º da CLT).

Oportuno lembrar que das decisões proferidas pelo TRT ou por suas Turmas, em execução de sentença, inclusive em processo incidente de embargos de terceiro, não caberá Recurso de Revista, sendo essa a regra geral.

Contudo, a exceção ocorre na hipótese de ofensa literal de norma da Constituição Federal, nos exatos termos do art. 896, § 2º da CLT, onde é cabível a interposição do recurso.

Assim é o entendimento do Tribunal Superior do Trabalho, previsto na Súmula 266:

> **Súm. 266/TST:** *"A admissibilidade do recurso de revista interposto de acórdão proferido em agravo de petição, na liquidação de sentença ou em processo incidente na execução, inclusive os embargos de terceiro, depende de demonstração inequívoca de violação direta à Constituição Federal".*

Contudo, a que se observar que nas demandas trabalhistas, que seguem o rito sumaríssimo, o recurso de revista possui certas peculiaridades.

> *AGRAVO DE INSTRUMENTO. ADMISSIBILIDADE. RECURSO DE REVISTA. PROCEDIMENTO SUMARÍSSIMO. DEPÓSITO RECURSAL. Nos termos do artigo 896 da CLT, § 6º, da CLT, o recurso de revista em causa sujeita a procedimento sumaríssimo somente é cabível por contrariedade à súmula de jurisprudência uniforme desta Corte ou por violação direta de preceito da Constituição Federal. Não observados esses estritos requisitos de cabimento, obsta-se o processamento do recurso de revista. Agravo de instrumento a que se nega provimento. (TST – Processo: AIRR – 9047/2007-673-09-40.8 Data de Julgamento: 22/10/2008, Relator Ministro: Emmanoel Pereira, 5ª Turma, Data de Publicação: DJ 07/11/2008.)*

> *RECURSO DE REVISTA. EXECUÇÃO. Incabível recurso de revista em execução de sentença quando não alicerçado na existência de ofensa literal e inequívoca a dispositivo constitucional. Inteligência do artigo 896, § 4º, da CLT e da Súmula nº 266*

do TST. Agravo de instrumento ao qual se nega provimento. (TST – Processo: AIRR – 428101/1998.9 Data de Julgamento: 03/02/1999, Relator Ministro: João Oreste Dalazen, 1ª Turma, Data de Publicação: DJ 19/03/1999.)

DEPÓSITO RECURSAL EM FASE DE EXECUÇÃO QUANDO JÁ GARANTIDA A EXECUÇÃO POR PENHORA. DESNECESSIDADE. Garantido o juízo na fase de execução de sentença, a exigência de depósito recursal para recorrer de qualquer decisão viola os incisos II e LV do art. 5º da CF/88. Havendo, porém, elevação do valor do débito, exige-se a complementação da garantia do juízo. Iterativa, notória e atual jurisprudência – Item nº 189 da Orientação Jurisprudencial da Subseção I Especializada em Dissídios Individuais do Tribunal Superior do Trabalho. Recurso de Revista em execução conhecido e provido. (Processo: RR – 521451/1998.1 – Data de Julgamento: 31/10/2001, Relator Ministro: Rider de Brito, 5ª Turma, Data de Publicação: DJ 08/02/2002.)

Sendo, portanto, admitido recurso de revista, no procedimento sumaríssimo, somente por contrariedade à súmula de jurisprudência uniforme do TST e violação direta da Constituição (art. 896, § 6º da CLT).

9.7.3.1. Pressupostos de admissibilidade do Recurso de Revista

Destaca-se que o recurso de revista, além da exigência de todos os pressupostos de admissibilidade, tratados no capítulo específico, esse exige alguns requisitos essenciais para seu conhecimento, ou seja, o **prequestionamento da matéria**, a **transcendência** e a **Instrução Normativa 23/2003**.

9.7.3.2. Prequestionamento

Vamos entender o que é "prequestionamento", consiste no exame, em instância inferior, de alegação de que determinada norma legal tenha sido desrespeitada, justificando-se, assim, que o recurso de revista para o TST invoque essa suposta violação da lei.

Desta feita, prequestionar é discutir, argumentar, rebater a matéria antes (pré) que ela seja encaminhada ao órgão superior.

Assim a Súmula 297 do Tribunal Superior do Trabalho estabelece:

> **Súm. 297/TST**: *"Diz-se prequestionada a matéria quando na decisão impugnada haja sido adotada, explicitamente, tese a respeito. Incumbe à parte interessada interpor embargos declaratórios objetivando o pronunciamento sobre o tema, sob pena de preclusão".*

Portanto, é perfeitamente cabível embargos declaratórios, que não poderão ser tidos como protelatórios, se interpostos com o objetivo de prequestionar a matéria.

Doutrina.

> *"Do exposto, conclui-se que o prequestionamento é um ônus da parte, intimamente vinculado aos princípios do dispositivo e da devolutividade recursal. Segue-se a linha de que o juiz não pode prestar jurisdição sem que a parte o provoque e de que um Tribunal não pode apreciar questão não solucionada pela instância 'a quo'".(Luiz Claudio Portinho Dias – Prequestionamento na Justiça do Trabalho.* Jus Navigandi, *nov.1999. Disponível em http://jus2.uol.com.br/doutrina/texto.asp?id=1270.)*

Portanto, o prequestionamento é uma condição para que o recurso de revista seja conhecido, devendo ser demonstrado na peça de interposição que a matéria se encontra prequestionada e também nas razões, pois lembramos aqui que são realizados dois juízes de admissibilidade.

Por unanimidade, não conhecer integralmente do recurso de revista. RECURSO DE REVISTA. PREQUESTIONAMENTO.

O prequestionamento é condictio sine qua non *ao conhecimento da revista, pois a ausência de pronunciamento pelo Tribunal* a quo *impede a verificação da violação legal ou constitucional, assim como o confronto jurisprudencial (Enunciado nº 297/TST). Recurso de revista não conhecido. (Proc. 268489/1996-8 TRT DA 5ª REGIÃO 4ª TURMA/TST – Rel. Ministro Milton Moura França – 18.09.1998.)*

9.7.3.3. Transcendência

Referido requisito é um mecanismo de seleção dos processos, analisando se serão ou não apreciados em instância superior.

Dessa forma, com a publicação da Medida Provisória 2.226, cujo art. 1º inseriu na Consolidação das Leis do Trabalho novo artigo 896-A.

"Art. 896-A. O Tribunal Superior do Trabalho, no recurso de revista, examinará previamente se a causa oferece transcendência com relação aos reflexos gerais de natureza econômica, política, social ou jurídica."

Assim, podemos entender como transcendência algo que gere repercussão geral, requisito conhecido do recurso extraordinário, ou seja, o Tribunal Superior só irá conhecer o recurso caso a matéria discutida seja de grande interesse.

A palavra transcendência possui na língua portuguesa o seguinte significado: Transcendente é algo "que transcende; muito elevado; superior, sublime, excelso: virtudes transcendentes".

Concluímos então que a discussão deve trazer direitos que afetem (transcenda) perante a sociedade num todo, como é a repercussão geral.

Doutrina.

"Tal princípio exterioriza a função que está na essência dos Tribunais Superiores, ou seja, julgar apenas as questões cuja transcendência política, social, econômica ou jurídica ultrapasse o exclusivo interesse das partes, para preservação da ordem jurídica da Federação e da segurança do Direito, que deve ser aplicado uniformemente no País". (Ives Gandra da Silva Martins. O princípio da transcendência em processo trabalhista. **Jus Navigandi**, Teresina, ano 6, nº 52, nov. 2001.)

9.7.3.4. Instrução Normativa 23/2003

A IN 23/2003 prevê que a parte recorrente deve demonstrar o preenchimento dos requisitos de admissibilidade do recurso e especificar o trecho da decisão recorrida que afrontou a lei.

Prevê recomendações destinadas a tornar mais célere a tramitação dos recursos, lembrando que cancelou a antiga Instrução Normativa nº 22.

Nesse sentido, a instrução normativa vem regulamentar que a parte apresente um recurso de maneira adequada, atendendo aos interesses do próprio recorrente e, principalmente, viabilização à prestação jurisdicional.

Diante disso, entendemos por bem transcrever a referida Instrução Normativa 23/2003, servindo como base para a interposição dos recursos de revista.

INSTRUÇÃO NORMATIVA Nº 23 de 2003
Editada pela Resolução nº 118
Publicada no Diário da Justiça em 14 – 08 – 03
Dispõe sobre petições de recurso de revista.
Considerando a necessidade de racionalizar o funcionamento
da Corte, para fazer frente à crescente demanda recursal, e de

otimizar a utilização dos recursos da informática, visando à celeridade da prestação jurisdicional, anseio do jurisdicionado;

Considerando a natureza extraordinária do recurso de revista e a exigência legal de observância de seus pressupostos de admissibilidade;

Considerando que a elaboração do recurso de maneira adequada atende aos interesses do próprio recorrente, principalmente na viabilização da prestação jurisdicional;

Considerando que o advogado desempenha papel essencial à administração da Justiça, colaborando como partícipe direto no esforço de aperfeiçoamento da atividade jurisdicional, merecendo assim atenção especial na definição dos parâmetros técnicos que racionalizam e objetivam seu trabalho;

Considerando que facilita o exame do recurso a circunstância de o recorrente indicar as folhas em que se encontra a prova da observância dos pressupostos extrínsecos do recurso;

Considerando que, embora a indicação dessas folhas não seja requisito legal para conhecimento do recurso, é recomendável que o recorrente o faça;

RESOLVE, *quanto às petições de recurso de revista:*

I – Recomendar sejam destacados os tópicos do recurso e, ao demonstrar o preenchimento dos seus pressupostos extrínsecos, sejam indicadas as folhas dos autos em que se encontram:

a) *a procuração e, no caso de elevado número de procuradores, a posição em que se encontra(m) o(s) nome(s) do(s) subscritor(es) do recurso;*

b) *a ata de audiência em que o causídico atuou, no caso de mandato tácito;*

c) *o depósito recursal e as custas, caso já satisfeitos na instância ordinária;*

d) *os documentos que comprovam a tempestividade do recurso (indicando o início e o termo do prazo, com referência aos documentos que o demonstram).*

II – *Explicitar que é ônus processual da parte demonstrar o preenchimento dos pressupostos intrínsecos do recurso de revista, indicando:*

a) *qual o trecho da decisão recorrida que consubstancia o prequestionamento da controvérsia trazida no recurso;*

b) *qual o dispositivo de lei, súmula, orientação jurisprudencial do TST ou ementa (com todos os dados que permitam identificá-la) que atrita com a decisão regional.*

III – *Reiterar que, para comprovação da divergência justificadora do recurso, é necessário que o recorrente:*

a) *junte certidão ou cópia autenticada do acórdão paradigma ou cite a fonte oficial ou repositório em que foi publicado;*

b) *transcreva, nas razões recursais, as ementas e/ou trechos dos acórdãos trazidos à configuração do dissídio, demonstrando os conflitos de teses que justifiquem o conhecimento do recurso, ainda que os acórdãos já se encontrem nos autos ou venham a ser juntados com o recurso.*

IV – *Aplica-se às contrarrazões o disposto nesta Instrução, no que couber.*

Sala de Sessões, 05 de agosto de 2003.
VALÉRIO AUGUSTO FREITAS DO CARMO
Diretor-Geral de Coordenação Judiciária

9.8. EMBARGOS NO TRIBUNAL SUPERIOR DO TRABALHO

Devemos, antes de iniciarmos o estudo sobre os embargos, entender que Embargos para o TST é gênero de duas espécies, que são Embargos de Divergência e Embargos Infringentes.

Contudo, convém esclarecer que a Lei nº 7.701/88 previa a possibilidade de Embargos de Divergência, Infringentes e Nulidade.

Entretanto, com a alteração trazida pela Lei 11.496/2007, o artigo 894 da CLT, em sua nova redação, excluiu a figura do Embargos de Nulidade, em vigor desde 25/06/2007.

9.8.1. Embargos de Divergência

Cabem Embargos de Divergência das decisões não unânimes:
• divergentes das Turmas;
• decisões das Turmas divergentes, da seção de dissídios individuais;
• decisões das Turmas divergentes de enunciados e súmulas.

Possuem natureza extraordinária, e somente podem versar sobre matéria de direito, ou seja, confronto entre o acórdão e a fundamentação legal.

O prazo para interposição é de 8 (oito) dias, igualmente para as contrarrazões.

Os embargos de divergência, recurso que será apreciado pelo Tribunal Superior do Trabalho, também, prevê o requisito do prequestionamento, visando a pré-discussão da matéria divergente.

Como o próprio nome já diz, o recurso deve comprovar robustamente a divergência, assim, a parte deverá transcrever nas razões recursais a ementa do acórdão divergente e a indicação precisa da fonte, que deverá ser de repositório idôneo de jurisprudência, isso no caso de dissídio jurisprudencial.

O primeiro juízo de admissibilidade é realizado pelo Presidente da Turma, e caso denegado seguimento para a Seção Especializada de Dissídio Individual, local para onde se encaminham as razões, visando o provimento dos Embargos, a parte pode interpor Agravo Regimental.

Ementa.

RECURSO DE EMBARGOS INTERPOSTO SOB A VIGÊN-CIA DA LEI Nº 11.496/2007, QUE DEU NOVA REDAÇÃO AO ART. 894 DA CLT. RECURSO DE REVISTA – NÃO-CONHE-CIMENTO – SÚMULA Nº 297/TST – APLICAÇÃO. Ausência de demonstração da divergência específica. Aresto inservível, por ser oriundo de Tribunal Regional, ou inespecífico, atraindo a incidência da Súmula nº 296/TST. (TST – Processo: E-ED-RR – 2237/2004-444-02-00.3 Data de Julgamento: 04/08/2008, Relator Ministro Carlos Alberto Reis de Paula, Subseção I Especializada em Dissídios Individuais, Data de Publicação: DJ 15/08/2008.)

9.8.2. Embargos Infringentes

Caberá embargos infringentes, das decisões não unânimes, proferidas em processos de dissídio coletivo de sua competência originaria.

Portanto, somente poderão ser interpostos embargos infringentes em sede de dissídio coletivo.

Seu processamento ocorrerá na Seção de Dissídios Coletivos, portanto, razões e contrarrazões seguirão para a SDC.

Conforme **Regimento Interno do Tribunal Superior do Trabalho – RITST – RA-000.908-2002**, art. 72, inciso II, alínea "c" e art. 240 e seguintes.

> **Art. 72.** *"À Seção Especializada em Dissídios Coletivos compete:*
> **II** *– em última instância, julgar:*
> *c) os embargos infringentes interpostos contra decisão não unânime proferida em processo de dissídio coletivo de sua competência originária, salvo se a decisão atacada estiver em consonância com precedente normativo do Tribunal Superior do Trabalho ou com súmula de sua jurisprudência predominante."*

Ementa.

PRINCÍPIO DA FUNGIBILIDADE NÃO-APLICAÇÃO DE EMBARGOS INFRINGENTES EM RECURSO DE EMBARGOS, EM RECURSO DE REVISTA INCABÍVEL. O recurso de embargos infringentes é meio apto a impugnar estritamente decisão não unânime proferida em processo de dissídio coletivo de competência originária da Seção Especializada em Dissídios Coletivos do TST (exegese dos artigos 2º, inciso II, alínea "c", da Lei nº 7.701/88 e 240 do RITST). Excluída essa hipótese, é impertinente a utilização desse instrumento recursal, por absoluta ausência de previsão legal do seu cabimento. (SBDI – 1 – PROC. Nº TST-AG-ED-E-RR-1460/1998-090-15-00.1 – Rel. VANTUIL ABDALA – PUBLICAÇÃO: DJ – 15/04/2005.)

9.9. AGRAVO REGIMENTAL

O recurso de agravo regimental é o meio de obter o reexame da decisão, desde que essa esteja impedindo a apreciação de outro recurso ou de ação da competência do próprio Tribunal.

Sendo um recurso limitado ao exame do despacho agravado, quase sempre nos mesmos casos do agravo de instrumento.

Tem previsão expressa nos regimentos internos dos tribunais, e a regra está em cada regimento, com previsibilidade no art. 709, § 1º, da CLT.

Simplificando, tem utilidade exclusiva para destrancar recurso que foi denegado seguimento, no juízo *ad quem*, portanto, no momento da realização do segundo juízo de admissibilidade, diferente do agravo de instrumento, que é para os casos de denegação no primeiro juízo de admissibilidade.

Ainda, caberá agravo regimental das decisões monocráticas proferidas em sede de:
• Mandado de Segurança;
• Embargos de divergência;
• Liminares;
• Embargos infringentes;
• Correição parcial;
• Ação rescisória.

Ementa.

AGRAVO REGIMENTAL. INADMISSIBILIDADE. Consoante redação do artigo 205 do Regimento Interno deste E. Regional, não se admite a interposição de agravo regimental contra acórdão prolatado por Turma julgadora, mas apenas contradecisões interlocutórias ou despachos. (TRT 2ª Região – Acórdão: 20070698931 – Turma 11 – Data Julg: 21/08/2007 – Data Pub.: 04/09/2007 – Processo 20070020277 – Relatora: MARIA APARECIDA DUENHAS.)

AGRAVO REGIMENTAL DE DECISÃO CORREICIONAL. IMPOSSIBILIDADE DE JUNTADA DE CÓPIA DO ATO IMPUGNADO NOS AUTOS DA CORREIÇÃO PARCIAL. AGRAVO REGIMENTAL PROVIDO. Considerando que os requerentes não puderam ter acesso aos autos para extração das peças necessárias à instrução da Correição Parcial, uma vez que o próprio MM. Juízo corrigendo informou que havia determinado sua remessa a este E. Tribunal, independentemente de intimação das partes, não podem eles ser responsabilizados por um fato a que não deram causa. E isso porque, se a própria Vara do Trabalho não observou o cumprimento do disposto no artigo 3º, item III, do Provimento GP/CR 04/2002, impossibilitando a aferição da tempestividade da medida, não há como negar-se conhecimento à correição parcial por eles ajuizada, por não terem colacionado

> *cópia do ato impugnado. Agravo Regimental de Decisão Correicional provido. (TRT 2ª Região – SDI – Proc. 10302-2006-000-02-00-9 Rel. VANIA PARANHOS – 12/03/2007.)*

Por fim, o agravo regimental é baseado nos regimentos internos dos tribunais, bem como seu processamento.

9.10. AGRAVO DE PETIÇÃO

Disciplinado no art. 897, "a", da Consolidação das Leis do Trabalho, é recurso próprio para as decisões que põem fim ao processo na fase de execução, deve ser interposto no prazo de 8 dias, com igual prazo para a apresentação das contrarrazões.

Da decisão que simplesmente homologa os cálculos de liquidação, não cabe agravo de Petição, que só é interponível após apresentação e decisão dos Embargos à Execução, Embargos de Terceiro e Impugnação à Sentença de Liquidação.

Lembrando que à sentença de liquidação, caso ponha fim ao processo, caberá a interposição de agravo de petição, como exemplo, temos uma homologação de cálculos em zero reais, automaticamente, inexiste execução, ou seja, é uma decisão definitiva; ou, ainda, no caso de ser extinta a execução, sem a quitação total dos valores em execução, hipótese, na qual o exequente poderia interpor Agravo de Petição para que fosse determinado o prosseguimento da execução.

Há necessidade do pagamento de custas, conforme tabela da Justiça do Trabalho, que serão realizadas, pelo vencido, ao final da execução,

Sérgio Pinto Martins, na sua obra *"Comentário à CLT"*, 4ª ed., Editora Atlas, São Paulo: 2001, p. 898-899, leciona, *verbis:*

"Não caberá o agravo de petição contra decisões interlocutórias na execução, que somente serão recorríveis quando da apreciação do merecimento das decisões definitivas (§ 1º do art. 893 c/c § 2º do art. 799 da CLT e Súmula 214 do TST). Não se admitirá agravo de petição, portanto: da decisão que entende não ser o caso da produção de determinada prova na execução; da que recusa a nomeação de bens à penhora, por não obedecer à ordem legal; dos despachos de mero expediente; das decisões interlocutórias; do despacho que determinou ou não a perícia contábil (...) O agravo de petição caberá, portanto, da decisão que julga os embargos do devedor, à praça, à arrematação (...)".

Devemos lembrar que o agravo de petição, também, poderá ser interposto nos casos onde envolvem matéria de ordem pública.

Segundo José Augusto Rodrigues Pinto (Execução Trabalhista – 9. ed. São Paulo: LTr, 2002, p. 235), o agravo de petição só tem cabimento contra as decisões definitivas em processo de execução trabalhista; e contra as decisões interlocutórias que envolvam matéria de ordem pública a justificar novo exame de seu conteúdo.

Ementa.
CABIMENTO DE AGRAVO DE PETIÇÃO. A decisão contra a qual se insurge a agravante é decisão interlocutória, contra a qual não cabe a interposição de agravo de petição, posto que não terminativa do feito. Provimento negado. (TRT – 4ª Região **– Acórdão do processo 01109-2004-017-04-01-9 (AI) Redator:** *LUIZ ALBERTO DE VARGAS* **Data:** *13/02/2008* **Origem:** *17ª Vara do Trabalho de Porto Alegre.)*

Desrespeito à coisa julgada – Agravo de Petição. É anulável decisão que se fundamenta em laudo pericial que não respeita a coisa julgada. No caso, a média anual concedida pela res judicata não foi observada, como deveria. Agravo de Petição que se acolhe para determinar que nova decisão seja proferida após novo laudo pericial. (TRT 15ª Região – Decisão Nº 012468/1995-SPAJ. AP – Relator(a): IRANY FERRARI.)

AGRAVO DE INSTRUMENTO. DECISÃO INTERLOCUTÓ-RIA TERMINATIVA. IMPUGNAÇÃO POR MEIO DE AGRAVO DE PETIÇÃO. POSSIBILIDADE. A norma inscrita na alínea "a" do artigo 897 do texto consolidado vincula o agravo de petição às decisões definitivas proferidas no processo de execução. Todavia, alargando o alcance dessa norma, a jurisprudência tem admitido o manejo do recurso de agravo de petição contra decisões interlocutórias terminativas do feito. (TRT – 6ª Região – PROC: 02157-1993-010-06-01-5 (AI) – Órgão Julgador: 1ª Turma – Juiz Relator – 10ª Vara do Trabalho de Recife/PE.)

9.10.1. Requisitos para Interposição

Como todos os recursos, o agravo de petição, além dos pressupostos já conhecidos, exige que a parte delimite a matéria e os valores que serão discutidos.

Na delimitação dos valores, deverão ser transcritos todos os valores a serem discutidos e as razões da impugnação, mesmo quando houver impugnação total do cálculo. Na delimitação da matéria, trata-se da discriminação do tema a ser discutido, como no caso de alteração da coisa julgada, por exemplo.

De acordo com o § 1º, do art. 897, da CLT, com redação determinada pela Lei nº 8.432, de 11 de junho de 1992, há necessidade de se delimitar as matérias e os valores impugnados por meio de agravo de petição, uma vez que a matéria esteja delimitada, mas não os valores, não será conhecido o agravo de petição, pois a lei exige cumulativamente o atendimento das duas circunstâncias: delimitação de valores e matéria.

As parcelas e montantes que não sofreram impugnação podem ser submetidas à execução definitiva, ainda que pendente de julgamento o Agravo de Petição, considerando a lei que o remanescente não pode mais ser alterado.

Há uma exceção a esse princípio, constante na parte final do art. 899 da CLT, de que a execução, pendente de recurso, é sempre provisória, interrompendo-se o procedimento de expropriação de bens com a penhora ou o depósito do montante executado.

Assim, a execução definitiva da parte não delimitada poderá ser feita nos autos principais, seguindo o Agravo de Petição em autos apartados ou mediante carta de sentença, onde ocorrerá o envio dos autos principais ao tribunal para exame do recurso.

Conclui-se que o objetivo do legislador, ao determinar a delimitação dos valores impugnados, foi para permitir a imediata execução da parte incontroversa – CLT, art. 897, § 1º.

Manoel Antônio Teixeira Filho, na sua obra *"Sistema dos Recursos Trabalhistas"*, 8ª Edição, Editora LTr, p. 312, leciona, *verbis*:

"Interposto o Agravo, caberá ao Juízo 'a quo' após examinar os pressupostos subjetivos e objetivos – declarar se o admite ou não. Neste ponto houve considerável modificação introduzida pela Lei nº 8.432/92 (art. 49), que deu nova redação ao art. 897 da CLT, pois, agora, o Agravante deve delimitar, justificadamente, as matérias e os valores impugnados... Incumbe ao Agravante, pois, não apenas precisar (delimitar) as matérias e os valores impugnados, mas fazê-lo de maneira fundamentada, como exige a Lei. Sendo assim, a simples indicação das matérias ou valores contestados não atenderá a esse pressuposto...".

Ementa.

AGRAVO DE PETIÇÃO. AUSÊNCIA DE DELIMITAÇÃO DE VALORES. Não delimitados os valores correspondentes à matéria impugnada no Agravo de Petição, resta descumprida condição de admissibilidade, por força do disposto no § 1º do artigo 897 da CLT. Agravo de petição que não se conhece. (PROC. Nº TRT- 6ª Região – 00810-2004-221-06-00-2 (AP) – Órgão Julgador:1ª Turma – Relatora:Valéria Gondim Sampaio.)

*AGRAVO DE PETIÇÃO. DELIMITAÇÃO DE VALORES. PENDÊNCIA DE JULGAMENTO DE RECURSO DE REVISTA. A delimitação das matérias e seus respectivos valores de correspondência, de forma a compor a inconformidade, são requisitos imprescindíveis para a interposição do recurso de agravo de petição pelo executado, conforme os termos do artigo 897, § 1º, da CLT. Referida norma tem por finalidade possibilitar a execução definitiva sobre os valores incontroversos, exigência que a lei não excepciona nem mesmo na execução provisória, como no presente caso, já que pende de julgamento recurso de revista. (TRT – 4ª Região – **Acórdão do processo 01031-1999-028-04-00-5 (AP)**.)*
Redator: *Marcelo Gonçalves de Oliveira –* **Data:** *06/12/2007*
Origem: *28ª Vara do Trabalho de Porto Alegre.*

AUSÊNCIA DE DELIMITAÇÃO DA MATÉRIA. REQUISITO INDISSOCIÁVEL DE TAL MODALIDADE RECURSAL. AGRAVO DE PETIÇÃO NÃO CONHECIDO. (TRT – 19ª Região – Processo : 01403.2003.003.19.00.2 – AGRAVO DE PETIÇÃO – Procedência: 3ª VARA DO TRABALHO DE MACEIÓ – AL – DESEMBARGADOR RELATOR: NOVA MOREIRA.)

9.10.2. Processamento

Agravo de Petição será interposto perante a vara do trabalho, local onde se procede a execução.

Passa pelo juízo de admissibilidade, em que são examinados os pressupostos processuais. No caso do agravo de petição, o juízo de admissibilidade examina também se o agravante delimitou justificadamente, as matérias e os valores impugnados, como demonstrado acima, do contrário o recurso não será conhecido.

Conhecido, é aberta vista à parte contrária para oferecimento das contrarrazões, no prazo de oito dias. Em prosseguimento, ordenará o juiz a subida dos autos ao Tribunal Regional do Trabalho, onde será apreciado e julgado por uma de suas Turmas.

O julgamento do Agravo de Petição se dá como o do Recurso Ordinário. Da decisão proferida, cabe Recurso de Revista para o Tribunal Superior do Trabalho, somente nos casos em que houver presente ofensa à Constituição Federal, nos estritos termos do § 4º do art. 896 da CLT, como já explicitado no capítulo acima.

9.11. RECURSO ADESIVO

Recurso de natureza cível, inexistente na CLT, utilizado subsidiariamente, art. 769 da CLT, foi importado do Código de Processo Civil, art. 500, estabelecendo a Súmula nº 283 do Tribunal Superior do Trabalho a compatibilidade desse recurso com o Processo do Trabalho.

> ***Súm. 283/TST****: "RECURSO ADESIVO. PERTINÊNCIA NO PROCESSO DO TRABALHO. CORRELAÇÃO DE MATÉRIAS (mantida) – Res. 121/2003, DJ 19, 20 e 21.11.2003*

O recurso adesivo é compatível com o processo do trabalho e cabe, no prazo de 8 (oito) dias, nas hipóteses de interposição de recurso ordinário, de agravo de petição, de revista e de embargos, sendo desnecessário que a matéria nele veiculada esteja relacionada com a do recurso interposto pela parte contrária".

Com prazo de oito dias, tem cabimento nas ações julgadas "procedentes em parte", chamada, também, de sucumbência recíproca, que é quando os litigantes, reclamante, reclamada, são ao mesmo tempo vencedores e vencidos.

Portanto, quando a parte recorre, no momento da recorrida apresentar suas contrarrazões poderá interpor o recurso adesivo, desde que não tenha interposto recurso anteriormente.

Ementa.
RECURSO ADESIVO. PRESSUPOSTOS DE ADMISSIBILIDADE. Além dos pressupostos genéricos inerentes aos recursos em geral – legitimidade, interesse, capacidade, preparo, tempestividade, adequação, representação e recorribilidade do ato -, o recurso adesivo exige os seguintes pressupostos específicos de admissibilidade: sucumbência recíproca, possibilidade de a parte ter recorrido autonomamente, existência de recurso principal e demais pressupostos específicos exigíveis para os recursos principais, aos quais fica o adesivo subordinado. (TRT – 5ª Região – Processo 00582-2007-493-05-00-9 AI, ac. nº 019768/2008, Relatora Juíza Convocada LÉA NUNES, 1ª TURMA, DJ 21/08/2008.)

RECURSO – INTERPOSIÇÃO DE PRINCIPAL E ADESIVO PELA MESMA PARTE. INADMISSIBILIDADE. É vedado à mesma parte interpor, simultaneamente, recurso principal e adesivo da mesma decisão, em razão de preclusão consumativa. (TRT – 5ª Região – Processo 00615-2007-221-05-00-0 RO, ac.

nº 016255/2008, Relator Juiz Convocado SÉRGIO FERREIRA DE LIMA, 5ª TURMA, DJ 06/08/2008.)

Ressaltando que o recurso adesivo seguirá o principal, porque a ele está subordinado quanto aos requisitos formais. Por exemplo, se o principal não subir por intempestivo, o adesivo também não sobe.

Ementa.

Recurso adesivo. Descabimento para corrigir irregularidade de recurso ordinário autônomo. Em face do princípio da unirrecorribilidade, não pode a parte que interpôs recurso ordinário eivado de irregularidade apresentar recurso adesivo para impugnar a sentença recorrida, ainda que desista do apelo principal. Hipótese de ocorrência de preclusão consumativa. (TRT 2ª Região – RO – Rel. WILSON FERNANDES – Ac. 20080600420 – Proc. 00411-2004-039-02-00-5 – T. 1ª – 22/07/2008.)

Não conhecido o recurso principal, não se conhece do recurso adesivo, nos termos do art. 500, III, do CPC. (TRT 2ª Região – RO – Rel. SERGIO J. B. JUNQUEIRA MACHADO – Ac. 20080514957 – Proc. 01603-2003-023-02-00-2 – T. 3ª – 24/06/2008.)

9.12. PEDIDO DE REVISÃO

No sistema processual trabalhista, o pedido de revisão era um recurso inominado, *nomen juris,* até que se convencionou chamá-lo, com o advento da Lei nº 5.584, de 26/06/1970, de "pedido de revisão do valor da causa".

Referida lei trata do procedimento de alçada ou sumário, com relação às demandas de até 2 (dois) salários-mínimos, previsto apenas para os dissídios individuais.

Assim, o pedido de revisão do valor da causa (de alçada) ocorre quando a parte inconformada visa rever o valor atribuído à reclamação pelo juízo *a quo*, quando da fixação do valor pelo juiz em audiência.

Trata-se de um recurso de efeito regressivo ou misto, pois permite o reexame da decisão pelo órgão prolator, bem como a devolução ao órgão superior, possibilitando o chamado juízo de retratação, salientando que se refere a um ato decisório, de procedimento do primeiro grau, e admite a discussão da matéria de direito e de fato.

O fundamento jurídico do pedido de revisão é a Lei nº 5.584/70, que, em seu art. 2º, § 1º, prevê a possibilidade de interposição, após a ciência do despacho do Juiz que decide acerca da impugnação ao valor fixado para a causa.

Lembrando que, em audiência, poderá a parte prejudicada aduzir em razões finais e impugnar o valor fixado e, caso o Juiz o mantiver, então, pedirá revisão da decisão, no prazo de 48 (quarenta e oito) horas, ao Presidente do Tribunal Regional, que nada mais é do que o recurso de pedido de revisão.

Processa-se sem a intervenção da parte contrária, ou seja, não tem o contraditório, vedada qualquer oportunidade de intervenção da parte adversa do recorrente.

Importante dizer que o valor da causa, de até dois salários-mínimos, rito de alçada, implica o não cabimento de nenhum recurso, após a sentença, salvo se versar sobre matéria constitucional.

Vale lembrar que a regra é que não cabe recurso de decisão interlocutória, portanto, a decisão do Juiz em alterar o valor da causa é uma decisão interlocutória, passível de recurso, sendo então uma exceção à regra.

Ementa.

PROCESSO DE ALÇADA. LEI 5.584/70, ART. 2. "NA JUS-TIÇA DO TRABALHO AS CAUSAS COM VALOR ATÉ DOIS SALÁRIOS-MÍNIMOS SÃO DE ALÇADA EXCLUSIVA DA JUNTA. SE NÃO HOUVER PEDIDO DE REVISÃO AO PRESI-DENTE DO TRIBUNAL, SÓ CABERÁ RECURSO ORDINÁRIO SE VERSAR SOBRE MATÉRIA CONSTITUCIONAL." (TRT 2ª Região – RO – Rel. LUIZ EDGAR FERRAZ DE OLIVEIRA – Ac 02950542560 – Proc. 02940309340/1994 – T. 9ª – 28/11/1995.)

Atualmente, a aplicabilidade de tal procedimento é escassa, inclusive, não se encontrando na doutrina ou na jurisprudência base para sua fundamentação.

9.13. RECLAMAÇÃO CORREICIONAL

Cabe esclarecer que a reclamação correicional não possui natureza de recurso, mais sim natureza administrativa, visa corrigir injustiças ou ilegalidades diante de atos tumultuários do processo, seja por má condução, com subversão da ordem processual, seja por exercício arbitrário da função judicante dentro do processo, caracterizando o *error in procedendo*, observando que será cabível, sempre que inexistir, recurso específico.

9.13.1. Procedimento

O prazo é fixado pelos regimentos internos dos Tribunais, segundo norma do Tribunal Superior do Trabalho, o prazo é de cinco dias, normalmente, reproduzido pelos tribunais regionais.

Com previsão no Regimento Interno do TST, art. 196, visa que a reclamação é a medida destinada à preservação da competência do Tribunal ou à garantia da autoridade de suas decisões.

No Regimento Interno do TRT da 2ª Região, 13/2006, art. 79 e seguintes, prevê a possibilidade de reclamação quando o atentado à fórmula legal do processo, ocorrido em 1ª Instância, contra o qual inexista recurso específico (art. 177 do Regimento Interno), poderá ensejar a Reclamação Correicional.

Preveem que a reclamação correicional deve ser instruída com as alegações do requerente e cópia da documentação comprobatória do mencionado ato, e será dirigida para a autoridade que cometeu o ato, podendo essa se retratar.

Caso não ocorra a retratação, poderá a autoridade apresentar suas informações, normalmente com previsão de prazo de 5 (cinco) dias, e após será determinada a remessa à Corregedoria Regional. Em tese a apreciação da reclamação pelo Corregedor ocorrerá no prazo de 10 (dez) dias, e, caso necessite de novas informações, poderão ser solicitadas às partes.

Ressaltando que o resultado do julgamento da reclamação constará do assentamento do Juiz que praticou o ato, com o intuito de acompanhar seu desenvolvimento funcional.

Lembrando que o processamento da reclamação correicional não impede o andamento dos autos principais, que continuarão sua tramitação original, na fase em que se encontrarem.

Ementa.

RECLAMAÇÃO CORREICIONAL. EXISTÊNCIA DE RECURSO PRÓPRIO. INADMISSIBILIDADE. Havendo recurso adequado para atacar o ato, do qual a parte pode se valer na época oportuna, a improcedência do pedido é medida que se impõe. (TRT/SP – RC 40438200800002005 – Proc. 00926200831402010 – 4ª VT/Guarulhos – Rel. Tania Bizarro Quirino de Morais – DOE 13/10/2008.)

RECLAMAÇÃO CORREICIONAL. PERDA DO OBJETO. Uma vez atendidas as reclamações efetuadas pelo Juízo, torna prejudicada a reclamação correicional por perda do objeto, conforme disposto no art. 86 da Consolidação das Normas da Corregedoria deste Regional. (TRT/SP – RC 40125200800002007 – Proc. 0268419970702029 – 79ª VT/São Paulo – Rel. Decio Sebastião Daidone – DOE 14/04/2008.)

RECLAMAÇÃO CORREICIONAL. MATÉRIA JURISDICIONAL. INADMISSIBILIDADE. A reclamação correicional limita-se aos aspectos formais e administrativos dos atos processuais, não sendo cabível para questionar atos da atividade jurisdicional. De acordo com o art. 765 da CLT, o Magistrado tem ampla liberdade na direção do processo. (TRT/SP – RC 40430200800002009 – Proc. 0127420083710201 5 – 1ª VT/Mogi das Cruzes – Rel. Tania Bizarro Quirino de Morais – DOE 06/10/2008.)

AGRAVO REGIMENTAL. RECLAMAÇÃO CORREICIONAL. CABIMENTO. SITUAÇÃO EXTREMA. PENHORA. DINHEIRO. ESTADO ESTRANGEIRO. LESÃO. DIFÍCIL REPARAÇÃO. Cuida-se de uma modalidade de reclamação correicional de natureza eminentemente acautelatória, que, em situação extrema ou excepcional, autoriza o Corregedor-Geral a adotar as medidas necessárias a impedir lesão de difícil reparação, assegurando, dessa forma, eventual resultado útil do processo, até que ocorra o exame da matéria pelo órgão jurisdicional competente... (TST – Processo: AG-RC – 188034/2007-000-00-00.5 Data de Julgamento: 10/04/2008, Relator Ministro: João Oreste Dalazen, Órgão Especial, Data de Publicação: DJ 13/06/2008).

Reclamação correicional. Audiência una. Segundo pedido de adiamento pelo não-comparecimento de testemunha do autor, que já se havia comprometido a trazê-la independentemente de intimação, sob pena de preclusão. Deferimento. Matéria jurisdicional. Ato de direção do processo. Potencial prejuízo que poderá ser discutido pelos remédios jurídicos adequados. Art. 765 da CLT. Inadmissibilidade. A reclamação correcional tem por objetivo a correção de vícios de forma dos atos processuais (errores in procedendo) *que configurem inversão da ordem natural do processo e causem prejuízo à parte, não reparável pelos meios processuais existentes (ações, exceções, recursos). Não é porém cabível para questionar atos jurisdicionais, de direção do processo, como o adiamento pela segunda vez de audiência una, por causa do não-comparecimento de testemunha do autor, que já se havia comprometido a trazê-la independentemente de intimação, sob pena de preclusão. De acordo com o art. 765 da CLT, o magistrado tem ampla liberdade na direção do processo. Potencial prejuízo poderá ser discutido pelos remédios jurídicos adequados. (TRT/SP – RC 40055200900002008 – Proc. 02339200804902014 – 49ª VT/São Paulo – Rel. Tania Bizarro Quirino de Morais – DOE 20/02/2009.)*

RECLAMAÇÃO CORRECIONAL. CONHECIMENTO. EXCEÇÃO DE INCOMPETÊNCIA RATIONE LOCI. Prestação de serviços ocorrida exclusivamente em Blumenau. Acolhimento. Aplicação do art. 651, § 3º, da CLT fundada na prova dos autos e nas convicções científico-doutrinárias do julgador. Matéria jurisdicional. Ato de direção do processo. Art. 765 da CLT. Possibilidade de reexame judicial em conflito de competência ou recurso interponível da sentença (CLT, art. 799, § 2º). Inadmissibilidade. A reclamação correicional tem por objetivo a correção de vícios de forma dos atos processuais (errores in procedendo) *que configurem inversão da ordem natural do processo e causem prejuízo à parte, não reparável pelos meios processuais existentes (ações, exceções, recursos). Não é porém cabível para questionar atos jurisdicionais, de direção do processo, como a decisão, fundada na prova dos autos e nas convicções científico-doutrinárias do julgador, de acolhimento de exceção de incompetência* ratione loci. *De acordo com o art. 765 da CLT, o magistrado tem ampla liberdade na direção do processo. Matéria passível de reexame judicial em conflito de competência ou recurso interponível da sentença (CLT, art. 799, § 2º). (TRT/SP – RC 40053200900002009 – Proc. 02694200801502016 – 15ª VT/São Paulo – Rel. Tania Bizarro Quirino de Morais – DOE 20/02/2009.)*

RECLAMAÇÃO CORREICIONAL. AÇÃO DE EXECUÇÃO DE COBRANÇA DE HONORÁRIOS PROFISSIONAIS DE ADVOGADO. INCOMPETÊNCIA RATIONE MATERIAE. *Remessa dos autos ao Juízo Cível sem intimação do autor nem esgotamento do prazo recursal. Agravo de petição interposto e não processado. Não-apreciação de requerimento de expedição de ofício ao Juízo Cível para devolução dos autos, com o escopo de possibilitar o processamento do agravo de petição. Superveniência de sentença cível extintiva do processo sem julgamento de mérito. Impossibilidade. Diante do estado em que se encontra o feito no Juízo Cível, com prolação de sentença extintiva do processo sem julgamento de mérito (CPC: inciso VI do art. 267; segunda parte do inciso II do art. 585; art. 598 e art. 618), impossível o emprego da reclamação correicional para determinar ao Juízo do Trabalho oficie ao Juízo Cível, solicitando o retorno dos autos, a fim de que possa ser processado agravo de petição, interposto de decisão, terminativa do feito (CLT, art. 799, § 2º), proferida pela Vara do Trabalho em ação de execução de cobrança de honorários profissionais de advogado. (TRT/SP – RC 40073200900002000 – Proc. 00256200807502017 – 75ª VT/São Paulo – Rel. Tania Bizarro Quirino de Morais – DOE 09/03/2009.)*

RECLAMAÇÃO CORREICIONAL. NÃO-CONHECIMENTO. INTEMPESTIVIDADE. AUSÊNCIA DE PEÇAS INDISPENSÁ-

VEIS. Não conheço da presente medida porque protocolada fora do prazo legal, como também pela ausência de peças indispensáveis ao exame da controvérsia, nos termos do art. 85, incisos I e II da Consolidação das Normas da Corregedoria. (TRT/SP – RC 40041200900002004 – Proc. 01477199205302020 – 53ª VT/São Paulo – Rel. Tania Bizarro Quirino de Morais – DOE 09/02/2009.)

RECLAMAÇÃO CORREICIONAL. NÃO CONHECIMENTO. AUSÊNCIA DE PEÇAS INDISPENSÁVEIS. Não conheço da presente medida pela ausência de peças indispensáveis ao exame da controvérsia, nos termos dos artigos 80 e 85, inciso II, da Consolidação das Normas da Corregedoria. (TRT/SP – RC 40019200900002004 – Proc. 00627200609002011 – 90ª VT/São Paulo – Rel. Tania Bizarro Quirino de Morais – DOE 26/01/2009.)

NOMEAÇÃO DE PERITO COMO ADMINISTRADOR DA EMPRESA. PENHORAS E NOMEAÇÕES PREEXISTENTES. RECOMENDAÇÃO CR. Nº 46/2007. DESCUMPRIMENTO. De acordo com a recomendação CR nº 46/97, é desaconselhável a nomeação de perito administrador de estabelecimento quando já havia penhoras e nomeações de perito como administrador judicial em outros processos. A nomeação do administrador judicial deve respeitar as normas processuais (art. 677, 678 e 722 do CPC). (TRT/SP – RC 40572200800002006 – Proc. 00989198400102017 – 1ª VT/São Paulo – Rel. Tania Bizarro Quirino de Morais – DOE 12/01/2009.)

RECLAMAÇÃO CORREICIONAL. EXECUÇÃO. Pedido de penhora on line *de contas correntes, cadernetas de poupança e aplicações financeiras de empresas do mesmo grupo da executada, assim reconhecidas em processo diverso, no qual existem embargos de terceiro ainda sem trânsito em julgado. Despacho que determinou ao autor aguardar a solução dos embargos de terceiro e informar nos autos da execução, para apreciação do pedido de constrição. Matéria Jurisdicional. Ato de direção do processo. Art. 765 da CLT. Inadmissibilidade. (TRT/SP – RC 40536200800002002 – Proc. 01252200542102014 – 1ª VT/Santana de Parnaíba – Rel. Tania Bizarro Quirino de Morais – DOE 26/01/2009.)*

RECLAMAÇÃO CORREICIONAL. MATÉRIA JURISDICIONAL. INADMISSIBILIDADE. A reclamação correicional limita-se aos aspectos formais e administrativos dos atos processuais, não sendo cabível para questionar atos da atividade jurisdicional, privilégio, conferido no art. 765 da CLT, que outorga ao Magistrado ampla liberdade na direção do processo. (TRT/SP – RC 40039200900002005 – Proc. 01270200534102012 – 1ª VT/Itaquaquecetuba – Rel. Tania Bizarro Quirino de Morais – DOE 02/03/2009.)

RECLAMAÇÃO CORREICIONAL. INCABÍVEL O RE-EXAME DA ATIVIDADE JURISDICIONAL. Não é cabível reclamação correicional objetivando atacar ato relacionado à direção do processo, ou visando o reexame de atividade jurisdicional. A prerrogativa expressa no artigo 765 da CLT confere ampla liberdade ao Magistrado na condução do feito, de acordo com seu livre convencimento. (TRT/SP – RC 40059200900002006 – Proc. 01271200140102025 – 1ª VT/Praia Grande – Rel. Tania Bizarro Quirino de Morais – DOE 20/02/2009.)

RECLAMAÇÃO CORRECIONAL. Aplicação do art. 475-J do CPC. Existência de recurso próprio. Inadmissibilidade. (TRT/SP – RC 40057200900002007 – Proc. 02557200631402018 – 4ª VT/Guarulhos – Rel. Tania Bizarro Quirino de Morais – DOE 20/02/2009.)

RECLAMAÇÃO CORREICIONAL. NÃO-CONHECIMENTO. INTEMPESTIVIDADE. AUSÊNCIA DE PEÇAS INDISPENSÁ-

VEIS. Não conheço da presente medida porque protocolada fora do prazo legal, como também pela ausência de peças indispensáveis ao exame da controvérsia, nos termos do art. 85, incisos I e II da Consolidação das Normas da Corregedoria. (TRT/SP – RC 40003200900002001 – Proc. 02100200407002015 – 70ª VT/São Paulo – Rel. Tania Bizarro Quirino de Morais – DOE 19/01/2009.)

RECLAMAÇÃO CORREICIONAL. NÃO-CONHECIMENTO. Ineficácia suspensiva ou interruptiva do prazo pela formulação de reclamação correicional anterior fundada nos mesmos fatos. Intempestividade. Não conheço da presente medida porque protocolada fora do prazo legal, nos termos do art. 85, inciso I da Consolidação das Normas da Corregedoria. (TRT/SP – RC 40105200900002007 – Proc. 01882199906402028 – 64ª VT/São Paulo – Rel. Tania Bizarro Quirino de Morais – DOE 30/03/2009.)

RECLAMAÇÃO CORREICIONAL. CONHECIMENTO. Suspensão do processo (art. 110 do CPC) e exclusão de sócio das rés do polo passivo. Matéria Jurisdicional. Ato de direção do processo. Art. 765 da CLT. Inadmissibilidade. A reclamação correicional tem por objetivo a correção de vícios de forma dos atos processuais (errores in procedendo) *que configurem inversão da ordem natural do processo e causem prejuízo à parte, não reparável pelos meios processuais existentes (ações, exceções, recursos). Não é porém cabível para questionar atos jurisdicionais de direção do processo, como a decisão, fundada nas convicções científico-doutrinárias do juiz e na apreciação de requerimentos dos réus, de suspensão do processo (art. 110 do CPC) e de exclusão de sócio das rés do polo passivo. De acordo com o art. 765 da CLT, o magistrado tem ampla liberdade na direção do processo. (TRT/SP – RC 40101200900002009 – Proc. 00526200703502010 – 35ª VT/São Paulo – Rel. Tania Bizarro Quirino de Morais – DOE 30/03/2009.)*

RECLAMAÇÃO CORREICIONAL. IRREGULARIDADE DE REPRESENTAÇÃO PROCESSUAL. NÃO-CONHECIMENTO. Tendo em vista a irregularidade de representação processual do corrigente, não se conhece da Reclamação Correicional. (TRT/SP – RC 40023200900002002 – Proc. 02035200631202013 – 02ª VT/Guarulhos – Rel. Tania Bizarro Quirino de Morais – DOE 26/01/2009.)

RECLAMAÇÃO CORREICIONAL. OITIVA DE TESTEMUNHA DA REQUERENTE POR CARTA PRECATÓRIA. Indeferimento, fundado em ciência pelo juízo do fato de a testemunha ser domiciliada no mesmo município sede do juízo. Apenamento da requerente por má-fé (art. 18, caput, do CPC) e encerramento da instrução. Matéria jurisdicional. Ato de direção do processo. Art. 765 da CLT. Existência de remédios processuais próprios. Inadmissibilidade. A reclamação correicional tem por objetivo a correção de vícios de forma dos atos processuais (errores in procedendo) que configurem inversão da ordem natural do processo e causem prejuízo à parte, não reparável pelos meios processuais existentes (ações, exceções, recursos). Não é, porém, cabível para questionar atos jurisdicionais, de direção do processo, como o indeferimento, fundado nas convicções científico-doutrinárias do juiz e na apreciação de pedido da requerente, de oitiva de testemunha por carta precatória, seguido de aplicação da pena do art. 18, caput, do CPC e do encerramento da instrução. De acordo com o art. 765 da CLT, o magistrado tem ampla liberdade na direção do processo, e existem remédios processuais próprios. (TRT/SP – RC 40047200900002001 – Proc. 02180200705802018 – 58ª VT/São Paulo – Rel. Tania Bizarro Quirino de Morais – DOE 20/02/2009.)

9.14. RECURSO EXTRAORDINÁRIO

Com o advento da Constituição Federal 1988, passou o Supremo Tribunal Federal a ter competência para, mediante recurso extraordinário, julgar as causas decididas em única ou última instância, quando a decisão recorrida, dentre outras, afrontar a Constituição Federal (art. 102, III, c da CF/88).

Nos termos do art. 102, inciso III, da Constituição Brasileira, é cabível quando se alegar que a decisão do Tribunal contrariou dispositivo da Constituição; declarou inconstitucional tratado ou lei federal; julgou constitucional lei ou ato de governo local; julgou válida lei local contestada em face de lei federal.

Portanto, são pressupostos específicos dos recursos extraordinários: a existência de uma causa; que essa causa tenha sido decidida em única ou última instância por um tribunal e que a decisão tenha envolvido (direta ou indiretamente) questão federal.

Vale lembrar que para simples reexame de prova não cabe recurso extraordinário – STF, Súmula 279 – Incabível o recurso de revista ou de embargos (CLT, arts. 896 e 894, b), para reexame de fatos e provas).

Destarte, na esfera trabalhista caberá recurso extraordinário das decisões do Tribunal Superior do Trabalho que violem a Constituição Federal, no prazo de 15 (quinze) dias, oportuno dizer, que o agravo de instrumento para destrancar o recurso extraordinário na Justiça do Trabalho possui o prazo de 10 (dez) dias.

Ementa.

RECURSO EXTRAORDINÁRIO. DESCABIMENTO. Acórdão recorrido, do Tribunal Superior do Trabalho, que decidiu a questão à luz de legislação infraconstitucional: alegada violação ao texto constitucional que, se ocorresse, seria reflexa ou indireta; ausência de negativa de prestação jurisdicional ou de defesa aos princípios compreendidos nos arts. 5º, II, XXXV, LIV e LV e 93, IX, da Constituição Federal. (STF-AI-AgR-436.911/SE, Relator Ministro Sepúlveda Pertence, 1ª Turma, DJ 17.6.2005.)

EMBARGOS DE DECLARAÇÃO RECEBIDOS COMO AGRAVO REGIMENTAL. INTEMPESTIVIDADE DO RECURSO EXTRAORDINÁRIO. O recurso extraordinário é intempestivo, porquanto interposto antes da publicação do acórdão dos embargos de declaração. O entendimento desta Corte é no sentido de que o prazo para interposição de recurso se inicia com a publicação, no órgão oficial, da decisão impugnada. Agravo regimental a que se nega provimento. (AI-ED 405357/SP – Rel. Min. Joaquim Barbosa, DJ 04-11-2005.)

O recurso extraordinário, assim como qualquer outro recurso, possui seus requisitos, merecendo total atenção a chamada repercussão geral, inovação trazida pela EC 45/04, através da introdução do § 3º do art. 102 da Constituição.

Arruda Alvim, afirma que "a expressão 'repercussão geral' significa praticamente a colocação de um filtro ou de um divisor de águas em relação ao cabimento do recurso extraordinário (...)". (EC nº 45 e o Instituto da Repercussão Geral, pág. 64, Reforma do Judiciário, São Paulo, RT, 2005, Coordenação: Teresa Arruda Alvim Wambier.)

Assim entendemos como repercussão geral algo que é de interesse geral, ou seja, interesse público e não somente dos envolvidos naquele litígio, como é o caso da transcendência do recurso de revista.

Sergio Bermudes comenta "o § 3º do art. 102 criou mais um pressuposto de admissibilidade do recurso extraordinário: a repercussão geral das questões constitucionais discutidas no caso, cabendo à lei estruturar o modo de demonstração desse requisito". (A Reforma do Judiciário pela Emenda Constitucional nº 45, Forense, Rio de Janeiro, 2005, pág. 56).

Por fim, o presente recurso extraordinário, visa proteger a Constituição Federal, sendo interposto perante o juízo prolator da decisão, no caso o

TST e suas razões devem ser encaminhados ao Excelso STF, pois é ele o guardião da Constituição.

9.15. EMBARGOS DE DECLARAÇÃO

Os embargos declaratórios eram baseados unicamente no Código de Processo Civil, pois a CLT prevê que, nos casos omissos, será subsidiária a lei processual comum.

Contudo, com a vigência da Lei 9.957/00, que criou o rito sumaríssimo, introduziu à CLT o art. 897-A, que passou a prever expressamente os embargos declaratórios, ocorre que, muitas vezes, ainda é preciso serem usados subsidiariamente os artigos 535 e seguintes do CPC.

O art. 897-A menciona que os embargos declaratórios caberão da sentença (decisão de primeiro grau) ou acórdão (julgamento feito pelos Tribunais).

É competente para julgar os embargos de declaração o Juízo que proferiu a decisão embargada, tanto no caso de sentença como acórdão, ressaltando que não cabem embargos de simples despachos interlocutórios do juiz.

Serão opostos, no prazo de cinco dias, das sentenças ou acórdãos, nos casos de obscuridade, contradição, omissão e manifesto equívoco no exame dos pressupostos extrínsecos do recurso.

Os embargos declaratórios interrompem o prazo para outros recursos, para ambos os litigantes, conforme art. 538 do CPC, ou seja, começará a contar novamente o prazo para interposição de novo recurso somente após a publicação da decisão dos embargos de declaração.

Ementa.
RECURSO ORDINÁRIO. EMBARGOS DE DECLARAÇÃO. INTERRUPÇÃO DOS PRAZOS PARA AMBAS AS PARTES.

ART. 538 DO CPC. Dispõe o art. 538 do CPC que os embargos de declaração interrompem o prazo para a interposição de outro recurso, por qualquer das partes. O dispositivo deixa claro que a interrupção beneficia qualquer das partes do processo e não somente o embargante. (TRT/SP – Acórdão: 20080645369 Turma: 11 – 05/08/2008 – Processo: 20080395486 Relator: CARLOS FRANCISCO BERARDO.)

Devemos lembrar, também, na possibilidade do chamado efeito modificativo, quando nos embargos opostos pode ocorrer omissão ou contradição no julgado, poderá a parte pleitear o efeito modificativo da decisão, conforme Súmula 278 do TST.

Ressaltando que a parte contrária somente será intimada para apresentar contrarrazões aos embargos de declaração se o juiz aceitar o efeito modificativo, caso contrário os embargos não possuem contrarrazões.

Ementa.

EMBARGOS DE DECLARAÇÃO COM EFEITO MODIFICATIVO. Não notificada a parte contrária. Nulidade. Orientação Jurisprudencial nº 142 da SDI do C TST. (TRT 2ª Região – Acórdão: 20080921102 – Turma 3ª – 28/10/2008 – Processo: 20060629830 – Relator: SERGIO J. B. JUNQUEIRA MACHADO.)

CONTRADIÇÃO. EFEITO MODIFICATIVO. Cabe acolher o efeito modificativo dos embargos de declaração, quando se constata a contradição entre os termos da fundamentação e aqueles do dispositivo, na forma do art. 897-A, da CLT. Aplicação da Súmula nº 278, do TST. (TRT 2ª Região – Acórdão: 20080819804 – Turma 3ª – 30/09/2008 – Processo 20070764284 – Relatora: SILVIA REGINA PONDÉ GALVÃO DEVONALD.)

Manoel Antônio Teixeira Filho, Sistema dos Recursos Trabalhistas, ensina:

"Em sentido estrito, os embargos de declaração constituem o meio específico que a lei põe ao alcance das partes sempre que desejarem obter do órgão jurisdicional uma declaração com o objetivo de escoimar a sentença ou acórdão de certa falha de expressão formal que alegam existir. Pede-se, por intermédio desses embargos, que o julgador sane omissão, aclare obscuridade ou extirpe contraditoriedade. Daí o caráter acrisolador de que se revestem os embargos de declaração, cujo *nomen iuris* foi corretamente adotado, a despeito de certas divergências doutrinárias". Ao analisar as causas para a oponibilidade dos embargos, situa que: "... A finalidade dos embargos declaratórios, ante a contradição existente na sentença ou no acórdão, é fazer com que o juízo prolator corrija essa incoerência do seu pronunciamento, de modo a torná-lo lógico, a harmonizar, entre si, as partes do provimento jurisdicional". No tocante à omissão, diz: "... capaz de propiciar o oferecimento de tais embargos, deve ser relativa a pedido (ainda que inexpresso) ou a fato relevante; sendo assim, não constitui motivo legal para a oposição desses embargos a ausência de pronunciamento do juízo a respeito de fatos absolutamente irrelevantes para a causa (embora possam ser a ela pertinentes), ou de argumentos jurídicos utilizados pelas partes".

Ementa.
EMBARGOS DE DECLARAÇÃO. OMISSÃO, CONTRADIÇÃO E OBSCURIDADE NÃO CONFIGURADA. Inexistindo vícios a serem sanados, a rejeição dos embargos constitui medida que se impõe. (TRT 2ª Região – Acórdão: 20080975911 – Turma 3º – 18/11/2008 – Processo: 20070707396 – Relator: MARIA DORALICE NOVAES.)

Desta feita, caso a parte deixe de se pronunciar em sede de embargos, não mais poderá fazê-lo, ocorrendo à preclusão do fato, pois o momento adequado é justamente na oposição de embargos de declaração, inteligência da Súmula 297, II, do TST.

Súm. 297 – TST: "II – Incumbe à parte interessada, desde que a matéria haja sido invocada no recurso principal, opor embargos declaratórios objetivando o pronunciamento sobre o tema, sob pena de preclusão".

> *Recurso ordinário (RITO SUMARÍSSIMO). MULTA DO ART. 477/CLT. Não PRONUNCIAMENTO PELA R. SENTENÇA. AUSÊNCIA DE EMBARGOS DECLARATÓRIOS. PRECLUSÃO. Afigura-se preclusa a discussão em segundo grau, a respeito de matéria sobre a qual não houve pronunciamento na r. sentença, quando não utilizados os embargos para sanar omissão existente. Recurso ordinário a que não se nega provimento. (TRT 2ª Região – Acórdão: 20060215865 – Turma: 11 – 18/04/2006 – Processo: 20060130630 – Relator: CARLOS FRANCISCO BERARDO.)*

Ainda, caso a parte oponha embargos de declaração com o único intuito de procrastinar o feito e causar lentidão, ferindo o princípio da celeridade processual, poderá o Magistrado fixar-lhe uma multa, prevista no parágrafo único do artigo 538 do CPC.

Ementa.
> *EMBARGOS DE DECLARAÇÃO. INTENÇÃO PROTELA-TÓRIA. A reprovável conduta da parte embargante que pretende postergar a entrega da prestação jurisdicional definitiva opondo embargos de declaração protelatórios enseja a aplicação da peda-gógica sanção prevista no parágrafo único do artigo 538 do CPC. A medida adotada faz-se necessária também em razão do princípio da celeridade alçado à condição de garantia constitucional (inciso LXXVIII do art. 5º da CF), o qual se dirige não só ao Poder Judiciário mas também às próprias partes e seus advogados. (TRT 2ª Região – Acórdão: 20080965134 – Turma 12 – 14/11/2008 – Processo: 20070146556 – Relator: MARCELO FREIRE GONÇALVES.)*

Cabe esclarecer ponto a ponto as hipóteses de cabimento dos embargos de declaração, vejamos:

9.15.1. Contradição

A contradição, como o próprio nome diz, ocorre quando houver dois entendimentos diversos sobre um determinado fato existente entre a fundamentação e a conclusão da sentença ou acórdão.

Ainda, não há que se falar em contradição no momento em que o juiz examinar a prova dos autos com seu livre convencimento, como forma de decidir.

Portanto, é causa de contradição quando o juiz no primeiro momento concede o direito ao reclamante de perceber equiparação salarial, entretanto, depois afirma não ser devida a equiparação salarial, ficando nítida a contradição.

9.15.2. Omissão

A omissão é um esquecimento, um deixar de fazer, ocorre quando o juiz ou o Tribunal deixa de apreciar e mencionar na conclusão, sobre determinado fato que deveria constar.

Como exemplo, podemos dizer que a parte tenha pleiteado horas extras e insalubridade, contudo deixa de apreciar o pedido de horas extras, omitindo-se sobre esse certo ponto.

9.15.3. Manifesto Equívoco no Exame dos Pressupostos Extrínsecos do Recurso

Nos casos de manifesto equívoco no exame dos pressupostos extrínsecos do recurso, ocorrerá em relação à deserção, intempestividade, falta de procuração conforme o caso.

Sendo sempre relacionado com os pressupostos de admissibilidade do recurso que foi denegado.

Desta forma, caso ocorra algum erro por parte da Secretaria da Vara do Trabalho ou Tribunal que denegar o recurso, caberão E. D. a fim de que seja encaminhado o recurso para o Tribunal. Mas desde que sejam erros pertinentes a preparo, prazo ou representação.

9.15.4. Obscuridade

Obscuro é o ato decisório ambíguo, capaz de propiciar diversas interpretações. É, pois, a falta de clareza nas ideias e nas expressões.

"Ocorre obscuridade sempre que há falta de clareza na redação do julgado, tornando difícil de ele ter a verdadeira inteligência ou exata interpretação. A figura da dúvida como causa justificadora para a oposição de embargos de declaração foi eliminada pela Lei nº 8.950, de 13-12 de 1994, por se encontrar subsumida à da obscuridade." (Santos, Moacir Amaral. Primeiras Linhas de Direito Processual Civil, 3º vol., Editora Saraiva, 1997.)

"Releva notar, ainda, que, em caso de obscuridade, contradição, dúvida ou omissão, a parte prejudicada que não lançar mão dos embargos de declaração, na oportunidade própria, não poderá vir a arguir aquelas irregularidades como causas de nulidade da sentença, embora a matéria a elas relativa possa ser denunciada no recurso próprio e apreciada pelo juízo "ad quem". (Almeida, Ísis de. Manual de Direito Processual do Trabalho, vol. II, Editora LTR, 1997.)

Portanto, aqui, ficam demonstradas todas as possibilidades de oposição dos embargos declaratórios.

Capítulo 10

Execução Trabalhista

10.1. INTRODUÇÃO

Dentre os capítulos do Processo do Trabalho, o quem tem sido apontado como um grande obstáculo à ascensão real e eficaz à Justiça do Trabalho do trabalhador é o da execução trabalhista.

Ainda que a Consolidação das Leis do Trabalho traga um procedimento simplificado para a execução, a cada dia, o procedimento da CLT vem perdendo espaço para a inadimplência, colaborando para falta de credibilidade da jurisdição trabalhista.

O credor tem preferido arriscar na burocracia processual e tem deixado para honrar com crédito somente quando exaurir a última forma de impugnação, mesmo o executado tendo o numerário para satisfazer a dívida do autor. De fato, este tem sido o triste e burocrático cenário que atravessa o credor, ainda que com um título executivo judicial em mãos, tem tido que suportar para satisfazer seu crédito.

Afinal, o crédito trabalhista tem natureza alimentar, e não pode levar seis anos ou mais para ser recebido.

Neste contexto, a execução trabalhista torna-se uma angústia para o credor. "É a vitória de *Pyrrho*: o trabalhador ganha mas não leva". Toda esta situação nos leva a crer que a cada dia mais o Processo do Trabalho necessita de instrumentos processuais eficazes que lhe façam atingir a promessa de efetividade da legislação social.

A morosidade na entrega da prestação jurisdicional e da efetividade da execução acarreta descontentamento, estimula o descumprimento da sentença, fortalece novo conflito ou o ameniza e gera descrença do Poder Judiciário. Assim, o credor enquanto não receber o que lhe fora garantido pela sentença, ficará insatisfeito, desapontado, continuando o estado e litigiosidade, pois o credor ganhou, mas não conseguiu receber.

Recentemente, o Código de Processo Civil passa por sensíveis alterações, suprimindo a burocracia na execução, visando atender aos princípios da simplicidade, celeridade e efetividade do procedimento.

Em detrimento destas alterações, torna-se relevante reconhecer tais inovações do Código de Processo Civil, e partir seriamente ao aperfeiçoamento da execução, almejando extinguir esta cicatriz que sofre processo de execução do *ganha mais não leva* e migra – lá definitivamente para a execução trabalhista.

10.2. PRINCÍPIOS DO DIREITO PROCESSUAL DO TRABALHO

O processo do trabalho, por se tratar de uma ciência diferenciada, tem princípios próprios com a finalidade de conceder ao crítico uma interpretação específica dos fatos e aplicação correta da norma.

Neste raciocínio, princípio é o começo de algo, o nascimento de uma nova realidade. Ou seja, é a essência de determinado direito.

Os princípios na realidade são situações genéricas, mas sempre estão ligados à verdade, essa transação é muito importante para a arguição de uma tese. Sendo assim, os princípios têm uma função que depende de uma situação. Informativa, normativa e interpretativa.

Por ausência de codificação própria os princípios são abordados de maneira individualizada em cada doutrina. Busca-se, nessa obra, apresentar o maior número de princípios com jurisprudências.

Concluindo, os princípios têm o condão de proporcionar parâmetros para a interpretação e aplicação da norma.

Saraiva, Renato. Curso de Direito Processual do Trabalho. Página 31: "princípios são proposições genéricas, abstratas, que fundamentam e inspiram o legislador na elaboração de uma norma. Os princípios também atuam como fonte integradora da norma, suprindo as omissões e lacunas do ordenamento jurídico".

Martins, Sérgio Pinto. Direito Processual do Trabalho. Página 37: "sendo um ramo específico do direito, o direito processual do trabalho também tem princípios próprios".

Como destaca José Augusto Rodrigues Pinto[13]: "Executar é, no sentido comum, realizar, cumprir, levar a efeito. No sentido jurídico, a palavra assume significado mais apurado, embora conservando a ideia básica de que, uma vez nascida, por ajuste entre particulares ou por imposição sentencial do órgão próprio do Estado, a obrigação deve ser cumprida, atingindo-se no último caso, concretamente, o comando da sentença que a reconheceu ou, no primeiro caso, o fim para o qual se criou".

A sentença não voluntariamente cumprida dá ensejo a uma outra atividade jurisdicional, destinada à satisfação da obrigação consagrada em um título. Essa atividade estatal de satisfazer a obrigação consagrada num título que tem força executiva, não adimplido voluntariamente pelo credor, se denomina *execução forçada*.

---

13. RODRIGUES PINTO, José Augusto. Execução Trabalhista: Estática – Dinâmica – Prática. 11ª Edição. São Paulo: LTr, 2006, p. 23.

Sinteticamente, conforme a melhor doutrina, podemos analisar os seguintes princípios da execução trabalhista:

a) Ausência de Autonomia

No Processo do Trabalho, tratando-se de título executivo judicial, a execução é fase do processo e não procedimento autônomo, pois o juiz pode iniciá-la de ofício (artigo 848, da CLT), sem necessidade do credor entabular petição inicial[14].

Além disso, a execução trabalhista prima pela simplicidade, celeridade e efetividade, princípios estes que somente podem ser efetivados entendendo-se a execução como fase do processo e não como um novo processo formal, que começa com a inicial e termina com uma sentença.

Como bem adverte Manoel Antonio Teixeira Filho[15]: "sem pretendermos ser heterodoxos neste tema, pensamos que a execução trabalhista calcada em título judicial, longe de ser autônoma, representa, em rigor, simples fase do processo de conhecimento que deu origem à sentença condenatória exequenda".

No mesmo sentido a opinião abalizada de Jorge Luiz Souto Maior[16], acrescentando que o processo do trabalho tem natureza executiva. Aduz o

---

14. Como destaca Humberto Theodoro Júnior: Atestado da unidade do procedimento trabalhista e do caráter de simples continuidade de que se impregna a fase de execução de sua sentença, pode também ser encontrado nos autos de liquidação de sentença. Como se sabe, pela própria natureza das verbas reclamadas na ação trabalhista, a sentença nesse procedimento quase sempre é ilíquida, ou seja, não fixa desde logo os valores individuais de cada parte, nem a soma da condenação (O Cumprimento da Sentença e a Garantia do Devido Processo Legal: Antecedente histórico da Reforma da Execução de Sentença ultimada pela Lei 11.232 de 22.12.2005. 2ª Edição. Belo Horizonte: Mandamentos, 2006, p. 198.

15. TEIXEIRA FILHO, Manoel Antonio. Execução no Processo do Trabalho. 9ª Edição. São Paulo: LTr, 2005, p. 46.

16. MAIOR, Jorge Luiz Souto. Teoria Geral da Execução Forçada. *In*: Execução Trabalhista: Visão Atual. Coordenador Roberto Norris. Rio de Janeiro: Forense, 2001, p. 37.

jurista: "A ação trabalhista, assim, não é mera ação que já comporta condenação e satisfação do direito e na qual, como esclarece Luiz Guilherme Marinoni, 'não existe condenação ou ordem. Como disse Pontes de Miranda, na ação executiva quer-se mais: quer-se o ato do juiz, fazendo não o que devia ser feito pelo juiz como juiz, mas sim o que a parte deveria ter feito'".

b) Primazia do credor trabalhista

A execução trabalhista se faz no interesse do credor de acordo com o artigo 612 do CPC[17] e, portanto, todos os atos executivos devem ser dirigidos para satisfação de tal interesse. Somente quando a execução puder ser realizada por mais de uma modalidade, com a mesma efetividade para o credor, será possível se aplicar o princípio da execução menos onerosa para o devedor de acordo com o artigo 620 do CPC[18].

c) Princípio do título

Toda execução pressupõe um título, seja ele judicial ou extrajudicial. A execução é nula sem título *(nulla executio sine titulo)*. Os títulos trabalhistas que têm força executiva estão previstos no artigo 876, da CLT.

d) Redução do contraditório

O contraditório é limitado (mitigado), pois a obrigação já está constituída no título e deve ser cumprida, ou de forma espontânea pelo devedor, ou mediante a atuação coativa do Estado, que se materializa no processo.

e) Patrimonialidade

A execução não incide na pessoa do devedor e sim sobre seus bens, conforme o artigo 591 do CPC. Tanto os bens presentes como os futuros do devedor são passíveis de execução.

---

17. Art. 612, do CPC: "Ressalvado o caso de insolvência do devedor, em que tem lugar o concurso universal (art. 751, III), realiza-se a execução no interesse do credor, que adquire, pela penhora, o direito de preferência sobre os bens penhorados".

18. Art. 620, do CPC: "Quando por vários meios o credor puder promover a execução, o juiz mandará que se faça pelo modo menos gravoso para o devedor".

f) Princípio da efetividade

A execução se faz no interesse do credor conforme coaduna o artigo 612 do CPC. Segundo Araken de Assis[19]: "é tão bem-sucedida a execução quando entrega rigorosamente ao exequente o bem perseguido, objeto da prestação inadimplida, e seus consectários".

De outro lado, por este princípio, a execução deve ter o máximo resultado com o menor dispêndio de atos processuais.

g) Utilidade

Nenhum ato inútil, a exemplo de penhora de bens de valor insignificante e incapazes de satisfazer o crédito conforme artigo 659, parágrafo 2°, do CPC[20], poderá ser consumado.

h) Celeridade

A execução deve ser rápida, pois o credor trabalhista não pode esperar, pois o crédito trabalhista tem natureza alimentar.

i) Princípio da disponibilidade

O credor tem a disponibilidade de prosseguir ou não com o processo executivo. Por exemplo, o artigo 569, "caput", o devedor tem a faculdade de desistir da execução sem anuência do devedor.

De outro lado, no Processo do Trabalho, considerando-se os princípios da irrenunciabilidade de direitos trabalhista e a hipossuficiência do trabalhador, deve o Juiz do Trabalho ter cuidado redobrado ao homologar eventual desistência da execução por parte do credor trabalhista, devendo ser ouvido o reclamante, e se convencer de que a desistência do crédito é espontânea.

---

19. ASSIS, Araken. Manual do Processo de Execução. 7ª Edição. São Paulo: RT, 2001, p. 108.

20. Artigo 659 do CPC: "A penhora deverá incidir em tantos bens quantos bastem para o pagamento do principal atualizado, juros, custas e honorários advocatícios. (...) § 2° Não se levará a efeito a penhora, quando evidente que o produto da execução dos bens encontrados será totalmente absorvido pelo pagamento das custas da execução".

j) Subsidiariedade: (artigos 889 e 769, da CLT)

O artigo 769, da CLT disciplina os requisitos para aplicação subsidiária do Direito Processual Comum ao Processo do Trabalho, com a seguinte redação: "Nos casos omissos, o direito processual comum será fonte subsidiária do direito processual do trabalho, exceto naquilo em que for incompatível com as normas deste Título".

De acordo com a redação do referido dispositivo legal, são condições para a aplicação do Código de Processo Civil ao Processo do Trabalho:

a) Omissão da CLT, ou seja, quando a CLT, ou a legislação processual extravagante não disciplina a matéria;

b) Compatibilidade com os princípios que regem o processo do trabalho. Vale dizer: a norma do CPC, além de ser compatível com as regras que regem o Processo do Trabalho, deve ser compatível com os princípios que norteiam o Direito Processual do Trabalho, máxime o acesso do trabalhador à Justiça.

Na fase de execução trabalhista, em havendo omissão da CLT, aplica-se em primeiro plano a Lei de Execução Fiscal nº 6.830/80 e, posteriormente, o Código de Processo Civil[21].

Entretanto, o artigo 889, da CLT, deve ser conjugado com o artigo 769 da consolidação, pois somente quando houver compatibilidade com os princípios que regem a execução trabalhista, a Lei 6.830/80 pode ser aplicada.

De outro lado, é bem verdade que as Varas do Trabalho, costeiramente, têm aplicado o CPC como fonte primeira de preenchimento das lacunas na execução trabalhista, pela tradição na utilização do Código de Processo, inclusive o próprio artigo 882, da CLT, determina a observância

---

21. Nesse sentido dispõe o artigo 889, da CLT: "Aos trâmites e incidentes do processo de execução são aplicáveis, naquilo em que não contravierem o presente Título, os preceitos que regem o processo dos executivos fiscais para a cobrança judicial da dívida ativa da Fazenda Pública Federal".

da ordem preferencial da penhora prevista no artigo 655, da CLT, quando há disposição expressa sobre a matéria na Lei 6.830/80.

10.3. LIQUIDAÇÃO DE SENTENÇA

10.3.1. Conceito e Finalidade

A liquidação de sentença conceitua-se pelo conjunto de atos que devem ser praticados com a finalidade de estabelecer o exato valor da condenação ou de individualizar o objeto da obrigação.

A doutrina dominante concebe a liquidação como uma fase preparatória da execução; ela antecede a execução, apesar de ser parte integrante dela.

A natureza jurídica da sentença de liquidação é substancialmente declaratória, uma vez que tende a declarar o *"quantum debeatur"*, sendo-lhe defeso, nesse mister, modificar a sentença liquidanda ou resolver matéria apreciada na causa principal.

As sentenças de processos trabalhistas, após proferidas e transitadas em julgado, não possuem valor determinado, necessitando, assim, de liquidação para apuração dos valores a serem executados. Art. 879, §§ 1º, 1º-A, 1º-B, 2º, 3º e 4º da CLT.

Há a necessidade de se determinar o valor do crédito reconhecido, para, posteriormente, levar-se a efeito os atos de constrição patrimonial.

A liquidação de sentença, do ponto de vista dinâmico, vai da notificação do Juiz – ao Perito, ao Reclamante ou ao Reclamado -, para a apresentação dos cálculos, até a decisão judicial transitada em julgado, dos Embargos à Execução ou do Agravo de Petição –, onde, não cabendo mais recurso, o juiz determina o levantamento dos valores.

Com a sentença condenatória, submetida ao fenômeno jurídico da coisa julgada material, encerra-se em definitivo o processo de conhecimento da ação, convertendo-se, a sentença, em título executivo judicial, gerando, para o devedor, uma obrigação a ser adimplida.

Transitada em julgado a Sentença, esta poderá ser objeto de Liquidação e, após, de Execução de Sentença, que será processada, no caso da Execução Definitiva, nos próprios autos da ação de conhecimento.

Além das normas da CLT, – art. 876 e seguintes – aplicam-se à execução trabalhista, de acordo com o disposto no artigo 889 da CLT, as normas dos Executivos Fiscais (Lei 6.830/80) e, subsidiariamente, pelo CPC conforme dispõe o artigo 769 da CLT.

Conforme o art. 1533 do Código Civil, considera-se líquida a obrigação que se apresenta certa quanto a sua existência e determinada no que toca ao seu objeto.

Quando a decisão é prolatada, tem um grande período desde o ajuizamento da ação, devendo ser liquidada, ou seja, atualizada monetariamente para darmos início à execução. Pelo disposto no artigo 879 (rodapé) da CLT, a liquidação pode se dar por três modos, sendo elas por: a) *Arbitramento:* depende de conhecimento técnico; b) *Por artigos:* a parte deverá pedir em petição o que pretende ver liquidado; e c) *Cálculos:* os elementos já estão nos autos sendo devido apenas as contas.

10.4. TIPOS DE LIQUIDAÇÃO

10.4.1. Liquidação por Arbitramento

Liquida-se a sentença por arbitramento quando a apuração não depende de simples cálculos, nem de prova de fatos novos, mas seja necessário o "juízo ou parecer de profissionais ou técnicos". Arbitrar está aqui, não no sentido de julgar, mas no de estimar. Em princípio, o arbitrador será um perito, mas pode ocorrer que, na impossibilidade de calcular-se com exatidão o débito, a estimativa não tenha outro fundamento senão o bom-senso, o prudente arbítrio de um cidadão ou até do próprio juiz; isto para que a ausência de elementos não impeça a reparação, quando não há possibilidade de encontrar elementos bastantes.

O arbitramento está previsto quando determinado pela sentença ou convenção das partes ou exigir a natureza do objeto da condenação. Se as partes escolherem esta forma, excluem-se outras e passa a ser uma solução de transigência dos interessados em seu desfecho.

O princípio do contraditório é garantia de defesa e baliza de Justiça, que deve ser respeitado também na liquidação por arbitramento, ouvindo-se as partes.

A jurisprudência tem-se firmado no sentido de que a liquidação por arbitramento só se justifica quando impossível fazê-la por artigos, forma em que podem ser utilizados todos os meios de prova em direito admitido.

Conforme o artigo 606 do CPC, far-se-á a liquidação por arbitramento quando:
"I – determinado pela sentença ou convencionado pelas partes;
II – o exigir a natureza do objeto da liquidação".

No Processo do Trabalho é utilizado, via de regra, para se apurar salário utilidade ou "in natura".

10.4.2. Liquidação por Artigos

O artigo 608 do Código de Processo Civil dispõe: "Far-se-á a liquidação por artigos quando, para determinar o valor da condenação, houver necessidade de alegar e provar fato novo".

Utilizam-se os artigos de liquidação quando há necessidade da prova de fatos novos, relegados pela sentença exequenda a esta fase. Não é qualquer fato, mas aquele que influencia a fixação do valor da condenação ou a individuação do seu objeto.

O procedimento por artigos não está expressamente indicado na CLT. Como se trata de processo de conhecimento, devem aplicar-se as normas do procedimento ordinário trabalhista, que são as da própria CLT, com oitiva de testemunhas, perícia, nulidades, etc.

Exemplificando: a sentença mandou pagar duas horas extras, com adicional de 50%, nos dias efetivamente trabalhados, num período determinado.

Apurar-se-ão, por artigos de liquidação, os dias efetivamente trabalhados, os valores devidos dia a dia, bem como os acessórios.

Nos artigos de liquidação busca-se, portanto, a fixação do valor da dívida, não a existência da dívida, porque isso já ficou esclarecido no processo de conhecimento.

Como se vê, a liquidação por artigos é a forma mais complicada de liquidação da sentença, constituindo-se verdadeira reabertura da fase de conhecimento no processo de execução.

O advogado deve empreender todo esforço no sentido de evitar esse tipo de liquidação, buscando instruir bem o processo na fase de conhecimento, a fim de que o juiz tenha elementos para deferir o pedido sem determinar que a apuração do "quantum" se faça por meio de liquidação por artigos.

10.4.3. Liquidação por Cálculos

Neste método, mais comum e utilizado nas liquidações trabalhistas, os elementos suficientes para apuração do título exequendo já estão presentes nos autos.

Far-se-á liquidação por cálculo quando o montante da condenação depender de simples cálculo aritmético. Neste caso, a sentença abriga em seu interior todos os elementos necessários à fixação do "quantum debeatur", destinando esta fase em virtude disso, apenas, a revelar a exata expressão pecuniária desses elementos.

O Egrégio Tribunal Regional do Trabalho, desta 3ª Região, Minas Gerais, em 17 de julho de 1991, baixou, por ato de seu Presidente à época, Dr. Aroldo Plínio Gonçalves, o Provimento nº 3, dispondo que:

"Os cálculos de liquidação devem ser apresentados pelas partes, abolindo os cálculos por contador, num verdadeiro encontro de contas, que vem dando excelentes resultados, principalmente, em termos de celeridade".

Tal procedimento, entretanto, tratando-se de cálculos de liquidação em ações trabalhistas movidas contra entidades públicas em geral, não é utilizado, em razão do Provimento nº 01/93, editado pelo Juiz Corregedor, Dr. Luiz Carlos da Cunha Avelar.

A CLT dispõe "por cálculo", sem acrescentar "do contador". Essa simplificação permite admitir-se que o cálculo possa ser realizado pelo contador do juízo ou Tribunal quando houver e, também, pelas partes ou por laudo pericial contábil.

Assim, a liquidação por simples cálculos se consuma com os passos do artigo 879 da CLT.

Caso a execução seja negativa, a parte sucumbente arcará com os honorários periciais e as custas processuais.

Procedimento mais utilizado na Justiça do Trabalho. Apresentado o cálculo pela parte interessada ou, se o cálculo, for apresentado pelo Contador nomeado pelo juízo, será aberta vista às partes, sucessivamente, pelo prazo de 10 dias.

Não havendo impugnação, o juiz julgará imediatamente a conta, podendo corrigi-la no que lhe parecer conveniente, e mandará citar o executado para o cumprimento ou seguro o juízo, uma vez que estará precluso o direito de impugnar a conta.

Não será admitida impugnação genérica ou cálculo que não venha acompanhado da planilha respectiva.

Havendo impugnação/manifestação circunstanciada, quanto aos fundamentos e valores do cálculo, o juiz poderá, antes de proceder sua homologação, determinar o retorno dos autos ao Perito para que efetue as devidas alterações ou preste esclarecimentos. Vindo aos autos o novo cálculo, será aberto vista às partes, novamente, com prazo de 10 dias para concordância ou impugnação.

Na prática tem-se observado que, mesmo que haja impugnação pelas partes, os juízes, na sua maioria, têm homologado o cálculo, rejeitando as novas impugnações.

Tornada líquida a sentença, com essa decisão, o Juiz mandará citar o executado para cumprimento ou embargar a execução, após seguro o juízo, no prazo de 05 dias.

10.5. IMPUGNAÇÃO AOS CÁLCULOS DE LIQUIDAÇÃO TRABALHISTA

A Consolidação das Leis do Trabalho dispõe em seu artigo 879, parágrafo 2º, que: "Elaborada a conta e tornada líquida, o juiz poderá abrir às partes prazo sucessivo de 10 (dez) dias para impugnação fundamentada com a indicação dos itens e valores objetos da discordância, sob pena de preclusão".

Verifica-se da leitura do parágrafo 2º do artigo 879 transcrito, que o tempo verbal "poderá" indicar que se trata de uma faculdade do juiz da execução, embora bastante salutar e processualmente econômica. Mas nada impede a que o juiz homologue os cálculos, sem oitiva das partes, cabendo lhes apresentar embargos, se devedor, ou impugnação, se credor, nos termos do artigo 884, parágrafo 3º, da Consolidação.

Neste sentido, conclui-se que uma vez apresentados os cálculos poderão ser impugnados em até 10 dias. E a decisão homologatória dos cálculos será proferida pelo Juiz, desta forma poderemos iniciar a execução.

10.6. EXECUÇÃO TRABALHISTA

10.6.1. Conceito

Quando Carnelutti afirmou que a finalidade da jurisdição é a da justa composição da lide, a que conceituou como o conflito de interesses qualificados pela pretensão do autor e a resistência do réu, não incluiu a execução como objeto da jurisdição.

Evoluindo, entretanto, na sua genial doutrina, passou a admitir a natureza jurisdicional também da execução, a que qualificou de lide de pretensão insatisfeita, ao lado da lide de pretensão resistida do processo de conhecimento.

Assim, a par do processo de conhecimento, surge outro processo denominado de execução. Executar uma obrigação é, pois, dar-lhe cumprimento, vale dizer, realizar a prestação que ao devedor incumbe.

Se o cumprimento é espontâneo, diz-se que a execução é voluntária; se é obtida por meio de intervenção coativa do Estado no patrimônio do devedor, tem-se a execução judicial ou execução forçada.

Há caso em que se faz necessária, para se efetivar a execução, a requisição de força policial, a fim de garantir o cumprimento das diligências a cargo do oficial de justiça.

Almeida. Lúcio Rodrigues de, "in" Execução Trabalhista, páginas 15 e 16. "Consiste, pois, o processo de execução no instrumento judicial destinado a dar atuação prática à vontade concreta da lei. Em outras palavras, um processo que objetiva, por meio do poder de "imperium" do Estado, a realização de uma prestação, independentemente e, até mesmo, contra a vontade do devedor."

Transitada em julgado a decisão de natureza condenatória, ou pendente de recurso recebido apenas no efeito devolutivo, se a parte vencida não a cumpre, espontaneamente, segue-se a execução forçada, por meio do processo de execução, cujo objetivo consiste em tornar efetiva a sanção imposta pela sentença exequenda.

10.6.2. Autonomia do Processo de Execução

É majoritário, hoje, o entendimento de que o processo de execução é distinto do processo de conhecimento.

No processo de conhecimento ou de cognição, o objetivo é a apuração do direito. No processo de execução o alvo é tornar concreto, coercitivamente, se necessário, o que ficou decidido no processo de conhecimento.

De acordo com a moderna teoria geral do processo, a execução é considerada ação autônoma, que se desvincula da ação de conhecimento e, escudada no poder do Estado, busca garantir o cumprimento da decisão exequenda. Por isso é que se entende que a execução, em que há também citação, não é simples prolongamento do processo em que foi proferida a sentença que se executa, mas um processo autônomo.

Aliás, é preciso que se tenha em mente que nem todo processo de conhecimento é seguido de execução forçada. Há sentenças de efeito apenas declaratório ou de efeito constitutivo, como, por exemplo, as que emergem, no Direito Processual do Trabalho, dos dissídios coletivos, de natureza jurídica e de natureza econômica.

É verdade que, no Processo Trabalhista, o Juiz Presidente de Junta pode, quebrando o princípio da inércia da jurisdição, iniciar, de ofício, a execução. Tal procedimento, autorizado pela lei, não retira a autonomia do processo de execução em relação ao processo de conhecimento. A disponibilidade continua com o exequente, que dela pode renunciar ou desistir. A iniciativa do Juiz prende-se à existência do famigerado "jus postulandi", que há muito já poderia estar abolido, porque é danoso ao seu destinatário, o empregado.

Podemos, então, afirmar com Ovídio A. Baptista da Silva que: "...a função da sentença condenatória não é realizar a execução, mas, apenas, dar ensejo a que ela, noutra relação processual subsequente, se realize".

10.6.3. Responsabilidade Patrimonial e Processual

A execução é essencialmente patrimonial, constringindo bens do devedor e, excepcionalmente, de terceiro. Por isso se diz que toda a execução é real, porque incide sobre o patrimônio e não sobre a pessoa do devedor, como expresso no artigo 591 do Código de Processo Civil: "O devedor responde, para o cumprimento de suas obrigações, com todos os seus bens presentes e futuros, salvo as restrições estabelecidas em lei".

É verdade que ainda alcança a pessoa do devedor, com privação de liberdade, mas em circunstâncias especiais previstas na Constituição Federal: "Não haverá prisão civil por dívida, salvo a do responsável pelo inadimplemento voluntário e inescusável de obrigação alimentícia e a do depositário infiel". (art. 5º, inciso LXVII.)

Tanto os bens existentes ao tempo da dívida, quanto os que o devedor adquiriu posteriormente, desde que de valor pecuniário, se submetem à execução. É irrelevante, portanto, verificar se o bem do devedor a penhorar existia ou não ao tempo da constituição da dívida.

Segundo o entendimento do Ilustre Silva, Ovídio Batista da. Sentença e Coisa Julgada. Página 54, este aduz: "Há, na verdade, duas espécies de responsabilidade: **patrimonial**, porque o devedor vincula o seu patrimônio ao pagamento da dívida; e **processual**, uma vez que o patrimônio, em caso de inadimplemento, fica sujeito à execução forçada".

O processo de execução trabalhista é regido pela Consolidação das Leis do Trabalho, nos artigos 876 a 892, cujas seções têm os seguintes subtítulos: das disposições preliminares, do mandado e da penhora, dos embargos à execução e da sua impugnação, do julgamento e dos trâmites finais da execução, da execução por prestações sucessivas.

O legislador da CLT, que é de 1943, foi, entretanto, previdente, ao estabelecer no artigo 769: "Nos casos omissos, o direito processual comum será fonte subsidiária do direito processual do trabalho, exceto naquilo em que for incompatível com as normas deste Título".

Na Justiça do Trabalho tem prevalência a execução por quantia certa, em que o objeto é a expropriação de bem do devedor para pagamento do credor, e cuja forma de executar está prevista no artigo 880 da CLT: "O Juiz ou Presidente do Tribunal, requerida a execução, mandará expedir mandado de citação ao executado, a fim de que cumpra a decisão ou o acordo no prazo, pelo modo e sob as cominações estabelecidas, ou tratando-se de pagamento em dinheiro, para que pague em 48 (quarenta e oito) horas, ou garanta a execução, sob pena de penhora".

Por se tratar de obrigação infungível, "intuitu personae", toca ao executado cumpri-la nos estritos termos da condenação, mas não pode o exequente promover a execução forçada antes de a decisão transitar em julgado.

A execução pode ser feita provisoriamente, isto é, quando a decisão não transitou em julgado, mas o recurso interposto foi recebido apenas no efeito devolutivo, vale dizer, sem efeito suspensivo, como acontece, geralmente, no Processo do Trabalho. A execução provisória não pode ultrapassar a penhora, não pode envolver ato de alienação.

A lei não proíbe expressamente a execução provisória das obrigações de fazer ou não fazer, mas a doutrina e a jurisprudência entendem inadmissível, por se confundir com a execução definitiva, não se constituindo em atos de garantia apenas. A resistência é maior tratando-se principalmente de reintegração de empregado, tendo em vista a impossibilidade de recomposição do "status quo ante", na hipótese de eventual reforma do julgado. A propósito, o julgado do TST no RO-MSRXOF203.009/95.7, Ac. SBDI-2 670/96.3.

A Consolidação das Leis do Trabalho conta com o artigo 729 que prevê, de forma tímida, a cominação de multa ao empregador que deixar de cumprir decisão passada em julgado sobre a readmissão ou reintegração de empregado: "O empregador que deixar de cumprir decisão passada em julgado sobre a readmissão ou reintegração de empregado, além do pagamento dos salários deste, incorrerá na multa de 3/5 (três quintos) a 3 (três) valores de referência por dia, até que seja cumprida a decisão".

Os artigos 495 e 496 da CLT tratam da readmissão e da reintegração do empregado estável, não optante pelo FGTS, com mais de dez anos de serviço na empresa, quando a reintegração for desaconselhável.

Em razão disso, tem-se admitido, hoje, que na execução trabalhista o Juiz deve adotar o modo subsidiário (art. 769/CLT), à disposição do artigo 644 do Código de Processo Civil, para forçar o executado a cumprir a decisão no caso de obrigação de fazer infungível.

A tutela específica das obrigações de fazer ou não fazer sofreu profunda mudança, que refletiu na execução, em razão das inovações da Lei nº 8.953, de 13 de dezembro de 1994, no artigo 644 do CPC, notadamente no reforço da multa diária "astreintes": "Artigo 644 do CPC. Na execução em que o credor pedir o cumprimento de obrigação de fazer ou não fazer, determinada em título judicial, o juiz, se omissa a sentença, fixará multa por dia de atraso e a data a partir da qual ela será devida.

Parágrafo único. "O valor da multa poderá ser modificado pelo juiz da execução, verificado que se tornou insuficiente ou excessivo."

À disposição do artigo 644 do CPC, em decorrência do princípio da subsidiariedade previsto no artigo 769 da CLT, aplica-se à execução trabalhista, por regular a incidência de multa pecuniária em caso de execução fundada em título judicial, quando se tratar, principalmente, de obrigações de fazer ou não fazer.

Os acordos homologados não cumpridos, consoante o parágrafo único do artigo 831 da CLT, equivalem a sentença trânsita em julgado e só podem ser desconstituídos por meio de ação rescisória, nos termos do Enunciado nº 259 do Tribunal Superior do Trabalho.

Na execução trabalhista, o Juiz Presidente da Junta atua monocraticamente e pode, de ofício, impulsionar o processo.

10.6.4. Cumprimento de Decisões de Dissídios Coletivos

No caso de dissídio coletivo, o cumprimento do julgado faz-se por meio de ação de cumprimento, de acordo com o artigo 872 da CLT, perante as Juntas de Conciliação e Julgamento. É que as sentenças normativas oriundas dos dissídios coletivos não têm efeito condenatório, ou são de natureza declaratória, quando o dissídio coletivo é de natureza jurídica; ou são constitutivas, se o dissídio é de natureza econômica.

Não estamos afirmando que a ação de cumprimento é execução de sentença. Ela não o é tecnicamente, mas foi a forma que o legislador da CLT encontrou para garantir a eficiência da sentença normativa, que não é condenatória.

Apenas as sentenças condenatórias admitem a execução. As sentenças, cujos efeitos são declaratórios ou constitutivos, valendo como preceitos não são executáveis, exceto no que diz respeito a custas e honorários advocatícios e periciais, se for o caso.

10.6.5. Admissibilidade da Execução

Como tutela jurisdicional que é, a execução sujeita-se não só ao atendimento das condições da ação e dos pressupostos processuais, comuns a todas as ações, como, também, à verificação da presença de requisitos específicos de admissibilidade que são: a) Inadimplemento; b) Título executivo; c) Exigibilidade da obrigação.

a) Devedor inadimplente é o que espontaneamente não satisfaz o direito reconhecido na decisão judicial, ou a obrigação assumida em documento a que a lei atribui eficácia de título extrajudicial.

b) Título executivo é a base indispensável de qualquer execução judicial.

Nele se corporificam o direito do credor e a sanção a que se acha sujeito o devedor por inadimplência da obrigação.

O Código de Processo Civil concebe a execução ora fundada em título judicial, ora fundada em título executivo extrajudicial.

c) Título exigível é aquele que não foi resgatado no prazo estipulado para o pagamento.

O CPC dispõe que "a execução para a cobrança de crédito fundar--se-à sempre em título líquido, certo e exigível" (CPC, art. 586).

O Código Civil Brasileiro, no art. 1.533, considera liquida a obrigação certa, quanto à sua existência, e determinada, quanto ao seu objeto.

A certeza do título ocorre quando não há controvérsia com relação à sua existência. Dá-se a liquidez, se o título determina a importância da prestação. Se o seu pagamento não depende do implemento de termo ou condição, nem está sujeito a outras limitações, temos presente o requisito da exigibilidade.

Títulos Executivos Trabalhistas são: sentença transitada em julgado ou pendente de recurso sem efeito suspensivo, o termo ou ata de conciliação, certificação de custas, honorários de advogado. Por força da Lei nº 9.958/00 que alterou o art. 876 da CLT, também são títulos executivos trabalhistas, apesar de extrajudiciais: os termos de ajuste de conduta firmados perante o Ministério Público do Trabalho e os termos de conciliação firmados perante as comissões de conciliação prévia.

A responsabilidade pelo pagamento dos honorários de perito, de acordo com o enunciado 236 do TST é da parte sucumbente na pretensão relativa ao objeto da perícia. Se o responsável pelo pagamento não o faz, cabe execução dos honorários periciais perante a Justiça do Trabalho, uma vez que a parte sucumbente é responsável, até o final, pela quitação total do débito, com as despesas decorrentes.

10.6.6. As Partes na Execução

De um modo bem simples podemos dizer que parte, na execução, é a pessoa que pode promover e contra a qual pode ser promovida a execução.

Como ocorre no processo de conhecimento, há no processo de execução partes antagônicas, exequente e executado, vale dizer, credor e devedor, sujeitos, portanto, tal como ocorre com o autor e o réu, aos requisitos de legitimidade "ad causam" e "ad processum".

10.6.7. Sujeito Ativo

A execução trabalhista pode ser promovida por qualquer interessado, ou "ex officio" pelo próprio Juiz ou Presidente do Tribunal competente.

Interessado, no caso, é o vencedor da lide ou o seu sucessor. O juiz deve promover, não apenas iniciar a execução, principalmente, quando em decorrência do "jus postulandi", o empregado estiver desacompanhado de advogado.

Quando se tratar de decisão dos Tribunais Regionais, a execução poderá ser promovida pela Procuradoria da Justiça do Trabalho.

10.6.8. Sujeito Passivo

A execução trabalhista dirige-se contra o réu ou réus condenados na sentença e nela identificados, sejam principais, solidários ou subsidiários.

Quando há duas ou mais pessoas sobre cujo patrimônio possa incidir a sentença, ou seja, a decisão possa ser executada, o exequente pode promover a execução contra todas, simultaneamente, ou contra cada uma, sucessivamente.

O que não se pode é proceder à execução contra quem não integrou a relação processual, na fase de conhecimento, conforme a orientação do Enunciado nº 205, do TST, que diz: "O responsável solidário, integrante do grupo econômico, que não participou da relação processual como reclamado e que, portanto, não consta do título executivo judicial como devedor, não pode ser sujeito passivo na execução".

10.7. DA EXECUÇÃO PROPRIAMENTE DITA

Nesta fase processual os bens da executada serão penhorados para garantir a verdadeira validade do processo. A lei de execução fiscal (6830/80), por força do artigo 899 da CLT, será utilizada subsidiariamente ao processo em caso de lacunas. A aplicação da multa de 10%, conforme artigo 475 J do CPC, é aplicável após a sentença de liquidação.

10.7.1 Espécies de Execução

Há duas espécies de Execução, quais sejam:

a) Provisória
A execução poderá ser provisória, durante algum recurso pendente na fase de conhecimento, até a penhora que caberá apenas embargos de terceiro.

Fundamenta-se no artigo 899 da CLT e 587 do CPC.

A execução provisória, inclusive a liquidação, se faz mediante a extração de Carta de Sentença, cujos requisitos básicos são os do Art. 590 do CPC.

A extração da Carta de Sentença para execução provisória cabe a qualquer momento em face do efeito devolutivo do recurso ordinário e a execução vai até a penhora.

Permite, também, a apresentação e julgamento dos embargos à execução e "realizar todos os atos que têm função preparatória".

Os autos principais sobem à Instância Superior com o recurso admitido no efeito devolutivo.

Após a penhora ou o julgamento dos embargos, os autos deverão ser sobrestados até retorno da execução definitiva.

b) Definitiva

Poderá ser a execução definitiva, quando o marco principal sempre será a penhora. Se ainda não foi feita a penhora, caberá exceção de pré-executividade, porém, se a penhora for feita depende de que lado o advogado esteja para a sua defesa.

Regulamentada pelo art. 876 e seguintes da CLT, fundamenta-se na sentença irrecorrível, transitada em julgado, tendo como objetivo fazer com que a obrigação decorrente da sentença judicial seja satisfeita pelo devedor, integralmente, utilizando-se as medidas coercitivas previstas em lei.

O pressuposto legal para que a execução do título judicial seja definitiva é o trânsito em julgado da sentença. O princípio da imutabilidade da coisa julgada é que autoriza a execução definitiva do julgado. Esta será efetuada sempre nos autos principais, isto é, aqueles em que foi prolatada a sentença exequenda. (CPC, art. 589, 1ª parte.)

10.7.2. Mandado de Citação e Penhora

Requerida ou determinada "ex officio" a execução e fixado o "quantum debeatur" mandará o juiz expedir mandado de citação ao executado, a fim de que cumpra a decisão ou acordo no prazo, pelo modo e sob as cominações estabelecidas, ou, tratando-se de pagamento em dinheiro, para que pague em 48 horas ou garanta a execução, sob pena de penhora (CLT, art. 880).

Pretendendo liquidar o débito, o executado comparecerá à Secretaria da Junta e efetuará o pagamento, quando será lavrado o termo de quitação.

Não estando presente o exequente, para lhe ser entregue a importância paga, será esta depositada, mediante guia, em estabelecimento oficial de crédito ou, em falta deste, em estabelecimento bancário idôneo.

O executado que não pagar a importância reclamada poderá garantir a execução mediante depósito desta, atualizada e acrescida das despesas processuais, ou nomeando bens à penhora, observada a ordem preferencial estabelecida no artigo 655 do CPC (CLT, art. 882).

10.7.3. O artigo 475-J do CPC e sua Aplicação no Processo do Trabalho

Dispõe o artigo 475-J do Código de Processo Civil:

> *"Caso o devedor, condenado ao pagamento de quantia certa ou já fixada em liquidação, não o efetue no prazo de quinze dias, o montante da condenação será acrescido de multa no percentual de dez por cento e, a requerimento do credor e observado o disposto no art. 614, inciso II, desta Lei, expedir-se-á mandado de penhora e avaliação. (Incluído pela Lei nº 11.232/05 – DOU de 23.12.05.)*
>
> ***Parágrafo 1º*** *O auto de penhora e de avaliação será de imediato intimado o executado, na pessoa de seu advogado (arts. 236 e 237) ou, na falta deste, o seu representante legal ou pessoalmente por mandado ou pelo correio, podendo oferecer impugnação, querendo, no prazo de quinze dias. (Incluído pela Lei nº 11.232/05 – DOU de 23.12.05.)*

Parágrafo 2º *Caso o oficial de justiça não possa proceder à avaliação, por depender de conhecimentos especializados, o juiz, de imediato, nomeará avaliador, assinando-lhe breve prazo para a entrega do laudo. (Incluído pela Lei nº 11.232/05 – DOU de 23.12.05.)*

Parágrafo 3º *O exequente poderá, em seu requerimento, indicar desde logo os bens a serem penhorados. (Incluído pela Lei nº 11.232/05 – DOU de 23.12.05.)*

Parágrafo 4º *Efetuado o pagamento parcial no prazo previsto no* caput *deste artigo, a multa de dez por cento incidirá sobre o restante. (Incluído pela Lei nº 11.232/05 – DOU de 23.12.05.)*

Parágrafo 5º *Não sendo requerida a execução no prazo de seis meses, o juiz mandará arquivar os autos, sem prejuízo de seu desarquivamento a pedido da parte. (Incluído pela Lei nº 11.232/05 – DOU de 23.12.05.)*

O dispositivo supramencionado alterou de forma significativa a espinha dorsal da execução por título executivo judicial no Processo Civil, que antes era um processo autônomo em face de conhecimento, tendo início com a petição inicial e terminando por sentença, para transformá-lo numa fase do processo, qual seja, a do *cumprimento da sentença*. Desse modo, o CPC retornou ao chamado *sincretismo processual* ou *procedimento sincrético*, onde as fases de conhecimento e execução se fundem num único processo.

Como bem destacam J. E. Carreira Alvim e Luciana Contijo Carreira Alvim Cabral[22]: "o acréscimo de uma multa de dez por cento sobre o valor da condenação, no prazo estabelecido pelo juiz, constitui mais uma tentativa de evitar que a execução se arraste por anos, quiçá lustros, ou décadas; se bem que, mau pagador é sempre mau pagador, em juízo ou

---

22. Cumprimento da Sentença: Comentários à Nova Execução da Sentença e outras alterações introduzidas no Código de Processo Civil (Lei 11.232/05). Juruá Editora, Curitiba, 2006, p. 65.

fora dele, com multa ou sem ela. Embora resulte em benefício do credor, a imposição da multa independe de pedido da parte, devendo ser imposta de ofício pelo juiz".

Conforme o "caput" do artigo 475-J do CPC, uma vez transitada em julgado a sentença líquida, ou fixado o valor a partir do procedimento de liquidação, o executado deve, independentemente de qualquer intimação, realizar o pagamento da quantia em 15 dias, sob consequência de multa de 10%, que será imposta, de ofício, pelo juiz.

Caso o devedor não realize o pagamento, haverá incidência da multa de 10% sobre o valor total da execução e, mediante requerimento do credor, expedir-se-á mandado de penhora e avaliação, prosseguindo-se a execução nos seus ulteriores termos.

Como bem adverte Luiz Rodrigues Wambier[23], a sentença prolatada "ex vi" do artigo 475-J do CPC é dotada de duas eficácias executivas distintas: é sentença imediatamente executiva no que respeita à incidência da medida coercitiva; é sentença meramente condenatória, logo, mediatamente executiva, em relação à realização da execução por expropriação.

Diante do avanço do Processo Civil, ao suprimir o processo de execução, transformando-o em fase de cumprimento da sentença, com medidas para forçar o devedor a cumprir a decisão, há grandes discussões na doutrina sobre a possibilidade de transportar tal dispositivo para o Processo do Trabalho.

Autores de nomeada como Manoel Antonio Teixeira Filho respondem negativamente. Aduz o jurista[24]: "Todos sabemos que o art. 769, da CLT, permite a adoção supletiva de normas do processo civil desde que: a) a

---

23. WAMBIER, Luiz Rodrigues. Sentença Civil: Liquidação e Cumprimento. 3ª Edição. São Paulo: RT, 2006, p. 421.

24. TEIXEIRA FILHO, Manoel Antonio. Processo do Trabalho – Embargos à Execução ou impugnação à sentença? (A propósito do art. 475-J, do CPC). *In*: Revista LTr 70-10/1180.

CLT seja omissa quanto à matéria; b) a norma do CPC não apresente incompatibilidade com a letra ou com o espírito do processo do trabalho. Não foi por obra do acaso que o legislador trabalhista inseriu o requisito da omissão antes da compatibilidade: foi, isto sim, em decorrência de um proposital critério lógico-axiológico. Desta forma, para que se possa cogitar da compatibilidade, ou não, de norma do processo civil com a do trabalho é absolutamente necessário, *ex vi legis*, que antes disso, se verifique se a CLT se revela omissa a respeito da matéria. Inexistindo omissão, nenhum intérprete estará autorizado a perquirir sobre a mencionada compatibilidade. Aquela constitui, portanto, pressuposto fundamental desta".

A Consolidação regulamenta o início da execução e dispõe sobre a possibilidade do executado pagar a execução ou garantir o juízo, dispondo de forma expressa sobre a necessidade da citação do devedor. Assim preconizam os artigos 880 e 882 da CLT, abaixo transcritos:

> **Artigo 880, da CLT**: *"O juiz ou presidente do tribunal, requerida a execução, mandará expedir mandado de citação ao executado, a fim de que cumpra a decisão ou o acordo no prazo, pelo modo e sob as cominações estabelecidas, ou, tratando-se de pagamento em dinheiro, incluídas as contribuições sociais devidas ao INSS, para que pague em quarenta e oito horas ou garanta a execução, sob pena de penhora".*

> **Artigo 882 da CLT**: *"O executado que não pagar a importância reclamada poderá garantir a execução mediante depósito desta, atualizada e acrescida das despesas processuais, ou nomeando bens à penhora, observada a ordem preferencial estabelecida no art. 655 do Código Processual Civil".*

Mesmo diante da disposição do artigo 880, da CLT, questiona-se: a execução trabalhista efetivamente se inicia com a citação?

Embora o artigo 880 da CLT determine que o devedor seja citado sobre a execução trabalhista para pagar em 48 horas, ou nomear bens à penhora, pensamos que a exigência da citação para a execução não adotou a melhor técnica, pois a execução trabalhista, conforme já sedimentado em doutrina, em razão de título executivo judicial, nunca foi, efetivamente, considerada um processo autônomo em relação ao processo de conhecimento. Nos parece que o termo *citação* deve ser entendido como *notificação*. Tampouco a CLT menciona o termo *citação* (artigo 841, da CLT) quando chama o réu a juízo, para querendo vir se defender na fase de conhecimento.

De outro lado, a própria jurisprudência trabalhista vem abrandando a necessidade da citação pessoal do executado, admitindo-se que ela seja realizada na pessoa de qualquer preposto do empregador, conforme se constata da redação das seguintes ementas:

> *Citação – Execução. No processo do trabalho, a citação para a execução pode ser feita através de qualquer preposto do empregador, sendo desnecessária a citação pessoal, eis que a relação jurídica é impessoal quanto ao empregador. (TRT – 3ª R – 4ª T – Ap. nº 5215/99 – Rel. Juiz Salvador V. Conceição – DJMG 20.05.2000 – pág. 1.) (RDT 06/00, pág. 57.)*

> *Execução trabalhista – Citação. Embora a citação na execução trabalhista seja diferente daquela realizada na fase cognitiva, exigindo a presença do Oficial de Justiça, tal fato não implica que ela deva ser pessoal, podendo recair sobre qualquer pessoa que responda pelo empregador. (TRT 3ª R – 2ª T – AP nº 1013/2005.048.03.00-2 – Rel. Anemar Pereira Amaral – DJ 13.09.06 – p. 11.) (RDT nº 10 – outubro de 2006.)*

Com os avanços do Direito Processual Civil rumo à efetividade e celeridade processuais, garantindo o acesso real do cidadão à Justiça e minorando o estigma negativo do processo de execução no sentido de *ganhar mais não levar*, pensamos que não há necessidade de se citar o reclamado para se iniciar a execução. Além disso, o reclamado já tem ciência de que deve cumprir a decisão a partir do momento que dela tem ciência.

Como bem assevera Luciano Athayde Chaves[25]: "Ora, não faz sentido algum se manter o intérprete fiel ao disposto no art. 880 da CLT, enquanto o processo comum dispõe, agora, de uma estrutura que superou a exigência de nova citação para que se faça cumprir as decisões judiciais, expressando, assim, maior sintonia com as ideias de celeridade, economia e efetividade processuais. É a hipótese mais do que evidente de lacuna ontológica do microssistema processual trabalhista".

O artigo 475-J, do CPC se encaixa perfeitamente ao Processo do Trabalho, pois compatível com os princípios que regem a execução trabalhista, quais sejam: a) ausência de autonomia da execução em face do processo de conhecimento; b) lacuna de efetividade da legislação trabalhista; b) celeridade, efetividade e acesso real do trabalhador à Justiça do Trabalho; c)Interpretação sistemática dos artigos 841 e 880 da CLT.

Estamos convencidos de que o Juiz do Trabalho não deve se apegar à interpretação literal da CLT e bloquear os avanços da Legislação Processual Civil na Execução. A legislação da execução aplicável na execução trabalhista deve ser interpretada à luz dos princípios constitucionais da efetividade e celeridade.

O credor trabalhista, na quase totalidade das vezes, tem um crédito alimentar cuja satisfação não pode esperar, sob consequência de ineficácia de todo o esforço judicial para se fazer justiça na fase de conhecimento.

Diante de todas as transformações das relações de trabalho, inclusive com acentuada perda de eficácia do Direito Material do Trabalho, a cada

---

25. CHAVES, Luciano. A Recente Reforma no Processo Civil: Reflexos no Direito Judiciário do Trabalho, 3ª Edição. São Paulo: LTr, 2007, p. 56.

dia são necessários instrumentos processuais mais eficazes para garantia de efetividade do Direito Material do Trabalho e como fim último da dignidade da pessoa humana do trabalhador.

Como bem adverte Jorge Luiz Souto Maior[26]: "Das duas condições fixadas no artigo 769, da CLT, extrai-se um princípio, que deve servir de base para tal análise: a aplicação de normas do Código de Processo Civil no procedimento trabalhista só se justifica quando for necessária e eficaz para melhorar a efetividade da prestação jurisdicional trabalhista. (...)O direito processual trabalhista, diante do seu caráter instrumental, está voltado à aplicação de um direito material, o direito do trabalho, que é permeado de questões de ordem pública, que exigem da prestação jurisdicional muito mais que celeridade; exigem que a noção de efetividade seja levada às últimas consequências. O processo precisa ser rápido, mas, ao mesmo tempo, eficiente para conferir o que é de cada um por direito, buscando corrigir os abusos e obtenções de vantagens econômicas que se procura com o desrespeito à ordem jurídica".

O Direito Processual do Trabalho tem sua razão de ser na garantia do cumprimento da legislação social e resguardar os direitos fundamentais do trabalhador. Desse modo, a partir do momento que o Direito Processual Civil dá um grande passo no caminho da modernidade, deve o Processo do Trabalho se valer de tais benefícios, sob consequência de desprestígio e ineficácia da Ordem Jurídica Trabalhista.

Isso não significa desconsiderar o Processo do Trabalho ou dizer que a CLT está ultrapassada ou revogada, mas reconhecer que o Processo do Trabalho deve ser um instrumento efetivo de distribuição de justiça e pacificação do conflito trabalhista, dando a cada um o que é seu por Direito.

---

26. MAIOR, Jorge Luiz Souto. Reflexos das Alterações no Código de Processo Civil no Processo do Trabalho. *In*: Revista LTr 70-08/920.

Sendo assim, pensamos que o artigo 475-J, do CPC e a sua consequente multa devem ser aplicados ao Direito Processual do Trabalho. A fim de se evitarem eventuais nulidades, acreditamos que deva constar da própria sentença de mérito, na parte dispositiva, a advertência ao credor, que fica notificado que deverá efetuar o pagamento da condenação em 15 dias se a decisão for líquida, após a liquidação do crédito do reclamante[27]. Caso haja necessidade de liquidação, o prazo de 15 dias deve incidir a partir da intimação do executado sobre a homologação dos cálculos.

A jurisprudência trabalhista vem evoluindo neste sentido, conforme se constata da redação das seguintes ementas:

> *MULTA PREVISTA NO ART. 475-J DO CPC – APLICA-ÇÃO NO PROCESSO DO TRABALHO. A multa estipulada pela r. sentença somente incidirá se a reclamada não cumprir o dispositivo sentencial no prazo fixado. Além do que, sua aplica-ção no processo do trabalho é incensurável, pois contribui para concretizar o princípio constitucional da duração razoável do processo (TRT 21ª Região, Recurso Ordinário nº 00611-2006-021-21-00-8, Rel Juiz José Barbosa Filho, DJRN 01.03. 2007).*

> *MULTA LEGAL. 10%. Art. 475-J DO CPC. APLICÁVEL NA SEARA LABORAL. A multa capitulada no art. 475-J do CPC tem plena incidência na esfera laboral, porque o que se busca na execução trabalhista é verba alimentar, sendo a multa em questão mais um meio coercitivo ao pagamento da obrigação pelo devedor, que vem ao encontro do princípio da celeridade, elevado ao patamar constitucional. Assim, todo e qualquer dispositivo*

---

[27]. Nesse sentido, bem adverte Luciano Athayde Chaves: "Acresço que, por se tratar de um instituto tomado por supletividade do processo comum, é muito interessante que os Juízes do Trabalho já façam constar de suas sentenças a expressa advertência da incidên-cia da multa após o mencionado prazo, a fim de se evitar, pelo menos nesses primeiros momentos, incompreensões e dúvidas".

*legal que venha a abreviar o cumprimento da decisão deve ser adotado pelo Judiciário Trabalhista, ainda mais quando a CLT, em seu art. 769, admite a aplicação subsidiária de dispositivo do Processo Civil no Direito do Trabalho (**TRT 23ª Região, RO 00244.2006.005.23.00-2, Desembargadora Leila Calvo**)[28].*

Mesmo tratando-se de execução provisória, incidirá a multa, pois o artigo 475-J não faz qualquer ressalva. Além disso, no Processo do Trabalho, os recursos não têm efeito suspensivo (artigo 899, da CLT)[29]. Ainda que se possa argumentar que a decisão poderá ser alterada, o prosseguimento da execução é medida que se impõe rumo à efetividade processual e prestígio da decisão de primeiro grau. Sobrevindo modificação da decisão, o exequente responderá, sob a modalidade da responsabilidade objetiva, pelos danos causados ao executado (artigos 475-O, I e 811, da CLT).

Desse modo, pensamos ser perfeitamente compatível o artigo 475-J com o Direito Processual do Trabalho, com algumas adaptações:

a) O prazo de 15 dias para pagamento, sob consequência da multa de 10%, se mostra razoável e compatível, não sendo aplicável o prazo de 48 horas previsto no artigo 880, da CLT, ou dos recursos trabalhista de 8 dias;

b) Se o executado não pagar, o Juiz do Trabalho pode iniciar a execução de ofício (artigo 848, da CLT), expedindo-se mandado de penhora e avaliação.

Concluindo, o artigo 475-J do CPC é perfeitamente compatível com Processo do Trabalho por se compatibilizar com os princípios que norteiam a execução trabalhista.

---

28. *In*: CHAVES, Luciano Athayde. A Recente Reforma no Processo Civil: Reflexos no Direito Judiciário do Trabalho. São Paulo: LTr, 2007, p. 61.

29. No mesmo sentido é a posição de Luciano Athayde Chaves (Op. cit p. 65).

10.7.4. Extinção da Execução

A extinção do processo executório deve ser declarada pelo Juiz. Pode dar-se por quitação ou renúncia do credor, pela transação, pelo esgotamento da obrigação através dos atos de alienação, pela remição e pela prescrição.

10.7.5. Extinção pela Quitação ou Renúncia

Se dá pelo pagamento da dívida.

A renúncia (art. 794, III do CPC) pelo exequente, excepcionalmente, poderá ser admitida no Direito do Trabalho, sendo sempre vista com desconfiança pelos juízes.

10.7.6. Extinção pela Transação

As partes também poderão terminar litígios mediante concessões mútuas. Na transação, o pressuposto é a incerteza do direito disputado pelas partes.

10.7.7. Suspensão da Execução

O curso da execução trabalhista pode ser suspenso por *disposição de lei* ou por *iniciativa das partes*.

Dá-se, ***por disposição de lei,*** nas seguintes hipóteses:
a) exceção de incompetência ou suspeição do juiz (CLT, art. 799 e inciso III do artigo 265 do CPC);
b) falta de localização do devedor ou de bens que a garantam (Lei 6.830/80, art. 40 e parágrafos);
c) inexistência de bens que a garantam (CPC, art. 791, III);
d) pela morte ou perda da capacidade processual de qualquer das partes, de seu representante legal ou de seu procurador (CPC, art. 265, I);

e) interposição de embargos de terceiro, versando sobre a totalidade dos bens penhorados (CPC, art. 1052);

f) os embargos do devedor forem recebidos com efeito suspensivo. Se forem rejeitados liminarmente, não haverá suspensão (neste caso, dar-se-á a suspensão parcial, relativamente, apenas aos bens envolvidos pelos embargos).

A suspensão da execução não inibe o encaminhamento de medidas cautelares destinadas a prevenir ou proteger o executado, o exequente ou a viabilidade da execução pelas vias legais (art. 793 do CPC).

10.7.8. Extinção pelo Esgotamento da Obrigação Através de Atos de Alienação

A adjudicação do bem penhorado, pelo credor, que é forma de transmissão da propriedade decorrente da execução.

10.7.9. Extinção pela Arrematação

Consiste na transferência coativa dos bens do devedor para quem der o maior lanço no praceamento de bens. Faz-se no dinheiro à vista ou no prazo de 3 dias, mediante caução idônea (art. 690 CPC). Na Justiça do Trabalho a arrematação é feita pelo maior lanço, que o arrematante deve garantir com sinal de 20%.

10.7.10. Extinção pela Remição

Remir significa adquirir de novo. Antes de arrematados ou adjudicados os bens, pode o devedor, a todo o tempo, remir a execução, pagando ou consignando a importância da dívida, mais juros, custas e honorários advocatícios. A remição da execução só se caracteriza com o integral pagamento da dívida.

10.7.11. Extinção pela Prescrição

Urge salientar que na execução poderemos ter a *prescrição intercorrente*, que é a omissão do exequente quando, devidamente intimado, não faz o ato processual, assim caso a execução fique suspensa por mais de dois anos o processo será extinto com resolução de mérito. A nosso ver é aplicável na Justiça do Trabalho. Vide Súmulas 114 do TST e 327 do STF.

Temos, ainda, a *prescrição superveniente* que nada mais é do que o prazo para ajuizar uma execução de um título executivo extrajudicial na Justiça do Trabalho, vide Súmula 150 do STF.

10.7.11.1. Jurisprudências pertinentes ao tema

Colacionamos dois julgados que exemplificam a caracterização da prescrição intercorrente e prescrição superveniente, conforme demonstrado abaixo:

> *EXECUÇÃO FISCAL. CONTRIBUIÇÕES PARA A PREVIDÊNCIA SOCIAL. MODIFICAÇÃO DO VALOR ANTERIORMENTE AO JULGAMENTO DOS EMBARGOS. POSSIBILIDADE. O § 8º do artigo 2º da Lei nº 6.830, de 22 de setembro de 1980, estabelece, expressamente, que, "Até a decisão de primeira instância, a Certidão de Dívida Ativa poderá ser emendada ou substituída, assegurada ao executado a devolução do prazo para embargos" – o que significa, no caso em análise, que o valor da execução das contribuições para a previdência social poderia, legitimamente, ser modificado anteriormente ao julgamento dos embargos. Agravo de petição acolhido. PROC. TRT- 00714-1998-003-06-85-0 – 6ª REGIÃO – PE – Nelson Soares Júnior – Juiz Relator. DJ/PE de 21/01/2006 – (DT – Abril/2006 – vol. 141, p. 218).*

*EXECUÇÃO. DISTINÇÃO ENTRE LITIGÂNCIA DE MÁ-FÉ E ATO ATENTATÓRIO À DIGNIDADE DA JUSTIÇA. A improbidade processual é o substrato comum aos atos que dão causa à penalização da parte por sua conduta no processo. Contudo, a litigância de má-fé viola, preponderantemente, os interesses da parte que, no processo de conhecimento, encontram-se em igualdade funcional perante o juízo. No processo de execução, em que o devedor já se encontra em posição de sujeição perante o credor, a improbidade do primeiro ofende diretamente o órgão jurisdicional e constitui, por isso, ato atentatório à dignidade da Justiça. Além disso, a configuração de cada espécie dá-se por padrões distintos de conduta processual. **PROC. AP 00035-1999-018-01-01-8 – AC 503/02- 1ª REGIÃO – RJ – Desembargador Luiz Carlos Teixeira Bomfim – Presidente em exercício e relator. DJ/RJ de 12/01/2006 – (DT – Abril/2006 – vol. 141, p. 214).***

*EXECUÇÃO. EXCESSO DE EXECUÇÃO. Iliquidez do título executivo fiscal. Excesso da penhora. Honorários de advogado. A fixação do título executivo fiscal – CDA – em índice oficial (UFIR) não ofende, porque previsto em lei, o requisito da liquidez do título. Penhora em valor superior ao débito presta-se a garantir integralmente a execução ao longo do tempo, porque a dívida segue sendo enriquecida por correção monetária e juros, enquanto os bens apresados depreciam-se. ENCARGO de 20% sobre o valor da dívida, decorrente do Decreto-lei 1.025/69 inclui, já, as despesas com honorários de advogado, não se admitindo a condenação, na sentença de improcedência dos embargos do devedor, o acréscimo de honorária advocatícia, pena de caracterização de bis in idem. **TRT/SP – 01007200527102004 – AP – Ac. 3ª T 20060156940 – Rel. ELIANE APARECIDA DA SILVA PEDROSO – DOE 28/03/2006.***

PENHORA EM CONTA-CORRENTE. LEGITIMIDADE.
Incensurável é a determinação do MM. Juízo impetrado de bloqueio do numerário constante em conta-corrente de titularidade da executada, tendo em vista que o dinheiro, além de figurar em primeiro lugar no rol discriminado no artigo 655 do Código de Processo Civil, traz efetividade à execução, facilitando a satisfação do crédito exequendo. Nem se cogite que tal excussão deva ser obstada, por indisponibilizar o capital de giro da empresa e acarretar-lhe inúmeros prejuízos no cumprimento de seus encargos sociais. E isto porque, além de ela correr os riscos de seu empreendimento, os créditos trabalhistas são superprivilegiados, preferido a quaisquer outros, a teor do que dispõe o artigo 186 do Código Tributário Nacional (exceção feita apenas aos créditos advindos de acidente do trabalho). **TRT/ SP – 10130200500002002 – MS – Ac. SDI 2006000401 – Rel. VANIA PARANHOS – DOE 17/03/2006.**

Penhora. "On line" MANDADO DE SEGURANÇA. IMPE-TRAÇÃO PREVENTIVA. ART. 1º/LEI 1.533/51. PENHORA EM TEMPO REAL MEDIANTE A UTILIZAÇÃO DO SISTEMA BACEN JUD. *O "justo receio" de lesão a direito líquido e certo diz respeito à situação confirmada e presente, e não a fatos futuros e não comprovados. Se o exercício depender de situações e fatos ainda indeterminados, não rende ensejo à segurança. O fato de MM. Juízo de Vara do Trabalho, diversa da qual tramitam os processos que originaram o presente mandado de segurança, haver determinado o bloqueio em tempo real, não indica que haja ato concreto ou preparatório da D. Autoridade (MM. Juízo da 1ª VT/SCS) visando atingir o patrimônio jurídico da impetrante, nos moldes alegados. Segurança que se denega.* **TRT/SP – 11379200500002005 – MS – Ac. SDI 2006000550 – Rel. CARLOS FRANCISCO BERARDO – DOE 17/03/2006.**

> *MANDADO DE SEGURANÇA. CETESB – BLOQUEIO DE CONTAS-CORRENTES BANCÁRIAS – PENHORA "ON LINE". 1. O METRÔ, como sociedade de economia mista que é, sujeita-se ao regime jurídico previsto no artigo 173, parágrafo 1º, da Constituição Federal, dessa maneira, incabível a pretensão de que a execução se faça por precatório, uma vez que não goza a impetrante de qualquer privilégio de forma a lhe assegurar um tratamento diferenciado na fase executória. 2. A regra insculpida no artigo 620 do CPC, no sentido de que a execução há de pautar-se pelo princípio do menor sacrifício ao executado, não significa, senão, que há limitação na atividade expropriatória do Estado, consoante art. 692, parágrafo único. A ordem de preferência dos bens a serem penhorados, descrita no art. 655 do CPC, deve obedecer o rigor legalmente exigido. O juízo impetrado ao determinar que o gravame recaísse sobre numerário, nada mais fez do que cumprir o preceito legal, em estrita consonância à ordem de preferência prevista no art. 655 do CPC, norma de ordem pública e aplicação cogente. Segurança que se denega. TRT/SP – 13626200400002007 – MS – Ac. SDI 2006000320 – Rel. MARCELO FREIRE GONÇALVES – DOE 17/03/2006.*

Apesar de existir controvérsias entre doutrinadores, acerca da prescrição, ou não, na fase executória, temos que, o início da contagem do prazo prescricional não se altera, sempre estando fixado no trânsito em julgado da sentença exequenda, devendo findar em 2 anos, de acordo com o disposto no art. 7, XXIX, "a", segunda parte da CF, caso o processo não seja impulsionado pelas partes.

Na Justiça do Trabalho há uma peculiaridade que é a faculdade de impulso, "ex officio", pelo Juiz, daí a dificuldade de se ocorrer a prescrição nessa fase processual.

10.8. FORMAS DE EXECUÇÃO

10.8.1. Execução por Quantia Certa

Fixado o valor devido, seguem-se os atos executórios.

Na hipótese de ter sido depositada a importância, e, sendo definitiva a execução, o juiz ordenará o levantamento imediato do depósito, em favor da parte vencedora.

Caso não haja depósito, será emitido o Mandado de Citação e Penhora.

10.8.2. Execução para Entrega de Coisa

Tipo de execução rara na Justiça do Trabalho. Quem for condenado a entregar coisa certa será citado para, em 10 dias, satisfazer o julgado ou, depositada a coisa, opor embargos (CPC 621 e 622).

10.8.3. Execução das Obrigações de Fazer ou Não Fazer

A condenação do empregador no sentido de anotar a carteira de trabalho do empregado, de reintegrar servidor estável, de entregar guias para levantamento de importâncias depositadas no FGTS são algumas entre as hipóteses em que, descumprida a sentença condenatória, executa-se obrigação de fazer no processo trabalhista.

Neste caso poderá ser aplicada multa diária pelo juiz, considerada por muitos doutrinadores, inconstitucional.

10.8.4. Execução de Prestações Sucessivas

Determinadas obrigações, a cargo do devedor, se exaurem com uma única prestação. Já, as prestações sucessivas correspondem a obrigações contínuas ou de trato sucessivo e que, por isso, enquanto não cumpridas, devem ser efetuadas periodicamente.

É o caso típico dos pedidos de complementação de aposentadoria (anteriores a 1967) que, enquanto não implantados os valores transitados em julgado, o reclamante ia pleiteando valores relativos a determinados períodos.

A CLT dedicou ao assunto o Capítulo V e os artigos 890, 891 e 892.

É condizente com o princípio da celeridade e da simplicidade do processo trabalhista vez que dispensa o credor de promover uma execução para cada obrigação inadimplida.

10.9. DA APLICABILIDADE DA EXCEÇÃO DE PRÉ-EXECUTIVIDADE NO PROCESSO DE EXECUÇÃO TRABALHISTA

A ideia central do presente ensaio é a verificação da possibilidade de se aplicar a chamada "exceção de pré-executividade" ao processo trabalhista, através de uma análise sistemática do instituto. Logicamente, por ser um ensaio, não se adentrará em minúcias a respeito do instituto, as quais se encontram de forma expressiva em meu trabalho de conclusão do curso de Direito/UNISINOS-2003/2 (aprovação com distinção), sob a orientação do Prof. José Antônio Reich.

Inicialmente será dada uma visão geral do processo de execução, com atenção especial às suas peculiaridades e princípios que o envolvem, tendo em vista que a temática objeto do presente estudo se desenvolve totalmente neste momento processual, mais especificamente na fase de execução trabalhista.

No processo cognitivo ou de conhecimento, o Estado atua verificando a efetiva situação jurídica entre as partes, examinando a lide para formular a norma jurídica que deve reger o caso, enquanto no processo de execução busca-se a efetivação de uma situação jurídica já devidamente apurada.

Enquanto o processo de conhecimento é um processo de sentença, o processo executivo é um processo de coação. No primeiro, o juiz julga ou decide, no segundo, ele executa ou busca dar efetividade ao título executivo diante da falta de cumprimento voluntário da obrigação nele contida.

Na execução, não há discussão sobre o mérito do litígio, o devedor já é citado para cumprir a obrigação, no prazo e modo estabelecido, como bem estatui a Consolidação das Leis do Trabalho em seu art. 880, *caput*.

A sua função primordial é pôr em prática a situação jurídica prevista no título executivo, em virtude da certeza do direito do credor. Não há uma decisão de mérito na execução.

Porém, não se pode negar a existência do contraditório no processo executivo, mas de modo bem menos amplo que no processo de conhecimento, já que nesta hipótese o direito já se encontra reconhecido num título.

Embora de forma reduzida, o contraditório se reveste como necessário à execução, para a garantia de um processo justo. A maior expressão deste princípio constitucional está na figura dos embargos do devedor.

Os embargos são a ação do devedor, ajuizada em face do credor, no prazo e formas legais, com o intuito de extinguir, no todo ou em parte, a execução, desconstituindo, ou não, o título em que esta se funda.

Mas, os embargos à execução, onde o devedor buscará a extinção no todo ou em parte da obrigação, têm como requisito indispensável a garantia do juízo, através do depósito de quantia expressa no mandado, ou da penhora de bens suficientes ao pagamento da dívida (CLT, Art. 884).

Esse dispositivo, se for interpretado à risca, pode nos levar à conclusão de que toda e qualquer discussão no processo executivo só será realizada através dos embargos e, consequentemente, depois de efetivada a penhora.

Entretanto, admitirmos que o devedor não pode exercer qualquer tipo de defesa, antes da garantia do juízo, é impor um ônus excessivo para o executado, que deverá dispor de parte de seu patrimônio para que tenha sua pretensão apreciada pelo judiciário, praticamente eliminando o contraditório na execução, e muitas vezes sofrendo prejuízos irreparáveis em virtude da constrição.

Assim, sob a ótica de se evitar uma grave infringência ao princípio do contraditório, faz-se necessário admitir meios que possibilitem a defesa do executado, sem que tenha este de dispor do seu patrimônio para ser ouvido, como a exceção de pré-executividade.

A exceção de pré-executividade é o instrumento adequado que o credor possa alegar a existência de vícios fundamentais que afetam o desenvolvimento regular da execução.

Negar ao executado a possibilidade de alertar o juiz quanto à inadmissibilidade da execução seria o mesmo que impor ao executado um ônus não-jurídico ou impossibilitá-lo de ter acesso ao Judiciário, violando a garantia fundamental da justiça, caso ele não disponha de bens suficientes para garantir o juízo. Não parece justo que o executado tenha que submeter seu patrimônio à penhora para apontar vícios que podem extinguir por completo a relação executória. É um grande contrassenso exigir que o demandado se submeta a um ato executivo para poder afirmar que aquele ato não poderia ser praticado.

Ora, os pressupostos de constituição e de desenvolvimento válido e regular do processo devem ser observados pelo magistrado trabalhista, de ofício, quando do juízo de admissibilidade da execução.

Esse juízo de admissibilidade não se restringe simplesmente ao exame do título executivo em que se funda a execução, mas diz respeito à verificação da presença de pressupostos processuais e das condições da ação, aqueles para que se admita a validade da relação processual executória e estas para que possa ser exercida a atividade *jus-satisfativa* típica da execução.

Assim, se deve o juiz, de ofício, reconhecer essas irregularidades, temos que admitir o cabimento da exceção de pré-executividade, alertando sobre os citados vícios, antes da penhora dos bens do devedor.

As alegações referentes às irregularidades na execução não devem ser postergadas para a oposição da ação incidental de embargos, enquanto se dispõe de um instrumento hábil para impedir inclusive que uma execução infundada seja iniciada ou tenha prosseguimento, qual seja, a exceção de pré-executividade.

Assim a exceção de pré-executividade ou ainda como preferem alguns, a objeção de pré-executividade, visa impedir que haja comprometimento patrimonial em casos de extrema relevância, tendo caráter de defesa prévia.

Apesar de inexistir em nosso ordenamento jurídico qualquer dispositivo que regule especificamente a exceção de pré-executividade, essa falta de regulamentação não deve servir de óbice para a sua aplicação, seja na esfera civil, seja na esfera trabalhista, já que sua adoção é imposta pela própria necessidade prática, servindo de instrumento que contribui significativamente para a simplificação dos atos processuais e, consequentemente, para a celeridade e economia processuais.

Convém esclarecer que mesmo sendo cabível em nosso ordenamento jurídico, a exceção de pré-executividade não pode atuar como substituto da ação de embargos, em que se busca a alegação de todo e qualquer tipo de irregularidade. Somente em casos excepcionais, como questionamentos sobre matéria de ordem pública ou outras de iniciativa da parte, em que seja evidente a nulidade ou a inexistência do título, é que se pode fazer uso da defesa sem constrição patrimonial.

Assim, o vício deve ser perceptível, sem exigência de um exame mais apurado. A prova deverá ser pré-constituída, a exemplo do que ocorre em sede de mandado de segurança. Havendo necessidade de dilação probatória, cabível a oposição de embargos à execução, em que há amplo contraditório (natureza jurídica de ação).

Os casos de cabimento da exceção de pré-executividade devem ser restritos para que evite que o devedor faça mal uso da exceção, empreendendo manobras procrastinatórias.

No entanto, cabível a seguinte indagação: DISPONIBILIZAR AO EXECU-TADO, que na maioria das vezes é o empregador, MAIOR AMPLITUDE DE DEFESA, NÃO CARACTERIZARIA UMA AFRONTA AO PRINCÍPIO DA PROTEÇÃO JURÍDICA DO TRABALHADOR, que é justamente aquele que se almeja proteger com o direito material e processual trabalhista?

Bem, os títulos executivos admitidos na esfera trabalhista estão no art. 876 da CLT, que foi alterado pela Lei nº 9.958/2000, que instituiu as Comissões de Conciliação Prévia. Com isso, além dos títulos executivos judiciais, ou seja, a decisão passada em julgado ou aquela da qual não tenha havido recurso com efeito suspensivo e os acordos não cumpridos, passaram a ter força executória também o Termo de Conciliação, firmado no âmbito das Comissões de Conciliação Prévia e o Termo de Ajuste de Conduta, firmado perante o Min. Público do Trabalho, tidos como títulos executivos extrajudiciais.

Com isso aumentou-se a possibilidade de se estar diante de um título que não se encontra revestido de liquidez, certeza ou exigibilidade, condições basilares exigidas no processo de execução, sem as quais não se instaura a relação executiva.

Portanto, instituída a execução por título extrajudicial, não cabe mais qualquer discussão quanto ao cabimento da exceção no processo do trabalho, para alegar eventual irregularidade do título, que não foi observada pelo magistrado trabalhista, quando do despacho que admitiu a execução.

O despacho liminar proferido pelo magistrado trabalhista nas execuções por título extrajudicial movidas pelo Ministério Público do Trabalho, ou decorrentes dos acordos provenientes das comissões de conciliação prévia assume agora maior relevância, exigindo grande cautela do Juiz, em virtude dos potenciais efeitos danosos que podem ocasionar no devedor.

O fato da objeção de pré-executividade não estar regulada pela Consolidação das Leis do Trabalho, não pode servir de justificativa para que o devedor tenha de esperar até a propositura dos embargos para o reconhecimento de vícios que extinguirão a ação executiva, até porque o Código de Processo Civil, aplicado subsidiariamente ao processo do trabalho (v. art.769, da CLT: aplicação do direito processual comum nos casos omissos, desde que haja compatibilidade), no artigo 267, § 3º, permite ao juiz conhecer de ofício a ausência dos pressupostos processuais.

O Direito é instrumento para a realização da justiça, a sua finalidade é esta; os formalismos exagerados devem dar lugar à aplicação da justiça efetiva, sendo uma incoerência admitirmos que o devedor sofra prejuízos em virtude de execuções originariamente nulas.

Enfim, o instituto da exceção de pré-executividade deve ser aplicado na esfera trabalhista com redobradas cautelas, já que envolve sujeitos especiais, quais sejam, empregador e empregado, regidos por uma regulamentação também especial (CLT) e por princípios específicos, que devem ser respeitados, exigindo-se a adaptação do instituto às peculiaridades da Justiça do Trabalho.

10.10. GARANTIA DA EXECUÇÃO – PENHORA

Se o executado não quiser pagar a importância exigida, poderá garantir a execução, mediante o depósito desta, nos termos do artigo 882 da CLT, nomeando bens à penhora, no prazo de 48 horas da citação, observada a ordem de preferência estabelecida no art. 655 do CPC.

Não pagando o executado, nem garantindo a execução, seguir-se-á a penhora dos bens, tantos quantos bastem ao pagamento da importância da condenação, acrescida das custas, juros de mora, etc.

Para garantia da execução mediante depósito da importância devida, deverá ser retirada a guia de depósito fornecida pela secretaria da Junta, com valor devidamente atualizado, efetuando-se o depósito numa agência do Banco do Brasil ou da Caixa Econômica Federal, sempre à disposição do Juiz Presidente. Poderá também ser efetuado na conta vinculada já existente ou que seja aberta em nome do credor, na CEF.

Poderão ser nomeados bens do patrimônio do Banco para responderem pelo cumprimento da obrigação, até o julgamento da execução.

Qualquer bem poderá ser penhorado, menos os impenhoráveis que estão no artigo 649 do CPC. A execução contra a massa falida deverá estar limitada ao valor de 150 salários-mínimos. A decisão que julga os embargos e a impugnação será o agravo de petição em 8 dias.

A indicação de bens é efetuada em petição dirigida ao juiz da Vara do Trabalho com a descrição detalhada dos bens, se forem móveis. Se forem imóveis, além da descrição detalhada das confrontações, deverá ser juntada a cópia autenticada da matrícula do imóvel oferecido em garantia. Se for nomeação em dinheiro – RDO judicial – a petição deverá conter o valor, a data do depósito e informar que se encontra à disposição do Juiz da execução.

Ao receber a indicação do bem à penhora, o juiz abrirá vista à parte contrária, para impugnação.

Desse modo, na nomeação de bens à penhora pelo devedor merecem ser sublinhados os seguintes aspectos.

I – Ordem de gradação de bens para nomeação do art. 655 do CPC (art. 882 da CLT);

II – Havendo impugnação do credor, a nomeação será tida por ineficaz se deixar de observar o disposto no art. 656, I a VI, do CPC;

II – Se o credor não impugnar a nomeação, a penhora só se formalizará sobre o bem indicado após a comprovação, pelo devedor, da propriedade e da inexistência de gravames, quando for o caso;

IV – Se a nomeação for impugnada pelo credor, com amparo na inobservância da gradação estabelecida pelo art. 655 do CPC, ou a nomeação for efetuada fora do prazo, perde o devedor o direito à nova nomeação, devolvendo-se ao credor o direito à nomeação, que o exercitará livremente. Mas, se a penhora deixar de dar-se por falta de comprovação de domínio ou ausência de encargos sobre o bem nomeado, o devedor conservará o direito à nomeação, repetindo-se o procedimento (CPC, art. 657).

Já se pacificou que os conflitos resultantes da nomeação à penhora de bens não comporta agravo de Petição, por serem decisões interlocutórias, não recorríveis. Caberia, sim, Mandado de Segurança.

No Banco do Brasil busca-se nomear imóvel à penhora sob o fundamento de que o dinheiro existente nos cofres é pertencente aos clientes, e que a penhora constituiria em ilegalidade, visto que o dinheiro depositado nos cofres constitui **depósito** compulsório, em custódia ao Banco Central (que não se sujeita à constrição judicial por expressa vedação do art. 68 da Lei 9.069/95). Os prejuízos infligidos ao Banco estão previstos no art. 66 dessa Lei. O Banco tem impetrado Mandados de Segurança alegando, também, que a penhora deve ser feita de forma menos gravosa ao devedor, e que o ato do juiz (em não aceitar o imóvel) causaria prejuízos de difícil ou impossível reparação.

10.11. EXCESSO DE EXECUÇÃO E EXCESSO DE PENHORA

No primeiro caso, procede-se à execução de quantia maior do que a prevista na sentença executada. No segundo caso, penhoram-se bens de valor muito superior que o necessário para atender-se ao fixado na sentença exequenda.

Das sentenças de liquidação cabem Embargos à Execução (pelo réu) ou Impugnação à Sentença de Liquidação (pelo credor) ou, ainda, Embargos à Penhora, caso haja irregularidade na penhora.

O Embargo à Execução é considerado uma nova ação, cuja sentença pode ser atacada por Agravo de Petição ou, se for o caso, Embargos de Declaração.

Finalmente, cabível a proposição de Ação Rescisória para descons-tituição da sentença que julgou a liquidação, pois reconhecida como sentença de mérito.

10.12. EMBARGOS DO DEVEDOR

Se estiver pela empresa/executada caberá embargos à execução (884 da CLT) em 5 dias, se estiver pelo empregado/exequente caberá impugnação à sentença de liquidação também em 5 dias (artigo 884 da CLT) e se estiver por terceiro caberá embargos de terceiro (artigo 1046 e seguintes do CPC).

A citação que se faz ao devedor, dando cumprimento ao mandado executivo, é para pagar o "quantum debeatur" e não para se defender, como ocorre no processo de conhecimento. Daí porque, se o devedor não paga, não incide em revelia, senão que se confirma o inadimplemento.

Há casos de execução específica em que o devedor é citado para cumprir obrigação de fazer ou não-fazer, para entregar coisa, como as que se referem à entrega das guias para levantamento do FGTS ou do seguro-desemprego ou a reintegração de empregado, embora na Justiça do Trabalho a de maior incidência seja a execução por quantia certa fundada em título judicial.

O devedor, na defesa de seus interesses, dispõe, todavia, para opor-se à execução forçada, de um tipo de ação que recebe o nome de EMBARGOS.

Os embargos do devedor, no Processo do Trabalho, podem ser: a) embargos à execução de título judicial; b) embargos à arrematação; c) embargos à adjudicação.

Os embargos à execução são ação constitutiva, que têm por finalidade a desconstituição do título executivo e a insubsistência da penhora que recaiu sobre os bens do embargante.

10.13. A LEGITIMAÇÃO PARA OPOSIÇÃO DE EMBARGOS DO DEVEDOR

O devedor, sujeito passivo da execução forçada, é quem, em princípio, tem legitimidade ativa para opor embargos, mas são também legitimados os terceiros com responsabilidade executiva, tais como o fiador, sócio, sucessor, desde que, tendo integrado a relação processual no processo de conhecimento, tenham sido atingidos pela execução.

O terceiro que não foi parte no feito, se atingido por atos da execução, vale dizer, teve seus bens atingidos pela constrição judicial, tem nos embargos de terceiro a ação para tentar livrá-los da penhora.

Se forem vários executados, mas a penhora só recaiu sobre os bens de um deles, todos os devedores têm legitimidade para opor embargos à execução.

10.14. EMBARGOS À EXECUÇÃO TRABALHISTA

Dispõe a CLT: "Art. 884. Garantida a execução ou penhorados os bens, terá o executado 5 (cinco) dias para apresentar embargos, cabendo igual prazo ao exequente para impugnação".

No Processo Trabalhista, o prazo para o executado embargar é de cinco dias, quando no Processo Civil, o prazo é de dez dias. A impugnação a que se refere o artigo é a que se poderia dar o nome de resposta do embargado, a sua defesa, que não deve ser confundida com a impugnação referida nos parágrafos 3º e 4º do artigo 884.

O prazo começa a fluir, no Processo do Trabalho, a contar do depósito da importância da condenação ou da assinatura do termo de penhora dos bens oferecidos ao gravame ou da penhora de bens levada a efeito pela iniciativa do oficial de justiça-avaliador.

O prazo para impugnação (resposta) aos embargos é também de cinco dias, a contar da intimação.

Os embargos trabalhistas são opostos mediante petição escrita, dirigida ao juiz da execução (CLT, art. 877), por meio de simples juntada aos autos principais, sem necessidade de apensamento, uma vez que a execução trabalhista não cuida de títulos extrajudiciais.

A inicial dos embargos à execução obedece, no que couber, ao disposto no artigo 840, parágrafo 1º, da CLT, e no artigo 282 do Código de Processo Civil.

10.15. NATUREZA JURÍDICA DOS EMBARGOS

Sobre a natureza jurídica dos Embargos à Execução, a doutrina e a jurisprudência consideram-no uma ação autônoma, incidente na execução, e não um recurso, porque configuram um ataque ao título executivo.

Os embargos à execução não se voltam necessariamente para invalidar o título executivo. Tem como objetivo trazer a matéria objeto das impugnações, durante a fase de liquidação, e que não foi considerada pelo juiz, forçando, assim, uma nova sentença, que poderá ser recorrida por meio do Agravo de Petição, devolvendo a matéria impugnada, ao Tribunal *ad quem*.

10.16. PRESSUPOSTOS DE ADMISSIBILIDADE

De acordo com o artigo 844, *caput*, da CLT, os pressupostos de admissibilidade dos embargos, na execução trabalhista – é a garantia do juízo e o requisito fundamental para o recebimento dos Embargos à Execução é que a matéria já tenha sido objeto de impugnação, sob pena de preclusão.

Somente a Fazenda Pública está dispensada do cumprimento a essa exigência. (Art. 730 do CPC.)

A jurisprudência dominante entende incabível impugnar-se, através de Embargos à Execução, os valores fixados na condenação, se o Embargante não se manifestou tempestivamente sobre o cálculo do contador, ou mesmo, se não tiver sido matéria atacada na fase de conhecimento.

Existem entendimentos contrários em que os doutrinadores entendem não ser possível que a formalidade processual se sobreponha à coisa julgada material.

Estando equivocados os cálculos de liquidação – erro material –, e não tendo sido impugnado tempestivamente, ou tendo sido indeferida a manifestação, por genérica, ainda haverá a oportunidade de manifestar a inconformidade, após a homologação, através de embargos à execução, apesar de ser entendimento minoritário.

10.17. RECONVENÇÃO E COMPENSAÇÃO

Fato muito comum é a tentativa do Executado, na fase de execução, tentar compensar créditos devidos pelo Exequente, no entanto, a Lei 6.830/80 prevê que reconvenção e o pedido de compensação descabem nos embargos à execução e os casos de incompetência serão suscitados como preliminar e julgados com os embargos.

10.18. EFEITOS NA EXECUÇÃO

Segundo o CPC, artigo 739, § 1º, os embargos serão sempre recebidos com efeito suspensivo.

10.19. CABIMENTO DOS EMBARGOS À EXECUÇÃO

O artigo 741 do CPC, aplicado subsidiariamente na Justiça do Trabalho determina que os embargos à execução fundados em título judicial poderão versar sobre:

a) falta ou nulidade de citação, no processo de conhecimento, se a ação lhe correr à revelia;

b) Inexigibilidade do título;

c) Ilegitimidade das partes;

d) Cumulação indevida de execuções;

e) Excesso da execução ou nulidade desta até a penhora;

f) Qualquer causa impeditiva, modificativa ou extintiva de obrigação, como pagamento, novação, compensação, transação ou prescrição, desde que superveniente à sentença;

g) Incompetência do juízo da execução, bem como suspeição ou impedimento do juiz.

Nos embargos à execução, no processo trabalhista, pode ainda o executado impugnar a sentença de liquidação, isto é, evidenciar vícios no processo de liquidação e equívocos no mérito da sentença, como erros de cálculo, critérios incorretos, etc., em princípio, toda a defesa do executado, na fase de liquidação, pode ser renovada mediante os embargos à execução.

Se os embargos apresentarem alguma irregularidade grave, o juiz poderá indeferi-los liminarmente, segundo a lei determina. Se contiverem vícios sanáveis, por exemplo: ilegalidade de documentos, o juiz poderá determinar que o Embargante supra a falha.

O Embargante pode requerer a desistência dos embargos, prosseguindo-se a execução.

10.20. PROCEDIMENTOS PARA INTERPOSIÇÃO DOS EMBARGOS

A CLT é insatisfatória com relação aos procedimentos, pois não disciplinou diversas situações e aspectos importantes, havendo, por isso, a necessidade de ser invocada supletivamente a Lei 6.830/80 (Lei dos Executivos Fiscais e o CPC).

O Professor Manoel Antonio Teixeira Filho, em sua obra **"Execução no Processo do Trabalho, Ed. LTr 1998"**, apresentou uma sistematização dos atos para a interposição dos embargos, que, pela forma simples, nos parece interessante apresentar:

"a) A petição inicial de embargos deverá ser elaborada observando-se os requisitos legais (CLT, art 884, § 1º);

b) Deverá ser obrigatoriamente instruída com a prova da garantia do juízo ou da penhora (CPC, arts. 283 e 737 – CLT);

c) O executado poderá alegar toda a matéria de defesa (Lei 6.830/80, art. 16, § 2º, arts. 821, 879, 884 – §§ 1º e 2º da CLT – CPC, art. 741, incis. II a IV);

d) Não será admitida – em sede de embargos – reconvenção ou compensação. A incompetência, o impedimento e a suspeição deverão ser arguidos mediante exceção (Lei 6.830/80, art. 16, § 3º da CLT, arts. 799 a 802);

e) Os embargos deverão ser liminarmente rejeitados nos casos previstos no art. 739 do CPC e, também, quando não houver delimitação motivada das matérias e valores impugnados;

f) Sendo recebidos os embargos, o juiz mandará intimar o credor para impugná-los no prazo de 5 dias (art. 884, *caput*);

g) Não tendo sido arroladas testemunhas ou os embargos versarem, exclusivamente, sobre matéria de direito e de fato, a prova for apenas documental, o juiz proferirá decisão, no prazo de 5 dias, julgando subsistente ou insubsistente a penhora (CLT, art. 885 – Lei 6.830/80);

h) Tendo sido arroladas testemunhas, ou sendo necessária a produção de outras provas orais, o juiz designará audiência, no prazo de 5 dias (CLT, art. 884, § 2º), após o que proferirá decisão (CLT, art. 886, *caput*);

i) Julgar-se-ão, na mesma sentença, os embargos à execução e a impugnação à Sentença de Liquidação (CLT, art 884 § 4º);

j) Proferida a sentença, dela as partes serão intimadas mediante registro postal (886, § 1º CLT);

k) Julgada subsistente a penhora, o juiz mandará que se proceda a avaliação dos bens sobre os quais ela incidiu (CLT, art. 886 § 2º da CLT)".

10.21. CUSTAS E EMOLUMENTOS

De conformidade com a Lei 10.537 de 27.08.2002 e à Instrução Normativa 20/2002, as custas para interposição de embargos à execução e de agravo de petição serão satisfeitas pelo vencido, após o trânsito em julgado da decisão, observada a tabela de emolumentos da Justiça do Trabalho.

10.22. MATÉRIA DE DEFESA NOS EMBARGOS

A CLT dispõe no parágrafo 1º do artigo 884, que trata especificamente dos embargos à execução: "A matéria de defesa será restrita às alegações de cumprimento da decisão ou do acordo, quitação ou prescrição da dívida".

Como não se pode discutir, no processo de execução, matérias já decididas no processo de conhecimento, as alegações nos embargos só serão válidas se versarem sobre causas supervenientes à sentença.

Pode, porém, o executado alegar a nulidade da sentença, por falta ou nulidade da citação, se a ação tiver corrido à sua revelia.

10.23. IMPUGNAÇÃO DO CREDOR EXEQUENTE

No Processo do Trabalho, como se verifica do parágrafo 3º do artigo 884 da CLT, o exequente, no mesmo prazo que tem o executado para embargar, poderá impugnar a sentença de liquidação.

O juiz, na mesma sentença, julga os embargos do devedor e a impugnação do credor (parágrafo 4º).

Essa impugnação, que se processa depois da decisão homologatória da liquidação, não se confunde com aquela que o credor-exequente apresenta a título de contrariedade aos embargos opostos pelo devedor-executado (artigo 884 *caput*), nem tampouco com a que se refere o parágrafo 2º do artigo 879 da Consolidação das Leis do Trabalho, que se traduz em fala sobre os cálculos de liquidação, caso o juiz abra vista.

O prazo de 5 dias para o exequente impugnar os cálculos de liquidação começa a fluir do momento em que toma ciência inequívoca da garantia da execução, da penhora ou do pagamento.

O levantamento pelo exequente, autorizado pelo juiz, do depósito em dinheiro do montante da execução, não prejudica o seu direito de impugnar a liquidação, desde que o tenha feito no prazo.

Se, todavia, o exequente, intimado dos cálculos, antes de decisão homologatória e de qualquer procedimento de constrição sobre os bens do executado, alertado sobre a cominação da preclusão, deixa transcorrer o prazo de 10 dias sem se pronunciar, é-lhe defeso depois proceder à impugnação, porque terá incorrido na preclusão a que se refere o parágrafo 2º do artigo 879 Consolidado: "Elaborada a conta e tornada líquida, o juiz poderá abrir às partes o prazo sucessivo de 10 (dez) dias para impugnação fundamentada com a indicação dos itens e valores objeto da discordância, sob pena de preclusão".

É certo que o parágrafo 3º do artigo 884 da CLT diz que **somente nos embargos à penhora** poderá o executado impugnar a sentença de liquidação, cabendo ao exequente igual direito (entenda-se: direito de impugnar, não de embargar) e no mesmo prazo. A jurisprudência é tranquila quanto ao entendimento de que se o executado e o exequente não se manifestam, quando da vista dos cálculos, fica-lhes precluso o direito de embargar e de impugnar, por força do parágrafo 2º do artigo 879 da Consolidação das Leis do Trabalho.

10.24. REJEIÇÃO DOS EMBARGOS

Os embargos, no Processo do Trabalho, podem ser rejeitados quando:
a) Apresentados fora do prazo legal (CLT, art. 884/CLT);
b) Quando a matéria de defesa exceder as alegações de cumprimento da decisão ou do acordo, quitação ou prescrição da dívida (CLT, art. 884, parágrafo 2º).

Da decisão que inadmitir os embargos à execução, cabe agravo de petição para o TRT, no prazo de 8 dias, e não agravo de instrumento, uma vez que o agravo de instrumento destina-se a hostilizar decisão que denega seguimento a recurso e embargos à execução não são recurso e sim ação.

10.25. COMPETÊNCIA PARA JULGAMENTO DOS EMBARGOS DO EXECUTADO E DA IMPUGNAÇÃO DO EXEQUENTE

Como na execução trabalhista o juiz presidente atua monocraticamente, ou seja, sem a participação dos juízes classistas, ele é o órgão competente para julgar os embargos do executado e a impugnação do exequente, numa mesma sentença.

As partes são intimadas da decisão proferida nos embargos e na impugnação do exequente, e contra essa decisão, que é proferida pelo Juiz Presidente, cabe, em princípio, agravo de petição, no prazo de oito dias, para uma das Turmas do Tribunal Regional do Trabalho.

10.26. TRÂMITES FINAIS DA EXECUÇÃO

Julgada subsistente a penhora, o Juiz Presidente mandará proceder à praça ou ao leilão, providência que será anunciada por edital fixado na sede do Juízo e publicado no jornal local, se houver, com antecedência de 20 dias.

A alienação judicial far-se-á em dia, hora e lugar anunciados e os bens serão vendidos pelo maior lanço, tendo o exequente preferência para a adjudicação.

O arrematante deverá garantir o lanço com o sinal correspondente a vinte por cento do seu valor. Se o arrematante não pagar dentro de 24 horas o preço da arrematação, perderá, em benefício da execução, o sinal dado, voltando à praça os bens executados.

10.27. AGRAVO DE PETIÇÃO

O Agravo de Petição é recurso específico contra qualquer decisão do Juiz, na execução, após o julgamento dos embargos do executado.

10.27.1. Origem e Objetivo

O Agravo é espécie de recurso, cujas subespécies são: a de instrumento, a de petição e a regimental.

Assim como a apelação (*appelatio*) surgiu no processo romano, também os agravos aí tiveram sua origem, sendo recurso amplamente regulado e aplicado no Direito português.

Não existe apelo similar no processo comum.

No Processo do Trabalho, os recursos são bem distintos no que diz respeito aos seus objetivos, notadamente, os agravos de petição e de instrumento.

Formalmente, distingue-se o agravo de petição por ser interposto nos autos principais da ação, quando o agravo de instrumento forma-se em autos apartados.

O Agravo de Petição tem na execução trabalhista a limitação de sua área.

10.27.2. Requisitos para Interposição

Tem como requisito fundamental e absolutamente indispensável, a delimitação dos valores incontroversos e da matéria, que deverá ser efetuada em tópico específico.

Na delimitação dos valores, deverão ser transcritos todos os valores incorretos e as razões da impugnação. Mesmo quando houver impugnação total do cálculo, deverão ser transcritos os valores impugnados e as razões.

A delimitação de valores tem o objetivo de possibilitar o levantamento dos valores incontroversos pelo Exequente.

O agravo de petição é cabível, *sem estar seguro* o juízo, nas hipóteses em que o juiz considerar não provada a liquidação ou quando trancar a execução, julgando-a extinta.

10.27.3. Efeitos na Execução

A regra do artigo 899 é a de que todos os recursos no Processo Trabalhista têm efeito apenas devolutivo.

O agravo de petição, não obstante os termos da lei, tem efeito suspensivo porque, ao ser interposto já existe penhora e, ainda que ao apelo seja atribuído efeito apenas devolutivo, a execução será provisória e assim não poderá ir além da penhora.

Ressalte-se, porém, que, a parte líquida, não devidamente impugnada, é exequível imediatamente após os embargos, mesmo que, contra aquela parte ou contra o todo, se tenha interposto o agravo.

10.27.4. Cabimento e Competência para Julgamento

Previsto no artigo 897, letra "a" e §§ 1º e 3º, da CLT, deve ser interposto no **prazo de 8 dias**, cabendo, em geral, das decisões dos juízes na execução, podendo ser abordados os mesmos pontos que foram objeto dos embargos à execução, além de irregularidades no julgamento dos embargos, como o indeferimento de provas.

O Agravo de Petição também poderá ser interposto contra outras decisões proferidas na fase executória para as quais a lei não preveja expressamente outro recurso como, por exemplo, o Mandado de Segurança.

O Agravo de Petição será julgado, quando proferida decisão pelo Juiz do trabalho de 1ª Instância, por uma das Turmas do Tribunal Regional a que estiver subordinado o juiz prolator da sentença, observadas as regras do artigo 897 e parágrafos.

Se a decisão for agravável, mas a parte opõe embargos à execução, perde o prazo para a interposição do Agravo de Petição.

Da decisão que simplesmente homologa os cálculos de liquidação não cabe agravo de Petição, que só é interponível após apresentação e decisão dos Embargos à Execução.

10.27.5. Prazo

O prazo para interposição do Agravo de Petição é de oito dias (CLT, 897, § 1º), da decisão dos Embargos e da Impugnação à Sentença de Liquidação.

10.27.6. Custas e Emolumentos

Há necessidade do pagamento de custas, conforme tabela de emolumentos da Justiça do Trabalho, que serão realizadas, pelo vencido, ao final da execução.

10.27.7. Processamento

Mais do que qualquer outro recurso trabalhista, o Agravo de Petição tem de ser arrazoado, ante a exigência do Agravante "delimitar justificadamente" o objeto do Agravo.

O agravo de Petição, como seu nome indica, é processado nos autos da ação trabalhista e não em autos apartados, pois não há, no caso, instrumento a ser formado.

Passa pelo juízo de admissibilidade, a que se sujeita qualquer recurso, em que são examinados os pressupostos processuais. No caso do agravo de petição, o juízo de admissibilidade examina também se o agravante delimitou justificadamente as matérias e os valores impugnados, porque, do contrário, o recurso não será recebido.

Admitido o agravo, é aberta vista à parte agravada para oferecimento da contraminuta, no mesmo prazo de oito dias. Em prosseguimento, ordenará o juiz a subida dos autos ao Tribunal Regional do Trabalho, onde será apreciado e julgado por uma de suas Turmas.

O julgamento do Agravo de Petição se dá como o do Recurso Ordinário, sendo facultada, aos advogados das partes, a sustentação oral.

Da decisão proferida pela Turma do regional, cabe, em tese, Recurso de Revista para o Superior Tribunal do Trabalho, desde que presente ofensa à Constituição Federal, nos estritos termos do § 4º do art. 896 da CLT.

Para encerrarmos a execução, a Lei 11.457/2007 instituiu a Secretaria da Receita Federal do Brasil, órgão da administração direta federal, que passou a ser responsável, entre outras atribuições, pela cobrança das contribuições sociais. Houve a alteração no artigo 889-A da CLT.

Seguem alguns julgados acerca de execução:

> *MEDIDA IMPRÓPRIA E FALTA DE DELIMITAÇÃO JUS-TIFICADA DA MATÉRIA E DOS VALORES IMPUGNADOS. Erro grosseiro na interposição do recurso impede a aplicação do princípio da fungibilidade, eis que a medida cabível seria a impugnação à sentença de liquidação e não o agravo de petição. Ainda, a falta de delimitação das matérias e dos valores impugnados implicam o não conhecimento do agravo de petição por falta de preenchimento dos pressupostos de admissibilidade, nos termos do artigo 897, parágrafo 1º, da CLT, com a redação dada pela Lei nº 8.432/92. Agravo de Instrumento a que se*

nega provimento para manter a negativa de processamento do agravo de petição. (TRT/SP – 00019200606802003 – AI – Ac. 8ª T 20090093008 – Rel. LILIAN LYGIA ORTEGA MAZZEU – DOE 03/03/2009.)

PENHORA DE ESTABELECIMENTO COMERCIAL. ILEGITIMIDADE DOS EMPREGADOS PARA INTERPOR EMBARGOS DE TERCEIRO. Embargos de terceiro disciplinado no Código de Processo Civil assegura direito real, que não deve ser confundido com o direito social, no caso, o direito ao trabalho ou a manutenção dos contratos de trabalho dos empregados da empresa que sofreu a penhora de seu estabelecimento comercial. Apresentam medida processual inadequada e não detém legitimidade para integrarem o polo ativo. (TRT/SP – 01077200805202000 – AP – Ac. 3ª T 20090017123 – Rel. SILVIA REGINA PONDÉ GALVÃO DEVONALD – DOE 10/02/2009.)

EMBARGOS DE TERCEIRO. POSSUIDOR. Provada a posse, a falta de registro do instrumento particular de compromisso de venda e compra não impede a apresentação de embargos de terceiro por aquele que, não sendo parte no processo, sofrer turbação ou esbulho na posse de seus bens por ato de apreensão judicial. Aplicação do art. 1046 do CPC e Súmula 84 do STJ. (TRT/SP – 01587200803602009 – AP – Ac. 3ª T 20090089477 – Rel. MERCIA TOMAZINHO – DOE 03/03/2009.)

AGRAVO REGIMENTAL. EXPEDIÇÃO DE CARTA DE ADJUDICAÇÃO. INDEFERIMENTO POR POSSÍVEL VIOLAÇÃO A DIREITO DE TERCEIROS. REEXAME DE ATIVIDADE JURISDICIONAL RECORRÍVEL. INADMISSIBILIDADE. O indeferimento da expedição de carta de adjudicação, fundamentado na ausência de trânsito em julgado dos embargos de terceiro opostos contra o bem penhorado, bem como na irregu-

laridade da intimação da executada, não pode ser considerado atentatório à fórmula legal do processo. Trata-se de atividade jurisdicional passível de recurso, agindo o magistrado na livre condução do feito como lhe asseguram os artigos 765 e 878 da CLT. Por conseguinte, a renovação dos argumentos em Agravo Regimental não tem o condão de alterar o decidido. (TRT/SP 40553200700002009 – TP – ARgDCr – Ac. 024/08-TP – Rel. Decio Sebastião Daidone – DOE 09/06/2008.)

AGRAVO REGIMENTAL. RECLAMAÇÃO CORREICIONAL. EXECUÇÃO. ANULAÇÃO DE LEILÃO. REEXAME DE ATIVIDADE JURISDICIONAL. INADMISSIBILIDADE. A r. decisão que anulou o leilão em que o Requerente foi arrematante, por entender se tratar de preço vil, não pode ser considerado atentado à fórmula legal do processo, a fim de ensejar a procedência da Reclamação Correicional. Com efeito, não é dado ao Corregedor reexaminar a atividade jurisdicional do Juízo, pois sua competência limita-se aos aspectos formais e administrativos dos atos processuais praticados, impondo-se a improcedência da medida correicional, por incidência dos artigos 177 e seguintes do atual Regimento Interno deste Tribunal. Por conseguinte, a renovação dos argumentos em Agravo Regimental não tem o condão de alterar o decidido. (TRT/SP 40555200700002008 – TP – ARgDCr – Ac. 028/08-TP – Rel. Decio Sebastião Daidone – DOE 09/06/2008.)

AGRAVO DE PETIÇÃO. PREÇO VIL. ART. 692 DO CPC. NÃO-CARACTERIZAÇÃO. Preço vil é aquele muito abaixo da avaliação atualizada do bem. Não é a hipótese, uma vez que o bem foi arrematado por importância superior à metade do valor avaliado. Cabe ao juízo, nos limites da razoabilidade, estabelecer os parâmetros. Os vetores essenciais consistem entre outros: crédito em execução; despesas processuais; obsolescência e desgaste pelo uso; depreciação do valor de mercado pelo decurso do tempo entre a avaliação até o praceamento; o valor alcançado pelo bem levado ao leilão, que não resulte em "lucro" para o devedor. O objetivo precípuo do procedimento é a satisfação do crédito e quitação das despesas processuais. (TRT/SP – 00548199504102004 – AP – Ac. 11ª T 20081103306 – Rel. CARLOS FRANCISCO BERARDO – DOE 27/01/2009.)

ADJUDICAÇÃO. A adjudicação de bens regula-se pelo art. 888 da CLT, e prefere à arrematação. Não há obrigação do adjudicante a pedi-la antes da publicação do edital, pois o CPC só se aplica subsidiariamente à execução trabalhista. Por outro lado, o juízo está obrigado a cientificar a parte do indeferimento de sua pretensão atempo de que esta possa tomar medidas efetivas para que a excussão dirija-se a si, efetivando a preferência legal. Não é demais lembrar que a execução se faz em benefício do credor, que deve ser levado em consideração pelo juízo. AGRAVO DE PETIÇÃO PROVIDO. (TRT/SP – 01714199544402001 – AP – Ac. 12ª T 20090071756 – Rel. DAVI FURTADO MEIRELLES – DOE 20/02/2009.)

IMPENHORABILIDADE DOS VALORES DEPOSITADOS EM CADERNETA DE POUPANÇA ATÉ O LIMITE DE 40 (QUARENTA) SALÁRIOS-MÍNIMOS, NOS TERMOS DO ARTIGO 649, X, DO CPC. Conta poupança é absolutamente impenhorável até o limite de 40 (quarenta) salários-mínimos nos termos do artigo 649, X, do CPC, com a modificação introduzida pela Lei 11.382/2006. (TRT/SP – 02034200701302009 – AP – Ac. 4ª T 20090059241 – Rel. CARLOS ROBERTO HUSEK – DOE 20/02/2009.)

AGRAVO DE PETIÇÃO. EXECUÇÃO DE CRÉDITO PRE-VIDENCIÁRIO. MASSA FALIDA. JUÍZO UNIVERSAL DAS FALÊNCIAS. ART. 83, DA LEI Nº 11.101/2004. A execução de crédito previdenciário, no caso de falência da executada, deve ser habilitado no juízo falimentar. O crédito previdenciário é acessório do trabalhista, não havendo que a este se sobrepor, na ordem de preferência de pagamento. Sendo acessório, também deve ser habilitado no juízo universal das falências, caso contrário estar-se-ia concedendo privilégio indevido. A ordem de classificação contida no art. 83, da Lei nº 11.101/2004, é norma de ordem pública e não comporta interpretação extensiva, como pretende a agravante. Agravo de Petição não provido. (TRT/SP – 00140200631802016 – AP – Ac. 12ª T 20081123838 – Rel. DAVI FURTADO MEIRELLES – DOE 23/01/2009.)

INCIDÊNCIA DO IMPOSTO DE RENDA SOBRE JUROS. A Lei nº 8.541/92, em seu artigo 46, § 1º, inciso I, determina a exclusão, da base de cálculo do imposto de renda, dos juros de mora incidentes sobre os rendimentos pagos em cumprimento de decisão judicial, sendo de se ressaltar que referidos juros de mora não têm natureza de rendimento (lucro por investimento de capital), mas de indenização pelo não pagamento das verbas contratuais ao reclamante no momento oportuno (artigo 39 da lei), as quais, frise-se, possuem natureza alimentar. (TRT/SP – 02468199605602003 – AP – Ac. 2ª T 20081071498 – Rel. ODETTE SILVEIRA MORAES – DOE 13/01/2009.)

JUROS DE MORA. EXCLUSÃO DA BASE DE CÁLCULO DO IMPOSTO DE RENDA. Não há falar em exclusão dos juros de mora da base de cálculo do imposto de renda, pois aplicável o artigo 46, parágrafo 1º, inciso I, da Lei 8.541/92, que dispensa a incidência da retenção fazendária apenas no que pertine aos juros e indenizações por lucros cessantes. (TRT/

SP – 0231520040700203 – RO – Ac. 2ª T 20081071595 – Rel. ROSA MARIA ZUCCARO – DOE 13/01/2009.)

JUROS DE MORA DECORRENTES DE RENDIMENTOS ISENTOS OU NÃO TRIBUTÁVEIS. DECISÃO JUDICIAL. NÃO INCIDÊNCIA DO IMPOSTO DE RENDA. DECRETO 3.000/1999, ART. 55, INCISO XIV. Para a hipótese de os juros de mora decorrerem de decisão judicial incide não o inciso XVI do artigo 55 ("XVI – os juros e quaisquer interesses produzidos pelo capital aplicado, ainda que resultante de rendimentos não tributáveis ou isentos"), mas seu inciso XIV, que exclui expressamente da incidência do imposto de renda os juros de mora derivados de rendimentos isentos ou não tributáveis ("XIV – os juros compensatórios ou moratórios de qualquer natureza, inclusive os que resultarem de sentença, e quaisquer outras indenizações por atraso de pagamento, exceto aqueles correspondentes a rendimentos isentos ou não tributáveis"). (TRT/ SP – 00700200540202001 – RE – Ac. 3ª T 20090008817 – Rel. MERCIA TOMAZINHO – DOE 03/02/2009.)

EMENTA AGRAVO DE PETIÇÃO. ARTIGO 475-J DO CPC. INAPLICABILIDADE NO PROCESSO DO TRABALHO. Ofende o princípio do devido processo legal contido no artigo 5º, inciso LIV, da CF, a aplicação de norma processual civil quando o DIPLOMA CONSOLIDADO não é omisso a respeito. A CLT contém regramento próprio para os trâmites da execução, nos artigos 879 e seguintes, aos quais se aplicam, no que não contravierem ao que é disciplinado no Diploma Consolidado, os preceitos que regem o processo dos executivos fiscais para a cobrança judicial da dívida ativa da Fazenda Pública Federal, sendo que estes é que têm aplicação subsidiária preferencial na execução do processo do trabalho, a teor do artigo 889, também da CLT. Agravo de Petição provido. (TRT/

SP – 02663200503102009 – AP – Ac. 11ª T 20090001871 – Rel. RITA MARIA SILVESTRE – DOE 27/01/2009.)

AGRAVO DE PETIÇÃO. MULTA PREVISTA NO ART. 475-J DO CPC. INAPLICABILIDADE AO PROCESSO DO TRABALHO. As disposições do Código de Processo Civil na fase de execução são aplicáveis subsidiariamente ao Processo do Trabalho apenas na hipótese de omissão da Consolidação das Leis do Trabalho e da Lei nº 6.830/1980, conforme art. 889 da CLT. No caso em questão não há omissão da CLT, eis que o art. 883 da CLT é enfático ao estipular que no caso do executado não pagar a quantia cobrada, nem garantir a execução, seguir-se-á a penhora de bens suficientes ao pagamento do valor executado, não havendo qualquer previsão de multa processual no caso de inadimplemento do valor cobrado, o que por si só desautoriza a utilização subsidiária do art. 475-J do CPC. Por fim, vale acrescentar que a disposição contida no art. 475-J do CPC é absolutamente incompatível com a execução trabalhista, pois enquanto nesta o art. 880 da CLT concede ao executado o prazo de 48 horas para pagar a dívida ou garantir a execução, naquele dispositivo do CPC o prazo é de 15 dias. Assim, por qualquer ângulo que se examine a questão fica evidente a incompatibilidade do art. 475-J do CPC com a execução trabalhista. (TRT/SP – 01489199243202000 – AP – Ac. 12ª T 20081124940 – Rel. MARCELO FREIRE GONÇALVES – DOE 30/01/2009.)

MULTA DO ARTIGO 475-J DO CPC. OMISSÃO DA CLT. APLICAÇÃO ANALÓGICA AO PROCESSO DO TRABALHO. ARTIGOS 8º, PARÁGRAFO ÚNICO E 769 DA CLT. ABUSO DE DIREITO DE DEFESA. PRINCÍPIO DA DURAÇÃO RAZOÁVEL DO PROCESSO. ARTIGO 5º, INCISO LXXVIII, DA CONSTITUIÇÃO FEDERAL. A multa instituída pelo artigo

475-J, do CPC, foi criada com fundamento no dever de boa-fé e lealdade processuais e tem por escopo estimular o devedor a cumprir, voluntariamente, a condenação estabelecida pela sentença. Não há prejuízo ao direito de defesa e ao contraditório, cujo exercício é delimitado conforme o devido processo legal, que prevê meios de reprimir abusos. Após a prolação da sentença condenatória, a possibilidade de insurgência restringe-se, devendo fundamentar-se em motivos robustos, suficientes e concretos, a fim de não se dilatar a solução do processo. Se o devedor acarretar, injustificadamente, a demora na solução processual, em prejuízo da parte contrária e da própria atividade jurisdicional, deve arcar com os ônus de sua atitude, que traz prejuízos de ordem individual e coletiva. A CLT não prevê a multa, especificamente em razão dos efeitos dilatórios na interposição de embargos, e tratando-se de um meio de constrangimento legalmente previsto, de prévio conhecimento do devedor, vindo ao encontro dos princípios protetivos que guiam o Direito do Trabalho, esta deve ser aplicada, pois de conformidade com o estabelecido pelos artigos 5º, incisos II, LIV, LV e LXXVIII, da Constituição Federal, e artigos 8º, parágrafo único e 769, da CLT. (TRT/SP – 00079199200402000 – AP – Ac. 4ª T 20090091129 – Rel. PAULO AUGUSTO CAMARA – DOE 06/03/2009.)

PRESCRIÇÃO INTERCORRENTE. INADMISSIBILIDADE NO PROCESSO DO TRABALHO. A lei trabalhista denota a relevância com que o legislador tratou a fase de execução, uma vez que possibilitou a qualquer interessado, bem como autorizou ao próprio juiz, de ofício, que promova a execução do título judicial, conferindo interesse público ao procedimento executório (art. 878 da CLT). A execução trabalhista não é uma ação propriamente dita, mas uma fase imediatamente posterior ao rito de conhecimento. Desta forma, não se sujeita aos mesmos limites temporais daquele no que tange à prescrição. Nos termos do disposto na Súmula 114 do TST, é inadmissível a prescrição intercorrente nesta Justiça Especializada. (TRT/ SP – 00310200440202000 – AP – Ac. 4ª T 20090094365 – Rel. SERGIO WINNIK – DOE 06/03/2009.)

Capítulo 11

Procedimentos Especiais Trabalhistas

11. PROCEDIMENTOS ESPECIAIS

A norma processual celetista impõe o procedimento especial para as ações de Inquérito para apuração de falta grave nos artigos 853 a 855, para o dissídio coletivo nos artigos 856 a 871, para a ação de cumprimento no artigo 872 e parágrafo único, e faz uma breve referência à ação rescisória no artigo 836, no entanto, aplicando-se as disposições contidas no artigo 769 da CLT, algumas ações especiais tratadas no Código de Processo Civil poderão ser propostas e processadas na Justiça do Trabalho, desde que adaptadas ao rito procedimental trabalhista, por exemplo: ação de consignação em pagamento, ação monitoria, ação anulatória, as medidas cautelares, etc.

Para a proteção das liberdades públicas e garantias fundamentais, previstas na Constituição Federal, podem ser propostas perante a jurisdição trabalhista as ações de mandado de segurança, *habeas corpus*, *habeas data*, mandado de injunção e ação popular e ação civil pública, que serão processadas pelo procedimento especial.

11.1. AÇÕES DESTINADAS À PROTEÇÃO DAS LIBERDADES PÚBLICAS E GARANTIAS FUNDAMENTAIS PREVISTAS NA CONSTITUIÇÃO FEDERAL

11.1.1. Mandado de Segurança

11.1.1.2. Conceito

O mandado de segurança é remédio constitucional, previsto na Constituição Federal para resguardar direito líquido e certo não amparado por *habeas corpus*. Com efeito, o artigo 5º da Constituição Federal assim dispõe:

> *"Art. 5º,*
> *LXIX – conceder-se-á mandado de segurança para proteger direito líquido e certo não amparado por* habeas corpus *ou* habeas data, *quando o responsável pela ilegalidade ou abuso de poder for autoridade pública ou agente de pessoa jurídica no exercício de atribuições do poder público.*
> *LXX – O mandado de segurança coletivo pode ser impetrado por: a) partido político com representação no Congresso Nacional; b) organização sindical, entidade de classe ou associação legalmente constituída há pelo menos um ano, em defesa dos interesses de seus membros ou associados".*

O mandado de segurança está regulado na Lei número 1.533/51, com as alterações de redação dada pelas Leis nos 4.348/64, 5.021/66, 6.014/73, 6.071/74 e 6.978/78. O artigo 1º, da mencionada Lei, dispõe que: "será concedido o mandado de segurança para proteger direito líquido e certo, não amparado por *habeas corpus*, sempre que, ilegalmente ou com abuso de poder, alguém sofrer violação ou houver justo receio de sofrê-la por parte de autoridade, seja de que categoria for e sejam quais forem as funções que exerça".

11.1.1.3. Natureza Jurídica

Atualmente já está sedimentado na doutrina que a natureza jurídica do mandado de segurança é de ação constitucional de natureza civil que se exerce através de um procedimento especial, e que se distingue das demais ações pela sumariedade de seu procedimento (possui rito próprio) e apenas subsidiariamente se aplica as normas do Código de Processo Civil, e quanto aos efeitos da sentença integra os grupo das ações mandamentais.

11.1.1.4. Objeto do Mandado de Segurança

O mandado de segurança é o meio constitucional colocado à disposição das pessoas físicas ou jurídicas, com a finalidade proteger o direito individual e coletivo, líquido e certo, lesado ou ameaçado de lesão, por ato ilegal ou abusivo de autoridade pública, ou seja, qualquer pessoa que esteja no exercício de função pública.

11.1.1.5. Cabimento

Para ser admitido o mandado de segurança o impetrante deverá, desde logo, demonstrar a violação a um direito liquido e certo, pela prática de um ato praticado com ilegalidade e o abuso de poder por autoridade pública. Assim, são condições específicas da ação de mandado de segurança:

a) Existência de direito liquido e certo
A primeira condição específica do mandado de segurança é a existência de direito liquido e certo violado ou seja aquele direito que não desperta dúvidas, que tem seu fundamento na existência de fatos indiscutíveis, possíveis de serem provados documentalmente de plano, ou seja, no momento da propositura da ação.

No Processamento da ação não existe fase para produção de provas. A prova é pré-constituída, e deverá ser apresentada no momento em que se distribui a petição do Mandado de Segurança. Após o ajuizamento da ação, a prova está preclusa para o impetrante, não se podendo juntar mais qualquer documento. Conclui-se, portanto, que em mandado de segurança, a prova é estritamente documental, não se pode produzir prova oral (testemunhal) ou pericial.

b) Ato de Autoridade Pública

É condição específica do mandado de segurança que o ato ilegal ou com abuso de poder seja praticado por autoridade pública ou agente de pessoa jurídica no exercício de atribuições do poder público.O mandado de segurança tem por finalidade atacar o ato ilegal e abusivo praticados por autoridade pública ou de autoridade investida da condição de autoridade pública, autoridade delegada. Atos praticados por agentes do Estado nos seus diversos níveis(federal, estadual municipal ou distrital) e até por quem lhe faça as vezes, ou seja, outras pessoas investidas de poder público, exemplo autarquias, fundações, empresas públicas, agencias reguladoras, sociedades de economia mista, prestadoras de serviço público, etc.

É necessário, portanto, identificar sempre o ato e a autoridade da qual emana este ato. A autoridade coatora é aquela que ordena ou omite a prática do ato lesivo, são atos que trazem em si uma decisão, e não apenas ato de execução. Conforme os ensinamentos de Lucia Valle Figueiredo[30], "Autoridade coatora é sempre quem tem o poder de decisão, poder de determinar algo que possa vir a provocar constrições a quem se sujeita à administração".

A autoridade coatora é aquela que executa, concretiza o ato impugnado (Súmula 510 do STF). Essa autoridade tem, inclusive, poderes para desconstituir o ato.

Por fim deve ser ressaltado que o dirigente de empresa pública que pratica determinado ato trabalhista na condição de representante legal da empresa não

---

30. FIGUEREDO, Lucia Valle. Mandado de segurança. 3ª Ed., São Paulo; Malheiros, 2000, p.54

é considerado autoridade coatora, pois, neste caso, apenas representa o empregador. Ex.: dispensa imotivada de empregado concursado, não cabe mandado de segurança, mas sim reclamação trabalhista com pedido de reintegração.

O artigo 5º da Lei 1.533/51, estabelece que não cabe mandado de segurança quando se tratar de ato que cabe recurso administrativo com efeito suspensivo, ou de despacho ou decisão judicial, quando haja recurso previsto em lei, ou possa ser modificado por via de correição, de ato disciplinar, salvo quando praticado por autoridade incompetente ou com inobservância de formalidade essencial.

Nos termos da Súmula 267 do STF[31]:

> *"não cabe mandado de segurança contra ato judicial passível de recurso ou correição".*

No mesmo sentido Orientação jurisprudencial 92 da SDI-II **"Não cabe mandado de segurança contra decisão judicial passível de reforma mediante recurso próprio, ainda que com efeito diferido".**

Também de acordo com as Súmulas número 33 do TST e número 268 STF, **não cabe mandado de segurança de decisão judicial transitada em julgado.**

Por fim, importante frisar que **não cabe Mandado de Segurança contra lei em tese** (norma geral e abstrata; é a que estabelece situações gerais ou impessoais, cuja principal característica é a abstração e a generalidade).

11.1.1.6. Mandado de Segurança Preventivo:

Conforme já mencionamos, o Mandado de Segurança pode ser utilizado contra ato coator já consumado, ou preventivamente, quando houver justo receio de ameaça de lesão de direito, marcada por fatos objetivos.

---

31. "Não cabe Mandado de Segurança contra ato judicial passível de recurso ou correição."

11.1.1.7. Prazo Decadencial

O Mandado de Segurança deve ser interposto no prazo de 120 dias, contados da ciência do ato tido como ato coator (mandado de segurança repressivo), sob pena de decadência. A contagem do prazo inicia no dia imediato àquele em que o impetrante dele tomou ciência. Tratando-se de mandado de segurança impetrado em face de omissão da autoridade coatora, a contagem inicia no dia imediato àquele em que se esgotou o prazo legal para a autoridade praticar o ato.

Não haverá contagem do prazo quando se tratar de mandado de segurança para atacar ato continuado, pois a lesão se repete no tempo, é permanente, assim como não há prazo em curso na hipótese de mandado de segurança preventivo.

A contagem do prazo para impetração segue regra geral, com a exclusão do dia inicial e a inclusão do dia final. Diante da natureza jurídica de prazo decadencial o prazo para impetração não se prorroga, nem se interrompe, uma vez iniciada a contagem ele se esgotará 120 (cento e vinte) dias depois. No entanto, o Tribunal Superior do Trabalho, na Súmula nº 100, inciso IX, deixa certo o entendimento que se prorroga para o primeiro dia útil, imediatamente subsequente, o prazo decadencial para o ajuizamento de ação rescisória, quando se expira em férias forenses, feriados, finais de semana ou em dia em que não houver expediente forense.

Estabelece o artigo 4º da Lei nº 1.533/51 que em caso de urgência é permitido impetrar mandado de segurança por telegrama ou radiograma ao juiz competente, mas deve ser observado que na propositura da ação a petição deverá vir acompanhada com todos os documentos, salvo a exceção tratada no parágrafo único do artigo 6º (quando o documento necessário a fazer prova do alegado se encontrar em repartição ou em poder de autoridade pública que se recusa a fornecê-lo por certidão.

Com a finalidade de adaptar o processo aos métodos tecnológicos de transmissão de dados e imagens foi editada a Lei nº 9.800/99, permitindo a pratica de atos processuais por fac-símile ou outro similar, e com base nas disposições desta Lei o Tribunal Superior do Trabalho, através da Instrução Normativa nº 28, criando o sistema de protocolização e fluxo de documentos eletrônicos da Justiça do Trabalho que permite a utilização da Internet para a prática de atos processuais que dependem de petição escrita.

11.1.1.8. Legitimidade Ativa

Possui legitimidade ativa, toda a pessoa física e jurídica, assim como aquelas a estas equiparadas que alegam estar sofrendo ou possuem o justo receio de vir a sofrer violação de seus ou de outrem (em caso de mandado de segurança coletivo) direitos líquidos e certos, por ato ilegal ou abusivo de autoridade pública.

11.1.1.9. Legitimidade Passiva

A questão não é pacífica em doutrina e na jurisprudência, mas a corrente majoritária vem se firmando que o legitimado passivo é a autoridade coatora e não a pessoa jurídica ou órgão a que pertence e ao qual o seu ato é imputado de ilegal e abusivo. Alguns entendem que o legitimado passivo é a pessoa jurídica de direito público a cujos quadros pertence a autoridade apontada como coatora.

Também existe o entendimento que a indicação errônea da autoridade coatora é causa de extinção do processo sem julgamento de mérito por ilegitimidade de parte. Outros, no entanto, entendem que diante do fato de que a estrutura administrativa é complexa, bem como considerando-se a importância do remédio constitucional, em caso de incorreta indicação da autoridade coatora, deveria ser concedido prazo para sua correção via emenda da petição inicial.

11.1.1.10. Litisconsórcio

O artigo 19 da Lei nº 1.533/51 dispõe que se aplicam ao processo de mandado de segurança os artigo do CPC que regulam o litisconsórcio ativo e passivo. Assim, quando o direito violado ou ameaçado couber a várias pessoas, qualquer delas pode impetrar mandado de segurança ou pode se litisconsorciar ativamente, assim como resta evidente a possibilidade de litisconsórcio passivo.

Haverá litisconsórcio passivo necessário, toda vez que o mandado de segurança implicar modificação da posição jurídica de outras pessoas, que foram indiretamente beneficiadas pelo ato impugnado, ou quando a decisão proferida na ação de mandado de segurança modificar ou extinguir direitos criados pelo ato impugnado em favor de outras pessoas. Estes terceiros que poderão sofrer os efeitos da sentença deverão ser notificados como legitimado passivo na ação.

11.1.1.11. Competência Material

A Justiça do Trabalho é competente para o julgamento do mandado de segurança quando o ato ilegal ou abusivo envolver matéria sujeita à sua jurisdição, conforme vem previsto na Constituição Federal (artigo 114, inciso IV da Constituição Federal).

11.1.1.12. Competência Hierárquica e Funcional

A competência hierárquica ou funcional será fixada levando-se em conta a autoridade coatora. É que até a Emenda Constitucional nº 45/2004, a doutrina e jurisprudência trabalhista só tratavam de mandado de segurança contra ato jurisdicional e atos administrativos da própria Justiça do Trabalho. Após a promulgação da referida Emenda Constitucional a Justiça do Trabalho passou a ter competência material para processar e julgar mandado de segurança sempre que o ato questionado envolver matéria trabalhista.

Assim, a ação de mandado de segurança pode ser instaurada tendo como autoridade coatora auditor fiscal do trabalho, delegado do trabalho, na hipótese de interdição de estabelecimento por questão de medicina e segurança no trabalho, assim como pode ser do Juiz da Vara ou dos Tribunais Regionais do Trabalho ou Tribunal Superior do Trabalho, diretores de secretaria e funcionários da Justiça do Trabalho.

Quando o ato questionado de ilegal for praticado por Juiz do Trabalho da 1ª instância, diretor de secretaria e demais servidores, a competência funcional originária será do Tribunal Regional do Trabalho. No entanto, se se tratar de ato praticado pelo Auditor do trabalho ou membro do Ministério Público do Trabalho, a competência será da Vara do Trabalho.

A Lei 7.701/88 nos artigos 2°, e 3°, estabelece a competência da SDI ou SDC para julgar originariamente mandado de segurança contra atos praticados pelo Presidente do Tribunal ou por qualquer dos Ministros integrantes da Seção Especializada em Dissídio Individual ou Coletivo.

Portanto, o Mandado de segurança proposto em face de ato de Juiz da Vara do Trabalho e demais servidores, assim como em face de Juiz de Direito investido da jurisdição trabalhista, assim como em face de juízes ou servidores do próprio Tribunal Regional do Trabalho, será da competência do Tribunal Regional do Trabalho.

Já em relação ao Juiz Presidente e aos Ministros do Tribunal Superior do Trabalho será da SDC do TST (quando o ato foi praticado em processo de Dissídio Coletivo), a SDI do TST é competente para julgar os mandados de segurança de sua competência originária na forma da lei.

Apesar de não ser pacífico ainda o entendimento jurisprudencial, verifica-se uma certa inclinação ao entendimento de que tratando-se de ato do Ministro do Trabalho (Ministro de Estado) quando a matéria for sujeita à jurisdição trabalhista, a competência será do TST, por aplicação analógica do artigo 105, I, b, da Constituição Federal, ou quando for ato do Presidente da República a competência será do STF (artigo 114, incisos I e VII).

11.1.1.13. Petição inicial

A petição inicial do Mandado de Segurança deve ser escrita e apresentada em duas vias, acompanhadas (as duas vias) de todos os documentos essenciais à propositura da demanda, e será redigida com os requisitos previstos no artigo 282 do CPC, menos o requisito de especificação de provas, pois estas já devem ser pré-constituídas na peça vestibular, são eles:

a) A indicação do juiz ou do tribunal a que é dirigida de acordo com os critérios de fixação da competência;

b) Indicação dos nomes, prenomes, estado civil, profissão, domicílio e endereço do impetrante e do Impetrado;

c) Os fatos que motivaram o impetrante a buscar a tutela jurisdicional, a narrativa dos fatos que demonstram a violação ou ameaça de violação ao direito liquido e certo do impetratante. A apresentação dos fatos deverá obedecer uma sequência lógica e ordenada de modo a permitir a exata compreensão do ocorrido;

d) Os fundamentos jurídicos do pedido, ou seja, os motivos pelos quais o impetrante entende que o ato impugnado é ilegal ou abusivo;

e) O pedido com suas especificações. A providencia mandamental dirigida à autoridade coatora que impeça a concretização da ameaça ou a reparação da violação do direito violado ou lesado;

f) O valor da Causa;

g) O requerimento de notificação da autoridade coatora para prestar os esclarecimentos;

h) Além destes requisitos, a petição inicial poderá conter um pedido liminar.

De acordo com o disposto no artigo 8° da Lei nº 153351 a petição inicial será liminarmente indeferida se:

a) Não for caso de Mandado de Segurança;

b) Se lhe faltar alguns dos requisitos prescritos na Lei que regulamentam o mandado de segurança (falta das condições da ação, dos pressupostos processuais, inexistência de ato de autoridade, de direito líquido e certo, impetração fora do prazo legal, etc...).

A Súmula nº 415 do TST dispõe que exigindo o Mandado de Segurança prova documental pré-constituída, inaplicável se torna o artigo 284 do CPC, quando verificada na petição inicial do Mandado de segurança a ausência dos requisitos de documento indispensável ao ajuizamento da ação ou de sua autenticação.

A ilegalidade ou a prática do ato com abuso de poder, é condição específica da ação de mandado de segurança, sendo indispensável para a concessão, ou não, da ordem (matéria de mérito).

11.1.1.14. Liminar ou medida cautelar

Por expressa disposição do artigo 7º, inciso II, da Lei 1.533/51, o mandado de segurança comporta pedido de medida liminar sempre que relevantes os fundamentos da impetração e quando do ato impugnado possa resultar em ineficácia da ordem judicial se concedida ao final. Cabe ao juiz verificar, em cada caso concreto, a presença dos elementos autorizadores da concessão da liminar. Para grande parte da doutrina, esta decisão tem natureza jurídica de antecipação de mérito (decisão final) e destina-se a evitar um dano irreparável do impetrante. Decorrem de ato subjetivo do juiz, presente os pressupostos do "fumu boni iuris" – plausibilidade do direito e "periculum in mora" (dano irreparável ou de difícil reparação).

Também grande parte da doutrina afirma que a liminar pode ser concedida de ofício pelo juiz sempre que vislumbrar a presença dos requisitos legais.

Pode se impetrar mandado de segurança (outro) contra ato do juiz que deferiu ou indeferiu a liminar? Parte da doutrina e da jurisprudência entendem que a decisão é irrecorrível. Outros afirmam a possibilidade de interposição de outro Mandado de Segurança. A Súmula 418 do TST enuncia que a concessão de liminar ou a homologação de acordo constituem faculdade do juiz, inexistindo direito liquido e certo tutelável pela via do mandado de segurança.

Também vem ganhando força na doutrina e na jurisprudência o entendimento de que as medidas provisórias que impedem a concessão de medidas liminares violam os princípios à inafastabilidade da jurisdição e da efetividade do processo.

A principal característica da Liminar é a provisoriedade, pois vigora enquanto o juiz não julga o mérito. Os efeitos da liminar cessam com a decisão do mandado de segurança, mantendo ou denegando a ordem perseguida.

11.1.1.15. Processamento da Ação de Mandado de Segurança

O processamento do mandado de segurança está regulado na Lei 1.533/51. De um modo geral é simples, pois, impetrado o mandado a vara ou o tribunal terá 48 horas para se pronunciar acerca da liminar, em que, por se tratar de uma decisão interlocutória, não caberá recurso. Esse mesmo juiz irá notificar a autoridade coatora para apresentar suas informações no prazo máximo de até 10 dias. As informações deverão ser prestadas e subscritas pela própria autoridade coatora (artigo 7º, inciso I, da Lei 1533/51) que poderá alegar todas as matérias tratadas nos artigos nos 300 a 302 do CPC. No entanto, as informações têm natureza jurídica de autêntica peça de sustentação de validade do ato impugnado, e a ausência da apresentação das informações não importam na revelia e confissão ficta, mesmo porque a prova das alegações do impetrante já se encontram anexadas nos autos.

Na sequência os autos serão encaminhados para o Ministério Público para a elaboração do parecer no prazo de oito dias (Lei 5.584/70, artigo 5º), contados da ciência pessoal do processo pelo procurador do trabalho a quem os autos forem distribuídos. Importante destacar que a atuação do Ministério Público se dá na condição de fiscal da lei (*custus legis*) e não na defesa do interesse da pessoa jurídica de direito público ou da autoridade coatora.

Emitido o parecer, os autos serão conclusos para decisão, e o magistrado poderá conceder a ordem determinando ao coator que cesse a ilegalidade, praticando um ato ou deixando de praticar o ato, permitindo ou obstando a prática do ato a que se refere o direito liquido e certo do impetrante.

Para grande parte da doutrina, a natureza da sentença em mandado de segurança é mandamental, pois consubstancia sempre uma ordem positiva ou negativa para a autoridade apontada como coatora. Outros, afirmam a natureza complexa, onde se declara a ilegalidade do comportamento da autoridade coatora, e mandamental, na medida em que determina à mesma a adoção de um determinado comportamento condenatório ou constitutivo conforme o pedido do impetrante.

Importante ressaltar que conforme Súmula nº 512 do Supremo Tribunal Federal *"não cabe condenação em honorários advocatícios em ação de mandado de segurança"*.

11.1.1.16. Recurso

Das decisões monocráticas e colegiadas proferidas nas ações de mandado de segurança poderá ser interpostos recursos, sendo que em relação aos legitimados são estes referidos no artigo 499 do CPC, para as ações em geral, ou seja: as partes, o Ministério Público e o terceiro prejudicado.

Diante do fato de que, de regra, não há condenação em dinheiro a interposição do recurso, independe de depósito recursal.

Adaptando a regra contida no artigo nº 12 da Lei 1.533/51, as regras recursais do processo do trabalho, os recursos cabíveis na ação de mandado de segurança são:

a) Da decisão interlocutória acerca do pedido liminar em mandado de segurança da competência das Varas do Trabalho aplica-se a regra contida na **Súmula nº 414 do TST**, ou seja:

b) Da decisão em mandado de segurança da competência das Varas do Trabalho que tenha indeferido a petição inicial, concedido ou indeferido a segurança, caberá recurso ordinário para o Tribunal Regional do trabalho, conforme artigo 895, a da CLT.

c) Da decisão interlocutória acerca do pedido liminar e da decisão monocrática que indefere a petição inicial de mandado de segurança da competência originária do Tribunal Regional do Trabalho, caberá agravo regimental (Súmula 214, b do TST).

d) Da decisão em mandado de segurança da competência originária do Tribunal Regional do Trabalho que tenha indeferido a petição inicial, concedido ou indeferido a segurança, caberá recurso ordinário para o Tribunal Superior do Trabalho, conforme artigo 895, b da CLT e Súmula 214 do TST, que será julgado pela SEDI-2 do TST.

e) Da decisão em mandado de segurança da competência originária do Tribunal Superior do Trabalho acerca do pedido liminar e a decisão monocrática tenha indeferido a petição inicial, poderá ser interposto agravo regimental, da competência da SEDI-2 e artigos 243, VIII e IX e 73, III, b, do RI, do TS.

O agravo regimental é um recurso previsto no regimento interno dos Tribunais, cabível para atacar decisão que denegar segmento ao recurso, ou para atacar decisões das quais a lei não prevê nenhum recurso, também há alguns regimentos internos que admitem o Agravo regimental para atacar decisão que denegar ou conceder medida liminar, que indeferir de plano petição inicial de ação rescisória, mandado de segurança, ação cautelar e *habeas corpus*, das decisões proferidas pelo corregedor em reclamação correicional e proferidas pelo Presidente do Tribunal em matéria administrativa, etc.

A Consolidação das Leis do Trabalho no artigo 709 fala no agravo regimental e a Lei 7.701/88 também se reporta a julgamento de agravos regimentais em duas oportunidades; quando se refere à competência da Seção de Dissídios Individuais para, em única instância, apreciá-los – artigo 3º, inciso II, alínea "a" e, última instância, alínea "f" do inciso III do mesmo artigo, contra os despachos denegatórios dos Presidentes de Turmas, em matéria de embargos. Há quem entenda que não constituem propriamente modalidade de recurso, pelo fato de não haver oportunidade para contrarrazões ou sustentação oral, preparo, nem revisor, no entanto, é certo que o agravo regimental provoca o reexame e a revisão de decisão anterior.

O prazo para interposição do agravo regimental vem estabelecido nos regimentos internos dos tribunais, sendo certo que no TST, o prazo é de oito dias contados da intimação da decisão; não há previsão de preparo ou depósito recursal, admitindo-se juízo de retratação, não há previsão de notificação das partes para contrarrazões ou sustentação oral.

Processamento – deve ser interposto perante o órgão judicial que proferiu a decisão, devendo ser requerida a reconsideração da decisão e sucessivamente o encaminhamento dos autos ao órgão colegiado. Não havendo retratação, o relator que é o juiz que proferiu a decisão agravada determinará a inclusão do processo em pauta para julgamento. O agravante deve ter muito cuidado, pois o processamento do agravo regimental varia de acordo com o regimento interno de cada Tribunal.

f) Da decisão em mandado de segurança da competência originária do Tribunal Superior do Trabalho, concedendo ou indeferindo a segurança quando violar a Constituição Federal, poderá ser interposto recurso ao Supremo Tribunal Federal, conforme artigo 102, II, a, da Constituição Federal.

De acordo com o previsto no artigo 102, III, da Constituição Federal, o Recurso Extraordinário poderá ser interposto no prazo de 15 dias,

das decisões proferidas pelo TST, em única ou última instância, quando a decisão:

> *a)* *contrariar dispositivo da Constituição Federal;*
> *b)* *houver a necessidade de se declarar a inconstitucionalidade de tratado ou lei federal;*
> *c)* *for julgado válida lei federal ou ato do governo local contestado em face da Constituição Federal.*

Ou seja, as causas trabalhistas poderão vir a ser discutidas no Supremo Tribunal Federal, em grau de recurso extraordinário, sempre que estiver em jogo a possibilidade de ofensa à Constituição Federal por decisão oriunda da Justiça do Trabalho (do Tribunal Superior do Trabalho).

No recurso extraordinário, o recorrente deverá demonstrar a repercussão geral das questões constitucionais discutidas no caso, nos termos da lei, a fim de que o Tribunal examine a admissão do recurso, somente podendo recusá-lo pela manifestação de dois terços de seus membros.

11.1.1.17. Prazo e Efeitos dos Recursos

Seguindo a regra dos recursos trabalhistas, o prazo para interposição destes será de oito dias, salvo quando se tratar de recurso extraordinário (15 dias); a Fazenda Pública e o Ministério Público terão o prazo em dobro para recorrer, e os recursos serão recebidos apenas no efeito devolutivo.

11.1.1.18. Remessa de Ofício

Conforme entendimento jurisprudencial já sedimentado pelo TST na Súmula 303, inciso III, a sentença concessiva da segurança submete-se ao duplo grau de jurisdição.

11.1.1.19. Alçada Recursal

Também de acordo com a Súmula nº 365 do TST não se aplicam em mandado de segurança as regras referentes às ações de alçada, levando-se em conta tratar-se de ação que se processa pelo rito especial.

11.1.1.20. Mandado de Segurança Coletivo

O mandado de segurança coletivo vem inserido na magna Carta constitucional como um direito e garantia fundamental, com efeito a norma constitucional assim dispõe: "Art. 5º,

> ***LXIX*** *– conceder-se-á mandado de segurança para proteger direito líquido e certo não amparado por* habeas corpus *ou* habeas data, *quando o responsável pela ilegalidade ou abuso de poder for autoridade pública ou agente de pessoa jurídica no exercício de atribuições do poder público.*
>
> ***LXX*** *– O mandado de segurança coletivo pode ser impetrado por: a) partido político com representação no Congresso Nacional; b) organização sindical, entidade de classe ou associação legalmente constituída há pelo menos um ano, em defesa dos interesses de seus membros ou associados".*

Da análise do referido dispositivo legal tem-se que as pessoas arroladas poderão impetrar mandado de segurança coletivo, desde que o ato questionado envolva matéria sujeita à jurisdição trabalhista, em defesa de interesses coletivos, e individuais homogêneos de seus membros ou associados.

O mandado de segurança coletivo difere do mandado de segurança individual quanto aos legitimados para impetrá-los, e em relação ao direito ou interesse que se busca tutelar, pois enquanto o mandado de segurança individual tem por finalidade tutelar o direito liquido e certo (individual) do impetrante, o Mandado de Segurança Coletivo assegura aos legitimados (legitimidade extraordinária ou substituição Processual) a possibilidade de buscarem a tutela jurisdicional para defesa dos interesses coletivos e individuais homogêneos de seus filiados, (partido político) ou membros ou associados (associações legalmente constituídas).

A Súmula 629 do Supremo Tribunal Federal dispensa a autorização expressa de seus membros ou associados.

11.1.1.21. Legitimidade do Ministério Público

Apesar de não ter sido incluído no rol dos legitimados apontados no artigo 5º, LXX, a, a doutrina e a jurisprudência trabalhista admite a legitimidade do Ministério Público, com fundamento nas disposições constantes nos artigos 127 e 129 da Constituição Federal que, ao apontar as funções institucionais do Ministério Público, atribui legitimidade ao *parquet* para a propositura de todas as ações indispensáveis para a tutela de interesses metaindividuais.

Seguem alguns julgados sobre o assunto:

> *MANDADO DE SEGURANÇA. EXECUÇÃO DEFINITIVA. INDEFERIMENTO DE EXPEDIÇÃO DE OFÍCIOS À ARISP. VIOLAÇÃO A DIREITO LÍQUIDO E CERTO DO IMPETRANTE. O impulso oficial está expresso no artigo 878 da CLT e objetiva a dinamização do procedimento executório trabalhista, com vistas a uma célere quitação de valores reconhecidos através de sentença. Essa Egrégia Corte Trabalhista formalizou Termo de Cooperação com a Associação dos Registradores de Imóveis de São Paulo, com vistas à agilização dos procedimentos relativos à localização de imóveis, sempre tendo em vista o melhor atendimento do jurisdicionado, especialmente daquele que já tem em seu poder uma decisão passada em julgado. O indeferimento da expedição de ofícios à ARISP resulta*

em negativa de aplicação do disposto no artigo 878 da CLT e, concomitantemente, em recusa na aplicação dos procedimentos implantados nesta Especializada com vistas a evitar o notório e desnecessário excesso de diligências e petições. Tratando-se de execução definitiva do julgado, é dever do Juízo, utilizando-se do impulso oficial previsto no artigo 878 da CLT, determinar as diligências necessárias à satisfação do crédito. Concedo a segurança. (TRT/SP – 13395200700002004 – MS01 – Ac. SDI 2008027218 – Rel. CÂNDIDA ALVES LEÃO – DOE 04/02/2009.)

MANDADO DE SEGURANÇA. DECISÃO HOMOLOGA-TÓRIA DE ACORDO. INCABÍVEL. Tendo a parte Impetrante se insurgido através desta companhia contra decisão homologatória de acordo, sob argumento de possuir direito líquido e certo à liberação de FGTS depositado em conta vinculada, pretendendo a expedição de alvará judicial para tal fim, o que foi obstado pela Autoridade Impetrada diante de pedido de demissão que prevalece comprovado nos autos, não há que se cogitar do cabimento do "writ" posto que a decisão é trânsita em julgado, somente podendo ser atacada por ação rescisória e segundo porque inexistente direito líquido e certo. (TRT/SP – 11121200800002001 – MS01 – Ac. SDI 2009000011 – Rel. SÔNIA APARECIDA GINDRO – DOE 04/02/2009.)

MANDADO DE SEGURANÇA. EXECUÇÃO PROVISÓ-RIA. PENHORA EM DINHEIRO. APLICAÇÃO DA SÚMULA Nº 417, INCISO III, DO C. TST. Por não ter se tornado definitivo o título executivo judicial, o direito reconhecido não está assegurado ao litisconsorte, estando fundado em decisão cuja natureza é provisória. Configurado o direito líquido e certo da impetrante a que a execução se processe da forma menos gravosa. Segurança que se concede, liberando em favor da impetrante o valor bloqueado em sua conta-corrente. (TRT/

SP – 1295220080002000 – MS01 – Ac. SDI 2009000976 – Rel. MERCIA TOMAZINHO – DOE 12/03/2009.)

AGRAVO REGIMENTAL EM MANDADO DE SEGURANÇA EXTINTO SEM JULGAMENTO DE MÉRITO: "Havendo recurso próprio previsto na lei processual trabalhista para reforma da decisão judicial impugnada, é incabível mandado de segurança a teor do artigo 5º, inciso II, da Lei nº 1.533/51". Agravo regimental a que se nega provimento. *(TRT/SP – 12977200800002004 – MS01 – Ac. SDI 2009001050 – Rel. DORA VAZ TREVIÑO – DOE 12/03/2009.)*

MANDADO DE SEGURANÇA. MEDIDA CAUTELAR DE ARRESTO. ANTECIPAÇÃO DE TUTELA. PERDA SUPERVENIENTE DE OBJETO. EXTINÇÃO DO FEITO SEM RESOLUÇÃO DE MÉRITO. Se a pretensão da impetrante já foi acolhida pela autoridade impetrada, quando do julgamento da medida cautelar de arresto, constata-se que houve perda superveniente de objeto, existindo ausência de interesse processual no prosseguimento do mandado de segurança que, consoante definição da doutrina predominante, só existe quando a parte tem necessidade de postular o provimento jurisdicional, que lhe será útil, compondo-se, assim, do trinômio necessidade, utilidade e adequação. Assim, ausente uma das condições da ação, impõe- -se a extinção sem julgamento de mérito, com fundamento no artigo 267, inciso VI, do CPC. (TRT/SP – 10040200800002004 – MS01 – Ac. SDI 2009000879 – Rel. MERCIA TOMAZINHO – DOE 12/03/2009.)

MANDADO DE SEGURANÇA. DECISÃO DO TST. EXECUÇÃO PROVISÓRIA TORNADA DEFINITIVA. EXTINÇÃO. A execução provisória, tornada definitiva no transcurso da ação de segurança, obriga a cassação de liminar por falta de respaldo jurídico.

Outrossim, a inadequação do mandamus *em decisão a posteriori do TST impede o exame do mérito da vexata quaestio. Extinção. (TRT/SP – 1082420080000202 – MS01 – Ac. SDI 2009000887 – Rel. ROVIRSO APARECIDO BOLDO – DOE 12/03/2009.)*

MANDADO DE SEGURANÇA. DECADÊNCIA. FLUÊN-CIA DO PRAZO. INÍCIO. EXEQUIBILIDADE DA DECISÃO POTENCIALMENTE LESIVA. O pedido de reconsideração, sem efeito suspensivo, não interrompe o prazo para a impetração do Mandado de Segurança. Decisão posterior que se limita a ratificar a originária proferida não restabelece novo prazo decadencial. Agravo regimental a que se nega provimento. (TRT/SP – 1342720080000202 – MS01 – Ac. SDI 2009001093 – Rel. EDUARDO DE AZEVEDO SILVA – DOE 12/03/2009.)

MANDADO DE SEGURANÇA. SINDICATO QUE FOR-MULA PEDIDO PARA QUE O JUÍZO DE PRIMEIRO GRAU SE ABSTENHA DE IDENTIFICAR EMPREGADOS E FILIA-DOS NOS AUTOS DA RECLAMAÇÃO TRABALHISTA. PRE-TENSÃO FUNDADA NA ALEGADA NATUREZA SIGILOSA DAS FICHAS DE FILIAÇÃO. INEXISTÊNCIA DE DIREITO LÍQUIDO E CERTO. A pretensão do impetrante de substituir as alegadas fichas de filiação sindical que havia espontaneamente juntado aos autos por mera certidão, dela constando apenas a quantidade de empregados sindicalizados da empresa, sem permitir o acesso a tais documentos, é que ensejaria violação aos princípios do contraditório e da ampla defesa constitucionalmente assegurados às partes, implicando violação ao devido processo legal. (TRT/SP – 1219920080000203 – MS01 – Ac. SDI 2009000968 – Rel. MERCIA TOMAZINHO – DOE 12/03/2009.)

MANDADO DE SEGURANÇA. AUTO DE INFRAÇÃO. RECOLHIMENTO DE CONTRIBUIÇÃO SOCIAL. CONTRO-

VÉRSIA SOBRE ALTERAÇÃO SALARIAL. ILEGALIDADE DO ATO. Auto de infração lavrado com base em situação hipotética de ausência de recolhimento de contribuição social. Controvérsia sobre alterações funcionais e salariais decorrentes do Plano de Cargos e Salários. Informações da autoridade em que ela mesma reconhece a necessidade de aprofundado exame de fatos e circunstâncias. Fundadas dúvidas a respeito da infração, que jamais autorizariam a lavratura do auto. Ilegalidade manifesta. Recurso da impetrante a que se dá provimento, para a concessão da segurança. (TRT/ SP – 01108200505402003 – RO – Ac. 11ª T 20081066974 – Rel. EDUARDO DE AZEVEDO SILVA – DOE 13/01/2009.)

11.1.2. Habeas Corpus

A Constituição federal no artigo 5º, LXVIII prevê a possibilidade de ser impetrado *Habeas Corpus* sempre que alguém sofrer ou se encontrar ameaçado de sofrer violência ou coação em sua liberdade de locomoção, por ilegalidade ou abuso de poder.

Trata-se de ação de natureza constitucional de caráter mandamental que tem por finalidade assegurar a liberdade de locomoção quando limitada, restringida, reprimida ou ameaçada de sê-lo, por ato ilegal e abusivo por parte do Poder Público.

Legitimidade ativa
Possui legitimidade ativa (Impetrante) qualquer pessoa física ou jurídica, nacional ou estrangeira em seu favor ou de outrem, bem como pelo Ministério Público sempre que se verificar estar sofrendo ou tenha o justo receio de vir a sofrer violação de seu direito de locomoção por ilegalidade ou abuso de poder de autoridade pública.

Entende-se que o *Habeas Corpus* poderá inclusive ser deferido de oficio pelo juiz, conforme artigo 654, parágrafo 2º do Código de Processo Penal.

Legitimidade Passiva

O legitimado passivo ou o Impetrado é a autoridade coatora que pratica a ilegalidade ou o abuso de poder.

Competência Material

A Justiça do Trabalho é competente para o julgamento do *Habeas Corpus* quando o ato ilegal ou abusivo envolver matéria sujeita a sua jurisdição, conforme vem previsto na Constituição Federal (artigo 114, inciso IV da Constituição Federal).

No Direito do Trabalho a hipótese mais comum de cabimento do *Habeas Corpus* ocorre em caso de ordem de prisão de depositário infiel de bens penhorados nas exceções trabalhistas, por tratar-se de prisão de natureza Civil, mesmo porque a Justiça do Trabalho não possui competência criminal.

11.1.2.1. Competência Hierárquica e Funcional

A competência hierárquica ou funcional quando a ordem ilegal ou abusiva for do Juiz do Trabalho da 1ª instância, a competência funcional originária será do Tribunal Regional do Trabalho.

Depositário

De regra, o depositário já está previamente designado por lei (artigos 32 da Lei nº 6.830/80, 659, § 5º, e 666 do CPC e artigo 889 da CLT. Na maioria das vezes a lei estabelece que o depositário será o executado. Mas as funções de depositário e executado não se confundem. O executado resiste à execução, ao passo que o depositário tem o dever de agir sempre em colaboração com o juízo, pois com o encargo passa a exercer também a função de auxiliar do juízo. O executado tem a faculdade de recusar o encargo de depositário ainda que sem motivação, contudo, o TST na Orientação Jurisprudencial nº 89 da SDI-II não admite a recusa desmotivada ao encargo, ao fundamento de que o artigo 645 do CPC estabelece o dever de cooperar com o serviço da Justiça e, deste modo, a recusa desmotivada pode dar ensejo à nomeação compulsória, vinculando-se sua validade e a eficácia à ciência inequívoca deste encargo.

Na Justiça do Trabalho é muito comum, embora não seja recomendada, a nomeação de empregado do executado como depositário de bens pertencentes a seu empregador.

Nos termos da Súmula nº 319 do STJ o encargo de depositário pode se dar de forma tácita, a oposição, sim, é que deve ser expressa, e por esta razão muitos Tribunais têm entendido que haverá o encargo de depositário judicial sempre que a pessoa tiver ciência da sua nomeação e não manifestar expressamente sua oposição.

Obrigações do Depositário

O depositário exerce uma função de direito público, incumbindo-lhe conservar, guardar, adotar as medidas indispensáveis a evitar o extravio, avaria, perda, deterioração dos bens penhorados, arrestados, sequestrados, sem usá-la salvo com autorização do juiz da execução, devendo restituir os bens no local em que o depósito foi efetivado.

Somente haverá a desoneração do encargo de restituir o bem que lhe foi confiado a guarda diante de fato alheio a sua vontade que impossibilite materialmente o cumprimento do dever. Exemplo: quando o bem foi arrecadado pelo juízo falimentar.

O descumprimento das obrigações pelo depositário caracteriza a sua infidelidade ensejando a decretação de prisão civil nos próprios autos do processo em que se constituiu o encargo, independentemente do ajuizamento da ação de depósito, sem prejuízo do dever de reparação dos danos causados.

A prisão ou ameaça de prisão civil, embora constitua medida privativa de liberdade não tem natureza jurídica de penalidade, mas, sim, tem por finalidade constranger e coagir o depositário a restituir os bens depositados.

Prazo da Prisão

Interpretando-se as disposições dos artigos 902, parágrafo 2º do CPC com o artigo 905 do mesmo código, verifica-se a possibilidade de fixação do prazo da prisão em até um ano, devendo, no entanto, ser cessada a ordem de prisão tão logo o bem seja depositado ou encontrado e entregue, ou ainda, quando for pago o valor equivalente ao do bem depositado.

Capacidade Postulatória

Nos termos do que dispõe o artigo nº 654, *caput* do Código de Processo Penal, o *Habeas Corpus* poderá ser impetrado por qualquer pessoa em seu favor independentemente de advogado ou de procuração expressa ou de autorização do paciente.

Petição inicial

A petição inicial do *Habeas Corpus* deve ser escrita e preencher os requisitos do artigo 654, § 1º do Código de Processo Penal, ou seja:

a) nome da pessoa que sofreu ou está ameaçada de sofrer violência em seu direito de liberdade de locomoção (Impetrante ou Paciente), bem como o nome de quem está exercendo a violência, coação ou ameaça (Impetrado também denominado autoridade coatora);

b) Um breve relato dos fatos, de forma clara e ordenada, ou seja, a declaração da espécie de constrangimento em que se funda o seu temor;

c) A demonstração da ilegalidade ou da abusividade da ordem de prisão e da violação da liberdade constitucional de locomoção;

d) O pedido de concessão da ordem de *Habeas Corpus* e se for o caso de expedição de alvará de soltura;

e) Requerimento de notificação da Autoridade coatora para prestar informações finais;

f) Valor da causa;

g) A assinatura do Impetrante ou de alguém a seu rogo, quando não souber ou não puder escrever.

Como no Mandado de Segurança, no *Habeas Corpus* não há fase própria para produção de provas, que deverá ser estritamente documental, pois para obter êxito na ação o impetrante deverá por ocasião da distribuição da inicial provar suas alegações.

Parecer do Ministério Público

A intervenção do Ministério Público do Trabalho para emissão do parecer é obrigatória como fiscal da lei.

Custas e Honorários

A ação de *Habeas Corpus* é isenta de custas e honorários advocatícios, uma vez que representa uma garantia constitucional do estado democrático de Direito.

Recursos

Da decisão interlocutória proferida pelo relator que indefere a inicial ou que aprecia a liminar pode ser interposto agravo regimental, e da decisão proferida pelo Colegiado do TRT que julga originariamente a ação, poderá ser interposto recurso ordinário para o TST (artigo 895 b da CLT) que será apreciado pela SEDI-2 do TST.

Preferência na tramitação e no Julgamento

Os processos de *Habeas Corpus* e Mandado de Segurança terão prioridade na tramitação sobre todos os demais atos judiciais.

11.1.3. *Habeas Data*

A ação de *Habeas Data* vem prevista no artigo 5º, inciso LXXII da Constituição Federal e foi regulamentada pela Lei nº 9.507/97, e pode ser conceituada como a ação mandamental de caráter constitucional, que se processa pelo rito especial, e que tem por finalidade garantir o conhecimento, retificação e complementação de informações relativas à pessoa do Impetrante, bem como para anotação de contestação ou explicação sobre dados constantes de registros ou bancos de dado de pessoa jurídica de direito público e entidades governamentais ou de pessoa de direito privado no exercício de função pública.

Legitimidade Ativa
Trata-se de ação personalíssima e, por esta razão, é intransmissível, somente a pessoa física ou jurídica diretamente interessada nos registros de caráter pessoal é que possuem legitimidade ativa.

Legitimidade Passiva
Possui legitimidade passiva as pessoas de direito público e de direito privado que têm sob sua guarda registros de bancos de dado. O legitimado passivo é sempre um órgão ou entidade depositária do registro ou banco de dados, e não a pessoa que ocupa determinado cargo ou função no órgão ou entidade.

Competência Material
A Justiça do Trabalho é competente para o julgamento do *Habeas Data* quando o ato ilegal ou abusivo envolver matéria sujeita à sua jurisdição, conforme vem previsto na Constituição Federal (artigo 114, inciso IV da Constituição Federal).

Competência Hierárquica e Funcional
A competência hierárquica ou funcional será fixada levando-se em conta a autoridade coatora. Exemplo: se for de órgão do Ministério do Trabalho e Emprego que se nega a dar conhecimento, sobre dados registrados no cadastro de empregadores, a competência será do Juiz da Vara do Trabalho, será do Tribunal Regional do Trabalho quando se tratar de atos do próprio TRT, e será do Tribunal Superior do Trabalho quando se tratar de atos do próprio TST.

Habeas Data na Relação de Emprego em que o empregador é órgão Pessoa Jurídica de Direito Público.

A Administração Pública quando contrata empregado pelo regime celetista não atua na relação empregatícia vigente ou finda como Órgão Público do Estado, mas sim age nesta relação na condição de empregador comum, atua como simples empregador, por esta razão não se dará *Habeas Data* para conhecimento de dados de empregados públicos.

Interesse

A condição de agir existirá apenas se as informações registradas tiverem caráter pessoal e disserem respeito ao próprio impetrante, e após ter sido esgotada a via administrativa para obter o acesso pretendido. Por esta razão, a petição inicial deverá vir acompanhada da prova da recusa ao acesso, ou o transcurso de mais de quinze dias sem decisão, e por fim quando o interessado demonstrar a imprescindibilidade do acesso à informação ou ao registro. Não pode haver a alegação de recusa ao acesso às informações ou na apresentação do documento ou da informação ao fundamento de tratar-se de registro ou informações de caráter sigilosa (não existe informação ou registro de caráter sigiloso para o próprio interessado).

Da Medida Liminar

Apesar da omissão na Lei 9.507/97 haverá sempre a possibilidade de concessão de medida liminar na ação de *Habeas Data*, visando assegurar o resultado prático da decisão.

Petição Inicial

A petição inicial será feita por escrito de acordo com os requisitos dos artigos 282 e 285 do CPC, havendo necessidade de ser atribuído valor à causa, e deverá ser apresentada em duas vias, instruídas os documentos que comprovam desde logo o esgotamento da via administrativa e de outros documentos que comprovam a recusa na apresentação das informações pela autoridade responsável pelo armazenamento dos dados, ou do decurso do prazo referido na lei sem a decisão a respeito do pedido administrativo.

Notificação da autoridade Coatora

Recebida a ação, será determinada a notificação do coator para apresentar suas informações no prazo de dez dias, podendo a autoridade inclusive impugnar o pedido de anotação e a correção de dados que pretende o impetrante.

11.1.4. Ação Civil Pública

A Ação Civil Pública, instituída pela Lei nº 7347 de 24 de julho de 1985, e posteriormente inserida na Constituição Federal vigente, pode ser vista como um dos instrumentos processuais de natureza Constitucional criados com a finalidade de solucionar litígios que envolvam a defesa de interesses difusos, coletivos e individuais homogêneos,

Objeto – Disciplinar a responsabilidade por danos causados ao meio ambiente, do consumidor a bens e direitos de valor artístico, estético, histórico turístico e paisagístico, e outros interesses difusos e coletivos.

Fontes – De inicio a ação civil pública foi tratada através de norma infraconstitucional, mas com a Constituição Federal de 1988, foi ela inserida também como instrumento de proteção ao patrimônio público e social, do meio ambiente e outros interesses difusos e coletivos. Posteriormente, foi editado o Código de Defesa do Consumidor, que no artigo 8l, inciso III, inovou a Lei da Ação Civil Pública, a fim de ampliar a proteção não só de direitos difusos e coletivos, mas também direitos ou interesses individuais homogêneos.

A Lei n º 7.347/85 disciplina a ação civil pública de responsabilidade por danos causados ao meio ambiente, ao consumidor a bens e direitos de valor artístico, estético, histórico turístico e paisagístico, e a qualquer outro interesse difuso ou coletivo, O artigo 1º da referida lei dispõe:

Regem-se pelas disposições desta Lei, sem prejuízo da ação popular, as ações de responsabilidade por danos morais e patrimoniais causados:

I – ao meio ambiente;
II – ao consumidor;
III – a bens e direitos de valor artístico, estético, histórico, turístico, e paisagístico;
IV – a qualquer outro interesse difuso ou coletivo (acrescentado pelo artigo 110 do CDC);
V – por infração à ordem econômica (acrescentado pela Lei nº 8.884/94).

Ainda, importante salientar que o artigo 21 estabelece: **Aplicam-se à defesa dos direitos e interesses difusos e coletivos e individuais homogêneos, no que for cabível, os dispositivos do título III da Lei que instituiu o Código de Defesa do Consumidor.**

A Lei n º 8.078/90 – (Código de Defesa do Consumidor), dispõe sobre a proteção do consumidor e dá outras providências. O artigo 81 desta lei estabelece que:

A defesa dos interesses e direitos dos consumidores e das vítimas poderá ser exercida em juízo individualmente ou a título coletivo.
***Parágrafo Único** – A defesa coletiva será exercida quando se tratar de:*
I – Interesses ou direitos difusos, assim entendidos, para efeitos deste código, os transindividuais, de natureza indivisível, de que sejam titulares pessoas indeterminadas e ligadas por circunstâncias de fato:
II – Interesses ou direitos coletivos, assim entendidos, para efeitos deste Código, os transindividuais de natureza indivisível de que

*seja titular grupo, categoria ou classe de pessoas ligadas entre si
ou com a parte contrária por uma relação jurídica base;*
***III –** Interesses ou direitos individuais homogêneos, assim enten-
didos os decorrentes de origem comum.*

Conceito de Interesses difusos, coletivos e individuais homogêneos

Da análise das disposições contidas no artigo 8l do CDC, podemos extrair o conceito de interesses difusos, coletivos e individuais homogêneos e a sua aplicabilidade na ação civil pública, no entanto, a doutrina acrescentou definição mais precisas, facilitando como sempre a determinação destes conceitos, por oportuno, colacionamos as seguintes definições:

Interesse Difuso.

A palavra difuso significa algo espalhado, esparso, que não pertence a ninguém particularmente, mas afeta a uma generalidade de pessoas indistintamente, pessoas ligadas entre si por uma circunstância de fato. Exemplo: No campo das relações de trabalho teríamos como exemplo o de uma empresa pública que contratasse diretamente empregados celetistas sem a realização de concurso público. O interesse difuso existe em relação aos possíveis candidatos a um cargo público, já que todas as pessoas que preenchessem os requisitos exigidos poderiam ser candidatas em potencial. Tem-se neste exemplo a impossibilidade de especificar o conjunto de pessoas postulantes ao emprego público.

Interesse Coletivo

Em doutrina encontramos que "o interesse coletivo compreende uma categoria determinada ou pelo menos determinável de pessoas". Direitos ou interesses coletivos são aqueles em que seus titulares se colocam numa espécie de comunhão caracterizada pelo fato de que a satisfação de um só implica forçosamente a satisfação de todos. Exemplo: Descumprimento das normas relativas ao meio ambiente de trabalho, que afeta potencialmente a todos os empregados da empresa.

Interesses individuais homogêneos

Os interesses individuais homogêneos se caracterizam como sendo um feixe de direitos subjetivos individuais, marcado pela nota da divisibilidade, de que é titular uma comunidade de pessoas indeterminadas, mas determináveis. Ressalta-se, que os direitos individuais homogêneos não são na sua essência direitos coletivos, mas sim direitos individuais de uma coletividade de pessoas. Exemplo: Demissão coletiva num dado momento, atingindo imediatamente a um grupo concreto e identificável de empregados.

Legitimidade ativa e passiva

Segundo disposto no artigo 5 º da Lei 7.347/85, estão legitimados para a ação civil pública o Ministério Público, a Defensoria Pública, a União, os Estados, os Municípios, as autarquias, as Empresas Públicas, as Fundações, as Sociedades de Economia Mista e as Associações que estejam constituídas há pelo menos um ano, nos termos da lei civil; e que inclua entre as suas finalidades institucionais a proteção ao meio ambiente, ao consumidor, à ordem econômica, à livre concorrência ou ao patrimônio artístico estético, histórico, turístico, e paisagístico. A Lei 8.069/90, no artigo 210, II, incluiu o Distrito Federal e os Territórios.

Também o artigo 129 da Constituição Federal deixa certo ser função institucional do Ministério Público:

> *IV – promover o inquérito civil e a ação civil pública para a proteção do patrimônio público e social, do meio ambiente e de outros interesses difusos e coletivos.*

Verifica-se, assim, que o legislador constituinte, atribui legitimidade ao Ministério Público para a propositura da Ação Civil Pública, para a proteção do patrimônio público e social, do meio ambiente e outros interesses difusos e coletivo, e a Lei Complementar 75/93, no artigo 83, inciso III, confere legitimidade ao Ministério Público, para promover a Ação Civil Pública no âmbito laboral.

Também, a lei que regulamenta a Ação Civil Pública deixa certo que, se o Ministério Público não for parte na ação, atuará em cada órgão do poder judiciário como "custos legis".

Em caso de desistência infundada ou abandono da ação por parte da parte de associação legitimada, o Ministério Público ou outro legitimado assumirá a titularidade ativa.

Acrescenta-se, por fim, que o artigo 5, parágrafo 5 da LACP admite a possibilidade de litisconsórcio facultativo entre os diversos ramos do Ministério Público, na defesa dos direitos que apresentem dimensão coletiva.

Legitimação

As regras de legitimação previstas no Código de Processo Civil, ordinária (quando o próprio interessado defende seu interesse em juízo) ou extraordinária (quando alguém em nome próprio defende interesse alheio), não se presta para tipificar a legitimação do Ministério Público do Trabalho na propositura da Ação Civil Pública, uma vez que, tratando-se de interesses difusos e coletivos, prepondera a indeterminação dos sujeitos (o direito é de todos, da comunidade), por essa razão, a melhor doutrina classifica a legitimação em autônoma para a condução do processo.

No entanto, quando se tratar de ação coletiva para a tutela de interesses individual homogêneo, trata-se de interesse de natureza individual e divisível, por essa razão a legitimação é extraordinária, o autor age na condição de substituto processual, pede em nome próprio direito alheio, autorizado por lei.

Competência material da Justiça do Trabalho

O artigo 114 da Constituição Federal estabelece a competência material da Justiça do Trabalho para processar e julgar as ações oriundas da relação de trabalho, abrangidos os entes de direito público externo e da administração pública direta, indireta dos municípios, do Distrito Federal, dos Estados e da União e, na forma da lei, outras controvérsias decorrentes da relação de trabalho, bem como litígios que tenham origem no cumprimento de suas próprias sentenças, inclusive coletivas.

Tem-se, portanto, a competência da Justiça do Trabalho não apenas para julgamento dos dissídios coletivos de natureza econômica ou jurídica, mas sobretudo para a apreciação de toda e qualquer medida judicial cujo objeto esteja relacionado com os interesses supraindividuais dos trabalhadores.

Competência da Justiça do Trabalho e Meio Ambiente

Meio ambiente do trabalho é direito social trabalhista constitucionalmente assegurado, o que não deixa dúvida a competência da Justiça do Trabalho, pois trata-se de litígio decorrente de relação contratual trabalhista.

A questão já foi examinada pelo Supremo Tribunal Federal cuja decisão concluiu que tendo a ação civil pública como causa de pedir disposições trabalhistas e pedidos voltados à preservação do meio ambiente do trabalho e, portanto, aos interesses dos empregados, a competência para julgá-lo é da Justiça do Trabalho. RE nº 206.220 – 12ª T. – Rel. Ministro Marco Aurélio, julgado em 16.03.99.

Tem-se, portanto, que não há mais que se discutir sobre a competência da justiça especializada do trabalho e não da vara de acidente do trabalho para apreciar e julgar ação civil pública relacionada ao descumprimento das normas de medicina e segurança do trabalho.

Competência em razão de lugar

A competência em razão de lugar vem estabelecida no artigo 2º da Lei nº 7.347/85, que especifica que a competência será determinada pelo local onde ocorrer o dano. A doutrina justifica esta determinação pelo fato de que lá no local do dano haverá maior facilidade na coleta das provas necessárias ao julgamento do litígio.

Ocorre que em algumas situações o dano se verifica em âmbito suprarregional, ou ainda atinge todo o território nacional.

Nestas hipóteses deve ser aplicado o disposto no artigo 93 da Lei 8.078/90 que estabelece que para os danos de âmbito suprarregional ou nacional, a competência funcional será de uma das Varas do Trabalho da Capital do Estado onde esteja ocorrendo o dano, ou mesmo de uma das Varas do Trabalho do Distrito Federal, aplicando as regras do CPC aos casos de competência concorrente.

No entanto, o TST editou a Orientação jurisprudencial 130 da SDI-II, estabelecendo, em caso de dano regional, a competência é de uma das Varas da Capital do Estados, em caso de dano suprarregional ou nacional a competência exclusiva de uma das Varas do Distrito Federal.

O entendimento esposado pelo TST vem recebendo severas críticas uma vez que da leitura do artigo 93 do CDC percebe-se que a competência territorial para o dano suprarregional ou nacional, não está adstrita exclusivamente ao foro do Distrito Federal, nem ficou restringida a competência da Capital dos Estados, o CDC deixa certo a competência concorrente e, na parte final, remete as regras do CPC, logo, tratando-se de dois juízes igualmente competentes, o litígio deverá ser dirimido pelo critério da prevenção, estabelecidos nos artigos 106, 219 e 263, todos do CPC.

Não há como se acolher o entendimento esposado pelo TST, uma vez que poderá acontecer, por exemplo, de uma ação civil pública relativa a dano suprarregional, que atinja vários Estados, mas não o Distrito Federal, ser exclusivamente julgada por juiz que não possui competência territorial nos foros em que se verifica o dano.

Competência hierárquica

Considerando-se que a ação civil pública trabalhista, de regra, não é instaurada para criação de novas normas e condições de trabalho, mas para a observância das normas jurídicas já existentes, e que vem sendo descumpridas, considerando-se também que a competência originária para apreciar as ações pertencem aos órgãos judiciais de primeira instância, sendo certo que somente através de leis específicas é que poderá ser atribuída competência aos tribunais superiores e, ainda, uma vez que inexiste permissivo legal a fim de deslocar a competência das ações civis públicas para os Tribunais Regionais do Trabalho, não resta dúvida que a competência é das Varas do Trabalho, órgão de primeira instância trabalhista.

Provimentos jurisdicionais na ação civil pública

Através da ação civil pública, no âmbito da Justiça do Trabalho, podem ser pleiteadas duas modalidades de provimentos jurisdicionais, a saber:

1) imposição de uma obrigação de fazer ou de não fazer, com a cominação de multa para o caso de descumprimento da obrigação.
2) condenação ao pagamento de uma indenização reversível ao Fundo de Amparo ao Trabalhador.

Pode ser instaurada ação civil pública para a tutela de mais de um interesse transindividual, (difuso, coletivo, individual homogêneo) é juridicamente possível,

A cumulação de pedidos desde que compatíveis entre si.

A utilização do FAT, como beneficiário da indenização imposta no caso de lesão de interesses difusos e coletivos dos trabalhadores, decorre da inadequação do Fundo Previsto no artigo 13 da Lei nº 7.347/85 para a reparação dos danos causados nas relações laborais (fundo mais compatível com o interesse lesado), mesmo porque a multa se destina à reconstrução dos bens lesados.

No entanto, caso a lesão atinja direitos da criança e do adolescente, pode ser escolhido a Fundo da Criança e do adolescente previsto no artigo 214 do ECA. Como destinatário da multa.

Procedimento da Ação Civil Pública

As ações civis públicas trabalhistas são submetidas ao rito das reclamatórias trabalhistas, com o oferecimento de defesa em audiência inaugural, submissão à conciliação, instrução e julgamento final pelo juiz, observando-se as disposições constantes dos artigos 832, 852 da CLT.

A Ação Civil Pública, proposta pelo Ministério Público do Trabalho já vem instruída com os autos do Inquérito Civil Público, onde se tem geralmente a manifestação da requerida, vistorias, documentos, depoimentos etc..., o que certamente facilita e agiliza a tramitação do processo.

Transação

O Ministério Público não pode transigir em matéria de interesse público e de direitos indisponíveis, podendo, no entanto, no curso da ação, firmar termo de ajustamento de conduta, caso em que poderá o MP desistir da ação proposta, ou requerer sua homologação.

Depoimento Pessoal do Autor

O depoimento pessoal é tomado em audiência para que a parte relate os fatos sobre a relação que mantém com a parte oposta, tendo como objetivo principal o esclarecimento de acontecimentos e a confissão expressa da parte.

Nas ações propostas pelo Ministério Público, no entanto, nunca haverá fato a ser relatado entre a relação do *parquet* com a outra parte, porque o órgão ministerial não age em benefício e interesse próprio. O interesse defendido é público indisponível, portanto, nunca haverá também confissão, que favoreça a outra parte (artigo 351 do CPC: a pena de confissão não alcança interesse indisponível. Além disso, a confissão apenas se aplica em relação aos fatos, e o membro do Ministério Público, goza de fé pública, não havendo necessidade de confirmação em juízo dos fatos que narrou.

Antecipação de Tutela

Comporta a Ação Civil Pública o pedido de antecipação de tutela, na forma prevista no artigo 273 do CPC.

> *MANDADO DE SEGURANÇA CONTRA REVOGAÇÃO DE ANTECIPAÇÃO DE TUTELA EM MEDIDA CAUTELAR: "Não fere direito líquido e certo a cassação, através de liminar em medida cautelar, de antecipação da tutela de reintegração do trabalhador no emprego, deferida em sentença, na pendência de julgamento de recurso ordinário, uma vez presentes os pressupostos legais para a concessão do provimento cautelar: a plausibilidade do direito requerido e o risco de dano irreparável à parte". Ação mandamental denegada. (TRT/SP – 11094200800002007 – MS01 – Ac. SDI 2009000070 – Rel. DORA VAZ TREVIÑO – DOE 04/02/2009.)*

> *O deferimento da antecipação de tutela postulada em reclamação trabalhista não pode ser interpretada como ilegal ou abusiva nos termos da Lei 1.533/51 e do artigo 5º, inciso LXIX da Constituição Federal, de vez que inserida no rol de faculdades do Magistrado, a quem cabe a aferição das condições fixadas no artigo 273 do CPC. (TRT/SP – 12035200800002006 – MS01 – Ac. SDI 2009000950 – Rel. ANA MARIA CONTRUCCI BRITO SILVA – DOE 12/03/2009.)*

O Ministério Público como Fiscal da Lei

Se ação civil pública foi proposta pelo sindicato, o Ministério Público do Trabalho atuará necessariamente como fiscal da Lei (artigo 5º, parágrafo 1º da Lei 7.345/85), sendo intimado pessoalmente das decisões proferidas (artigo 18, II, h, da Lei complementar 75/93).

Sentença e Coisa Julgada em Ação Coletiva

A regra prevista no código de processo civil, em relação a coisa julgada, para as ações individuais, não se aplicam nas ações coletivas, notadamente quanto aos efeitos subjetivos da coisa julgada, pois os interesses (difusos e coletivos) tutelados na ação coletiva pertencem a uma coletividade de pessoas, quase sempre indeterminadas.

O artigo 16 da Lei 7.347/85 disciplina a coisa julgada na ação civil pública, estabelecendo em síntese que a sentença faz coisa julgada *erga omnes*, exceto se a ação for julgada improcedente por deficiência de provas, hipótese em que qualquer legitimado poderá intentar outra ação com idêntico fundamento, valendo-se de nova prova.

Ainda o Código de Defesa do Consumidor estabelece regras a respeito da coisa julgada nas ações coletivas, vejamos:

> ***Artigo 103*** *– Nas ações coletivas de que trata este código, a sentença fará coisa julgada:*
> *I – "erga-omnes", exceto se o pedido for julgado improcedente por insuficiência de provas, hipótese em que qualquer legitimado poderá intentar outra ação, com idêntico fundamento, valendo-se de nova prova, na hipótese do inciso I, do parágrafo único do artigo 81;*
> *II – "ultrapartes" mas limitadamente ao grupo categoria ou classe, salvo no caso de improcedência por insuficiência de provas, nos termos do inciso anterior, quando se tratar da hipótese prevista no inciso II do parágrafo único do artigo 81;*
> *III – "erga omnes" apenas no caso de procedência do pedido, para beneficiar todas as vítimas e sucessores na hipótese do inciso III do parágrafo único do artigo 81*

Assim, conclui-se quando se tratar de ação civil pública para tutela de interesses difusos à sentença faz coisa julgada "erga-omnes" exceto se o pedido for julgado improcedente por insuficiência de provas, hipótese em que qualquer legitimado poderá intentar outra ação, com idêntico fundamento, valendo-se de nova prova.

Quando se tratar de ação civil pública para tutela de interesse coletivo, a sentença faz coisa julgada "ultrapartes", mas limitadamente ao grupo categoria ou classe, salvo no caso de improcedência por insuficiência de provas.

Quando se tratar de ação coletiva, para tutela de interesses individuais homogêneos, faz coisa julgada "erga omnes" apenas no caso de procedência do pedido, para beneficiar todas as vítimas e sucessores.

A Lei 9.494/97 e a nova redação do artigo 16 da lei de ação civil pública.

Outra questão relevante em sede de coisa julgada nas ações civis públicas é a nova redação do artigo 16 da Lei nº 7.347/85, que foi dada através da Lei nº 9.494/97, *in verbis*:

> *"A sentença civil fará coisa julgada* erga omnes *nos limites da competência territorial do órgão prolator, exceto se o pedido for julgado improcedente por insuficiência de provas, hipótese em que qualquer legitimado poderá intentar outra ação com idêntico fundamento, valendo-se de nova prova".*

Este dispositivo vem recebendo inúmeras críticas ao fundamento de sua inconstitucionalidade, uma vez que, segundo processualistas, o âmbito de abrangência da coisa julgada é determinado no pedido e não pela competência. Se o pedido é amplo (âmbito nacional) não será por intermédio de tentativas de restrições da competência que este poderá ficar limitado. A nova redação conferida ao artigo 16 da LACP confunde limites da coisa julgada com competência territorial, deixando de observar que, de acordo com o disposto no artigo 2 da LACP, nas ações coletivas a competência do juízo do local do dano é de natureza absoluta, e não territorial. Por fim, as disposições contidas na referida lei dificultam a defesa da coisa pública que a todos pertence de forma difusa.

Os interesses difusos e coletivos têm como principal característica a indivisibilidade quanto a sua existência e reparação dos danos que lhes venham a ser provocados e, muitas vezes, os atos predadores têm consequências danosas para toda uma região (exemplo: derramamento de petróleo no mar, planos de saúde que espalham seus efeitos para todo o País), não sendo possível dividir os interesses por territórios.

Os tribunais do trabalho, em decisões proferidas, com acerto vem entendendo que a decisão proferida em ação civil pública faz coisa julgada *erga omnes* e ultrapartes, limitadamente ao grupo, categoria ou classe atingida, independentemente de se localizarem fora da competência territorial do órgão prolator da decisão, revogando por incompatibilidade o artigo 16 da LACP, aplicando as disposições constantes do artigo 2, parágrafo 1 da Lei de Introdução ao Código Civil Brasileiro.

Recursos

Julgada a ação civil pública trabalhista, a sentença, podem ser interpostos os recursos estabelecidos no artigo 893 da CLT (ordinário, revista, embargos, agravos, etc.).

Prescrição na Ação Civil Pública

Prescrição é a perda do direito de ação, porque o titular do direito lesado deixou transcorrer "in albis" o prazo previsto em lei para pleitear a tutela jurisdicional.

Considerando-se que a Ação Civil Pública tem por finalidade tutelar interesses metaindividuais de natureza pública, tendo como característica marcante a indisponibilidade, a essencialidade e a ausência de conteúdo econômico, não há que se falar em prescrição ou decadência para a propositura de ação civil pública, quando a tutela for para a defesa de interesse difuso ou coletivo.

No entanto, se a ação coletiva pretender a tutela de interesses individuais homogêneos aplica-se a prescrição prevista no artigo 7, inciso XXIX da Constituição Federal.

11.2. AÇÕES DE PROCEDIMENTOS ESPECIAIS PREVISTAS NA CONSOLIDAÇÃO DAS LEIS DO TRABALHO

A Consolidação das Leis do Trabalho trata de algumas ações que se processam pelo rito especial, e que serão analisadas a seguir:

11.2.1. Inquérito para Apuração de Falta Grave

Conceito

É ação de natureza constitutiva negativa de procedimento especial, instaurada pelo empregador, que tem como finalidade rescindir o contrato de trabalho do empregado estável, por cometimento de falta grave.

Cabimento

O artigo 494 da CLT regulamenta a aplicação desta ação para os empregados portadores da estabilidade decenal, estabelecendo que o empregado estável, acusado de falta grave poderá ser suspenso de suas funções, mas sua despedida só se tornará efetiva após o inquérito em que se verifique a procedência da acusação.

A partir da promulgação da Constituição Federal de 1988, o Fundo de Garantia por Tempo de Serviço passou a ser direito de todos os empregados, à exceção do doméstico, no entanto, e somente aqueles trabalhadores que já haviam adquirido o direito à estabilidade decenal é que permanecem com o direito de ser mantido no emprego. Portanto, ainda há alguns trabalhadores que, por força de norma específica, são titulares de estabilidade definitiva no emprego, só podem ser despedidos se praticarem falta grave apurada através de inquérito judicial.

As súmulas 379 do TST e 197 do STF estabelecem a obrigatoriedade de instauração de inquérito para apuração de falta grave do dirigente sindical – "Dirigente Sindical. Despedida. Falta Grave. Inquérito Judicial. Necessidade".

Por força da Lei 5.764/71, a mesma regra se aplica aos empregados dirigentes de cooperativas que também possuem estabilidade no emprego.

O empregado público, concursado, investido em cargo público de provimento efetivo, que adquire estabilidade após três anos de efetivo exercício, só poderá perder o cargo se cometer falta grave e, neste caso, a doutrina vem entendendo que a falta grave deverá ser apurada através de inquérito judicial.

Procedimento

A ação é proposta através de petição inicial **escrita**, pelo empregador em face do empregado (art. 853 da CLT), e uma vez suspenso o empregado, deverá ser ajuizada no prazo decadencial de 30 dias, a contar da data da suspensão do empregado (Súmulas 403 do STF e 62 do TST).

Na ação, o empregador é chamado requerente e o empregado requerido e, na fase de instrução, podem ser ouvidas até 06 testemunhas para cada parte.

A antiga redação do artigo 789, § 3º, d e § 4º da CLT, estabelecia que o valor da causa seria de seis vezes o salário mensal do empregado, e que as custas deveriam ser pagas antes do julgamento, sob pena de arquivamento. No entanto, a nova redação do artigo 789 conferida pela Lei nº 10.537/2002, suprimiu tais regras, o que faz com que se conclua que as custas serão pagas pelo vencido, após o trânsito em julgado da decisão ou, havendo recurso, deverão ser pagas e comprovado o recolhimento dentro do prazo recursal.

Suspenso o empregado, não proposta a ação de inquérito para apuração de falta grave nos 30 dias, o empregado poderá requerer a reintegração no emprego.

Da análise do disposto no artigo 494 da CLT, verifica-se que o inquérito pode ser ajuizado sem que o empregado tenha sido afastado de suas funções.

Natureza e efeitos da sentença

Ação julgada procedente: Se o empregador comprovar a justa causa para a rescisão do contrato de trabalho, a sentença tem um caráter de decisão constitutivo, negativa, autorizando-se a resolução do contrato de trabalho. Se o empregado foi afastado das suas funções, considera-se rompido o pacto laboral na data do ajuizamento da ação, sendo devidos os salários desde a suspensão até a data do ajuizamento da ação. Se o empregado continuou trabalhando, tem-se terminado o contrato de trabalho por justa causa, também na data do ajuizamento da ação, e que o restante do período trabalhado até a sentença trata-se de um novo contrato.

Ação julgada improcedente – Se o empregado foi suspenso de suas funções e a falta grave não foi provada, deverá ser reintegrado no serviço, sendo devido os salários e demais verbas contratuais de todo o período do afastamento, convertendo-se a suspensão em interrupção do contrato de trabalho para todos os efeitos.

O artigo 496 da CLT estabelece que quando a reintegração do empregado estável for desaconselhável, dado o grau de incompatibilidade resultante da ação, especialmente quando se tratar de empregador constituído em firma individual, o Tribunal do Trabalho poderá converter a reintegração em indenização dobrada.

Caso não tenha havido a suspensão do empregado estável e julgado improcedente o pedido, o contrato de trabalho continuará a vigorar normalmente.

11.2.2. Dissídio Coletivo

O Dissídio Coletivo tem origem no Estado corporativista e autoritário, uma vez que, de início, os sindicatos criados em 1931, no governo de Getúlio Vargas, exerciam funções delegadas do poder público (Estado), era um instrumento político do Estado.

Conceito

Ação ajuizada com a finalidade de solução do conflito de interesses abstratos e gerais de trabalho de pessoas indeterminadas (categoria profissional e econômica).

CLASSIFICAÇÃO DOS DISSÍDIOS COLETIVOS:

A doutrina e o Tribunal Superior do Trabalho, em seu regimento interno (artigo 216), classificam os dissídios coletivos em:

Dissídios Coletivos de Natureza Econômica ou de Interesses

É aquele instaurado com a finalidade de criação, modificação ou extinção de melhores condições de trabalho para a categoria.

Dissídio de natureza jurídica ou de Direito

Denominação no TST: Dissídio coletivo de natureza jurídica para interpretação de cláusulas de sentença normativa ou instrumentos decorrentes de negociação coletiva e disposições legais particulares da categoria profissional ou econômica.

Trata-se de dissídio coletivo que tem por finalidade a busca da exata interpretação de uma norma já existente. O Tribunal Superior do Trabalho vem restringindo o âmbito de utilização desta modalidade de dissídio coletivo, inadimitindo-o para interpretação de norma legal de caráter geral para toda a classe trabalhadora.

Neste sentido, a Orientação Jurisprudencial nº 07 da SDC dispõe que a norma que legitima o ajuizamento do dissídio coletivo de natureza jurídica deve ser de aplicação particular de determinada categoria econômica ou profissional.

Essa posição do Tribunal Superior do Trabalho é criticada por alguns doutrinadores, eis que não encontra respaldo na lei e representa uma restrição prejudicial às categorias interessadas e ao Ministério Público do trabalho.

Dissídio Coletivo de Revisão ou Modificativo

O Dissídio Coletivo de Revisão é aquele em que se pretende a revisão da norma coletiva anterior, que se tornaram injustas e onerosas para uma das partes, em razão de alterações circunstanciais, quer seja oriunda da autocomposição das partes, quer seja fruto de heterocomposição (tratado nos artigos 873 a 875 da CLT).

Dissídio Coletivo de Extensão

O dissídio coletivo de extensão vem tratado nos artigos 868 a 871 da CLT, trata-se da ação coletiva proposta quando se pretende a extensão ao restante da categoria, das normas acordadas ou impostas para parte delas.

Dissídio Coletivo de Greve

O dissídio coletivo de greve caracteriza-se como um dissídio de natureza jurídica, em que o Tribunal vai analisar se a greve deflagrada é abusiva ou não. O dissídio de greve é ainda tratado nas orientações jurisprudenciais nos 11 de 38, sendo que na OJ 11 tem-se a obrigatoriedade de tentativa de negociação prévia, e na OJ 38, cuida da obrigatoriedade de serem garantidas as necessidades inadiáveis da população, quando se tratar de greve em serviços essenciais.

Dissídio Coletivo Originário

Quando se tratar da primeira data base da categoria inexistindo norma coletiva anterior.

11.2.2.1. Das Condições da Ação do Dissídio Coletivo

Na ação coletiva de natureza econômica, a possibilidade jurídica do pedido não se refere à existência de previsão legal da pretensão do autor materializada no direito objetivo, já que será através do julgamento do dissídio coletivo que se criam o direito objetivo, instituindo norma jurídica nova, mas sim analisada através do próprio direito de ação garantido constitucionalmente, e neste aspecto verificamos que nem todas as categorias têm possibilidade de se utilizar do dissídio coletivo de natureza econômica para se criar direitos, melhores salários e outras vantagens.

A título de exemplo, podemos citar o caso do servidor público que tem assegurado o direito de sindicalização e o direito de greve, mas conforme entendimento do Supremo Tribunal Federal não pode celebrar convenções coletivas e ajuizar dissídios diante da natureza impositiva da sentença normativa, majorando salários e instituindo outras vantagens econômicas que a Constituição Federal estabelece só poderem ser concedidas mediante lei de iniciativa do chefe do poder executivo.

Neste sentido, a orientação jurisprudencial nº 5 – SDC, dispõe:

> *"Dissídio coletivo contra pessoa jurídica de direito público. Impossibilidade jurídica do pedido "aos servidores públicos não foi assegurado o direito ao reconhecimento de acordos e convenções coletivas de trabalho, pelo que por conseguinte também não lhes é facultada a via do dissídio coletivo, à falta de previsão legal".*

LEGITIMAÇÃO

A legitimação como condição da ação consiste na titularidade do direito material que se postula, no caso, a ação coletiva é uma ação da categoria, desta forma, de regra, legitimada é a categoria representada pelo sindicato, devidamente registrado perante o Ministério do Trabalho e Emprego, autorizado pela assembleia-geral, convocada pela entidade sindical para esse fim.

Tem-se, portanto, que constitui condição da ação coletiva que esta seja precedida de assembleia-geral da categoria, que autorizará o ajuizamento do dissídio coletivo, e a aprovação do ajuizamento da ação pelo *quorum* de 2/3 dos associados interessados em primeira convocação, e de 2/3 dos presentes em segunda convocação (artigo 859 da CLT), sob pena de ser julgado carecedor da ação por ilegitimidade *ad causam*.

INTERESSE DE AÇÃO

Na ação coletiva não há o interesse de agir em face da violação de um direito violado. Isto é, em relação ao interesse processual na ação coletiva de natureza econômica, a decisão não vai restabelecer um interesse lesado, mas sim a decisão normativa é que vai criar direitos. No entanto, deve ser comprovado o prévio exaurimento da negociação coletiva (artigo 114 parágrafo 2° da CF). Entende-se que quando se tratar de dissídio coletivo de interpretação ou jurídico a negociação previa é dispensável, assim também quando o dissídio é instaurado pelo Ministério Público, uma vez que o Ministério Público do Trabalho representa, no caso, os interesses da sociedade.

Também o artigo 873 da CLT, ao cuidar do dissídio coletivo de revisão, aponta que o interesse seria a alteração das condições fáticas que tornaram injustas as regras anteriormente fixadas.

11.2.2.2. Pressupostos Processuais

1) Pressupostos Subjetivos à Competência do Órgão Julgador

A competência para apreciar os dissídios coletivos é originária dos Tribunais do Trabalho. Se o conflito restringir-se à jurisdição de um Tribunal Regional, é este o competente para solucionar o conflito (artigos 677 e

678 I, letra *a* da CLT; no entanto, se o conflito exceder à jurisdição de um TRT, competente para solucioná-lo, é o Tribunal Superior do Trabalho, (seção Especializada em Dissídio Coletivo conforme previsto 702 I e na Lei 7701/88, artigo 2º, inciso I, letra *a*, TRT e TST). **A Lei 7.520/86 no artigo 12 estabelece que quando a área em conflito abranger os tribunais da segunda e décima quinta região a competência para apreciar o conflito é do TRT da segunda região.**

Legitimidade de parte

Via de regra, tem legitimidade ativa ou passiva para suscitar o dissídio coletivo o sindicato que representa a categoria numa dada base territorial.

Segundo se verifica da Orientação Jurisprudencial nº 15 da SDC, "O registro do Sindicato no Ministério do Trabalho é requisito indispensável para se reconhecer a legitimidade de parte".

Importante ressaltar que a categoria deve ser representada pelo sindicato, e que a Federação ou confederação só poderão suscitar o dissídio coletivo quando a categoria for inorganizada em sindicato, conforme disposto no parágrafo único do artigo 857 da CLT.

A Lei 7.783/89, no artigo 5, estabelece que quando se tratar de dissídio de greve, e na falta da entidade sindical, o dissídio poderá ser instaurado pela comissão de negociação formada pelos trabalhadores.

O Tribunal Superior do Trabalho, através do entendimento esposado na Orientação Jurisprudencial nº 12 da SDC, não vem reconhecendo legitimidade ao sindicato que deflagrou a greve, para instaurar o Dissídio Coletivo. Este posicionamento é criticado, uma vez que fere o artigo 8º, inciso III da Constituição Federal, que assegura aos sindicatos a legitimidade para defender os interesses da categoria judicial ou extrajudicialmente.

Além dos sindicatos, a Constituição Federal assegura a legitimidade do Ministério Público do Trabalho para instaurar Dissídio Coletivo de Greve em atividades essenciais, quando houver possibilidade de lesão a interesse público.

A doutrina entende que a regra contida no artigo 856 da CLT, que confere legitimidade ao Presidente do Tribunal para a instauração do dissídio coletivo, não foi recepcionada pela Constituição Federal de 1988, uma vez que importaria em uma intervenção do Estado, nas relações sindicais, o que é expressamente vedado na magna carta vigente.

Legitimidade Passiva

Todos aqueles que possuem legitimidade ativa podem figurar no polo passivo, com exceção do Ministério Público do Trabalho. Ex.: Quando o dissídio for suscitado pelo Sindicato que representa a Categoria Econômica ou pela empresa empregadora, tem legitimidade para figurar no polo passivo o Sindicato da categoria Profissional ou, na sua falta, a Federação ou Confederação ou ainda a comissão de negociação a que se refere o artigo 5 da Lei 7.783/89. Em caso de dissídio de greve instaurado pelo MPT, ambas as partes em conflito figurarão no polo passivo da ação.

2) Pressupostos Objetivos

Negociação coletiva prévia

A negociação coletiva é exigência prévia ao ajuizamento de dissídio. A recusa à negociação há de ser expressa e não tácita. A recusa ao comparecimento na DRT pode ser comprovada com a certidão emitida pela Delegacia Regional do Trabalho.

Para alguns doutrinadores a exigência da tentativa de negociação é um pressuposto processual de desenvolvimento válido para o processo (Raimundo Simão), outros, no entanto, afirmam tratar-se de condição de ação (Amauri e Romita).

Também existe o entendimento de que no dissídio coletivo jurídico, declaratório ou interpretativo, a negociação é dispensável.

Quando o Ministério Público do Trabalho é autor, também é dispensável a negociação coletiva, ainda que se trate de dissídio de natureza econômica, uma vez que o MPT tutela os interesses da sociedade e não do Estado.

A empresa também tem legitimidade para instaurar dissídio coletivo de greve.

INEXISTÊNCIA DE NORMA COLETIVA EM VIGOR
Havendo norma coletiva em vigor, não cabe ajuizamento de dissídio coletivo de natureza econômica, para que outra decisão seja proferida, salvo a superveniência de ocorrência de fato novo ou acontecimento imprevisível que modifique substancialmente a relação de trabalho.

DA PETIÇÃO INICIAL – REPRESENTAÇÃO – ART. 858
A representação para instauração da instância judicial e coletiva formulada pelos interessados será apresentada por petição escrita, em tantas vias quantas forem as entidades suscitadas mais um, e deverá conter: todos os requisitos do artigo 282 do CPC, bem como os requisitos objetivos e subjetivos a saber:

1) **A designação da autoridade competente**, segundo as regras de competência para apreciar e julgar a ação (Tribunal Regional ou Tribunal Superior do Trabalho).
2) **A qualificação de entidade suscitante e suscitada** sindical ou empregadora.
   Importante lembrar que sindicato quando ajuíza a ação de dissídio coletivo representa (não se trata de substituição processual) a categoria. Quando a suscitante for categoria profissional diferenciada, devem ser incluídos, como suscitados, todos os sindicatos das diversas atividades econômicas às quais os integrantes da categoria

prestem serviço, pois a sentença normativa não produz efeitos a quem não foi parte.

3) **A indicação da delimitação territorial de representação das entidades sindicais,** bem assim das categorias profissionais e econômicas envolvidas no dissídio e, ainda, o *quorum* estatutário para a deliberação da assembleia.

4) **A exposição das causas motivadoras do conflito coletivo ou da greve** se houver e indicação das pretensões coletivas aprovadas em assembleia da categoria profissional, quando for parte entidade sindical de trabalhadores de 1º grau de conselho de representantes quando for suscitante entidade de 2º grau ou de grau superior.

5) **Mencionar sobre a tentativa de negociação ou das negociações realizadas** e ainda fazer a indicação das causas que impossibilitaram o êxito das negociações.

6) **Os Fundamentos da demanda,** ou seja, fundamentação específica de cada cláusula, ou seja, de cada um dos pedidos acompanhados de uma síntese dos fundamentos a justificá-los.

7) **Data e assinatura do representante.**

   Documentos que Deverão Acompanhar a Petição Inicial:

   1) Correspondência, registros e atas referentes às negociações coletivas tentadas;

   2) Cópia da sentença normativa anterior, do instrumento normativo de acordo ou convenção coletiva ou laudo arbitral.

   3) Cópia da ata da assembleia da categoria que aprovou as reivindicações e concedeu poderes para a negociação coletiva e para o acordo judicial ou ainda de aprovação de cláusulas.

   4) Cópia autenticada do livro ou das listas de presença dos associados participantes de assembleia deliberativa ou outros assuntos hábeis à comprovação de sua representatividade

   Emenda à Inicial – Quando a representação não se apresenta de forma correta, o Presidente do Tribunal Regional do Trabalho ou do Tribunal Superior do Trabalho poderá conceder até 10 dias para que o suscitante emende ou complete a representação.

Prazo Para Instauração do Dissídio Coletivo

O artigo 616 parágrafo 3º estabelece que o dissídio coletivo deverá ser instaurado dentro de 60 dias antes do término da vigência do instrumento normativo em vigor, se houver. Cumprindo este dispositivo, a norma prevista no novo instrumento terá vigência no dia imediato ao término da norma anterior. Não ajuizada a ação dentro do prazo, a categoria perde a data base anterior e as condições de trabalho fixadas pelo Tribunal entrarão em vigor a partir da publicação da sentença normativa.

NOTIFICAÇÃO – ARTIGO 860 DA CLT

Recebida a representação, e estando devidamente instruída, o Presidente do Tribunal designará a audiência para a tentativa de conciliação no prazo de 10 (dez) dias, e tratando-se de dissídio de greve, a audiência será realizada o mais rápido possível, em seguida, determinará a notificação das partes para comparecimento. A notificação será feita por via postal com aviso de recebimento e, em caso de greve, poderá ser feita por telefone ou fax.

PROTESTO JUDICIAL PARA ASSEGURAR A DATA BASE

Ajuizada dentro do prazo, mas na impossibilidade de conclusão da negociação coletiva, a entidade interessada poderá requerer protesto judicial em petição dirigida ao Presidente do Tribunal, a fim de preservar a data base, assegurando-se assim 30 dias. Deferido o protesto, o dissídio poderá ser ajuizado no prazo de 30 (trinta) dias contados da intimação da decisão que deferiu o protesto, sob pena de perda da eficácia da medida.

REVELIA

A revelia no dissídio coletivo não importa em confissão. É que no Dissídio Coletivo não há um direito preexistente em discussão, mas sim a elaboração originária de uma norma jurídica, estando em debate questões de interesse da categoria, e a decisão independe da vontade das partes.

Assim, verificada a ausência dos suscitados na audiência, o processo será distribuído ao relator, e após a colheita dos votos do relator e revisor, e o parecer do Ministério Público do Trabalho, é submetido a julgamento, nos termos do que dispõe o artigo 864 da CLT.

DA CONCILIAÇÃO

Na audiência de conciliação, tanto o Presidente do Tribunal quanto o Procurador do Trabalho exercem a função de mediador, sendo certo que a proposta do Ministério Público é feita através do Juiz Presidente. O Juiz que preside a audiência não está obrigado a formular propostas de acordo com o pedido e a defesa, podendo apresentar a proposta que reputar mais justa para a solução do conflito. Na ação de dissídio coletivo, a lei só prevê a formulação de uma proposta conciliatória.

Quando o dissídio ocorrer fora da sede do Tribunal, poderá o Presidente daquele órgão delegar ao Juiz do Trabalho da vara da localidade do conflito a atribuição de realizar a audiência de tentativa de conciliação. Não havendo acordo, a autoridade delegada encaminhará o processo com a formulação da proposta de solução que lhe parecer mais conveniente para a causa, fazendo também uma exposição circunstanciada de todos os fatos ocorridos na audiência. Havendo acordo, os autos serão remetidos ao Tribunal para a devida homologação.

DA CONTESTAÇÃO

O dissídio coletivo deve preencher as condições da ação coletiva e aos pressupostos processuais, por essa razão, admite-se a defesa direta e indireta.

A defesa é oferecida na audiência e quando feita em relação às cláusulas que importem em relação salarial deve destacar as condições financeiras da empresa, como também a situação econômica do setor.

O suscitado pode arguir preliminar de impossibilidade jurídica, ilegitimidade, incompetência, ausência de negociação coletiva prévia, ausência dos documentos necessários ao ajuizamento da ação, bem como pode apresentar defesa de mérito, impugnando as pretensões do suscitado.

RECONVENÇÃO
Parte da doutrina entende que não há que se falar em reconvenção em sede de dissídio coletivo, eis que se trata de uma ação dúplice, onde o pedido da parte contrária se faz na própria defesa, ou seja, é desnecessário reconvenção, porque, como ocorre na prática, o suscitado apresenta na defesa as reivindicações motivadoras do conflito. Ives Gandra Filho admite a reconvenção.

Outros, no entanto, entendem que a reconvenção é perfeitamente compatível no processo de dissídio coletivo, por se tratar de um juízo de equidade instituidor de norma jurídica, podendo o suscitado ter interesse na fixação de novas condições de trabalho.

Dissídio de greve, em virtude da suscitada, empresa que deixou de pagar o reajuste salarial concedido para a categoria. Impossibilidade de ser apresentada a reconvenção com pedido de cumprimento da norma coletiva.

DO PRONUNCIAMENTO DO MINISTÉRIO PÚBLICO
Prescreve o artigo 864 da CLT que o dissídio será submetido a julgamento quando não for firmado acordo ou na hipótese de não comparecendo as partes ou uma delas, ouvindo-se antes a Procuradoria do Trabalho. O pronunciamento do Ministério Público, que atua como fiscal da lei, é obrigatório, garantindo o respeito à ordem jurídica vigente.

DA HOMOLOGAÇÃO DO ACORDO
Se as partes no curso do processo coletivo se compuserem, poderão:
1) Depositar o acordo na Delegacia Regional do Trabalho para que produza os efeitos, e requerer a extinção do processo coletivo sem julgar do mérito;
2) Ou pedir sua homologação Judicial;
A conciliação pode ser parcial. Neste caso, as cláusulas do acordo serão

homologadas e as demais serão julgadas. Havendo acordo, será ouvido o Ministério Público do Trabalho (na audiência oralmente ou por escrito no prazo de oito dias, em seguida o Juiz conciliador submeterá à homologação pelo órgão competente (pleno ou seção especializada). O Tribunal por sua vez poderá homologar o acordo no todo, e rejeitar as cláusulas ajustadas, quando entender lesivas à ordem jurídica e aos interesses dos trabalhadores, sendo certo, ainda, que a função homologatória do Tribunal também é de natureza normativa, e por essa razão deve observar os limites de atuação do poder normativo. Homologado o acordo nos autos do dissídio coletivo, não caberá recurso das partes, no entanto, o Ministério Público poderá recorrer em face das cláusulas atentatórias à ordem pública, conforme dispõe o artigo 7 parágrafo 6 da Lei nº 7.701/88. A medida processual que poderá ser utilizada pelas partes é a ação rescisória.

Ressalte-se também que o Tribunal somente pode homologar ou não a cláusula, não podendo, assim, substituir as partes, dando novo conteúdo a estas.

SENTENÇA NORMATIVA
A decisão do Tribunal que põe fim a um conflito coletivo de trabalho se denomina sentença normativa, e pode ter natureza declaratória ou constitutiva.

Efeitos – Tem abrangência para todos os membros da categoria, incluindo-se aqueles admitidos após a prolação e excluindo-se aqueles que saírem. Por essa razão se diz que tem eficácia ultrapartes.

Prazo de Vigência – O prazo de sua vigência geralmente é de 1 ano, mas, por força de lei, não podem ter prazo superior a 4 anos.

Os efeitos retroagem à data-base da categoria quando o dissídio for ajuizado no prazo legal ou o suscitante formular o protesto, caso contrário a sentença apenas terá vigência a partir de sua publicação.

FUNDAMENTAÇÃO

É requisito necessário, e este não diz respeito aos pressupostos legais que lhe dariam suporte, mas aos motivos de oportunidade e conveniência de conceder determinada vantagem à categoria.

Em dissídio coletivo não há nulidade da sentença normativa ao fundamento de que é extra, ultra ou *citra petita*, não se aplicando o principio da adstrição do juiz aos pedidos formulados na petição inicial, uma vez que na ação de dissídio coletivo não há propriamente pedidos, mas sim reivindicações, podendo o Tribunal conceder cláusula não postulada desde que necessária pelo juízo de equidade, para um desfecho mais justo para a solução do conflito.

NATUREZA JURÍDICA

A sentença normativa tem uma natureza mista, parte é ato jurisdicional e parte é ato legislativo.

Em suma, analisando todos os aspectos, conclui-se que pela sua forma processual é ato jurisdicional e pela sua eficácia *erga omnes* equipara-se à lei em sentido material. É instituto que integra o direito público e constitui uma das mais eminentes fontes imperativas do direito do trabalho.

Duplo Grau de Jurisdição

Conforme mencionamos, para os servidores públicos não há em nosso ordenamento jurídico a possibilidade jurídica para se instaurar um dissídio coletivo de natureza econômica, no entanto, em face da relevância do interesse público, sujeita-se ao duplo grau de jurisdição a sentença proferida contraria aos interesses do ente público (Decreto 779/69).

ULTRATIVIDADE DA SENTENÇA NORMATIVA

Conforme já foi dito, as sentenças normativas possuem um prazo de vigência. No entanto, como não pode haver vacância normativa, há de ser reconhecida a ultratividade da sentença normativa, isto significa que ultrapassado o tempo previsto para vigência, caso não haja outro instrumento normativo que a substitua, a sentença anterior pode ultrapassar o tempo previsto de sua vigência.

AS CLÁUSULAS CONSTANTES DE INSTRUMENTO NORMATIVO – INCORPORAÇÃO NO CONTRATO DE TRABALHO

De acordo com a Jurisprudência do TST (Súmula 277), as cláusulas de acordos ou convenções não se incorporam definitivamente aos contratos de trabalho e podem ser suprimidas se não fossem renovadas. A única exceção é em relação as cláusulas de natureza individual, criadas para produzirem efeitos mesmo depois do término da vigência temporal dos instrumentos normativos, exemplo a cláusula que assegura estabilidade para o trabalhador acidentado no trabalho.

Em doutrina encontramos criticas ao entendimento esposado pelo TST na Súmula 277, com fundamento nos artigos 444 e 468 da Consolidação das Leis do Trabalho

REVISÃO DE SENTENÇA NORMATIVA

Decorrido mais de um ano de vigência.

Pressuposto processual.
1) Modificação das condições e que a alteração tenha trazido vantagem a uma das partes e um ônus muito pesado à outra.
2) Alteração imprevisível. Teoria da Imprevisão – *rebus sic stantibus.*

Celebrado o acordo ou a convenção coletiva com observância dos pressupostos e requisitos essenciais à sua validade, tais instrumentos normativos possuem força de lei entre as partes.

No direito civil, o princípio da força obrigatória dos contratos é abrandado pela teoria da imprevisão.

Nos contratos de duração ou execução diferida, admite-se a alteração para se adequarem a uma nova realidade em função de radical modificação do estado de fato e de direito não previsto e da impossibilidade de se prever no momento da pactuação.

Sem a indispensável revisão destes instrumentos normativos, as cláusulas, sejam de que natureza for, permanecem inalteradas por força do princípio da força obrigatória dos contratos.

É inadmissível revisão de cláusula de acordo ou sentença normativa em ação de cumprimento, porque o juízo de 1º grau não atua em substituição à vontade das partes.

OBS.: Revisão e a extensão da sentença só cabem nos dissídios de natureza econômica.

DA REVISÃO
A sentença coletiva proferida no dissídio de natureza econômica disciplina uma relação jurídica de índole continuada. Por essa razão, ela é passível de revisão, fundada na teoria da imprevisão, pois não se admite que com o decurso do tempo a prestação de uma das partes se torne excessivamente onerosa em decorrência de acontecimentos imprevisíveis que tornem inviáveis o cumprimento da obrigação originária.

Por todas estas razões admite-se a revisão de sentença coletiva, quando alterada a situação de fato que a determine, e por isso que se diz que se trata de decisão implicitamente com a cláusula *rebus sic stantibus.*

A sentença de revisão produz efeito *ex-nunc*, "de agora em diante".

Não se trata de recurso, mas de ação nova. Na ação de revisão, as partes debatem as mesmas relações jurídicas e terão os suscitados 30 dias para se manifestarem, seguindo o processo os trâmites do dissídio coletivo.

A Constituição Federal de 1988, apesar de reconhecer a liberdade Sindical e incentivar a negociação coletiva, manteve a unicidade Sindical, suas fontes de receita, bem como o Poder Normativo da Justiça do Trabalho.

A unicidade Sindical é criticada pela doutrina, ao fundamento de que inibe a autêntica negociação coletiva e a convenção coletiva mantém seu caráter normativo de mero complemento legal.

A tradição de submeter a solução dos conflitos coletivos de natureza econômica ao judiciário acaba por inibir a negociação coletiva, pois, em nosso modelo de relação trabalhista, a base legal é máxima em substituição a uma base negociada mínima.

Precisamos rever nosso modelo de solução de conflitos coletivos, abandonando o sistema corporativista para adotarmos um modelo democrático, conforme previsto na convenção 87 da OIT.

Alterações Implementadas pela Emenda Constitucional nº 45

O parágrafo 2º do artigo 114 da Constituição Federal, com a redação que lhe foi conferida pela Emenda Constitucional nº 45, vigente desde 31 de dezembro de 2004, dispõe:

> *"Recusando-se qualquer das Partes à negociação coletiva ou à arbitragem é facultado a estas, de comum acordo, ajuizar Dissídio Coletivo de Natureza Econômica".*

De acordo com o texto legal, apenas se ambas as partes envolvidas no conflito elegerem a via judicial para solução do conflito é que poderá ser instaurado o Dissídio Coletivo.

O texto modificado vem recebendo críticas de parte da doutrina e de alguns julgadores, uma vez que, se as negociações não forem exitosas na solução do conflito, ou seja, se houver impasse nas tratativas havidas por ocasião da negociação coletiva, dificilmente chegarão ao consenso quanto ao ajuizamento do Dissídio.

Sustentam, também, que tal disciplinamento fere o princípio constitucional da inevitabilidade da jurisdição, previsto no artigo 5º, XXXV da Constituição Federal. Ademais, nos termos do artigo 60, parágrafo 4º, inciso IV da Constituição Federal, "Os direitos e garantias individuais não podem ser objeto de Emenda Constitucional e o artigo 5º previsto no capítulo dos Direitos Individuais".

Outros, no entanto, concordam com tal dispositivo, ao fundamento de que, no momento, o Estado só poderá intervir na Solução do Conflito Coletivo, se ambos os envolvidos no conflito assim decidirem.

Forma de Cumprimento da exigência do Comum Acordo

Um dos aspectos da discussão corresponde à forma pela qual as partes podem manifestar sua concordância ou recusa à instauração do dissídio de natureza econômica. Alguns doutrinadores sustentam que a expressão comum acordo não implica a obrigatoriedade de apresentação da petição inicial subscrita pelas duas partes. O acordo comum não precisa ser prévio e poderá ser confirmado sob a forma expressa ou tácita. Uma vez suscitado o dissídio sem a manifestação de anuência da outra parte, deverá ser determinada a notificação da parte contraria e, apenas se houvesse a recusa formal ao ajuizamento do dissídio, é que o Tribunal poderia extinguir o processo sem julgamento do mérito.

Por outro lado, também se tem que a recusa deve ser fundamentada, e na hipótese de ser considerada abusiva ou de má-fé, cabe ao suscitante pedir de forma incidental o suprimento judicial da recusa, e sempre que o Tribunal visualizar má-fé, abuso de direito ou ilicitude poderá outorgar o suprimento do consentimento denegado, possibilitando a tramitação normal do processo.

Dissídio Coletivo de Natureza Jurídica ou Declaratória – Dissídio de Revisão e extensão – a Emenda Constitucional

Outra questão que se levanta é se a Emenda Constitucional nº 45 extinguiu O Processo Coletivo de Interpretação, ou de Natureza Jurídica, e o de Revisão ou Extensão.

Para alguns doutrinadores, o parágrafo 2º do artigo 114, com a nova redação limita a ação coletiva do dissídio apenas aos de Natureza Econômica.

Outros, no entanto, afirmam que o texto originário, já não fazia a menção aos Dissídios Coletivos de Natureza Jurídica, de Revisão e de Extensão, e por essa razão, não houve qualquer alteração em relação a essas modalidades de Dissídio Coletivo. A Constituição Federal vigente apenas regulamentou o Dissídio de Natureza Econômica, mas não extinguiu as outras modalidades.

Limites do Poder Normativo

Outra alteração importante, na nova redação do parágrafo 2º do artigo 114 da Constituição Federal, é a parte que delimita a amplitude do Poder Normativo da Justiça do Trabalho, tornando de maneira clara e explícita que devem ser respeitadas as disposições mínimas legais, bem como as convencionadas anteriormente. Assim, existindo Norma Coletiva Negociada (acordo e Convenção Coletiva), que disciplina as relações de trabalho, seus conteúdos devem ser observados no julgamento, ou seja, a sentença normativa deve mantê-los.

Há que se observar que o dispositivo constitucional em comento, faz menção às disposições convencionadas anteriormente, o que exclui as disposições de Sentença Normativa anteriores; permanecendo inalterável o contido na Súmula 277 do TST.

Dissídio Coletivo de Greve e o Ministério Público do Trabalho

O parágrafo 3º do artigo 114 da Constituição Federal cuida do Dissídio Coletivo de Greve.

Pela nova redação, a legitimidade do Ministério Público do Trabalho, para ajuizar Dissídio Coletivo, que antes era previsto na legislação infraconstitucional, agora foi elevada ao patamar de Norma Constitucional, mas, de forma restrita, ou seja, apenas quando se tratar de "greve em atividade essencial com possibilidade de lesão do interesse público".

A legitimidade do Ministério Público do Trabalho não exclui a legitimidade dos Sindicatos, autorizados pelo artigo 8º da Lei 7.783/89. Em relação à legitimidade dos entes sindicais, há que se destacar o entendimento jurisprudencial constante da OJ-12, no sentido da ilegitimidade ativa do Sindicato que deflagrou o movimento, entendimento que, para alguns, carece de legalidade.

Para o Ministério Público do Trabalho, a nova redação do artigo 114 da Constituição Federal não alterou em nada seu papel no conflito, uma vez que, mesmo antes da reforma, greves em atividades não essenciais, sem possibilidade de causar lesão ao interesse público e social, jamais foram questionadas pelo Ministério Público do Trabalho, por se tratar de um direito constitucionalmente assegurado.

Dissídio Coletivo e Dissídio Individual: litispendência

De acordo com o entendimento jurisprudencial vigente, não há litispendência e/ou coisa julgada entre o dissídio coletivo e o dissídio individual, porque não há identidade de partes e de pedidos. No dissídio coletivo, o pedido será a criação ou modificação de direitos e condições de trabalho ou, então, interpretação de uma norma jurídica, enquanto no individual o pedido é em regra a condenação concreta, ademais no dissídio coletivo as partes são os sindicatos representando as categorias e nos individuais são os trabalhadores individualmente considerados, ainda que se trate de reclamação plúrima.

Recursos cabíveis

Embargos de declaração, recurso ordinário para o TST (895b da CLT) e embargos infringentes contra as decisões originárias do TST não unânimes (Lei 7.701/88, artigo 2, inciso II, letra C).

Depósito recursal. Na pratica tem-se que não é devido o depósito recursal com preparo do recurso interposto no dissídio coletivo.

3) Ação de Cumprimento

O artigo 872 dispõe que "celebrado o acordo, ou transitada em julgado a decisão, seguir-se-á o seu cumprimento...

Quando os empregadores deixarem de satisfazer o pagamento dos salários, na conformidade da decisão proferida, poderão os empregados ou seus sindicatos, independentes de outorga de poderes de seus associados, juntando certidão de tal decisão, apresentar reclamação à Vara do Trabalho ou Juízo competente, sendo vedado, porém, questionar sobre a matéria de fato e de direito já apreciadas na decisão.

Natureza jurídica. Trata-se de ação de conhecimento de procedimento especial de natureza condenatória.

Legitimidade ativa

São legitimados ativos: O sindicato da categoria profissional e o próprio trabalhador.

Dispensa do trânsito em Julgado da decisão

Apesar da lateralidade do artigo 872 da CLT indicar a necessidade do trânsito em julgado da sentença normativa para o ajuizamento da ação de cumprimento, a Lei 7.701/1988, no artigo 7º, parágrafo 6º dispõe que a sentença normativa poderá ser objeto de cumprimento a partir do 20º dia subsequente ao julgamento do dissídio, fundada na certidão de julgamento ou no acórdão.

E na hipótese de a decisão ser reformada, eventual execução promovida na ação de cumprimento será julgada extinta, uma vez que o título exequendo deixou de existir OJ 277 da SDI-I.

A coisa julgada produzida na ação de cumprimento é atípica, pois dependente de condição resolutiva, ou seja, da não modificação da decisão normativa por eventual recurso. Assim, modificada a sentença normativa pelo TST, com a consequente extinção do processo, sem julgamento do mérito, deve-se extinguir a execução em andamento, uma vez que a norma sobre a qual se apoiava o título exequendo deixou de existir no mundo jurídico.

Também importante ressaltar a Súmula 286 do TST no sentido de que: **SINDICATO. SUBSTITUIÇÃO PROCESSUAL. CONVENÇÃO E ACORDO COLETIVO.** A legitimidade do sindicato para propor ação de cumprimento estende-se também à observância de acordo ou de convenção coletivos.

A Orientação jurisprudencial 188 do TST dispõe:

> *DECISÃO NORMATIVA QUE DEFERE DIREITOS. FALTA DE INTERESSE DE AGIR PARA AÇÃO INDIVI-DUAL. Inserida em 08.11.00 – Falta interesse de agir para a ação individual, singular ou plúrima, quando o direito já foi reconhecido através de decisão normativa, cabendo, no caso, ação de cumprimento.*

GLEIBE PRETTI

Conforme entendimento constante da Súmula 246 do TST

"É dispensável o trânsito em julgado da sentença normativa para propositura da ação de cumprimento."

Quando se tratar de norma coletiva e Categoria Diferenciada, o TST vem entendendo que: **Empregado integrante de categoria profissional diferenciada não tem o direito de haver de seu empregador vantagens previstas em instrumento coletivo no qual a empresa não foi representada por órgão de classe de sua categoria (Orientação Jurisprudencial SDI, TST 55).**

11.3. AÇÃO DE CUMPRIMENTO

O artigo 872, parágrafo único da CLT, estabelece que celebrado o acordo, ou transitada em julgado a decisão, seguir-se-á o seu cumprimento, e quando os empregadores deixarem de satisfazer o pagamento dos salários, em conformidade com a decisão, poderão os empregados ou sindicatos, independentes de outorga de poderes de seus associados, juntando certidão de tal decisão apresentar reclamação à Vara ou Juízo competente do Trabalho, observado o disposto no capítulo II deste título, sendo vedado, porém, questionar sobre a matéria de fato ou de direito já apreciada na decisão.

Posteriormente, a jurisprudência do TST sedimentou o entendimento jurisprudencial (Súmula 286), assegurou legitimidade aos sindicatos para ajuizar ação de cumprimento por inobservância de convenção e acordo coletivo de trabalho, podendo ser pleiteado não só salário mas tudo o que restou deferido na ação de dissídio coletivo e nos instrumentos normativos negociados através da referida ação.

Assim, a ação de cumprimento é o meio processual pelo qual as entidades sindicais, na condição de substitutas processuais dos trabalhadores (legitimação extraordinária), buscam o cumprimento de direitos previstos em instrumentos normativos coletivos (sentença normativa, convenções e acordos coletivos) quando não satisfeitos pelo(s) empregador(es).

Natureza Jurídica
Predomina na doutrina o entendimento de que a ação de cumprimento é típica ação de conhecimento, de natureza condenatória.

Pressuposto Processual Específico
A inicial da Ação de cumprimento deverá vir instruída com a juntada da sentença normativa ou da norma coletiva. A exigência se dá porque, em não se tratando de norma federal, o juiz não está obrigado ao seu conhecimento; assim, em face do art. 337 do CPC, a parte que alega a existência de direito municipal, estadual, estrangeiro ou consuetudinário, deve provar a sua vigência e o teor, segundo determinação do juízo.

Processamento
Trata-se de modalidade de ação coletiva para a defesa de interesses individuais homogêneos dos trabalhadores, e por esta razão recebe, a ação de cumprimento, o mesmo tratamento das ações coletivas, aplicando-se as regras processuais do Código de Defesa do Consumidor para a tutela desses interesses. Desse modo, assim como não se exige a identificação dos substituídos para a propositura da ação coletiva, também não se pode fazer tal exigência em relação à ação de cumprimento.

Legitimidade Ativa
De acordo com o artigo 872, parágrafo único da CLT, as entidades sindicais possuem legitimidade ativa para propor ação de cumprimento no âmbito do Judiciário Trabalhista, na condição de substituto processual, isto é, daquele que age em nome próprio, na defesa de interesse alheio (dos empregados), independentemente da outorga expressa.

É certo, no entanto, que o empregado, singularmente considerado, pode por meio da reclamação trabalhista individual ou plúrima, desde que haja identidade de matéria e tratar-se de empregados da mesma empresa (art. 842 da CLT), pleitear a satisfação de direitos previstos em normas coletivas na suas respectivas ações, sem, no entanto, estas serem qualificadas como ações de cumprimento, uma vez que não se verifica o instituto da legitimação extraordinária. Tratam-se de simples reclamações trabalhistas, sem a presença do instituto da substituição processual.

11.3.1. Intervenção do Trabalhador Individual

A ação de cumprimento, assim como a ação coletiva para a tutela de interesses individuais homogêneos admite intervenção litisconsorcial individual dos titulares dos interesses discutidos em juízo (arts. 94 e 103, parágrafo 2º, da Lei nº 8.078/90).

No entanto, essa intervenção não tem como finalidade a discussão da situação individual, específica e peculiar do interveniente, tendo em vista que a sentença proferida será genérica (art. 95 da Lei nº 8.078/90), sem apreciação de situações particulares, cuja discussão fica relegada à fase de liquidação de sentença (arts. 97 e 08 da Lei nº 8.078/90).

O ingresso do interessado individual na lide como litisconsorte limita--se a auxiliar a parte assistida na obtenção de sentença genérica favorável à classe, de forma que a intervenção tem um cunho despersonalizado, no mesmo sentido da lide coletiva. A intervenção dá-se sob a ótica coletiva, uma vez que é possível a suscitação de questões individuais em lides coletivas.

Desse modo, era totalmente equivocado e incongruente com o microssistema da jurisdição coletiva, o entendimento esposado no item IV da revogada Súmula nº 310 do TST que admitia o ingresso do trabalhador individual na lide com a finalidade de acordar, transigir ou renunciar, faculdades somente possíveis nas lides essencialmente individuais, uma vez que a via coletiva não obsta aquele caminho processual (art. 3º, parágrafo 3º, da Lei nº 8.078/90).

Legitimidade Passiva

Terá legitimidade para configurar no polo passivo da ação de cumprimento, o empregador ou empregadores responsáveis pela satisfação das obrigações contidas no instrumento normativo (acordo, convenção ou sentença normativa), cuja satisfação é pleiteada em juízo.

Competência

A competência para apreciação da ação de cumprimento é determinada pela regra geral, ou seja, é da alçada das Varas do Trabalho (parágrafo único do art. 872 da CLT). Nas localidades não compreendidas na jurisdição das Varas do Trabalho, a competência será do Juiz de Direito investido da jurisdição trabalhista (art. 668 da CLT).

Ainda que o dissídio coletivo seja julgado originariamente pelo Tribunal Superior do Trabalho, por exercer o território de jurisdição de mais de um Tribunal Regional do Trabalho (inciso I, alínea "a", da Lei nº 7.701/88), ou por um Tribunal Regional do Trabalho, a competência para o julgamento da ação de cumprimento de sentença normativa proferida será da Vara do Trabalho.

Limite ao Conteúdo da Defesa

A ação de cumprimento, como toda e qualquer ação, deve observar os princípios do contraditório e da ampla defesa, consagrados no art. 5º, LV, da CF/88. No entanto, observando-se a literalidade da norma consolidada tem-se a impossibilidade de ser rediscutida a matéria de fato e de direito já apreciada em sede de dissídio coletivo, pela decisão normativa ou o conteúdo da norma coletiva, pois estas matérias já foram discutidas e apreciadas as razões de defesa por ocasião do processamento do dissídio coletivo, quando as partes estiveram representadas por intermédio do sindicato da respectiva categoria.

Prazo Prescricional

Constitui a ação de cumprimento uma típica ação de conhecimento, de natureza condenatória, com vistas à satisfação de direitos individuais homogêneos previstos em norma coletiva de aplicação a uma coletividade de empregados.

Os interesses individuais homogêneos, sendo, na sua essência, simples interesses individuais, devem observar o prazo prescricional do inciso XXIX do art. 7º da CF/88 para sua exigibilidade, em juízo.

Início do Prazo Prescricional

Sendo a ação de cumprimento o meio processual adequado para a satisfação de preceitos decorrentes de sentença normativa, convenções e acordos coletivos – quando não satisfeitos pelo(s) empregador(es) – o termo *a quo* do seu prazo prescricional dependerá do instrumento normativo objeto da pretensão de cumprimento.

Direitos Decorrentes de Acordos e Convenções Coletivas

Quando se tratar de ação de cumprimento, para a satisfação de direitos contidos em cláusulas de acordos coletivos e convenções coletivas, o termo *a quo* do prazo prescricional parcial da exigibilidade dos direitos objetos da ação de cumprimento fluirá a partir da violação do direito assegurado na norma coletiva, evidentemente, após a entrada em vigor desta norma coletiva. Observam-se, assim, inteiramente, os prazos previstos no art. 7º, XXIX, da CF/88.

A norma coletiva vigerá 3 (três) dias após o seu depósito no órgão do Ministério do Trabalho pelos sindicatos convenentes, consoante disposição do parágrafo 1º do art. 614 da Consolidação das Leis do Trabalho.

Direitos Decorrentes de Sentença Normativa

Sentença normativa são decisões proferidas pelos Tribunais Trabalhistas na solução das ações de dissídio coletivo. Por meio dela, os Tribunais

Trabalhistas exercem o poder normativo previsto no parágrafo 2º do art. 114 da Constituição, estabelecendo normas e condições de trabalho, mas podendo, outrossim, dispor sobre a aplicação ou interpretação de norma jurídica de aplicação no âmbito das categorias representadas pelos sindicatos litigantes.

A Lei nº 7.701/88, no parágrafo 6º do seu art. 7º, admite a propositura de ação de cumprimento antes mesmo do trânsito em julgado da sentença normativa, ou melhor, antes da publicação do acórdão pelo Tribunal respectivo, dispondo que se a publicação não ocorrer nos 20 (vinte) dias subsequentes ao julgamento (parágrafo 1º do art. 7º da Lei 7.701/88) a ação poderá ser proposta com base na certidão de julgamento, como se infere da previsão legal expressa, contida no art. 10 desta Lei, em relação aos dissídios de competência originária ou recursal do Tribunal Superior do Trabalho.

No mesmo sentido, o entendimento do **TST consubstanciado na Súmula 246** onde se tem ser desnecessário o trânsito em julgado da decisão normativa para o ajuizamento da ação de cumprimento, e a ação poderá ser proposta a partir do 20º dia subsequente ao julgamento do dissídio, bastando cópia da respectiva certidão (artigo 7º parágrafo 6º da Lei nº 7.701/88).

Diante desta possibilidade, durante muito tempo a doutrina e a jurisprudência trabalhista questionou o termo inicial do prazo prescricional da ação de cumprimento de sentença normativa, no entanto, no momento a matéria já está sedimentada pelo TST, por meio da Súmula nº 350, que estabelece o início de fluência do prazo prescricional a partir do trânsito em julgado das sentenças normativas: "Prescrição. Termo inicial. Ação de cumprimento. Sentença normativa. O prazo de prescrição com relação à ação de cumprimento de decisão normativa flui apenas a partir da data de seu trânsito em julgado".

Renúncia e Transação em Sede de Ação de Cumprimento

A ação de cumprimento, típico instrumento processual para a tutela de direitos individuais homogêneos, previstos em acordos, convenções coletivas e sentenças normativas, tem como principal característica a atuação da parte autora em nome próprio, na defesa de direito alheio, dos trabalhadores. O ente sindical não é o titular da pretensão material deduzida em juízo, não sendo proprietário desses direitos não pode efetuar atos que impliquem sua disposição ou alienação.

Sendo os direitos individuais homogêneos essencialmente individuais, com titulares determinados, somente estes podem dispô-lo ou autorizar a sua disposição, na medida de suas cotas-partes. Desse modo, na condição de substituto processual, o sindicato não pode dispor de direitos pleiteados em ação de cumprimento, seja por meio de transação ou renúncia.

Na ação de cumprimento, a substituição apresenta aspecto peculiar: os substituídos permanecem como titulares do direito material, não podendo o sindicato dispor deste, o que só é deferido aos empregados, os quais podem transacionar o direito com o empregador e desistir da ação.

A substituição processual constitui uma excepcionalidade para que uma associação aja em nome próprio na defesa de direito alheio e, nessa excepcionalidade, não se encontra o excepcional poder para dispor de direitos de terceiros.

Coisa Julgada

Coisa julgada *erga omnes*
Por tratar-se de típica ação para a tutela de interesses individuais homogêneos, a decisão proferida na ação de cumprimento abrange todos os trabalhadores que detêm legitimidade para pleitear a satisfação dos direitos previstos no instrumento normativo, sejam todos os membros da categoria (art. 8º, III, da CF/88) representado pelo sindicato profissional ou os empregados de um ou mais empregadores, conforme a dimensão do pedido e da causa de pedir.

A sentença, assim, tem eficácia *erga omnes* (art. 103, III da Lei nº 8.078/90), pois abrange todos os trabalhadores cuja lesão decorre de uma origem comum (violação de norma por empregador comum a todos). A coisa julgada favorável abrange todos os trabalhadores compreendidos pela hipótese normativa discutida na lide. Aplica-se, assim, à ação de cumprimento o regime da coisa julgada *erga omnes* previsto para as ações para a tutela de interesses individuais homogêneos do Código de Defesa do Consumidor.

Coisa julgada *secundum eventum litis*

Parte da doutrina e da jurisprudência trabalhistas sustentam a admissão da eficácia plena da coisa julgada formada em ação de cumprimento para abranger todos os substituídos (trabalhadores) da demanda. Essa teoria baseia-se não na tríplice identidade formal – partes, pedido e causa de pedir (art. 301, parágrafo 1º, do CPC) –, mas na detenção da titularidade do direito material pelo substituído.

Por ela, sustenta-se que, na substituição processual, embora a parte formal (da relação jurídica processual) seja distinta da titularidade do interesse material invocado em juízo – uma vez que, na primeira, figura o sindicato e, na segunda, o substituído, o qual estará abrangido pela coisa julgada material –, a simples coincidência formal do pedido e da coisa de pedir basta para a caracterização da coisa julgada também em relação ao substituído, posto que este é o titular da relação jurídica material.

Por este entendimento, a ausência de identidade processual entre as partes é suprida pelo caráter material do direito, de sorte que eventual propositura de ação individual pelo substituído com base no mesmo objeto e causa de pedir de uma ação de cumprimento já julgada encontra óbice na coisa julgada (art. 5º, XXXVI, da CF/88). Em síntese, sustenta-se que embora não constitua parte formal no processo, o trabalhador figura como parte material, sendo, portanto, abrangido pelos efeitos da coisa julgada, favorável ou não, formada na ação de cumprimento.

No entanto, não se pode olvidar que a ação de cumprimento constitui um dos instrumentos jurídicos para a salvaguarda de interesses individuais homogêneos dos trabalhadores, enquadrando-se no denominado direito processual coletivo. Desse modo, a ela aplicam-se os preceitos da coisa julgada, *secundum eventum litis,* contidos no Código de Defesa do Consumidor. Assim, em caso de improcedência do pedido, os interessados que não tiveram intervindo no processo poderão propor ação individual (art. 103, parágrafo 2º, do CDC).

A legitimidade dos Sindicatos para agirem como substitutos processuais dos integrantes da categoria no processo de conhecimento para pleitear direitos individuais homogêneos e como representantes processuais dos credores para promoverem a liquidação e execução da sentença condenatória genérica, com base nas normas processuais constantes no CDC aplicáveis ao processo do trabalho.

Coisa julgada resolúvel *(rebus sic stantibus)*
O Tribunal Superior do Trabalho adotou o entendimento, editando a Orientação Jurisprudencial nº 277 da SDI-I, *in verbis*: "Ação de cumprimento fundada em decisão normativa que sofreu posterior reforma, quando já transitada em julgado a sentença condenatória. Coisa julgada. Não-configuração. A coisa julgada produzida na ação de cumprimento é atípica, pois depende de condição resolutiva, ou seja, da não-modificação da decisão normativa por eventual recurso. Assim, modificada a sentença normativa pelo TST, com a consequente extinção do processo, sem julgamento do mérito, deve-se extinguir a execução em andamento, uma vez que a norma sobre a qual se apoiava o título exequendo deixou de existir no mundo jurídico.

Litispendência com a Ação Individual
O tratamento da litispendência entre a reclamação trabalhista individual e a ação de cumprimento com o mesmo objeto tem tido tratamento similar ao da coisa julgada, razão pela qual decidimos analisar aquela depois de termos discorrido sobre esta.

O Código de Defesa do Consumidor assegurou duas dimensões da tutela judicial: a individual e a coletiva. Esta postura é consentânea com os ditames da Constituição Federal de 1988 que, ao consagrar diversas formas de tutela coletiva, não menosprezou o direito individual de ação.

O exercício do direito de ação coletiva, pelo sindicato substituto, não pode preponderar pura e simplesmente sobre o direito de ação individual quando o próprio substituído o exercite, com renúncia à tutela coletiva. O interesse social na propositura de ação coletiva não é excludente da ação individual, caso contrário, estar-se-ia transformando o sindicato em detentor da própria titularidade do direito, em detrimento do seu verdadeiro titular.

Recursos

A sentença proferida em ação de cumprimento suscita a interposição de recurso ordinário para o Tribunal Regional do Trabalho (art. 895, alínea "a", da CLT), no prazo de 8 (oito) dias, que terá efeito meramente devolutivo (art. 899 da CLT).

Processamento pelo Rito Sumaríssimo

A ação de cumprimento, por se tratar de procedimento especial, não se enquadra na hipótese do art. 852-A da CLT, com a redação dada pela Lei nº 9.957/2000, instituidora do rito sumaríssimo na Justiça do Trabalho para os dissídios individuais. Também não se submetem ao rito sumaríssimo as demais ações de caráter coletivo (ação civil pública, dissídio coletivo, ação coletiva para a defesa de direitos individuais homogêneos, etc.).

A complexidade das causas coletivas não se coaduna com o rito simplificado do procedimento sumaríssimo trabalhista. O rito ordinário do processo trabalhista, sumário por natureza, propicia maior cognição vertical e horizontal, necessária e condizente com a relevância dos interesses deduzidos em juízo por meio das ações coletivas, permitindo um amplo debate e uma maior dilação probatória. O procedimento sumaríssimo prestigiou o elemento celeridade em detrimento da complexidade; as lides coletivas, por sua vez, prestigiam o elemento complexidade em detrimento da celeridade; a relevância dos direitos discutidos em juízo e sua difusão por raio indeterminado ou determinável de indivíduos exige maior cognição em virtude da multiplicidade de esferas jurídicas individuais que podem ser afetadas pela decisão judicial.

Rito Sumaríssimo e as Pseudoações de Cumprimento (Ações para Cobrança de Contribuições Sindicais)

Sob a denominação de ação de cumprimento, diversos sindicatos propõem perante o Judiciário Trabalhista ações para a cobrança de contribuições sindicais, como a assistencial e a confederativa, perante empregadores. Estas demandas sujeitam-se ao rito sumaríssimo, uma vez que não se tratam verdadeiramente de ações de cumprimento, mas de ações de cobrança, tendo em vista que não configuram hipótese de substituição processual dos trabalhadores, pois são propostas pelos sindicatos em nome próprio para a tutela de direito próprio.

11.4. AÇÕES REGULAMENTADAS NO DIREITO PROCESSUAL CIVIL QUE PODEM SER AJUIZADAS PERANTE A JUSTIÇA DO TRABALHO

A Consolidação das Leis do trabalho é omissa, no entanto, o Direito Processual do Trabalho admite a propositura de algumas ações civis aplicando-se subsidiariamente no processo laboral normas e procedimentos especiais previstos no Código de Processo Civil diante da sua compatibilidade com este ramo da ciência do direito, as quais serão estudadas a seguir.

11.4.1. Ação Rescisória no Processo do Trabalho

Ação Rescisória é uma ação autônoma de natureza especial, destinada a desconstituir ou anular decisão de mérito transitada em julgado em razão da existência de vícios insanáveis.

Natureza Jurídica

A natureza jurídica da ação rescisória é de ação de natureza constitutiva negativa quando julgada procedente e declaratória, quando julgada improcedente.

Competência e Cumulação de Juízos

A Ação Rescisória deverá ser ajuizada na localidade onde situar-se o Tribunal, ao qual subordina-se o juízo prolator da sentença ou acórdão que se pretende desconstituir.

No que se refere à competência hierárquica, a ação rescisória é de competência originária dos Tribunais (TRT ou TST).

I – Em caso de não ser conhecido do recurso de revista ou de embargos, a competência para julgar ação que vise a rescindir a decisão de mérito é do TRT, salvo o previsto no item II;

II – Quando se tratar de acórdão de decisão proferida por órgão do Tribunal Superior do Trabalho, cabendo ação rescisória a competência para julgamento da ação será da SEDI do Tribunal Superior do Trabalho *(Lei 7.701/88, artigo 2, I, c, e 3, I, a).*

Cabimento

O artigo 836 da CLT dispõe sobre a ação rescisória.

Por outro lado, o artigo 485 do CPC dispõe que a sentença de mérito transitada em julgada pode ser rescindida quando:

> *I – a sentença ou o acórdão houver sido dados por prevaricação, concussão ou corrupção do juiz;*
>
> *II – proferida por juiz impedido ou absolutamente incompetente;*
>
> *III – resultar de dolo da parte vencedora em detrimento da parte vencida ou de colusão entre elas a fim de fraudar a lei;*
>
> *IV – a sentença ou o acórdão ofender a coisa julgada;*
>
> *V – a sentença ou o acórdão violar literal disposição de lei;*

VI – se fundar em prova cuja falsidade ficar provada em processo criminal, ou seja, provada na própria AR;

VII – depois da sentença, o autor obtiver documento novo, cuja existência ignorava ou de que não pode fazer uso, capaz, por si só, de lhe assegurar pronunciamento favorável;

VIII – houver fundamento para invalidar confissão, desistência ou transação, em que se baseou a sentença;

IX – fundada em erro de fato, resultante de atos ou de documentos da causa.

Somente as decisões que apreciam o mérito da causa é que admitem ação rescisória, desta forma não cabe ação rescisória às decisões que extinguem o processo sem apreciar o mérito, decisão interlocutória, decisão proferida em processo de jurisdição voluntária.

Exaurimento dos recursos: não é necessário ao exercício da ação rescisória que tenham sido interpostos todos os recursos contra a decisão de mérito impugnada no processo principal (Súmula 514 do STF).

Prova do trânsito em julgado: o trânsito em julgado da decisão rescindenda é condição que deve ser demonstrada de plano, na petição inicial. Verificando, o relator, que a parte interessada não juntou prova de que a decisão transitou em julgado, com a inicial abrirá prazo de 10 dias para que o faça, sob pena de indeferimento da ação.

Incompetência do Juízo

Tratando-se de incompetência absoluta, esta pode ser arguida em qualquer oportunidade, não sendo prorrogável e, consequentemente, se constitui em fundamento para ajuizar a Ação Rescisória.

Cabimento da ação rescisória por violação de lei, esta hipótese de cabimento da ação rescisória deve ser interpretada no sentido de abranger também violação da Constituição Federal, medidas provisórias, decretos legislativos.

De acordo com a Orientação Jurisprudencial 25 da SDI-II do TST, não estão abrangidos pelo termo "lei" do art. 485 V do CPC o acordo coletivo, a convenção coletiva de trabalho, o regulamento de empresa ou portaria do poder executivo e súmula e orientação jurisprudencial do TST.

Por outro lado, quando a ação rescisória for interposta com fundamento em violação de lei, a petição inicial deverá indicar de forma expressa o dispositivo legal violado – OJ 33-SDI-II.

Também, conforme o entendimento jurisprudencial do TST, não procede o pedido formulado na ação rescisória por violação literal de lei se a decisão rescindenda estiver baseada em texto legal infranconstitucional, de interpretação controvertida nos tribunais (Súmula 83 do TST).

Documento Novo Súmula 402 do TST
É considerado documento novo, para efeito de rescisória, aquele cronologicamente velho, já existente ao tempo da decisão rescindenda, mas ignorado pelo interessado ou de impossível utilização à época do processo.

Ação Rescisória para Desconstituir Acordo Homologado em Audiência
A Súmula 259 do TST estabelece que só por ação rescisória é que pode ser atacado o termo de conciliação firmado em audiência. É que havendo acordo, o processo é julgado extinto com julgamento de mérito 269, III do CPC, logo, cabível ação rescisória e não anulatória.

Legitimidade Ativa e Passiva
A legitimidade ativa é determinada pelo art. 487 do Código de Processo Civil:

a) **Parte ou sucessor**

No conceito de parte devem ser compreendidos não só autor e réu, mas também os assistentes, os oponentes, os nomeados à autoria, os denunciados à lide e os chamados ao processo, desde que dotados de interesse de agir, caso em que, admitidos no processo, passam a figurar como partes. Se, ao tempo em que foi descoberta uma causa autorizadora da Ação Rescisória, o titular da pretensão rescisória já houver falecido, seu sucessor será parte legítima para figurar no polo ativo. Para tal fim, não importa seja a sucessão a título universal ou particular, sendo necessário tão somente prova do falecimento da parte e da qualidade de sucessor daquele que pretende desfazer a coisa julgada.

b) **Terceiro Juridicamente Interessado**

Terceiros titulares de relação jurídica compatível com a relação jurídica já decidida.

c) **Ministério Público**

O artigo 487 do CPC, aplicado subsidiariamente no Processo do Trabalho, dispõe que o Ministério Público tem legitimidade para propor a Ação Rescisória nas seguintes hipóteses:

c1) o Ministério Público atuou como parte no processo cuja sentença se quer rescindir;

c2) embora não tenha atuado como parte, deixou de ser ouvido quando obrigatória era sua atuação como *custus legis*;

c3) a sentença rescindenda for decorrente de colusão das partes, para fim de fraudar a lei.

Importante ressaltar que o rol descrito na norma processual civil não é taxativo, conforme Orientação Jurisprudencial nº 83 da SDI-II.

No caso de fraude ou colusão entre as partes, o prazo só começa a ser contado da data da ciência da fraude.

Litisconsórcio necessário: serão considerados litisconsórcio necessário todos os partícipes da relação processual oriunda da ação cuja sentença se pretende rescindir e, por essa razão, devem ser citados, pois o acórdão nela proferido atingirá a esfera de interesses de todos.

Oportuno ainda a Súmula 406 do TST que dispõe:

> *I – "O litisconsórcio na ação rescisória é necessário em relação ao polo passivo da demanda porque supõe uma comunidade de direitos ou de obrigações que não admite solução díspar para os litisconsortes, em face da indivisibilidade do objeto. Já em relação ao polo ativo, o litisconsórcio é facultativo, uma vez que a aglutinação de autores se faz por conveniência, e não pela necessidade decorrente da natureza do litígio, pois não se pode condicionar o exercício do direito individual de um dos litigantes no processo originário a anuência dos demais para retomar a lide".*

Petição Inicial

A petição inicial da ação rescisória deve vir acompanhada da prova do trânsito em julgado da decisão rescindenda e desta última. O autor, sob pena de indeferimento da inicial, deverá cumular o pedido de rescisão ao de novo julgamento (juízo rescindendo + juízo rescisório), salvo se não for possível esse último (ex.: rescisória calcada em ofensa à coisa julgada).

Aplica-se à ação rescisória o disposto no artigo 284 do CPC, devendo o juiz conceder prazo para regularização da inicial se defeituosa e o erro for passível de correção (Súmula 299 do III TST).

Nos termos do entendimento sumulado pelo TST, é indispensável ao processamento da ação rescisória a prova do trânsito em julgado da decisão rescindenda, verificando que o autor não fez a juntada, o relator abrirá o prazo de 10 dias para que o faça sob pena de indeferimento (Súmula 299 I).

Prazo para a Propositura da Ação Rescisória

Estabelece o artigo 495 do CPC que o direito de propor ação rescisória se extingue em 2 (dois) anos e conta-se a partir do dia imediatamente subsequente ao trânsito em julgado da última decisão proferida na causa, seja de mérito ou não;

Havendo recurso parcial no processo principal, o trânsito em julgado dá-se em momentos e em tribunais diferentes, contando-se o prazo decadencial para a ação rescisória do trânsito em julgado de cada decisão, salvo se o recurso tratar de preliminar ou prejudicial que possa tornar insubsistente a decisão recorrida, hipótese em que flui a decadência a partir do trânsito em julgado da decisão que julgar o recurso parcial (Súmula 100, II).

A Súmula nº 100 do TST estabelece que o prazo de 2 anos para ajuizamento da ação rescisória conta-se a partir do dia imediatamente subsequente ao trânsito em julgado da última decisão proferida na causa, seja de mérito ou não.

Salvo se houver dúvida razoável, a interposição de recurso intempestivo ou a interposição de recurso incabível não protrai o termo inicial do prazo decadencial (Súmula 100 do TST).

A mesma súmula dispõe no inciso IX que "Prorroga-se até o primeiro dia útil imediatamente subsequente o prazo decadencial para ajuizamento da Ação Rescisória quando expira em férias forenses, feriados, finais de semana ou em dia em que não houver expediente forense.

O não-conhecimento do recurso por deserção não antecipa o *dies a quo* do prazo decadencial para o ajuizamento da ação rescisória.

Depósito Prévio

A Lei nº 11.495/2207 publicada em 25 de junho de 2007, que entrou em vigor em 25 de setembro de 2007, deu nova redação ao artigo 836 da CLT,

MANUAL DE DIREITO PROCESSUAL DO TRABALHO

passando a estabelecer que a propositura da ação rescisória está sujeita ao depósito prévio de 20% do valor da causa, salvo prova de miserabilidade jurídica do autor. Por esta razão foi cancelada a Súmula 194 do TST.

Processamento
Distribuída a ação rescisória, poderá o juiz relator de plano e de forma monocrática indeferir a petição inicial, hipótese em que caberá agravo regimental em face da decisão do relator.

Recebida a inicial, o relator determinará a notificação do réu para contestar a ação fixando o prazo nunca inferior a 15 (quinze) nem superior a 30 (trinta) para resposta.

Tratando-se de pessoa jurídica de direito público, ou Ministério Público, conta-se o prazo em quádruplo. O Tribunal Superior do Trabalho através da orientação jurisprudencial 146 deixa certo que a contestação apresentada em ação rescisória obedece a regra relativa à contagem de prazo constante no artigo 774 da CLT, sendo inaplicável o artigo 241. Assim o início do prazo será a data do recebimento da notificação.

Revelia: A ausência de defesa não gera confissão em sede de Ação Rescisória, em face do interesse público inerente à rescisão da coisa julgada. Matéria de ordem pública sobre a qual não se admite confissão.

Oferecida a resposta pelo demandado, caso, haja necessidade de produzir provas, o relator poderá delegar ao juiz da vara, na localidade onde deva ser produzida a prova, a realização da audiência e colheita de provas, fixando prazo de 45 a 90 dias para devolução dos autos.

Após a instrução será aberto prazo para oferecimento de razões finais, manifestando-se em seguida o Ministério Público. É obrigatória sua intervenção em razão da natureza da lide e do interesse público inerente à discussão da coisa julgada. Após o parecer, os autos serão submetidos a julgamento pelo tribunal respectivo

Ação Rescisória e duplo grau de jurisdição obrigatório: a sentença condenatória proferida contra a fazenda pública não transita em julgado se não reexaminada pelo 2º grau de jurisdição. Assim, não cabe AR de sentença não submetida à remessa de ofício, quando esta é cabível. Oficia-se, no caso, ao presidente do TRT para que proceda ao reexame, avocando o processo.

Todavia, há a possibilidade de cumulação dos juízos, o que ocorre quando o acórdão não devolve a apreciação da matéria à instância em que foi proferida a decisão rescindida, decidindo ele mesmo todas as questões, como se suprimisse um grau de jurisdição.

Mandato Procuratório

A doutrina entende que nova procuração deverá ser juntada à petição inicial da Ação Rescisória, ainda que o advogado escolhido seja o mesmo que figurou na ação cuja sentença se quer rescindir e naqueles autos estivesse devidamente constituído como tal.

Sindicato como Substituto Processual

Havendo norma legal que confira a entidades sindicais essa legitimidade, evidente que estarão elas legitimadas ao exercício das pretensões rescisórias.

Sucumbência em doutrina prevalece o entendimento de que mesmo com o advento da Lei nº 8.906/94, deve ser mantido o judicioso entendimento jurisprudencial compendiado pela Súmula nº 329, do TST.

Ação Rescisória de Decisão Proferida em Medida Cautelar

O não cabimento da Rescisória em medida cautelar resulta de que não há decisão de mérito, pois o mérito deste procedimento não se confunde com o da ação principal. Deste modo, não há se falar em coisa julgada material. É de diferenciar-se que algumas espécies de cautelares são autônomas, inexistindo processo principal (justificação, protesto, notificação, etc...), sendo certo que, nestes casos, torna-se ainda mais flagrante a impossibilidade de ajuizamento da Rescisória.

Antecipação de Tutela e Ação Rescisória

Considerando-se que a antecipação de tutela jurisdicional representa a possibilidade de eficácia executória de caráter provisório à decisão de mérito, alguns doutrinadores afirmam que não é cabível a antecipação de tutela na Ação Rescisória, ao fundamento de que há diversidade de objetivos entre os efeitos jurídicos que provêm da Ação Rescisória e os que decorrem da antecipação da tutela.

A princípio, a Ação Rescisória tem caráter de executoriedade definitiva, enquanto a medida antecipatória da tutela trata de decisão de mérito, mas de caráter provisório.

No entanto, a jurisprudência dos nossos Tribunais vem admitindo o cabimento da medida cautelar, visando suspender a execução do feito.

"Medida Cautelar incidental à Ação Rescisória. Suspensão da execução. Compatibilidade. A regra geral inscrita no art. 489 do CPC veda a suspensão da execução da sentença rescindenda. Todavia, apesar das contrariedades, processualistas de renome como Galeno Lacerda, entendem ser compatível a cautelar com a rescisória, pois esta é uma ação como qualquer outra. Uma vez que, segundo ele, a coisa julgada não constitui presunção absoluta em prol do vencedor. Em sistemas que adotam a revisão ou a ação rescisória, como o nosso, tal presunção assume caráter relativo, enquanto não expirado o prazo de decadência" (*in* Comentário ao Código de Processo Civil, Vol. 8, T. I, Ed. Forense, RJ, 1980, p. 63) Ac. da SDI do TRT da 12ª reg. Mv. Processo Cautelar 0250/94 – Rel. Juíza Lilia Leonor Abreu.

Rescisão de Sentença Normativa e Cláusulas de Acordo e Convenções Coletivas

Não há uniformidade de entendimento em doutrina nem na jurisprudência sobre o cabimento de ação rescisória de sentença normativa, vejamos:

"AÇÃO RESCISÓRIA – SENTENÇA NORMATIVA – DESCABIMENTO. A ação rescisória é meio de impugnação de sentença de mérito transitada em julgado, referente ao processo em que se exerce atividade típica de jurisdição, isto é, de aplicação do direito ao caso concreto. Requisito básico da ação rescisória é a existência de coisa julgada material, que supõe a imutabilidade da sentença.

Ora, o Processo Coletivo do Trabalho, no qual se gera a sentença normativa, não comporta, nos dissídios coletivos de natureza econômica, exercício de jurisdição na acepção clássica, na medida em que nele há criação de norma jurídica, sujeita a limitações de tempo (vigência por um ou dois anos) e espaço (jungida a determinada categoria numa dada base territorial).

Daí que a sentença normativa não faz coisa julgada material, mas apenas formal, referente ao esgotamento das vias recursais existentes. Nesse sentido, não comporta desconstituição pela via da ação rescisória.

No entanto, há que se ressaltar que a Lei 7.701/88, no artigo 2, inciso I, alínea c, estabelece que compete à SEDC julgar as ações rescisórias propostas contra suas sentenças normativas.

Recursos

Da decisão interlocutória proferida pelo relator que indefere a inicial da ação rescisória pode ser interposto agravo regimental, e da decisão proferida pelo Colegiado do Tribunal Regional do Trabalho que julga originariamente a ação, poderá ser interposto recurso ordinário para o TST (artigo 895 b da CLT) que será apreciado pela SEDI-2 do TST.

Conforme Súmula 158 do TST caso a ação rescisória seja da competência originária do Tribunal Superior do Trabalho, poderá ser interposto recurso de embargos de divergência ou recurso extraordinário para o Supremo Tribunal Federal. Da decisão do Tribunal Regional do Trabalho, em ação rescisória, é cabível recurso ordinário para o Tribunal Superior do Trabalho, em face da organização judiciária trabalhista.

11.4.2. Ação de Consignação em Pagamento

A ação de consignação em pagamento é utilizada no processo do trabalho, quando o credor quer pagar e liberar-se da obrigação, e o devedor se recusa a receber aquilo que lhe é devido, aplicando-se as regras previstas nos artigos 334 e 335 do Código Civil, que estabelecem:

> *Artigo 334 CC – Considera-se pagamento, e extingue a obrigação, o depósito judicial ou em estabelecimento bancário da coisa devida, nos casos e formas legais.*
>
> *Artigo 335 CC – A consignação tem lugar:*
> *I – Se o credor não puder, ou, sem justa causa, recusar receber o pagamento ou dar quitação na devida forma;*
> *II – Se o credor não for, nem mandar receber a coisa no lugar, tempo e condição devidos;*
> *III – Se o credor for incapaz de receber, for desconhecido, declarado ausente, ou residir em lugar incerto ou de acesso perigoso ou difícil;*
> *IV – Se ocorrer dúvida sobre quem deva legitimamente receber o objeto do pagamento;*
> *V – Se pender litígio sobre objeto do pagamento.*

Nos termos do disposto na Lei 8.951/94, a consignação pode ser feita de forma extrajudicial ou judicial.

Consignação Extrajudicial – Consiste na realização do depósito da quantia devida, pelo devedor ou terceiro, em estabelecimento bancário oficial ou particular (quando na localidade onde tiver que ser feito o pagamento não possuir estabelecimento bancário oficial, o depósito pode ser feito em banco particular) na forma do disposto no artigo 890 do CPC que assim dispõe:

> *"**Artigo 890** – nos casos previstos em lei, poderá o devedor ou terceiro requerer, com efeito de pagamento, a consignação da quantia ou coisa devida."*
>
> ***Parágrafo 1°*** *– tratando-se de obrigação em dinheiro, poderá o devedor ou terceiro optar pelo depósito da quantia devida em estabelecimento bancário oficial, onde houver, situado no lugar do pagamento, em conta com correção monetária, cientificando--se o credor por carta com aviso de recepção, assinado o prazo de 10 (dez) dias para a manifestação da recusa.*
>
> ***Parágrafo 2°*** *– decorrido o prazo referido no parágrafo anterior, sem a manifestação de recusa, reputar-se-á o devedor liberado da obrigação, ficando à disposição da credora quantia depositada;*
>
> ***Parágrafo 3°*** *– Ocorrendo a recusa, manifestada por escrito, ao estabelecimento bancário, o devedor, ou o terceiro, poderá propor, dentro de 30 (trinta) dias, a ação de consignação, instruindo a inicial com a prova do depósito e da recusa;*
>
> ***Parágrafo 4°*** *– Não proposta a ação no prazo do parágrafo anterior, **ficará sem efeito o depósito, podendo levantá-lo o depositante.***

Diante das peculiaridades e princípios do processo do trabalho, parte da doutrina e a jurisprudência resistem ao cabimento da consignação extrajudicial por aplicação subsidiaria do CPC, notadamente quando se tratar de empregado com mais de um ano de serviço prestado na empresa, uma vez que nesse caso deve ser atendida a exigência do artigo 477, §§ 1 e 2 da CLT.

Consignação Judicial

Trata-se do meio processual hábil para que o devedor obtenha judicialmente a quitação da obrigação. Diante da omissão da CLT, aplica-se subsidiariamente as regras previstas no artigo 891 do CPC, que assim dispõe:

> **Artigo 891** – *Requerer-se-á a consignação no lugar do pagamento, cessando para o devedor, tanto que se efetue o depósito, os juros, e os riscos, salvo se for julgada improcedente.*

Considerando-se as regras de competência em razão de lugar, expressamente previstas no artigo 651 da CLT, tem-se que a competência será fixada levando-se em conta o ultimo local da prestação de serviço do empregado. Também deverão ser adaptadas para a consignação judicial as demais regras do processo trabalhista, de maneira que a doutrina entenda que o depósito da quantia devida deverá ser requerido desde logo na inicial, para ser efetuado no prazo de cinco dias, contados a partir do deferimento e, em caso de não ser efetuado o depósito no prazo assinalado, o processo será julgado extinto sem julgamento de mérito.

Uma vez efetuado o depósito, será designado data para audiência, notificando-se o reclamante, consignado para vir levantá-lo ou oferecer defesa. Aceito o valor depositado, será liberada a importância depositada em seu favor, e considerada extinta a obrigação. Não comparecendo o credor na audiência, será declarada à revelia do consignado, sendo o pedido julgado procedente, extinguindo-se a obrigação.

No entanto, o reclamado consignado poderá, em audiência, se recusar ao recebimento dos valores depositados e apresentar defesa, alegando as matérias elencadas no artigo 896 do CPC, tais como:
I – não houve recusa;
II – foi justa a recusa;
III – o depósito não se efetuou no prazo ou no lugar do pagamento;
IV – o depósito não é integral.

Quando a defesa se basear nas hipótese do inciso IV do artigo 896 do CPC, o consignado deverá desde logo apontar o valor devido, sendo facultado ao autor complementá-lo no prazo de 10 (dez) dias.

Contestada a ação, o processo será instruído e julgado na forma prevista na norma processual trabalhista, inclusive, com as propostas conciliatórias, diante da natureza dúplice da ação consignatória, não há que se falar em reconvenção.

Da Natureza Jurídica da Sentença

Julgado procedente o pedido, o autor fica liberado da obrigação, sendo a sentença de natureza declaratória. Por outro lado, julgada improcedente a ação, o depósito será tido como insubsistente, permanecendo o devedor em mora. Quando o juízo concluir que o depósito é insuficiente, determinará, sempre que possível, o valor da diferença devida e, neste caso, valerá a decisão como título executivo, podendo o credor executar nos mesmos autos, situação em que a sentença terá a natureza de decisão também condenatória.

11.4.3. Ação Monitória

A doutrina e a jurisprudência trabalhista não são uniformes no que se refere à admissão da ação monitória prevista no artigo 1102 letras a, b, c, e parágrafos do CPC, no processo do trabalho que dispõe:

Art. 1102a. A ação monitória compete a quem pretender, com base em prova escrita sem eficácia de título executivo, pagamento de soma em dinheiro, entrega de coisa fungível ou de determinado bem móvel.

Art. 1102b. Estando a petição inicial devidamente instruída, o juiz deferirá de plano a expedição do mandado de pagamento ou de entrega da coisa no prazo de quinze dias.

Art. 1102c. No prazo previsto no artigo anterior, poderá o réu oferecer embargos, que suspenderão a eficácia do mandado inicial. Se os embargos não forem opostos, constituir-se-á, de pleno direito, o título executivo judicial, convertendo-se o mandado inicial em mandado executivo e prosseguindo-se na forma prevista no Livro II, Título II, Capítulos II e IV.

§ 1º Cumprindo o réu o mandado, ficará isento de custas e honorários advocatícios.

§ 2º Os embargos independem de prévia segurança do juízo e serão processados nos próprios autos, pelo procedimento ordinário.

§ 3º Rejeitados os embargos, constituir-se-á, de pleno direito, o título executivo judicial, intimando-se o devedor e prosseguindo-se na forma prevista no Livro II, Título II, Capítulos II e IV.

Alguns doutrinadores afirmam não ser admissível a ação monitória no processo laboral ao fundamento de que não há compatibilidade entre o processamento desta ação e o processamento das ações trabalhistas, uma vez que o processamento da ação monitória não prevê que sejam feitas as propostas conciliatórias, realização de audiências, entre outras razões.

Outros, no entanto, entendem ser compatível a utilização da ação monitória no processo laboral, diante da omissão da CLT, e da compatibilidade do instituto com os princípios e normas processuais trabalhistas, de maneira que sempre que o reclamante tiver prova escrita, sem eficácia de título executivo, poderá exigir o pagamento do valor constante do documento, ou a entrega de coisa fungível ou determinado bem móvel perante a Vara do Trabalho, aplicando-se as normas do CPC no que se refere ao processamento da ação, com as devidas adaptações, para tornar compatível o processamento com as regras que norteiam a Justiça do Trabalho,

Existe controvérsia a respeito do prazo para pagamento, havendo quem sustente a regra de que o devedor deverá ser citado para pagamento no prazo de 15 dias, outros no prazo de 48 horas ou apresentar embargos.

11.4.4. Ação de Prestação de Contas

A ação de prestação de contas prevista no artigo 914 e seguintes do CPC pode ser aplicada subsidiariamente no processo do trabalho diante da omissão na CLT e também porque não é incompatível com os princípios que norteiam o processo trabalhista, e sua aplicação se dá tanto pela pessoa que se encontra obrigada a prestá-la, com a finalidade de liberar o autor de qualquer obrigação, quanto por aquele que tem o direito de exigir a prestação de contas.

Proposta a ação, pela pessoa que tem o direito de exigi-la, será a parte contrária notificada para, em audiência, prestá-las ou apresentar defesa, caso o reclamado não compareça à audiência, para oferecer a defesa, ou se houver recusa na prestação de contas, o juiz conhecerá diretamente do pedido proferindo sentença, com a condenação do réu a prestar as contas no prazo de 48 horas, sob pena de não lhe ser lícito impugnar aquela apresentada pelo autor. Apresentadas as contas no prazo, terá o autor o prazo de cinco dias para manifestação, havendo necessidade de provas o juiz marcará audiência de instrução e julgamento, em seguida será proferida a decisão.

11.4.5. Ação Anulatória, Cláusulas de Contratos, Acordos Coletivos ou Convenção Coletiva de Trabalho

Trata-se de Ação de natureza declaratória constitutiva que tem por finalidade obter a tutela jurisdicional no sentido de retirar, do mundo jurídico, cláusulas contratuais ou convencionais que violem as liberdades individuais ou coletivas, ou direitos indisponíveis dos trabalhadores.

Natureza Jurídica – A ação coletiva de nulidade de ato normativo pode ter Natureza Declaratória ou Constitutiva. Se a ação é julgada improcedente, tem-se a declaração de validade de cláusula ou de norma, daí sua natureza declaratória. No entanto, quando se declara a nulidade, acolhendo-

-se os vícios apontados, julgando-se procedente a ação, a sentença possui natureza constitutiva negativa.

Vícios que Comprometem a Validade das Convenções e Acordos Coletivos

Os instrumentos normativos negociados podem conter vícios de ordem **formal,** ou seja, ausência dos requisitos previstos no artigo 616 da CLT e nos estatutos das entidades sindicais e vícios que dizem respeito ao conteúdo **material** das cláusulas negociadas.

É certo que a Constituição Federal reconheceu a autonomia privada coletiva, no entanto, a atuação normativa deve se dar dentro dos limites impostos pela mesma norma constitucional. Os ajustes normativos não podem infringir as normas constitucionais e legais que asseguram os direitos fundamentais e indisponíveis dos trabalhadores.

Competência Material – De acordo com o disposto no artigo 114 da Constituição Federal, bem como da análise das disposições contidas na Lei nº 8.894/95, artigo 1º, ainda levando-se em conta as disposições contidas no artigo 625 da CLT, podemos afirmar que a competência material para declarar a nulidade de contrato, acordo coletivo ou convenção coletiva de trabalho é da Justiça do Trabalho, independentemente de serem as cláusulas impugnadas de natureza normativa (que criam, mantêm, extinguem ou modifiquem condições de trabalho) ou obrigacional (que estabelecem obrigações recíprocas entre as partes convenentes).

Neste sentido, também temos as disposições contidas no artigo 83, inciso IV da Lei Complementar nº 75/93, que declara a competência da Justiça obreira para julgar as ações declaratórias de nulidade de contrato, acordo coletivo e convenção coletiva de trabalho, ajuizados pelo Ministério Público do Trabalho, o que se estende, por evidência, aos demais legitimados autônomos.

Competência Funcional

Durante muito tempo foi questionada pela doutrina e jurisprudência a questão da competência funcional dos órgãos da Justiça do Trabalho, para apreciar e julgar a ação declaratória de nulidade de contrato, acordo coletivo ou convenção coletiva de trabalho.

Hoje tem prevalecido o entendimento de que a competência pertence aos Tribunais Regionais do Trabalho e ao Superior Tribunal do Trabalho, conforme abrangência do instrumento, tratando-se de pedido de nulidade de cláusulas constante em acordo coletivo ou convenção coletiva de trabalho, quer seja a ação proposta pelo Ministério Público do Trabalho, por outros legitimados ou pelos trabalhadores, uma vez que, o que determina a competência dos tribunais, é o pedido de desconstituição do instrumento normativo de aplicação para todos os trabalhadores de uma empresa ou de uma categoria econômica ou profissional, e a jurisdição trabalhista em questões coletivas com efeito geral e abstrato em nosso sistema processual é atribuída aos tribunais.

No entanto, tratando-se de pedido de nulidade de cláusula de contrato individual de trabalho, a competência é dos órgãos de primeira instância, pois não se trata de matéria coletiva.

Por fim, em caso da discussão ocorrer *incidenter tantum*, portanto, em um caso concreto e com efeitos limitados, a competência também é dos órgãos trabalhistas de primeira instância, porque a ação é condenatória e a declaração de nulidade incidental produzirá efeitos apenas entre as partes envolvidas no litígio.

Legitimidade

Legitimidade ativa – O artigo 83, inciso IV, da Lei Complementar nº 75/83 estabelece que compete ao Ministério Público do Trabalho propor a ação de declaração de nulidade de cláusula convencional violadora dos direitos e liberdades coletivos ou individuais dos trabalhadores.

No entanto, a ação coletiva de nulidade de cláusula normativa pode ser vista como uma espécie do gênero ação civil pública, pelo que, de conformidade com os artigos 129, inciso III e parágrafo 1º da Constituição Federal, 5º da Lei nº 7.347/85 e 82 e incisos do CDC, pode ser proposta não somente pelo Ministério Público, mas também por outros legitimados autônomos, tais como: as partes convenentes; as empresas pertencentes a determinada categoria econômica subscritora do instrumento e também pelos próprios trabalhadores, em coalizão.

Prescrição
Conforme nos ensina, de forma magistral o colega Procurador do Trabalho Raimundo Simão de Melo, profundo conhecedor da matéria em sua obra Dissídio Coletivo do Trabalho – p. 189, Editora LTR, *"A prescrição da ação coletiva de declaração de nulidade de contrato individual ou de instrumento coletivo será determinada em razão da natureza do ato ou negócio jurídico que se quer desconstituir. Assim, se se tratarem de atos nulos, que no direito do trabalho são todos os atos destinados a desvirtuar ou fraudar direitos trabalhistas"* (art. 9º, da CLT), diferentemente da esfera civil, não há que se falar em prescrição, porque os atos nulos não se prescrevem, embora produzam efeitos até ser declarada a sua nulidade. Tratando-se de anulabilidade (nulidade relativa) de negócio jurídico do tipo contratual, a prescrição é de quatro anos, conforme estabelece o artigo 178, § 9º, inciso V, do Código Civil Brasileiro. Tal pode ocorrer no caso de um vício meramente formal, não destinado a prejudicar ou fraudar direitos trabalhistas.

Todo e qualquer interesse difuso e coletivo indisponível, cuja tutela pode ser implementada pelos legitimados autônomos a qualquer tempo, pois estes não prescrevem nem decaem quanto à prevenção e reparação genérica, atingindo os institutos da prescrição e da decadência apenas os direitos individuais dos trabalhadores, que terão de reclamar nos prazos descritos na CF (artigo 7º, inciso XXIX).

Efeitos da Decisão Judicial

A decisão judicial proferida na ação declaratória de nulidade de contratos individuais de trabalho ou de instrumentos coletivos produz efeitos "ex tunc e erga omnes".

Ou seja, a decisão retroagirá anulando a cláusula ou instrumento no seu nascedouro, *ex tunc* e *erga omnes*, pois a decisão declaratória de nulidade atingirá todos os membros das categorias econômica e profissional, durante a vigência do instrumento normativo cuja nulidade foi reconhecida, similar aos efeitos decorrentes do comando emitido pelo Supremo Tribunal Federal na ação declaratória de inconstitucionalidade de lei ou ato normativo. Mas também, à semelhança do controle difuso de constitucionalidade existente em nosso País, pode, em caso concreto, ser pleiteada a nulidade de uma cláusula contratual ou de instrumento coletivo de trabalho, como pressuposto necessário à apreciação de um pedido de obrigação de fazer ou não fazer ou de obrigação de pagar.

Recursos Cabíveis

Considerando-se que a competência para o julgamento das ações declaratórias de nulidade de acordo ou convenção coletiva é dos tribunais, da decisão proferida são cabíveis os seguintes recursos: recurso ordinário para a seção especializada em dissídio coletivo do Tribunal Superior do Trabalho, se a decisão originária for de Tribunais Regionais do Trabalho, e embargos infringentes, se a decisão for originária do Tribunal Superior do Trabalho desde que divergentes e que não estejam em consonância com os precedentes normativos do TST ou da sua jurisprudência pacificada (Lei nº 7.701/88, artigo 2º, inciso II, letra C).

Acrescenta-se, ainda, que das decisões denegatórias do processamento de qualquer recurso cabível contra as decisões proferidas em ação declaratória de nulidade de contrato ou instrumentos normativos de trabalho, é cabível o recurso de agravo de instrumento previsto no artigo 897, letra *b* da Consolidação das leis do Trabalho.

11.5. PROCESSO CAUTELAR E PROVIMENTOS JURISDICIONAIS DE URGÊNCIA

No processo do trabalho, tanto na fase de conhecimento, como na de execução, poderá ocorrer a necessidade de ser concedida pelo Juiz do Trabalho provimentos jurisdicionais de urgência, a fim de que se garanta ao final o resultado útil no processo.

São compatíveis com o processo do trabalho as medidas cautelares, nominadas e inominadas, e a tutela antecipada, previstas no processo comum.

O direito processual do trabalho possui medida cautelar específica, de sustação de transferência ilegal de empregado (art. 659, IX, da CLT), e a medida liminar para determinar a reintegração empregado dirigente sindical afastado, suspenso ou dispensado pelo empregador (659 X) aplicando-se subsidiariamente o CPC outras **medidas cautelares específicas do direito processual civil no processo do trabalho, tais como:** Arresto – Sequestro – Produção Antecipada de Prova – Exibição – Justificação – Protesto – Atentado – Caução, sendo certo que segundo grande parte da doutrina, as demais não cabem no Direito Processual do Trabalho.

1) Arresto

O arresto incide sobre bens alheios à obrigação ou quaisquer bens a fim de assegurar o cumprimento de futura condenação.

Arresto artigo 814 do CC – Quando o devedor sem domicilio certo intenta, ausenta-se ou aliena bens que possui ou deixa de pagar a obrigação no prazo.

A sentença ainda que pendente de recurso equipara-se à prova de dívida líquida e certa, ainda que ilíquida.

No Processo do Trabalho não se exige a caução do empregado para requerer o sequestro, pois, incompatível com o Direito do Trabalho.

2) Sequestro

O sequestro é medida cautelar nominada, que vem prevista nos artigos 822 e seguintes do CPC, que pode ser requerida antes ou no curso da ação principal, e tem por finalidade garantir a execução com a entrega de determinado bem e evitar que ele desapareça ou pereça. Exemplo: Sequestro do veículo dado como prêmio ao empregado, que se encontre em poder do empregador ou de ferramentas, sequestro do mostruário em poder do vendedor, etc.

Trata-se de medida cautelar que incide sobre o bem objeto do litígio, e não sobre bens que irão garantir a dívida, e neste aspecto diferencia-se do arresto, pois o sequestro tem por finalidade evitar o desaparecimento de determinado bem.

No processo do trabalho não se aplica o sequestro de pessoas, só o sequestro de bens, e de acordo com as disposições do artigo 823 do CPC, as regras estabelecidas para medida cautelar de arresto se aplicam ao sequestro, desde que com ele compatíveis. Também se tem certo que a referida medida cautelar não pode ser reconhecida de ofício pelo juiz.

A petição inicial deverá ser formulada atendendo aos requisitos previstos no artigo 801 do CPC, devendo ser instruída com a prova da dívida liquida e certa.

A sentença proferida no sequestro não faz coisa julgada na ação principal, salvo se for reconhecida a decadência ou prescrição. O juiz nomeará depositário do bem, que após o compromisso ficará na posse do bem.

Da decisão que julgar o sequestro pode ser interposto recurso ordinário, no prazo de oito dias, ainda que se trate de medida cautelar preparatória.

3) Produção Antecipada de Prova

Trata-se de medida cautelar típica, ajuizada com a finalidade de assegurar a prova a ser produzida antes ou no curso do processo principal e, por esta razão, pode ser preparatória ou incidental.

Nos termos do disposto no artigo 847 do CPC pode consistir em depoimento de parte, inquirição de testemunha e exame pericial. Pode ser proposta quando a parte ou as testemunhas tiverem de se ausentar ou se, em razão de doença grave ou idade avançada, houver justo receio que, ao tempo da fase de instrução da ação principal, já não mais existam ou não poderão depor em audiência.

No Processo do Trabalho, a produção antecipada de provas é aceita com muita frequência, notadamente pelo trabalhador que pretende postular adicional de insalubridade ou de periculosidade, e a empresa encontra-se na iminência de mudar de local, extinguir o setor em que o obreiro prestava serviços, ou estiver alterando a forma de prestação de serviços e o meio ambiente de trabalho.

Na medida cautelar de produção antecipada de provas não haverá lide, limitando-se a sentença a homologar a prova produzida, e da referida decisão não se admite a interposição de nenhum recurso, salvo em caso de indeferimento da medida cautelar pelo juiz, situação em que o recurso cabível será o recurso ordinário.

Uma vez produzida e homologada a prova, os autos permanecerão em cartório, sendo lícito às partes solicitar a extração de cópias ou certidões.

11.6. MEDIDAS CAUTELARES INOMINADAS PREVISTAS NA CONSOLIDAÇÃO DAS LEIS DO TRABALHO

A antecipação dos efeitos da tutela jurisdicional foi introduzida no processo com a Lei 8.952/94 que deu nova redação ao artigo 273 do CPC.

É a faculdade concedida ao Juiz de antecipar o provimento pleiteado, garantindo a pretensão provisoriamente, desde que requerido pela parte, com a inicial, ou a qualquer tempo.

A tutela poderá ser parcial ou total ou seja pode atingir um ou mais pedidos cumulados ou parcelas deles conforme parágrafo 6° do artigo 273 do CPC e poderá ser revogável a qualquer tempo. Após a concessão da tutela, o processo prosseguirá até o final.

> *Art. 273 do CPC. O Juiz poderá, a requerimento da parte, antecipar, total ou parcialmente, os efeitos da tutela pretendida no pedido inicial, desde que, existindo prova inequívoca, se convença da verossimilhança da alegação e:*
> *I – haja fundado receio de dano irreparável ou de difícil reparação; ou*
> *II – fique caracterizado o abuso do direito de defesa ou manifesto ato protelatório do réu.*
> *§ 1° Na decisão que antecipar a tutela, o juiz indicará, de modo claro e preciso, as razões do seu convencimento.*
> *§ 2° Não se concederá a antecipação da tutela quando houver pedido de irreversibilidade do provimento antecipado.*

Fumus boni juris – provável existência de um direito.

Periculum in mora – a demora trará um dano irreparável.

A lei processual civil autoriza o juiz a aproveitar o pedido de natureza cautelar requerido, equivocadamente, como antecipação de tutela (parágrafo 7º do artigo 273.

Antecipação de tutela quando o pedido é incontroverso, ou seja, quando a reclamada reconhece a procedência do pedido ou quando deixar de contestar expressamente o pedido.

Neste caso poderá o juiz conceder a tutela antecipada com fundamento na nova redação do texto legal.

Em doutrina encontramos entendimento de que apesar da literalidade da lei, o juiz nesta hipótese deverá antecipar a tutela, salvo existindo algum obstáculo relevante.

Exemplo: o artigo 29B da Lei nº 8.036/90 estabelece que não será cabível medida liminar em mandado de segurança, no processo cautelar, ou em qualquer outra ação de natureza cautelar ou preventiva nem antecipação de tutela que impliquem saque ou movimentação da conta do FGTS.

No entanto, poderá deferir antecipadamente os efeitos da tutela no pedido de aviso-prévio e na indenização de 40% do FGTS, quando se tratar de pedido incontroverso.

Quando se tratar de pedido sucessivo, ex.: reintegração ou indenização, na hipótese da Súmula 396, quando estiverem presentes os requisitos autorizadores da antecipação ou tratando-se de pedido incontroverso, na hipótese de ter se exaurido o período estabilitário.

A impugnação dessa decisão só pode ser feita através de recurso contra a decisão definitiva, somente em situações especiais de violação de direito liquido e certo é que se admite o mandado de segurança.

MANDADO DE SEGURANÇA CONTRA REVOGAÇÃO DE ANTECIPAÇÃO DE TUTELA EM MEDIDA CAUTELAR: "Não fere direito líquido e certo a cassação, através de liminar em medida cautelar, de antecipação da tutela de reintegração do trabalhador no emprego, deferida em sentença, na pendência de julgamento de recurso ordinário, uma vez presentes os pressupostos legais para a concessão do provimento cautelar: a plausibilidade do direito requerido e o risco de dano irreparável à parte". Ação mandamental denegada. (TRT/SP – 11094200800002007 – MS01 – Ac. SDI 2009000070 – Rel. DORA VAZ TREVIÑO – DOE 04/02/2009.)

O deferimento da antecipação de tutela postulada em reclamação trabalhista não pode ser interpretada como ilegal ou abusiva nos termos da Lei 1.533/51 e do artigo 5º, inciso LXIX da Constituição Federal, de vez que inserida no rol de faculdades do Magistrado, a quem cabe a aferição das condições fixadas no artigo 273 do CPC. (TRT/SP – 12035200800002006 – MS01 – Ac. SDI 2009000950 – Rel. ANA MARIA CONTRUCCI BRITO SILVA – DOE 12/03/2009.)

11.7. AÇÃO REVISIONAL

A ação revisional, que tem sua base legal no artigo 471, I do CPC, pode ser de competência da Justiça do Trabalho quando houver uma situação que envolver uma situação de conflito entre as partes, que já houve um ajuizamento de uma ação, em que já transitou em julgado e que a relação entre as partes ainda se mantenha e ocorre uma modificação nos fatos.

É comum essa situação quando envolve, principalmente, insalubridade. Essa ação deve seguir os requisitos do artigo 282 do CPC e deverá ser proposta em uma das varas do trabalho da jurisdição que o empregado trabalha.

Essa ação visa rever uma decisão transitada em julgado e, teoricamente, não há prazo para a sua propositura, desde que a relação entre as partes se mantenha.

Será marcada uma Audiência, em que serão apresentadas as respostas, haverá uma sentença que caberá recurso ordinário, recurso de revista, embargos para a SDI e recurso extraordinário, se for o caso. Ou seja, segue o processamento de uma reclamação trabalhista.

Segue o julgado abaixo acerca do assunto:

> *AÇÃO REVISIONAL. RETROAÇÃO. CARGA DE EFICÁCIA DA SENTENÇA. Todas as sentenças manifestam, no seu bojo, uma certa carga de eficácia declaratória, pois sempre há um direito prévio subjacente que será afirmado. Todavia, é certo que a carga (ou elemento) de eficácia retroativa adquire maior destaque nas sentenças declaratórias e nas condenatórias. As sentenças constitutivas, dentre as quais aquelas que estabelecem novas condições de trabalho, geram efeitos a partir do trânsito em julgado. E não poderia ser diferente, pois o laudo pericial que concluiu pela suficiência dos Equipamentos de Proteção Individual para neutralizar as condições insalubres somente foi elaborado na fase instrutória e homologado, leia-se validado, após as respostas aos quesitos complementares e finda a ritualística inerente ao devido processo legal (art. 5º, inc. LIV da Constituição Federal). Diversamente do alegado pela empresa recorrente, que pretende a retroação dos efeitos do julgado à data do ajuizamento da demanda, o provimento jurisdicional com carga de eficácia constitutiva, ou seja, aquele que fixa novas condições de trabalho, não retroage produzindo efeitos*

ex nunc, *pois a eficácia da sentença somente se materializa com o trânsito em julgado. (TRT/SP – 01074200546302000 – RO – Ac. 4ª T 20090091609 – Rel. PAULO AUGUSTO CAMARA – DOE 06/03/2009.)*

BIBLIOGRAFIA

SARAIVA, Renato; *Curso de Direito Processual do Trabalho*; 4ª ed.,Editora Método, 2007;
MARTINS, Sérgio Pinto; *Direito Processual do Trabalho*; 27ª ed., Editora Atlas, 2007;
ALMEIDA, Lúcio Rodrigues de; *Execução Trabalhista*; Rio de Janeiro, AIDE Editora, 1997;
SILVA, Ovídio Batista da; *Sentença e Coisa Julgada*; 3ª ed., Porto Alegre, Sérgio Antônio Fabris Editor, 1995;
CARRION, Valentin; *Revista do Trabalho & Doutrina*, nº 12; março/1997;
LIBERATTI, Graziella Zappalá Giuffrida; NUJUR – LONDRINA (PR);
MALTA, Christovão Piragibe Tostes; *Prática do Processo Trabalhista*; 25ª ed.; Aume. Ed. Atual. – São Paulo: LTr, 1994;
ALMEIDA, L. Rodrigues; *Recursos Trabalhistas*; Rio de Janeiro; Aide, 1996;
CARRION, Valentin; *Comentários à CLT*; 27 ed., São Paulo, Saraiva, 2002;
TEIXEIRA FILHO, Manoel Antonio; *Execução no Processo do Trabalho*; 4ª ed., São Paulo – LTR, 1993;
TEIXEIRA FILHO, Manoel antonio; *As alterações no CPC e suas repercussões no processo do trabalho*; 4ª ed., São Paulo – LTR, 1996;
ALMEIDA, Isis; *Manual de direito processual do trabalho*; 5ª ed., São Paulo, LTR, 1993;
MENDONÇA LIMA, Alcides; *Recursos trabalhistas*; 2ª ed., Editora RT, 1970;

ALMEIDA, Amador Paes de; *Exceção de Pré-Executividade no Processo do Trabalho;* São Paulo, Revista de Direito Mackenzie, nº 1, 2000, p.147;

ALVIM, Eduardo Arruda; *Exceção de Pré-Executividade;* In: SHIMURA, Sérgio;

WAMBIER, Teresa Arruda Alvim. (Coord.); *Processo de Execução e assuntos afins;* São Paulo: RT, 2001. v. 2., p. 208-247;

BOUCINHAS FILHO, Jorge Cavalcanti; *A Exceção de Pré-Executividade na Justiça do Trabalho;* Procuradoria Regional do Trabalho da 21ª Região. Disponível em: <http://www.prt21.gov.br/estag/artig_jorge.htm> Acesso em 14 ago. 2003;

BRAGA, Nelson Tomaz; *Exceção de Pré-Executividade;* Escola da Magistratura do Trabalho do Rio de Janeiro. Disponível em <http://www.ematrarj.com.br/revista/artigos/artrev33.html> Acesso em 14 ago. 2003;

BRASIL; *Constituição Federal, Código Civil e Código de Processo Civil;* 3ª ed., Porto Alegre, Verbo Jurídico, 2003.;

BRASIL; *Tribunal Regional do Trabalho da 23ª Região. Jurisprudência Trabalhista;* Síntese Trabalhista, nº 143, p. 59, mai. 2001;

BRASIL; *Tribunal Superior do Trabalho. Jurisprudência.* Disponível em <http://www.tst.gov.br> Acesso em 15 ago. 2003;

CAHALI, Yussef Said; *Fraude contra Credores;* São Paulo: RT, 1999;

CARRION, Valentin; *Comentários à Consolidação das Leis do Trabalho;* São Paulo, Saraiva, 2003;

FARIAS, Rodrigo Nóbrega; *A Exceção de Pré-Executividade no Processo do Trabalho;* Tribunal Regional do Trabalho da 13ª Região. Disponível em <http://www.trt13.gov.br/revista/rodrigo> Acesso em 14 ago. 2003;

FREDIANI, Yone; *Exceção de Pré-Executividade no Processo do Trabalho;* São Paulo: LTr, 2002;

GERAIGE NETO, Zaiden; *O Processo de Execução no Brasil e alguns tópicos polêmicos. In:* SHIMURA, Sérgio. WAMBIER, Teresa Arruda Alvim. (Coord.); *Processo de Execução e assuntos afins;* São Paulo: RT, 2001. v.2, p.749-764;

HAESER, Moacir Leopoldo; *Exceção de Pré-Executividade* [mensagem pessoal]. Recebida por <daiana@sulware.com.br> em 04 set. 2002;

KNIJNIK, Danilo. A Exceção de Pré-Executividade. Rio de Janeiro: Forense, 2001;

LUCON, Paulo Henrique dos Santos; *Objeção na Execução (Objeção e Exceção de Pré-Executividade). In*: SHIMURA, Sérgio. WAMBIER, Teresa Arruda Alvim. (Coord.); *Processo de Execução e assuntos afins*; São Paulo: RT, 2001. v.2. p.568-595;

LYRA FILHO, Roberto; *O que é Direito*; 18ª ed., São Paulo, Brasiliense, 1997;

LZN INFORMÁTICA E EDITORA; *Direito Informatizado Brasileiro*; LZN, 2002. 1 CD-ROM;

MALTA, Christóvão Piragibe Tostes; *Prática do Processo Trabalhista*; 31ª ed., São Paulo: LTr, 2002;

MARZANO, Ângelo Alexandre. ZANLUQUI, Wilson Julio; *Considerações sobre a Negativa no Serasa. In*: SHIMURA, Sérgio. WAMBIER, Teresa Arruda Alvim. (Coord.); *Processo de Execução e assuntos afins*; São Paulo: RT, 2001. v. 2., págs. 28-40;

MENEZES, Cláudio Armando Couce de. BORGES, Leonardo Dias; *Objeção de Exceção de Pré-Executividade e de Executividade no Processo do Trabalho*; Síntese Trabalhista, Porto Alegre, nº 115, p. 5, jan. 1999;

MOREIRA, Alberto Camiña; *Defesa sem Embargos do Executado: Exceção de Pré-Executividade*; São Paulo, Saraiva, 2000;

NADER, Paulo; *Filosofia do Direito*; Rio de Janeiro: Forense, 1999;

NASCIMENTO, Amauri Mascaro; *Curso de Direito Processual do Trabalho*; 20ª ed., São Paulo: Saraiva, 2001;

_____; *Curso de Direito do Trabalho*; São Paulo: Saraiva, 1999;

OLIVEIRA, Francisco Antônio de; *A Execução na Justiça do Trabalho*; 4ª ed., São Paulo: RT, 1999;

PINTO, José Augusto Rodrigues. Execução Trabalhista. 9ª ed. São Paulo: Ltr, 2002;

PONTES DE MIRANDA, Francisco Cavalcanti; *Parecer nº 95, Dez Anos de Pareceres*; v. 4, Rio de Janeiro: Francisco Alves, 1975, págs. 125-139;

PRETTI, GLEIBE; *Procedimentos Especiais na Justiça do Trabalho*; Ed. Saraiva, 2008;

PRETTI, GLEIBE; *CLT Comentada*; Ed. Ícone, 2009;

SÍNTESE PUBLICAÇÕES; *Juris Síntese Millennium – Legislação, Jurisprudência, Doutrina e Prática Processual*; São Paulo: Síntese, 2002. 1 CD-ROM;

SIQUEIRA FILHO, Luiz Peixoto de; *Exceção de Pré-Executividade*; 3ª ed., Rio de Janeiro: Lumen Juris, 2000;

STURMER, Gilberto; *A Exceção de Pré-Executividade nos Processos Civil e do Trabalho*; Porto Alegre: Livraria do Advogado, 2001;

TEIXEIRA FILHO, Manoel Antônio; *Execução no Processo do Trabalho*; 7ª ed., São Paulo: LTr, 2001;

THEODORO JÚNIOR, Humberto; *Processo de Execução*; 33ª ed., Rio de Janeiro: Forense, 2002;

UNIVERSIDADE DO VALE DO RIO DOS SINOS; *Processo Virtual do Trabalho. Fase de Execução.* Disponível em <http://www.direito.unisinos. br/trabalho> Acesso em: 16 ago. 2003;

SITES:

www.trt02.gov.br   *www.tst.gov.br*

www.direitonet.com.br   *www.otrabalho.com.br*

www.professorgleibe.com.br